国际问题

纪实南亚 · 聚焦时事

南亚问题面面观

What One Needs to Know about South Asia

吴永年 著

时事出版社

谨以此书献给北京大学东方学系的季羡林、刘安武、王树英、张德福、马孟刚，以及历史学系的张万昌、何方川、王晓秋等老师，真诚感谢他们对我在北京大学读书和研究道路上的教育、指导与帮助。

写在前面的话

古代印度（南亚）次大陆的名称很多，有“身毒”、“天竺”、“贤豆”等，其中“天竺”最受世人喜爱。“印度”一名为我国唐代玄奘所译，意为“月亮”，其名甚美，故遂人意，定为现名。

据有关史料显示：印度河流域文明约始于公元前 2500 年，至公元前 1700 年；而中国的夏朝约始于公元前 2200 年，至公元前 1700 年。故我在北大历史系读书时，也有人在谈到印度的史前文化时总是感叹地说：“印度的史前文明可能要比中国有文字记载的夏朝还要早些……但是，印度河流域高度发达的文明却神奇般地消失了!”是谁？是什么力量摧毁了它？而且留下了一个 200 年的“黑暗时代”之谜？关于这些，无任何文字记载，至今不知道真正的原因，留下的遗迹等史料也无法真正解读、探寻、知晓其中的奥秘……

印度与南亚诸国的宗教派别繁多为世界之最，印度文化是南亚国家文化的根，其文化的灿烂辉煌又为人类文明发展作出了何等巨大的贡献？什么是吠陀时代与吠陀文献？《罗摩衍那》和《摩诃婆罗多》与印度次大陆的文化和历史社会发展的关系如何？神秘的瑜伽神在何处？美妙绝伦的泰姬陵又美在哪里……

印度历史上最引以为傲的阿育王本是个滥杀无数、残暴成性的君王，后却在佛僧的说教感化下皈依佛门，成为释迦牟尼的忠实信徒，并且弘扬佛法，把佛教推向世界……

后来，古老伟大的印度次大陆成为英国的殖民地，受尽苦难和屈辱。为争取民族解放与国家独立，印度走的却是“非暴力不合作运动”的道路……

如今，印度与中国同为世界经济的“发动机”，并且教育先进，科学技术发达，掌握“一箭多星”技术，被誉为“软件王国”……可是，印度社会却至今还保留着落后的种姓等级制度和寡妇自焚、童婚等恶习……

今天印度社会所表现出的种种奥秘、高低悬殊与强烈的反差现象，令人惊叹不已。不可思议的是，先进与落后、聪颖与愚昧、民主和守旧、巨富与赤贫、暴力与非暴力、禁欲与纵欲、圣洁与肮脏、博爱与杀生、人口计划与宗教生育观、白骨与化肥、拖拉机与木犁、法治与法盲、智慧的眼光与麻木无奈的神态、夸夸其谈的神思与无限的时间观和低下的效率等等，几乎同时存在。

那么，印度究竟是个什么样的国家？如何认识印度、了解印度？印度又如何实现做世界一流强国的梦，与美国平起平坐？怎样解读印度次大陆5000多年文明累积下来的深厚丰富的文化底蕴？为什么说印度的哲理与价值观取向有着引领人类文明发展方向所具有的不可替代的先进性？

我自从北京大学历史系到东方学系学习印地语始，便逐渐形成了一个对伟大、悠久、神秘和充满智慧的印度次大陆的历史、文化、现状与未来，进行学习、了解和探讨研究的愿望……其中的艰辛磨难和甘苦快乐，也是常人难以体悟和理解的。我爬山涉水，钻深山密林，跨大江大河，走乡村田野，穿马路小巷；我乘飞机、火车、汽车，也坐牛车和人力三轮车，有时甚至租借自行车……一路走来，边看、边问、边记，寻访者中有白发老翁、专家教授、年青学者、政府官员，还有农家村妇、工人、商人、实业家，以及大中小学的学生，现把所学、所得、所思和所悟如实、生动地奉献给读者……

这是一本对印度和南亚国家最真实的全记录，我试图用散文、杂记、评论、论文等各种方式，从各个角度去发现、剖析、研究印度与南亚国家，努力从可读性、可考性、哲理性着手，使读者对印度和南亚国家有更深、更广、更真实的了解与体悟，这也是我心中最美好的愿望……

本书内容分为三个部分：一、印度和南亚国家散文、杂记；二、南亚国际关系问题专论；三、印度国情与文化研究。需要说明的是，本书前面列有三篇文章，分别是我恩师季羡林先生给《当代宗教研究》作的序、顾晓鸣先生给《天竺心言论集》作的序，以及我的《季先生教我如何做学问——忆恩师季羡林先生》一文。意在表明，我在学业上所取得的任何一点进步与成绩，都离不开季先生对我的教育、指导与鞭策。其间季先生辛劳的汗水和期待，我不敢有半点淡忘，永远谨记在心，并继续努力奋斗，在印度学和南亚问题的学习与研究上，尽力多做点实事，以不负季先生对我的教诲与心愿……另外，顾晓鸣先生是我多年真诚的好朋友、好兄长，也是好老师。正是他对我在印度学和南亚研究方面的肯定与鼓励，使我矢志不移地坚持自己在学业上的所作所为，求真求实，去实现对学术研究崇高目标的追求。

另外，印度是南亚大国，其与南亚诸国在政治、经济、军事、文化等各方面都紧密相连，本书着力于印度，弄懂弄通了印度，其他国家也就容易理解了。

本书虽是我心力所作，但因个人能力与知识所限，书中不乏错误欠妥之处，谨请读者与专家学者指正。

吴永年

2015年3月9日于上海浦江镇老家

目 录

第一部分 印度和南亚国家散文、杂记

第二部分　南亚国际关系问题专论

第三部分 印度国情与文化研究

《当代印度宗教研究》序

世界上几乎所有的国家都有宗教，有的与他国共有，有的则有自己独特的宗教；但其为宗教则一也。

研究一个国家的历史，除了政治、经济等重大事件之外，必须研究其宗教，因为宗教最贴近一个民族的心灵，想了解一个民族，是非研究不可的。当然，这话是对有宗教需要的民族和人民而说的，并不是每一个人都必须有宗教需要。

印度民族是有，或者最有宗教需要的民族。个别的无神论者，同世界其他国家一样，也是有的。但这并不能代表广大的人民群众，印度广大的人民群众无疑是有宗教需要的。最明显的例证就是在全世界民族之林中，印度的宗教最多，各宗教中教派最多。

中国和印度，从蒙昧的远古以来，就是邻居，而且总的说来，还可以说是好邻居。我们之间有长达几千年的文化交流关系，这丰富了彼此的文化，提高了彼此人民的福利。这是一个历史事实，是谁也否定不了的。因此，我们两国就有一个彼此互相研究的任务或者甚至是义务。事实上，我们也确实是这样做了，并且取得了丰硕的成果。这更加促进了两国人民彼此的了解，了解是能够加强友谊的。事实俱在，无待赘述。

现在吴永年和季平两位学者共同著成了这一部《当代印度宗教研究》，代表了中国学者研究印度宗教的最新成就。中国有研究印度宗教的悠久而优良的传统。历代跋山涉水赴天竺取经留学的僧侣和学者，以及一身而二任的人们，关于印度宗教的著作颇多，唐玄奘的《大唐西域记》是古今闻名蜚声士林的一部书，书中对唐代印度的佛教和印度教的情况，有虽简短而极确切可靠的叙述，自唐代以来，累朝皆有关于印度的典籍，其中对宗教多有所涉及。这些都是我们的宝贵财富，加深了我们对印度的了解。

到了近代，中印两国都有彼此研究宗教的书，受到了读者的欢迎。可是以如此大规模，用如此多的篇幅，专门研究印度宗教者，又以此书为巨擘。作者既娴熟印度古代宗教典籍，又亲莅印度，不惧艰险，从事印度当代宗教的考察和研究，然后著成此书。我们应该对作者这种勇于探索勇于攀登的精神表示由衷的敬意。

作者吴永年教授是我的学生和朋友，我们相知有年，极多共同语言。我在他新书问世向他祝贺之余，乐于为此书写这样一篇短序。

季羡林

1997 年 4 月 17 日

上海外语教育出版社 1998 版，第 1—2 页

《天竺心言论集》代序

当“信息影象”和“脑型计算机”成为21世纪人类智慧的高端话题时候，印度这一古老得神秘兮兮的文化及其智慧，是如此合情合理、有板有眼地成为令世界瞩目的高地——印度的IT产业和生命科学自不必说了，最妙的是印度电影几乎是全球唯一坚持民族文化的独特性和印度历史社会题材的自主性，并在数量和质量上足以与“美国大片”抗衡，而且日益打入美国和西方文化“霸权”一统天下的影片。最近，印度制片巨头宝莱坞正大举出击西方各国，印度的故事和歌舞借北欧之景演绎，似乎与瑜伽半个世纪以来风靡欧美的文化潮流交相辉映，美不胜收，犹如印度独占鳌头的珠宝业和多次夺得桂冠的“印度美人”那样，生发出无穷的文化智慧之光。

而这却是镶嵌在一个不尽如人意，甚至坎坷沧桑的地球和地球南亚一角上的。这些辉煌奇瑰的文化创造似乎是电脑生产的“虚拟现实”，其与“实在现实”形成的巨大反差，使任何有哲思和历史好奇心的人，产生一种与古老而年轻因而充满创造生机的印度对话的冲动，一种“天竺心言”，通过讨论和读解，知道印度。

这正是现代世界中最重要的全球文化智慧之一，而这种对话又是发生在今日世界另一个最重要的民族文化——中华文化与印度文化之间，其理论和现实的意义，不可等闲视之。

这样一本论集就是这样一种对话，这样一种对话却发生在“心和言”的层次上，用心取读别人的文化，用自己文化的心去读，这里却有着一种非常“后现代”的内涵。

在人类学和文化学已达到分子和DNA层次的时候，至少有两个问题放在科学工作者的面前：其一，如果说人类的各个民族的身体构造和DNA根本上是一样的，那么，他们的“心”智上的不同，即不同文化形式和哲学宗教文学艺术等表现出来的文化智慧的差异究竟来自什么地方？其二，如果说在分子人类学中，人们已关注到不同民族和地区的人之间SNP的不同（不同体质和疾病的基因内部生化成分的差异），那么，文化之间是否存在着类似的SNP的不同？文化学家已经提出了MEME［译为“觅母”、“谜米”，仿GENE（基因）的杜撰词］的概念，并在每个文化的政治、经济、军事、文化、宗教、习俗、文艺、言语、衣着、饮食乃至性与生育等一切事象中，找到这种在本民族中代代相传的文化基因。

而文化基因中最根本的是言语和书写，放在我面前的《天竺心言论集》也正是吴永年先生的言语和书写。它们与一般的文章书籍不一样的地方，就在于这种书写来自作者与一个现实的活生生的异族及其文化的接触：会讲他们的话、吃他们的饭、生活在他们中间，在这种状态下“格物致知”而产生的，一反从书本到书本，且只用英语文献片面迎合西方视角和标准，并在书本上讨生活的创作状态。“言为心声”，独立而富有主体话语的写作，传达出作者对南亚和全球背景中的印度文化的真知灼见。

汉字“论”、“轮”、“伦”三个字含有同一的“仑”，不是偶然的，深刻地体现了中国的文化智慧，言词的“论”与行动和生活的“轮”本质上是相辅相成的。因此，汉字的“道”也同时指称“走路”和“说话”。言迹本为行迹，我们在《天竺心言论集》中读到的与其说是文字，还不如说是吴永年先生深入印度文化的行迹，这也应了印度哲学的神蕴；一种言和行之业的链接和衍生。

言语和书写。只是“论”与“伦”的关系，还较少被注意，但据世界范围对Rhetoric（讲演和修辞）的研究，其中包含着近年来对东方修辞的关注，有学者提出：应把Rhetoric看作理解和改善人类关系的器具（an instrument for understanding and improving human relations)。“论集”作为广义的讲演和修辞，本质上是一种“伦”理的工作，“论”的过程的核心是探索印度文化及其文化伦理的核心和特点，“论”的归宿是印度民族及其文化与中华民族及其文化之间的相互理解、相互沟通、相互学习、相互交融的新世纪人类的伦理关系。

这样一种21世纪的互灵的思索和书写状态，不但必定是跨领域跨学科跨民族的，而且必定打破陈腐的、划地为牢的“学术疆界”和幼稚的、一厢情愿的“写作规范”，面对生活的混沌、历史的混沌和世界混沌，不拘一格，月亮走我也走，在千变万化、千联万动的世事中思索和写作。辞达而已矣，得心忘言，得感悟而忘论集可也。

对读者来说，这种构架保留了与世事相应和的新鲜性和生动性，每翻一页都会有不期之遇的愉悦，不同题材和视角的文章整合在一起，常获恍然大悟的灵感，仿佛有一种印度智慧的启示：套用伟大的印度哲学家商羯罗对于普遍阿特曼的论述，民族文化和现实的种种事象和表现，不过是普通民族之心的物化和个体化而已。因此，如何从宏大或家常、玄妙或凡俗、学术或时事、严整或细琐的不同视角或事相出发，去探寻印度文化伟大的灵性——天竺心，一种由老百姓的哈奴曼和孙悟空所体现的哲理和审美，事关人类在21世纪的生存智慧和幸福体悟。

顾晓鸣

2002年6月6日于曲阳赤峰公寓

季先生教我如何做学问
——忆恩师季羡林先生

今年是季羡林先生百岁诞辰，是他逝世两周年的日子。一想到季先生，就感慨万千，心里很不平静，不免回想起一幕幕的往事。季先生的谆谆教诲言犹在耳，他的善良面貌常浮现在我眼前，令我感慨万端。

我原是北大历史系的学生，一天总支书记张万昌老师把我叫到他的身边告诉我说："经系讨论决定，你明天到东语系报到学习印地语……"事后我才知道北大历史系是为了培养我，是要我以后从事印度历史的教学和研究工作。于是，我就成了东语系印地语专业的一名学生。

那时候，我对季羡林先生不是很熟悉的。由于季先生仗义执言，他遭到打击报复迫害，后来被安排在大楼的传达室里收发文件与接听电话。我只知道他原是我们的系主任，留学于德国，一级教授，一个大学问家。那时每天我经过大楼的办公室时，总是看见季羡林先生在认真整理报刊杂志和一张一张的卡片。我每与他双目对视时，他总会微微一笑对我说："小同学有事吗?"我摇摇头，心里却涌出一种说不出的亲近感，心里想，他怎么一点也没有什么大学问家和老系主任的架子，倒像我在海淀大街上见到的一位老大爷，不过，我心里倒油然升起一种无限的敬畏感……时间一长，我就开始主动与他打招呼，有时还与他说上两句话，他也问我学习怎么样？有些什么困难？我说印地语很难学，不过我倒是很喜欢历史文学，我还告诉他，我是从历史系调过来的，他说知道，印度的语言、文学和历史很有特点，也值得研究……自此以后，我常常与季羡林先生谈起学习方面的事，还不时请教他一些问题，季羡林先生总是耐心给我解释，不厌其烦地给我说这个或那个。久而久之，我们俩的关系十分亲近热乎起来……每次系里劳动，也是我与季先生交流的最佳时间，我对他诉说学习上的一些问题，有时也和先生一起，请教探讨一些生活中和社会上的一些事情。我们的谈话很投机，双方都觉得有说不完的话……虽然，在那些年里，季羡林先生没有直接给我们上课，但是我从季先生那里学到的知识一辈子也享用不尽，其中不但有如何做学问，如何掌握分析问题的能力，如何面对学习上和生活中的困难，如何走入社会后面对自己的人生，更可贵的是如何做人。

四年的学习一晃过去了，毕业前夕，季羡林先生正在忙着翻译《罗摩衍那》史诗，他那一叠叠的卡片堆满了大楼值班室破旧的办公室的桌子……有一天，我走过大楼值班室时，望着那显得有点凌乱的卡片对他说："季先生我留下来帮你整理卡片好吗?"季先生非常高兴地对我说："好啊，吴永年，那就留下来吧……"那时的季先生虽然没有这个权力，可是他却记住了我这句话。尽管我最终还是回到了上海，在上海外国语大学工作，没有实现我和季先生二人的约定，但是我与季羡林先生的往来一直没有间断过，在我的印度学学习研究方面，始终渗透着先生辛劳的汗水。如我的研究课题《当代印度宗教研究》，就是在他的指导下立项的。上世纪 80 年代末 90 年代初，我有幸在季先生的推荐下到印度尼赫鲁大学留学，在留学期间，我总觉得印度是个宗教国家，几乎人人笃信宗教，宗教与社会和人有着密不可分的联系，我们若要研究印度，就必须研究印度宗教，否则我们对印度的了解，只能是只知其一，不知其二，更不知其三……况且，那时的中国学术界对印度和印度学的研究又不很重视，有成就的专家学者除了像季羡林先生、金克木先生等一些老教授和学者外，青年学者更是寥寥无几，在学术研究方面的成果也不多，尤其是对印度现当代宗教与社会方面的研究更是个空白。于是，我萌生了一个想法，我要利用在印度留学的机会，注重印度现当代宗教方面的资料收集，回国后写一本有关于印度现当代宗教与社会方面研究的书。我的这个想法提出来以后，不但得到了学校与社会各方面的支持，更是得到了季羡林先生的鼎力相助，一个研究印度现当代宗教与社会的国家项目马上得到了教育部的批准。俗话说，万事开头难，我不知从何下手，印度这么一个文明古国，其博大精深的文化底蕴、独特的文化个性与深奥的哲学理念和价值观、众多的宗教派别、复杂多变的宗教矛盾与印度教的种姓问题等等，如何去理清思路加以研究，并写出一本能反映当代印度宗教的著作，我心中无数。正如我在《当代印度宗教研究》的后记中所写的："完成一部既全面系统又重点突出的研究当代印度宗教著作，确实存在着不少困难，于是我北上拜访我的老师季羡林先生，他给予了我勇气和教诲，使我终生难忘。"他对我说："印度是个宗教国家，研究它很有价值，尤其是印度教的种姓制度，更值得探讨。所以，你不但要研究印度宗教与社会的关系，更要研究印度教与种姓制度，使我国对印度的国家、社会与独特的文化，有一个更深的了解，你有什么困难，尽管找我……"初稿完成后，他又不顾自己八十有六的高龄，以及眼睛患有严重的白内障，用放大镜审阅了全部书稿，提出了宝贵的修改意见，还亲自作序，使我又一次感到了师生之间的浓浓深情。宗教研究很敏感，对社会的影响也很大，为了不使书中出什么任何差错，他鼓励我又一次踏上印度国土进行调研核实。他在序言中不但对我的努力做了诸多肯定，还如是写道"作者吴永年教授是我的学生和朋友，我们相知有年，极多共同语言。我在他新书问世向他表示祝贺之余，乐于为此书写这样一篇短序"。我自知受之有愧……今天我惭愧的是这本书没有写好，由于工作调动而专攻于国际问题研究，关于专门研究印度教与种姓制度的书没有完成。

在我的学术生涯中，季羡林先生对我的帮助是全方位的，也是不遗余力的。记得季先生第一次推荐我上尼赫鲁大学留学时，由于人生地不熟，我在临离开北京前拜访先生时，他又亲自写了两封信给我。一封是给当时中国驻印度大使的，他告诉我有事可以请他帮忙；另一封是给谭中先生的，他告诉我谭中是中印友好使者谭云山的儿子，现在在尼赫鲁大学任教。他们父子为了中印友好关系的发展作出了巨大的贡献。在季羡林先生的帮助下，我在印度的一切都进行得非常顺利，也取得了满意的成果。这更使我增强了对印度进一步深入地了解研究的决心和信心。

自北京大学毕业至今，我大部分时间在上海外国语大学工作任教，为了上海外国语大学的发展，曾经由我出面聘请季羡林先生担任上海外国语大学的顾问教授，以便我们向他征询有关教学、科研及学科建设方面的最为直接的意见。他欣然答应，并且还担任核心期刊《中国比较文学》杂志主编。还不时请他来我校进行实地调研，指导我们的教学与科研工作。在他的努力下，上海外国语大学的教学科研及学科建设取得了令人可喜的成绩。于是，我们师生之间的来往更加紧密了，我一有问题就到北京请教季羡林先生，还时常在先生家中吃饭，师母和先生的叔婶对我非常关心，我们全家也同先生关系密切起来，女儿有事就直接向先生写信，先生总是有信必回，不厌其烦地给她说这说那……使她幼小的心灵得到先生的教诲茁壮成长。为此，他俩也成了忘年交的老小朋友，季先生还专门写了《三个女孩》的散文发表于报刊杂志上，后又多次被收入季先生多本散文集和传记集里，其中就有吴双的故事。

在与季羡林先生的交往中，最使我难忘的是，先生时刻教我做学问时不能忘了做人，他常说做学问一定先要做好人，否则，再大的学问对国家与人民也是无益的。概括起来有三点：一是做学问首先要学会做人。人做好了，学问自然会好。二是实事求是。凡事都应实事求是，只有实事求事才能对得起国家和人民，对得起自己的良心。三是一切为了人民的根本利益。我们研究中印关系，写文做事，既要为中国人民着想，也要顾及印度人民的利益。

总之，季先生对我的言传身教，使我受益匪浅，终生难忘，我将永远感激季先生。

吴永年

《想念季美林》，新世界出版社 2011 年版，第 163—168 页

第一部分

印度和南亚国家散文、杂记

探寻印度河流域史前文化之谜

为探寻印度河流域史前文化之谜，我于20世纪80年代末90年代初申请并有幸成为数量极少的中印互派访问学者中的一员。那时，中印每年仅各派5位学者到对方国大学与科研机构留学和调研，就这样我成了印度尼赫鲁大学的一名中国留学生。

曾记得第一次走进印度，走出英迪拉·甘地国际机场大门，扑面而来的不仅是热风，还有那一阵阵钻鼻子的牛粪味……定睛一看，不远处就有三只一群、五只一伙的牛，在马路上晃晃悠悠地走着，还随处可见一堆堆的牛粪，有的还正冒着热气……这些牛一边漫不经心地走着，一边啃着路边道旁的青草，其间还有印度妇女背着柳条筐用铲子收集牛粪……后来才知道，她们收集牛粪是为了拿回家做牛粪饼，这晒干了的牛粪饼，印度教徒把它当作最为上等又神圣的燃料，认为煮出来的饭菜也最为香甜可口……后来，牛与牛车也竟成了我调研印度河流域史前文化之谜的好帮手与好伙伴。有一次，我在印度乡村调研迷路，正是一只老牛，拉着一辆老旧的破车，把我送到镇上，不但解决了我的饥渴之急，还使我遇到了一位印度智者，他为我解答了许多有关印度河流域史前文化之谜的问题，并为我今后研究印度河流域史前文化提供了不少帮助……

后来，又经过一段时间的实地调研与阅读收集的史料，我对印度河流域史前文化之谜有了一定的了解……

最早发现印度河流域史前文化遗址是在20世纪的1922年，一个印度考古队在印度河下游一个名叫摩亨佐—达罗的土丘处挖掘一座古代佛塔的废墟，却惊喜地发现了一座沉睡了几千年的古城。不久，印度的考古学家们又在印度河上游的哈拉巴地方发现了一座与摩亨佐—达罗同时代的古城，后取名为哈拉巴文化古城。两座古城出土的文物奇多，令人眼花缭乱，惊喜万分。出土的文物中有刻有文字和图画的精美印章，这珍贵的天体文字至今未有人能解读其中的意思；还有石头砝码、介壳尺和青铜杆尺、象牙装饰、金银珠宝、兵士武器等。

更令人惊叹的是这两座古城规模巨大，其城市的规划布局更是科学地道，与现代城市无多大的差别。南北东西走向的主街道整齐划一，宽约10米，可并行走几辆马车，或者是牛车和象车，主街道旁还有较宽的街巷，两旁是形式各一的民居，最窄的小巷也有1米多宽。古城房屋的建筑以用火烧成的砖块砌成，大都为二层民居，也有三层及以上的房子及亭子楼，屋内上下有楼梯，还有通风透光的门窗，及专门的浴室和厕所。整座城市还建有统一的排水网，小水沟连着街巷的大下水道，大下水道又连着巨大的出水涵洞，城市的污水和雨水由出水涵洞统一排入河道，使城市无积水痕迹。城里还有大小水井供人饮用与洗涤衣物器具……大井直径约2米，为公用井；小的为家用水井；城里还有大蓄水池，长约12米，宽约10米，深约2.4米，全用砖块砌成，坚固耐用。城市周围还挖有深壕，并筑有城墙，形成一个易守难攻的城防体系。

如此科学规划的城市形成于公元前2500—前1700年间，但为何又神奇般地消失了？一般认为有三种可能：一是外族入侵毁灭了史前印度河流域文明的辉煌，因为城市遗迹中发现被杀的男女老幼的遗骨，有的还带手镯、戒指和串环等，尸骨上留有刀痕。那么，入侵者是谁呢？是吠陀时代的雅利安人？可他们入侵的时间要晚得多。是同一地区附近的氏族部落？谁也没有更多的证据论证其推理的正确性……二是地质灾难说，如印度河的改道，洪水的吞没，地震的埋没，沙漠的侵蚀，还有海水倒退引发的生态系统的不可逆的巨大变化……三是天外来客说，天体外直降地球的类似核能的巨大爆炸，顷刻间把高度发达的城市文明毁于一旦……史诗《玛哈帕拉特》中就记载了发生的一次特大爆炸：天空中充斥着“耀眼的光辉和无烟的烈火”，“水沸腾了，鱼儿被烧焦了”，人承受无法抗拒的巨大痛苦死去……据考古发现，古城遗址中有十分明显的爆炸点，一平方公里内的建筑物化为乌有，爆炸区内有人体骨架、烧焦的粘土碎块，推算爆炸中心区有高达1.4万—1.5万度高温……

以上三种说法，以现在的科学尚难以说明其准确性。因此，突然间的文明毁灭，究竟是何种力量所为，至今仍是个谜。

印度河流域文明神秘地消失后，至公元前16世纪初，印度次大陆才跨入一个新的文明时代——吠陀时代，其间200年的“黑洞时代”，既无文字记载，又无可靠的史料佐证，一片混沌。20世纪40年代，有印度考古队在旁遮普发现被认为是“后哈拉巴文化”的遗址，60年代对H墓再做研究，认为在文化与种族上与哈拉帕人相距不远。后又在洛塔尔发现一种红色的磨光陶器，有学者认为，这是逃经洛塔尔的哈拉帕难民所造，因为这种红色的磨光陶器与哈拉帕陶器在地理上分布相同，在文化上也有相似之处；也有人认为，此推断过于简单，还需要更多史料佐证。不过所有这些发现的“后哈拉巴文化”的文物都无法与“哈拉巴文化”相媲美，这是一种文化的倒退，历史的中断……

也有考古学家认为，如果能解读出土的“哈拉巴文化”的印章文字，将会大大有助于破解印度河流域史前文化之谜。

我眼中的宗教圣城瓦拉纳西*

印度教文化的名城瓦拉纳西，又被印度人称之为圣城中的圣城。它的旧名叫贝拿勒斯，古名又叫迦尸，意为神光照耀之地，传说是印度教三大神之一的湿婆大神于6000年前创建的。瓦拉纳西寺庙林立，其数量多达1500座以上。据说古时候风格各异、大小不一的寺庙数不胜数，五步一寺，十步一庙，可悲的是大量的寺庙都不幸毁于战火中。如今瓦拉纳西不仅有体现印度教核心文化的“湿婆神庙”、“神猴哈奴曼庙”、“金庙”、“杜迦女神庙”和遍及全城的“湿婆林伽”崇拜，还有基督教礼拜寺等。这些寺庙的香火至今都十分旺盛，香客和崇拜者络绎不绝，热闹非凡。附近还有佛祖释迦牟尼初转法轮的鹿野苑、耆那教两个教长的诞生地，历史上不少宗教领袖都把瓦拉纳西作为自己修行和传教的地方。

20年前我在尼赫鲁大学留学，对瓦拉纳西是了解的，那是个破旧、落后、肮脏、杂乱、无序的宗教名城。如今我要看看印度经济改革开放后的瓦拉纳西有哪些变化。2010年3月下旬，我忙里偷闲去一探瓦拉纳西。20年前人们都乘火车去，如今我乘飞机前往，从新德里到瓦拉纳西只需要1小时20分钟就能到达。

刚走出机场，宾馆派来的小车已等候在门口，我们便驱车向市里的住地驶去。一路上已不见了低矮的土坯草房，马路两边的房子都变成了砖瓦房，尽管看起来有些粗糙陈旧，但是在其中还能偶见几幢相当精致的小洋楼。这种小洋楼有着印度和西方建筑特点混合而成的艺术风格，看上去不仅非常舒服，而且楼内的设施也不错，卫生设备、热水淋浴、空调与不锈钢厨房餐具等等，一应俱全。据说这大多是近些年里事业有成人家的子女在美国和西方国家发了财之后回老家兴建的，其中有不少是印度信息产业的精英在赚了西方外国人的钱后回家为父母和家人建造的大别墅……

一到宾馆，我就放下行李驱车前往市中心逛夜市。可是使我颇感遗憾的是瓦拉纳西的马路至今有不少地方仍十分肮脏，污水满地。人行道还是裸露着泥土，汽车一过尘土飞扬……商店门口乱堆着各种货物，与破旧的广告牌和彩色旋转的各色霓

---

* 原载于《文汇报》2010年5月24日。

虹灯混杂在一起很不协调。马路上拥挤的人群、乱穿的自行车、马车、摩托车、破旧不堪的公共汽车、悠闲自得的神牛和人力三轮车组成一股股彩色喧闹的潮流涌向城市的四面八方……一切似乎都显得杂乱无序。而十字路口指挥交通的警察几乎形同虚设，他们对马路上你争我夺的车辆人流表现出万般的无奈……瓦拉纳西确还是有不尽如人意的地方，太乱太脏……不过细看一下，瓦拉纳西的变化还是有的，就在印度教大学不远处曾经有个破旧的电影院，而一年后的今天这里正在盖一幢高楼大厦，听说将变成高级的综合性文化大厦，里面将有着世界最先进的放映技术，还有各种各样的娱乐设施。的确，我稍加注意一下，在瓦拉纳西这破旧的平房小楼群间，不时地会出现一幢幢数十层楼的大厦，他们大多是三星级以上的宾馆，还有的是办公大楼，供日益增长的旅游需要与新兴技术的开发之用。总体上看，如今的瓦拉纳西变化虽然不大，但是显得非常从容和不慌不忙，它似印度的一头大象，按照自己的步伐，旁若无人地向前走着，这也许就是印度经济发展的特点吧。另外，瓦拉纳西城里乞讨的人已比20年前少多了，以往常见的身无立足之地的赤贫游民如今也很少见，大多城市贫民都有自己的居住房屋，尽管房子低矮窄小，可总算还是有了一块栖身之地，有的房屋顶上还高耸着电视的接收天线……想起20年前，如一阵热风袭来，不知有多少的流浪穷人会被热风吞噬掉生命。

一路上边看边谈，一会儿到了印度教大学校内的印度教神庙。这寺庙规模不小，晚上来来往往的人也很多，他们都是印度教大神虔诚的崇拜者，每一个进寺庙的人都需脱鞋，然后走向寺庙门口内的大钟旁，用手碰一下大钟的铜挂锤，清脆的响声在夜空中传得很远很远……这响声似乎把你带进了一个神的世界……我那尼赫鲁大学的印度学生爱风行悄悄地告诉我，也许湿婆大神已知道您这位中国人来到了瓦拉纳西，他会祝福和保佑您的……

寺庙外还有一幢敞开式的专门读书的殿堂，在不太亮的灯光下，十几个印度教大学的学生在认真地看书，他们似乎没有感觉到我这个中国人已站在了他们的身后，仍然专心致志地看着手中的书，也许他们更多地是在用自己的努力感觉印度大神的智慧吧。

当我走出寺庙大门时，天已很黑了，忽然间发现旁边一大片草丛的上方，有着无数个闪亮的光点……我最初以为这是人工电子灯的闪光，可是走近俯身仔细一看，却发现那是千万只萤火虫拖着自己的尾灯在草丛中漫游，它们忽上忽上，忽东忽西，那闪闪烁烁的紫蓝色光亮，在夜幕下显得何等壮观、绚丽与神秘……它们也不怕我，当我伸出手掌时，就有几只萤火虫降落我掌心之上，还有几只在我身边飞来飞去，有的竟还站停在我的头发上，它们似乎把我领进了这神的世界……四周的一切是那么地静谧，一阵微风吹来，恒河上清醇的水汽味使我心旷神怡，一天下来的疲惫一扫而光，我似乎突然看见印度三大神徐徐向我走来，后面还有神猴哈奴曼，他们双手合十感谢我把印度神话故事介绍给中国读者，尤其是神猴哈奴曼的故事，那是我在印度时长期收集整理经过再创作的由上海译文出版社出版的《神猴哈奴曼》的传奇故事，深受中国小朋友的欢迎，因为他们看了此书后才知道，中国的孙悟空还有个印度的“爸爸”。实际上在我国民间早已流传印度史诗《罗摩衍那》里神猴哈奴曼的故事，在一些传奇小说、说唱话本、地方戏剧里也已有神猴哈奴曼神奇的故事出现。例如，宋代话本里提到“齐天大圣”这个名字，元剧“猿听经”里有孙悟空最初的形象塑造。所以，《西游记》里孙悟空形象的塑造是中印文化交流融合的象征，孙悟空是印度神猴哈奴曼和中国无支祁相结合孕育而成的……作者吴承恩是个性敏多慧的集大成者，他把民间的传说、艺人的说唱本、戏剧、佛教经典、宗教文学中的故事综合在一起，加以精心构思、丰富的想象，经过艰苦的再创作，最终写成《西游记》这部脍炙人口的神话小说，塑造了孙悟空这个人人喜爱的艺术形象。

自然，我来到瓦拉纳西更重要的是要亲身体悟一下印度教核心文化的精神实质，那就是印度教徒对生与死的真实理解和认识……他们认为生是伟大的，死也是幸福的，生死轮回天经地义，生生死死无穷尽……凡是积德行善之人，死后就能升天；犯罪之人只要诚心悔改，用恒河之水净化自己的灵魂，死后还是能升上天堂的……同时印度教认为恒河之水自天上来，那是圣水、纯洁之水，在恒河里沐浴不但可以消灾去祸，还可以净化人的灵魂……为此，每天黎明或黄昏，男女老幼还有从全国各地赶来的印度教徒与心有罪孽感的人，都会走进恒河用水细心地洗涤自己的身体和心灵，求神保佑和原谅自己的罪过……在瓦拉纳西的恒河岸边，还有着不少的焚尸场。印度教认为，谁要是死后能被焚尸于瓦拉纳西的恒河边，那便是最大的心愿和幸福。同时印度教还认为，在恒河边焚尸，然后把骨灰撒进恒河里，人的灵魂就能上天，就能在天堂与神快乐地生活在一起。

第二天早晨，太阳刚露出一丝红光，已有不少的印度男女（他们中有老人、小孩、青年男女、怀抱婴儿的母亲、扶着老人的儿女们等等）怀着虔诚的心情，迈着缓慢的脚步走下高高的石阶梯……当他们走进恒河水的那一刻，其表情是极其的幸福和舒畅……他们要做的第一件事，就是用手面向太阳升起的地方泼水，嘴里还不断地唠叨着什么……

当晚，瓦拉纳西的恒河岸边，灯火辉煌，人潮涌动，鼓乐喧阗，热闹非凡……有祭祀恒河女神集会的铃声、锣声与鼓声，有众多焚尸场熊熊大火燃烧柴堆时的阵阵爆裂声，还有那祭师为死者既高亢又低沉的祈祷声，有时还有不知从何处飘来的美妙的颂神音乐……而恒河里随处可见漂流的闪亮神灯，那盏盏神灯和岸边的灯火交相辉映，把漆黑的河面照得雪亮。它们虽在被河中大小游船涌起的浪峰间不断地起伏、摇晃着，但是它们却永不回头，满载着印度人民的希望，随着恒河之水漂向东方，冲破那漫漫的长夜，去迎接黎明时升起的太阳。

现代印度语言述论*

印度民族众多，语言繁杂，语言的发展经历了漫长的历史过程。同时，在印度由语言引起的矛盾相当突出，影响着印度社会的进步与繁荣。分析研究现代印度语言问题，是一件很有意义的事。

一、印度的语言及语言繁杂的原因

印度的 10 卢比纸币上印有 15 种文字，可谓世界造币史上的奇迹。这 15 种文字是印地语、乌尔都语、孟加拉语、马拉提语、马拉雅兰语、梵语、信德语、克什米尔语、阿萨姆语、奥里萨语、坚那勒语、古吉拉特语、泰米尔语、泰卢固语和旁遮普语。其中，印地语的使用人数最多，达 1.6 亿多人，占全国总人口的 29.67%，主要通行于印度中部和西北部地区。其次是孟加拉语，有 4500 多万人操孟加拉语。泰卢固语是印度的第三大语种，使用人数与孟加拉语相差不多。马拉提语的使用人数有 4000 余万，占第四位。泰米尔语占第五位，使用人数约 3700 万。

语言多，民族自然也多；民族多，方言也就更多了。全印度的主要民族语言及方言多达 150 种，如果再从语言学研究的角度加以细分，则可达 1600 多种，有的村与村之间说的也不是一种语言。故印度有位语言学家说，印度人真正统一的语言表达，那唯有国歌了。

印度为何形成如此众多的语言及方言呢？我想把中国与印度语言的历史与现状做一比较，也许能说明一些问题。

（一）两次失去统一语言的机会

公元前 2000 年，印度的原始居民达罗毗荼人已经创造了自己的语言文字，而且

* 原载于《外国语（上海外国语大学学报）》1992 年第 6 期。

语言文化已经相当发达。可是，由于外族雅利安人的入侵，达罗毗荼人被赶到印度南方的崇山峻岭中重新过原始人的生活，达罗毗荼文明从此几乎在全印度灭绝。这便是印度第一次失去语言统一的机会。经过了相当长的一个历史时期，大约在公元元年前后，达罗毗荼文化才重新有所发展，但此时已是雅利安人古代文明最为辉煌的吠陀时代了。

雅利安人进入印度后，使用的语言是古梵语，他们虽然也或多或少地从达罗毗荼文化那里汲取了一点营养，但是从吠陀文化的整个发展过程看，吠陀文化无法起到承上启下的作用。吠陀文化最为杰出的成就是两大史诗《摩诃婆罗多》和《罗摩衍那》，这两大史诗都是用古梵语写成的。可是，到了10世纪，雅利安人的统治根基动摇，民族矛盾突起，随即古梵文也开始衰亡，各民族的语言又纷纷成为本民族主要的交际工具，印度也就第二次失去了统一全印度各民族语言的机会。虽然，替代古梵文的各民族语言中有不少还是从古梵语中派生出来的分支，但是各民族为了民族的独立性，创造了各自不同的文字以示区别，如印地语、马拉提语和乌尔都语。至今，印地语和乌尔都语虽在口头上能够互相交流，但是书写文字却截然不同。乌尔都语借用了波斯语字母，而印地语虽然继承了古梵语的天城体字母，但细加区别的话与古梵文还是有所不同。这样两种语言在书面的交流中还必须要通过翻译才能理解。

中国自从秦始皇统一了文字之后，汉族的汉语方块字一直是中华大地上的通用语言，汉文化至今一直兴旺发达，无论是古典文学，还是现当代文学，都呈现出欣欣向荣的局面。可是印度除了吠陀文学举世闻名外，现当代文学的发展不尽人意。这与印度这个文明古国很不相称，如果要追根溯源的话，自然是印度自古以来没有统一的语言文字。各民族语言繁杂争斗，这对民族间的文化交流和印度整个国家的文明与进步无疑起了巨大的阻碍作用。

（二）历史上没有一个王朝能真正统一印度

在印度的历史上，没有一个王朝真正统一过全印度，即使在某一个时期内，某个王朝统治着印度，但实际上也并非一统天下，一般只统治着印度北方和经济较为发达的地区。全印度有很大一部分领土还是在土邦王国的统治下，这些土邦王国表面上屈顺于王朝的统治，实际上却保持着自己传统的语言文化。如印度历史上有名的孔雀王朝和莫卧儿王朝，貌似威严强大，却无法从根本上把各民族的语言改造同化。虽然有的王朝也颁布了统一语言文字的法令，但是土邦王国却不予理会，自行其是。故这些土邦王国的语言文化不仅得到了保存，而且进一步发展与繁荣，逐渐形成与统治者民族语言相抗衡的局面，如孟加拉语、马拉提语和泰米尔语等。

纵观中国历史，虽然也有王朝更迭，但是自秦统一中国以来，中国无论哪一个朝代都有较长期的稳固统治，并在自己王朝内通行一种语言——汉语，各民族从未发生过语言之争。这给中国文明的发展提供了较为稳定的发展时期，以至新王朝产生之后，无法从语言文化上来一个彻底的改造。

（三）没有一种语言能融合统一全印度语言

从语言交流融合的一般规律看，两个或两个以上的民族生存在同一个地区和国家里，一般总是生产力水平高和政治文化发达的民族语言融合生产力水平低与经济、政治文化较落后的民族语言。如果强悍的征服者在政治、经济、文化上比被征服者落后，那么征服者的语言最后也为被征服者的语言所同化。正如恩格斯在《反杜林论》里写道："在长时期的征服中，比较野蛮的征服者，在绝大多数情况下，都不得不适应征服后存在的比较高的'经济情况'；他们为被征服者所同化，而且大部分甚至还不得不采用被征服者的语言。"可是在印度的语言发展史上却没有遵循这个一般语言的交流融合的规律。如早在公元前2000年，印度的原始居民达罗毗荼人已经创造了高度的文明，在今天巴基斯坦出土的莫亨殊达罗和哈拉巴的古代遗址上发现了高度发达的文明城市，有水井、浴室和复杂的城市排水系统，在不少出土的器皿、陶器和雕刻精美的石器上已经发现有文字。可是当落后的外来部族雅利安人入侵印度后，达罗毗荼人的文化却遭到毁灭。更令人难以置信的是，由雅利安人创造的高度文明发达的吠陀文化及其语言工具——梵语，却在10世纪也开始消亡，最终被十几种地方语言所代替。这后起的十几种语言中，也没有任何一种能以其强盛的生命力去融合其他民族的语言。12世纪中叶，印度曾遭到波斯王朝的侵略，统治者强令波斯语为全印度的通用语言，但结果却是波斯语无法在全印度站稳脚跟，最后只能成为一个小语种存在于印度地方语的语库中。

在中国的历史上，汉语一直是胜利者，即使在外族入侵后所建立的王朝，汉语也一直起着同化外来民族语言的作用。有的民族语言是自愿被汉语融合同化的，最为典型的例子是"五胡"汉化。隋唐以前，匈奴、鲜卑、羯、氐和羌五个少数民族曾建立过自己的国家，但是他们都把汉语作为互相间交际的工具。也有被迫被汉语融合的民族，如女真和满族。满族在入关前，满族统治者总结了历代少数民族被汉化的教训，竭力避免被汉族同化。清太宗皇太极告诫群臣："昔金熙宗循汉俗，服汉衣冠，尽忘本国语，太祖、太宗之业，遂衰……诸王贝勒务转相告诫，使后世无变祖宗之制。"（《清史稿·太宗本纪》）可是历史的发展不以个人的意志为转移，满族入关后从主张学满语不学汉语到被迫学习汉语经过了一个痛苦的转变过程，顺治时已"渐习汉俗，于淳朴旧制、日有更"（《清史稿·世祖本纪》）。如今的满族已找不出几个能讲地道满语的人了。有的满族人的汉语水平甚至比汉人还要高，如老舍和罗常培，他们都是满族人，在老舍的小说里，其北京味比北京人还地道；而罗常培则是一位研究汉语的专家权威，解放后曾任中国社会科学院语言研究所第一任所长。

二、关于国语之争

在印度历史上，语言多不仅影响了民族之间的交往，同时也影响了民族间的团结。各民族为了给自己的语言争得一席之地，维护本民族的语言地位，时常发生激烈的矛盾冲突，甚至造成流血与死亡，历史上各民族在语言冲突中死亡的人数何止千万。所以，印度学术界在分析今日印度社会发展所存在的问题时，把语言作为阻碍印度社会发展的三大矛盾（宗教矛盾、种姓矛盾和语言矛盾）之一。这三大矛盾无论是过去和现在都对印度民族的团结和社会的进步繁荣带来了极其惨重的损失。

印地语使用的人数最多，在印度独立之前，国大党曾长期进行以印地语为国语的宣传活动。印度国父圣雄甘地早在 1918 年就说过要在人民生活中给印地语以国语的地位。把印地语定为国语似乎是很自然的事，可是却遭到了全国上下的激烈反对。主要理由是，印地语只是一种地区性语言，它并不能代表全体印度人民的愿望，而且从文学成就上看，它还不如孟加拉语、泰米尔语和泰卢固语成就高。

印度独立后，在决定何种语言为国语时，政府内部展开了激烈的争论，在全印度也掀起了轩然大波。

1965 年 1 月 26 日当政府正式确定印地语为国语时，全印度爆发了大规模的骚乱、罢工和示威游行，暴力与流血又在印度各个角落发生。事件导致 3.5 万人被捕，约 200 人死亡，数百人受伤，损失的财产达数千亿卢比。语言运动最为激烈的是南印度各邦，有的邦甚至扬言要脱离联邦政府，成为独立国家，公开指责这是“印地帝国主义”和大民族主义企图利用语言为工具控制和奴役其他民族。为了避免联邦解体与暴力和流血事件的继续发生，政府虽然最终仍定印地语为国语，但同时不得不采取承认印地语、英语和地方语言长期共存的“三种语言方案”。

三、印地语在今日印度的处境

印地语自 1965 年 1 月 26 被日正式定为国语至今，已有 27 个年头了。印度政府为在全印度推广印地语花费了巨大的财力和物力，如在全国各地成立了宣传和普及印地语的协会和印地语文学协会，举办全国性的印地语日、印地语图书展览，增加印地语电影的生产与发行，在电台与电视台增播印地语节目，并且还规定在全国的中小学设立印地语课。可是其结果却仍不理想：印地语仍主要是印度北方及西北部使用的邦官方语，其他各邦仍旧很少有人操印地语，印度东部与南方几个邦甚至仍拒绝使用印地语。全印度普遍使用的交际语言仍然是英语。1983 年在印度首都新德里召开世界印地语大会期间，在讨论推广印地语问题时，与会者几乎又打斗起来，会议主持者不得不马上宣布休会，从而避免了又一次语言之争引起的流血事件的发生。所以至今，印地语仍无法在全印度得到普遍的重视和应用。

我在国内曾学过印地语，来到印度后耳闻目睹的事实，使我深为印地语的命运担忧。现在印地语不光在东部和南方的几个邦内被拒绝使用，而且在属印地语区的德里地区，它的命运也不佳。在首都新德里以及一些大城市里，有不少印度人以讲英语为荣，不愿讲印地语。甚至有个别政府官员，当我们与他讲印地语时，他却说："你最好讲英语，我喜欢讲英语。"在尼赫鲁大学的校园里，学生们一开口便是英语，而不是印地语。他们认为：学好英语不但可以走遍全印度，还可以走遍全世界；一个大学毕业生，如果精通英语，可以找到一个好工作，而印地语只能在北方的几个邦内使用，所以印地语的使用价值不大。不过进入 21 世纪以来，由于历届政府及教育系统的大力推广与实践，印地语的国语地位得到巩固与加强，南方几个邦已不拒绝使用印地语，人们也逐渐用印地语进行交流。现任总理莫迪更是身体力行，不但使用印地语宣誓就职，而且在政府的大小会议上一律讲印地语，外出访问也都讲印地语而不是英语。

四、英语在印度的地位与作用

1707 年，印度莫卧儿王朝的最后一个皇帝死后，由于连年的战争，国势大衰，各上邦王公乘机纷纷独立，脱离莫卧儿王朝。这给野心勃勃的西方殖民者提供了可乘之机，首先踏上印度国土的是葡萄牙殖民者，尔后荷兰人、法国人和英国人接踵而至，最后在印度次大陆上势力最大的是法国与英国。英法两国为了争夺在印度次大陆上的统治地位，独霸全印度，曾进行了一场大战，结果英国取胜，法国不得不退出印度。1857 年轰轰烈烈的印度民族大起义被英国殖民者残酷地镇压下去之后，整个印度次大陆从此完全沦为英国的殖民地。英国殖民者为了强化在印度的统治，更多地掠夺印度的财富，便强行推广英语，借以诋毁印度几千年的文明和各民族的本土文化。英国殖民者到处建立英语学校，大量培养顺服于自己统治的会讲英语的"奴才"，给予高薪待遇，并且还规定，在英国殖民政府内求职的印度人必须讲英语。在英国殖民者软硬兼施下，大部分印度人为了谋生不得不去学习英语，从此英语便在印度次大陆上迅速广泛地传播开来。到 1947 年印度独立之初，英语基本上已被广大印度国民所接受，成为全印度各邦通用的语言工具。特别是在印度的知识分子阶层，一般的知识分子都精通英语，有的还出现这样的笑话，一个堂堂的上层知识分子能讲流利的英语，却看不懂本民族的语言，还要请翻译译成英语。有的印度人除了肤色不能改变之外，从语言到日常穿着与言谈举止，完全模仿英国人的习惯与模样。在印度独立之后的宪法中曾写明：英语 15 年后将被取消官方用语的地位，印地语将成为唯一的全国通用的语言。可是 15 年后英语非但没有取消，而且得到进一步的发展，在这 15 年里，还形成一支人数众多的用英语创作的队伍。

尽管印度独立之后，取消英语的运动此起彼伏，甚至在 20 世纪 90 年代初，印度北部普拉德什邦的首席部长辛格·雅运夫组织了声势浩大的抵抗使用英语的运动，他们在英语学院前示威，手持标语牌，并且高呼“讲印地语”、“不讲英语”。他们还说：“我们从白种英国人手里赢得自由，并不是为了重新置于讲英语的深肤色上等人的统治之下。”辛格·雅运夫为了消除人民对印地语一统天下的担心，到南方各邦游说，提出可以用包括印地语在内的 15 种语言共同来取代英语，结果他的话遭到了广大人民的嘲笑。因为照此办理，印度将成为一个方言大杂烩。所以以雅运夫为首的抵抗英语运动不久就销声匿迹。在印度北方的几个邦内，虽然时常发生反对使用英语的运动，可是用英语教授学生的学校如雨后春笋般地出现。目前，全印度有几千个英语口语速成班在开课，给越来越多的要求讲英语的公民提高英语水平的机会，每年全印度售出的供英语自学的教材逾百万册。今天印度政府的文件、马路上的指示牌、商店的招牌、广告等越来越多地使用英语。究其原因，有以下三个方面：

（一）客观形势发展的需要使人们对英语有了新的认识

印度尼赫鲁大学一位教授在谈到印度英语的地位与发展前景时说，“印度现在离不开英语，离开英语印度的历史就要倒退，全印度现在只有靠英语才能交流，而不是印地语。再说今日科学技术日新月异，国际上的科学技术及文化交流更需要英语，我们不应用狭隘的民族主义眼光去看待英语”。目前，印度普通的青年人，包括来自印地语的故乡——北方邦的大学生们，对英语所持的态度与他们的父辈不同，他们说：“印地语是我们的家乡语，我们热爱它，使用它。但是，从目前国际国内发展的趋势看，英语的使用要比印地语广泛得多，这个事实，我们不得不承认。所以，我们觉得学习英语、使用英语，对国家与个人都没有坏处，只有好处，我们何必去反对学习和使用英语呢?”

（二）英语给印度带来了很大的好处

尽管英语的使用在印度时常引起纷争，但是实际上英语给印度带来的好处是有目共睹的。首先在对外贸易上，由于印度人能熟练地运用英语与外商交谈，外商很愿意与印度人谈生意，也愿意雇用印度人与他国进行贸易洽谈。他们认为，使用同一种语言，不需要翻译，更显得亲切，而且能节约时间，少出差错。其次，西方的企业家和一些国际组织也很愿意在印度投资设厂和建立科研机构，他们认为，由于印度人英语过关，在语言上不需要再进行培训，平时与技术人员及工人的交往就方便得多。例如，联合国决定在第三世界设立生物遗传工程研究所，其目的是为第三世界培养人才和推广生物基因工程，为第三世界国家服务。据在联合国工作的人士透露，原来联合国计划把这一研究所设在中国，一是中国人口众多，二是中国在生物遗传基因工程方面基础较好，可是考虑到中国的英语尚未普及，这样高级大型研究机构设在中国，今后若要为第三世界各国培养人才和推广科研成果，在语言上将成为一大障碍，所以最终联合国决定把遗传基因工程研究所设在印度。再者，在当今的信息时代，世界先进的科学技术资料大多用英语写成，而印度大学毕业生英语基本功都很扎实，能较自由地用英语交谈，熟练地使用英语资料，能看，能写，因而他们获取科技信息要比中国快得多。

（三）英语在印度的变异

英语在印度这块土地上存在了 200 多年。在这 200 多年的时间里，英语在印度也产生了一些变化，印度今天的英语已不是地道的英国英语了，而是自成一体，成为英语的一个分支，学术界一般称为南亚英语。初来乍到的西方人，碰到印度人讲英语，听起来耳熟，但却又听不懂其中的意思，往往要有一个适应的过程。因为在印度人所讲的英语中夹杂了不少本民族语言的词汇，而且在单词发音上也类似本民族语言，所以在印度的外国人都有一个共同的经验，凡听不懂印度人讲英语时，就说一句："请你不要夹带本民族语言的单词和拼音。"如"国家"（country）一词，有些印度人往往习惯用印地语字母去拼音，发成"更曲来"。又如"护照"（passport）一词，有的印度人也往往带进印地语的发音，说成是"巴斯伯特"，难怪外国人要听不懂了。

英语在印度次大陆与印度众多的语言交流融合的结果，使印度英语的表现力变得更加丰富，所以今天的印度英语已成为英语的一个分支独立存在于英语的语库中。为此，学术界有不少人专门研究英语 200 余年以来在印度的变异与应用，同时努力探讨印度英语的发展前景。

印度议会民主制度的利与弊*

印度自诩为世界上最大的民主国家。印度国大党的开国元勋和第一任总理尼赫鲁为新生的印度制定了建国的四大原则：民族主义、议会民主、社会主义和世俗主义。

三权分立 实行两院制

印度议会民主的具体体现是制定“三权分立”的政治体制，它是根据西方的三权分立和印度国情建立的印度式的议会民主制度，实行两院制，即上院（联邦院）、下院（人民院）。从1952年印度正式实行“三权分立”的议会民主制度以来已有46年的历史了。

纵观这46年的风风雨雨，可以看到“三权分立”适合印度的国情民情。总的来说，广大的印度各阶层选民的参政意识和政治热情较高，他们非常关心由谁来当政对自己对国家有好处。目前，印度全国参加大选的选民达6亿多人，参加角逐的政党有450个左右。

语言建邦 地方主义泛起

独立之初，代表地方主义势力的中小资产阶级代表人物为增加自己的权力与以大资产阶级为代表的国大党政府抗衡，提出了以语言建邦的要求。这当然与国大党力图把印度建设成为权力高度集中的国家，有利于巩固国家独立，有利于民族经济发展的目的背道而驰，因而自然被以尼赫鲁为首的三人小组否决了，但就此造成了1952年代表泰卢固语言的老国大党人波提·斯里拉卢绝食至死的事件，中央政府不

---

* 原载于《文汇报》1998年3月4日。

得不同意成立讲泰卢固语的安得拉邦。于是在“民主”的掩遮下，地方主义顺势泛起，锡克人的阿卡利党为了维护自己的利益，要求成立讲旁遮普语的旁遮普邦，而代表印度教徒利益的人民同盟、印度教大斋会和圣社等，则要求把旁遮普、喜马偕尔、巴地阿拉和东旁遮普邦合并，成立大旁遮普邦，以保持印度教徒在人数和实力上的支配地位。于是双方展开了一系列罢工、示威游行，还发生了流血冲突。最后中央政府不得不又成立了讲旁遮普语的旁遮普邦和讲印地语的哈里亚纳邦，在此之后，又把阿萨姆邦一分为四，分别成立四个不同语言的邦，即阿萨姆邦、那加兰邦、梅加拉亚邦和米佐拉姆邦。

从此，全印度就形成了以语言建邦的地理格局。以语言建邦是地方主义与中央对抗取得的一个胜利。有印度学者认为，以语言建邦很难说是印度议会民主所结的一个胜利果实。实际上它起到了削弱中央权力，助长地方主义势力的作用，对巩固印度独立，加强民族统一的事业是不利的。在现代科学日新月异的今天，其对发展印度经济也产生了不利的因素。我们难以相信，在一个又一个类似封闭式的社会里，它们之间在政治、经济、文化之间的交流会变得更加通畅。以语言建邦还导致了民族主义情结的增长，印度出现了要求脱离印度联邦建立独立主权国家的现象。如锡克人和泰米尔族人分别提出成立卡利斯坦国与德拉维达斯坦国，这不能不说是印度议会民主制度带来的悲哀。

集权不足　中央政府少权威

我在印度时经常听到不少专家学者感叹，印度式的议会民主制度虽然给印度带来了民主，但是也给印度造成了民主有余、集权不足的局面。印度的联邦中央政府缺乏权威性，中央政府制定的法令和政策得不到应有的贯彻与执行。如教育法、婚姻法和计划生育法这些有关国计民生的根本大法，虽然在印度取得了令人兴奋的成就，但是我在印度许多地方，尤其在农村中看到，这些法在不同程度上受到淡漠与忽视，有些地方甚至出现公开对抗行为，虽然中央政府明文规定，凡违法者必受到惩罚，但是事实上不少地方政府听之任之，不敢以法行事，如有些地方学校禁止低种姓子女上学，还有童婚、一夫多妻的现象。为了嫁妆烧死新娘者也屡见不鲜，仅据印度政府 1986 年公布的数字就有 1666 名妇女因没有足够的嫁妆被其丈夫公婆害死，而罪犯却没有得到法律的制裁。近几年类似情形未见有减少的迹象出现。

我参加过印度议员的会议，看到他们为一个小小的问题，却进行了旷日持久的马拉松式的会议，即使基本上形成了决议，也因有少数议员的反对而作罢。所以，民主有余、集权不足是印度式议会民主制度的内在弊病。

今日印度教的种姓现象*

今天印度有10多亿人口，80%多的人信奉印度教。印度教的种姓等级制度，对今天印度社会的政治、经济和文化所产生的作用与影响不可低估。

关于印度教的种姓一词，最早出自《梨俱吠陀》。种姓是世袭的，谁也无法更改，一个人社会地位的高低、经济状况的好坏，都与种姓有关。

在今天的印度社会，印度教种姓等级制度的表现还相当明显，你一走进印度教徒中，就可以从各人的职业、衣着、举止、形态和习俗等方面，看出他（她）属哪一个种姓阶层。

求学和职业选择

凡婆罗门种姓及其子女，在今天的印度社会中地位最高，他们一般从事的职业都属知识型的，所以在科学教育界，大部分职位仍为婆罗门所占有。在大学，婆罗门种姓的学生比例是最高的，其次是刹帝利和吠舍种姓的子女。虽然现在印度提倡全民教育，但是低种姓的子女就学人数仍然是最少的，“贱民”的子女上学比例更小。由于受教育的机会与程度不同，自然在知识界从事科研与教学工作的婆罗门仍占多数，在政府的各级部门也是如此。当然，今天的婆罗门也有不少贫困者，他们有的也上不起学，当不了现代的知识分子，更进不了政府机关工作。但是，这些婆罗门在选择工作时，大多选择饮食方面的工作，如饭店的厨师与服务员。因为他们认为炊事工作仍然是比较崇高的，而绝不去从事马路清扫工、理发匠和皮鞋匠之类的工作。如果叫一个婆罗门去从事清扫厕所的工作，那他（她）宁可去死。

刹帝利种姓有尚武的历史与习俗，在今天印度的军队里，刹帝利种姓的士兵与军官仍占多数。同时，在政府部门和科技教育领域，刹帝利种姓的人数也为数不少。

吠舍种姓自古以来是经商的种姓。经商搞贸易在相当长的一个历史阶段里成了

* 原载于《国际观察》1997年第5期。

吠舍种姓的专利与代名词。在今天的印度商界，吠舍种姓的商人仍占多数。但是随着时间的推移、社会的进步，特别是经商贸易所得利润的提高，经商贸易已成了今天印度各种姓青年和青年知识分子追逐的目标。今天经商已不再为吠舍种姓所垄断，婆罗门、刹帝利种姓青年男女在选择职业时也会优先考虑商业贸易。尤其在国际商贸和金融行业中，吠舍种姓独霸天下的情景已不复存在。不过在一般商业行业中，吠舍种姓仍占多数。

首陀罗种姓几千年来在农村从事繁重的农业劳动，在城市则是手工业者。在今天的印度社会里，虽然绝大部分的首陀罗仍从事农耕和手工业劳动，但是自从印度独立后，由于政府的支持与倡导，也有不少首陀罗青年通过奋发读书，走进了知识分子阶层，并踏进了政府大门从事公务员工作，有的还在政府部门担任了相当高的职务，有的则成了科学领域的专家和高等学校的教授。不过从总体上来看，首陀罗种姓仍未跳出祖传下来的农耕和手工业的职业范围。

饮食起居习惯：在印度，从一个人的饮食起居习惯，也可以看出其种姓高低。印度教认为在食物中素食是纯洁之物，而各类肉食属污秽之物。因为肉食在印度炎热的天气下容易变质发臭，只有低种姓的人才吃容易变质发臭的肉食，自认为高贵纯洁的婆罗门不是肉食者，而是素食者。在婆罗门种姓内部地位越高，其素食也越严格，有的甚至连鸡蛋也不吃。但是在今天的印度社会里，年轻的婆罗门知识分子并不拒绝肉食，荤素搭配、讲究营养是今天印度高种姓知识分子就餐时的考虑。

在今天的印度社会里，印度教种姓制度的纯洁与污浊观念在农村仍表现得较为严重，不同种姓的人不能同住在一起，婆罗门住村头，“贱民”住村尾，也不能同饮一口井的水。在城市则还表现在种姓间的歧视与老死不相往来以及职业的选择和婚姻上有所限制等。不过总体上来说，印度独立后，由于印度各级政府的不懈努力，种姓间的歧视与不平等现象已有了很大的改善。

婚姻习俗

在今天的印度社会里，从印度教的婚姻习俗上，依旧可以看出种姓制度的危害。印度教的顺婚制和逆婚制现象依然存在。高种姓的男子可以娶年轻、貌美、家庭富有的低种姓的姑娘为妻，这就叫顺婚；而高种姓的姑娘若嫁给一个低种姓的男子，这就叫逆婚，仍然要遭到印度教内部舆论的指责。如新德里一个婆罗门姑娘大学毕业后，通过自由恋爱嫁给了一个低种姓的与自己同窗的同学，她的父母及兄弟姐妹一时无法理解，极力地反对，社会的种种舆论也对他们不利。所以在印度的大城市，年轻貌美、有知识文化的婆罗门姑娘，因找不到如意郎君而独身的为数不少。

如今，印度青年男女敢于冲破种姓陋习，在婚姻上成为胜利者的也为数不少。

特别是在大城市，印度教青年男女婚姻的自由状况有较大的改观，自由恋爱结婚、跨种姓的婚姻已不少见。人们选择配偶时，也越来越注重双方实际的政治地位与经济状况，而不是以种姓为先决条件。

可是在农村和山区，印度教的青年男女们仍以种姓内婚制为主，跨种姓的婚姻极为少见。童婚与寡妇自焚现象也时有发生。特别是童婚，在有些农村地区还表现得相当严重。其主要原因是经济的贫困，促使父母早早嫁女娶媳，童婚年龄大到10多岁，小到五六岁。据印度社会学家的调查，童婚在山区、农村的比例占1/2左右。分析今天印度社会童婚的原因，除了种姓与经济问题外，还有重男轻女、嫁妆制度与妇女殉葬等因素。重男轻女使妇女没有上学受教育的权利。女子是别人的财产，早早出嫁可卸掉包袱，并可少出或不出嫁妆，节省一大笔钱。而妇女殉葬后留下的孤儿，也只能早早婚配了却心愿。

在印度教种姓的婚姻问题中，寡妇的命运十分悲惨，等于失去了做人的权利。她们无财产的享用和支配权，只有干活做家务的义务；不能穿花衣服，戴首饰，终身不苟言笑。印度教规定，女子一旦结婚，生死也要相随其夫，故不能改嫁，凡改嫁的女子就得不到“解脱”。森严的种姓制度也逼使寡妇终身不再嫁人，因为寡妇再嫁要被逐出种姓之门。另外，印度教的宿命论思想也是寡妇不肯改嫁的内在因素，寡妇为恶运之妇，恶运之妇男子是不敢娶她为妻的。

虽然，今天印度社会寡妇的命运较独立前有了较大改善，但是寡妇再嫁的状况却未见大的好转。据统计，今天的印度社会仍有几千万寡妇，所以要想彻底改变寡妇的命运，还需要相当长的时间。

寡妇殉夫是印度教婚姻中的又一陋习。究其原因，主要有以下两个因素：

一是自古以来印度妇女的地位低下。《摩奴法典》规定“妇女不当独立”，“在家从父，婚后从夫，无夫从子”，她们只是丈夫生儿育女的工具、家庭里的用人，没有一点独立自由的权利。一旦成为寡妇，有的地方还要给寡妇剃光头，不准倚门而立，无资格祭祀，只准穿白衣睡地上，更不准再婚。由此，许多寡妇认为与其偷生于世，受尽欺凌侮辱，倒不如随夫一死了之，于是寡妇殉夫者至今不绝。

二是“斯迪”制度的影响。“斯迪”即丈夫死后，妻子跳入丈夫的焚尸柴堆上，由其亲生儿举火点柴，焚烧其母。支持鼓吹“斯迪”制度的人认为，殉夫之妇可与夫永居天堂，其为烈妇，可赢得来世的幸福，还可流芳百世、光耀门庭，来生也必定其乐无穷。但是，如不愿殉夫的寡妇，非但来世得不到好的报应，还将逆轮转世为畜类。由此，许多寡妇甘愿殉夫，以图美名和求来世的幸福安乐，最终可求得解脱与夫永居天堂。

在今天的印度，寡妇殉夫还时有发生。1980年，印度北部又出现过两起寡妇殉夫事件。让人不可思议的是，同年12月，在新德里竟有数百名妇女上街游行，鼓吹这种贞节。印度各界对这一事态的发展深表关切，当时的印度总理英迪拉·甘地夫人明确表示政府反对恢复“斯迪”。

印度教种姓的内婚制还造成印度教青年选择配偶的范围窄小，导致近亲结婚，极大地影响了印度民族的素质。大批先天性低能儿与畸形儿的出生，证实了印度民族的身体素质在下降。所以，曾任教育部长的文特朗博士在印度各地的大小会议上大声疾呼，不根除印度的种姓制度，就不能降低种姓内婚制所造成的儿童先天性疾病的增长速度，直至根绝。印度教种姓的内婚制是印度民族的灾难之一，也是印度经济的一个潜在的危险因素。

日常生活和宗教活动

在今天印度人的日常生活里，我们也能看见种姓制度作祟的现象。恒河是印度的圣河，印度教徒认为每年到恒河沐浴，不但可以洗去自己身上罪孽的污垢，还可以给自己带来福佑好运。所以，印度教徒到恒河沐浴，已成为他们日常生活中一项神圣的宗教活动。可是在今天的印度社会里，高种姓的印度教徒仍不愿与低种姓的教徒一起下河共同沐浴。为此，在恒河的河堤上时常出现秩序混乱的局面，不得不由官方出面调解。

在日常的宗教活动中，高种姓的人也不愿意与低种姓的人同坐一条板凳，有些神庙至今不对低种姓教徒开放。在农村里诸如用水、进商店购物，也有种姓之别。另外，在印度教内部还存在着高种姓的印度教徒不让低种姓的印度教徒踏进自己家门的现象。

在印度教的种姓制度中，自古只有高低之分。由于社会的发展和科学技术的进步，有一部分人开始不满自己的低种姓身份。可是森严的印度教种姓制度规定，种姓是世袭的，任何人不可更改，那些低种姓者试图以严格的素食来改变自己的种姓身份，显然是徒劳的。还有的富有的低种姓者想以金钱来使自己成为高种姓者，自然也不会得到印度教种姓的认可。由此，那些不满自己种姓身份的印度教徒便在近代创造出一个中等种姓阶层的尝试，久而久之也得到了印度教种姓制度的默认。这些人主要包括发了财的商人、农村中富有的新地主和新富农。他们是靠自己的勤奋和知识挤进中等种姓阶层的。如印度北方邦的贾特种姓，便是典型的中等种姓的代表。他们靠自己的智慧与勤奋务农经商，积攒了足够的财富后，才由低种姓跨入中等种姓阶层。

由于中等种姓的出现，印度教的种姓等级集团发生了变化。由原高、低种性的两大集团，演变为高、中、低三大种姓集团。中等种姓集团出现后，对自己的政治地位也提出了自身的要求。首先通过组建自己的政党，参加印度的独立运动，如印度独立运动中出现的正义党和德拉维达联盟。另外，在国大党中属中等种姓的党员数量激增，已成为国大党中一支不可忽视的力量。另外，一些富有的低种姓教徒通过努力改变自己的生活习惯，按照高种姓的标准行事，并向寺庙捐钱捐物和向贫困的教徒提供帮助，试图达到高种姓的目的，印度人称这种方式为“梵化”。如泰米尔纳杜地区以酿酒为职业的种姓，他们发了财后，花钱买土地，成了既经商又务农的富裕人，同时捐钱物给寺庙，借钱给贫困者。这部分人声称自己原属高种姓教徒。不过由低种姓经过“梵化”到高种姓教徒的人数，在印度教内部为数不多。

20 世纪 90 年代，印度教种姓之间的矛盾与斗争时常发生，对印度社会与经济发展所造成的危害与损失是巨大的。所以，研究印度种姓问题的专家教授在讨论印度教的种姓等级制度对今天印度社会经济的发展与繁荣的危害时，总是感叹印度教的种姓等级制度似一只魔盆、一盘散沙，造成了人与人之间的歧视与不团结。正是这种歧视与不团结，造成了印度历史上一次又一次血的教训。印度走出这种姓制度的阴影之日，就是印度的强盛之时。

今天的印度社会，印度教的种姓制度对经济的改革与发展所造成的危害，表现在以下几个方面：

（一）缺乏印度民族的同一性和凝聚力

把人分为不同的等级，人为地互相歧视，互不信任，形成各不相同的种姓集团，同时为了维护各种姓集团的利益去争斗仇杀，势必影响到民族的同一性和凝聚力。一个民族一旦减弱或失去了民族同一性的意识，整个民族的力量就会削弱。它不但造成了印度历史上易遭外族入侵的惨痛教训，在今天的印度社会里，也使他们各自为政，对整个印度民族、国家的政治、经济的改革与发展无动于衷。国家的兴亡、经济改革的成功与失败与他们的种姓集团无关，他们只顾自己种姓集团利益的得失。我在印度很多地区调查的结果表明，印度教徒只承认自己的种姓属性，而对印度斯坦民族是一个统一的民族意识不强，农村低种姓集团的成员甚至否认印度斯坦是同一个民族。诚然，组成印度今天民族的成分非常复杂，单从纯民族的观念上去分析无从着手。但是，我们不能不说印度教的种姓等级制度妨碍了印度各民族向同一民族过渡的可能性，无法形成坚强的、统一的民族意识。缺乏统一的民族意识的各个种姓集团，民族的内聚力也会减弱，他们似一盘散沙，无法形成一种坚强的、无坚不摧的巨大力量，因此就出现了印度中央政府的经济改革措施在地方上得不到很好贯彻执行的现象。近几年印度经济改革在某些方面的成果并不理想，其原因是过分强调了地方利益。各个邦与地区为了各自的利益，有时往往采取不与中央合作的态度，地方与地方也各自为政，缺乏协作精神。所以，印度政界和知识界人士认为，印度集权不足，自由有余。

（二）助长了狭隘的地方主义

印度教的种姓制度，由于过多地考虑了某一个种姓集团的利益，也就助长了狭隘的地方主义，有的邦与地区往往与种姓集团的利益和狭隘的地方主义和政治挂钩。因为印度各政党的选举，往往为了拉票，各个党派在不同地区的竞选纲领也有所不同，而投票者也在决定候选人时以种姓为第一因素，原则上他们投与自己种姓相同的候选人。如果该候选人当选了，那么他在日后的政治生涯中，在决定某一件事时，也总是会考虑支持过自己的种姓集团的利益。这种政治与种姓的联姻，造成了狭隘印度地方主义风气的滋长蔓延。因为这个当政者在选用人时挑选与自己种姓相同的人，这种由种姓相同的人组成的政府，自然以考虑自己种姓集团居住区的利益为主，从而引起其他种姓集团的不满，造成矛盾与冲突的例子也不少。这于国于民都不利。所以，印度有关专家论及种姓与政治问题时写道："对于我国那些上流社会的人物说来，种姓背景仍然是决定性的因素，不论他是政治领导人，还是高级官员、高级将领、高级知识分子，以及所有影响政治决策的人都毫不例外。"

我与印度尼赫鲁大学的教授们谈及种姓与地方主义的关系时，他们认为，当前印度社会印度教的种姓制度，形成了全国数不清的以种姓集团利益为主的势力范围。这些种姓集团的势力范围就是某一个地方主义的代名词，由于受几千年宗教思想的影响，其势力盘根错节，影响着印度今天经济改革的进程。印度要发展、要进步，就必须打破种姓利益集团与地方主义的锁链，否则不可能取得经济改革的巨大成功，成为一个政治与经济强国。

（三）不安定因素

印度教种姓等级制度的存在，是印度今天社会不安定的根源。种姓间的矛盾与冲突影响了印度经济的正常秩序，妨碍了印度经济改革的进程。

印度独立以来，种姓间的冲突不断，仅举几例足以说明问题。印度独立之初，土地改革是印度新政府采取的一项重大的政策措施，目的是使农民耕者有其田，即把集中在地主手中的大量土地，通过国家规定的各项政策重归到农民手中，以改善广大农村地区农民的生活水平。可是在这场土地改革运动中，种姓制度的作祟严重地影响了农民为取得土地所做的斗争。在与印度共产党谈论到独立之初海得拉巴特仑甘那地区的土地改革风暴时，其也表达了对种姓制度的深恶痛绝。正是由于当地的共产党领导人和大部分党员属卡马种姓，他们在卡马种姓地主的挑拨离间下，利用种姓间的宿仇，达到了保护卡马种姓地主的利益，使得他们的土地在这场土地革命运动中未受丝毫损失，大大地伤害了其他种姓的农民参与这场土地革命运动的积极性，最终导致了种姓间的流血冲突。另外，20 世纪 90 年代初，印度前总理维毗辛格政府为低种姓保留了一定比例的就业机会，却激起了高种姓的强烈不满，引起了全国性的政治风暴。的确在就业机会比例的配额上，也存在着种姓的不合理因素。如有的地方官员利用手中的权利，为了满足本种姓集团的要求，在工作就业范围内为本种姓集团保留相当比例的就业名额，这就使其他种姓失去了就业的机会。但是，印度政府为低种姓和一部分种姓集团保留一定比例的就业机会是合理的，为何成了今天印度社会触发矛盾与冲突的不安定因素？分析其原因还在印度教不平等的种姓制度上。客观地说，国大党政府为低种姓保留一定比例的就业机会，确实改善了“贱民”生活的状况，也提高了“贱民”在社会中的地位。但是国大党的这一政策措施被歪曲利用，造成了不良的结局和影响，成了社会的不安定因素，这不能不说是种姓制度所酿成的悲剧。还有往往在某一个单位内，由某一个种姓包揽全部的工作，而把其他种姓拒绝在门外，或者仅仅是种姓的不同得不到理想的工作和提升，严重地影响了印度教种姓间的团结，久而久之，这也成了种姓间冲突的导火线。如在银行系统工作的职员、高级职员一般都是高种姓，而扫地、跑腿之类的差事由低种姓承担；在矿区下井的往往是低种姓，高种姓则在地面上工作；即使是同等学历，也由于种姓的高低待遇各不相同。

（四）不利现代教育的因素

印度是个发展中国家，深知教育对其经济发展的重要性，自独立之日起就十分重视对教育的投人。印度的宪法规定，“向 14 岁以下所有的儿童实行免费教育”。1985 年以来，印度又制定了有利于教育发展的各项政策，如《1986 年全国教育政策》、《二十三点行动纲领》等。由此，印度独立以来教育所取得的辉煌成就，举世公认。尤其是高等教育的发展更为喜人，今天印度每年毕业的大学生人数比美国还多。但是，分析印度就业的现状和发展趋势，也存在着令人担忧的问题。例如种姓问题对教育的发展影响较大。印度教规定，婆罗门是知识的垄断者，低种姓无上学的权利和机会。在英国人统治印度次大陆期间，作为最高统治者的英国人，不能容忍婆罗门在印度至高无上的权力与地位。为削弱婆罗门的权力与地位，英国人剥夺了婆罗门在立法与司法上的权力，对其在祭祀和举行宗教仪式的垄断权也予以否定。另外，英国人还在印度开办西式学校，允许任何不同种姓的子女入校学习，对婆罗门知识的垄断进行挑战，仅马德拉斯地区 1920 年就有 15 万名“贱民”子女上学，1930 年达到 23 万名。印度独立后，更是反对婆罗门种姓对知识的垄断，提倡全民受教育、人人受教育。但是纵观印度今天的教育状况，高种姓受教育的人数仍大大超过低种姓人数。低种姓除了经济的贫困影响受教育之外，还有一部分人在思想上仍错误地认为，低种姓无需受更多的教育，只要干好自己的本职工作就行了，如扫地、跑腿、理发、修鞋等。所以，在大学里低种姓出身的学生仍然是少数。另外，值得注意的是，由于种姓问题，不同的种姓不能在同一课堂、同一系和同一学校学习的陋习至今仍然存在。部分种姓有自己的大学，如婆罗门大学、林格亚特大学等，这些大学只收本种姓的子女。即使在一个大学里，各个系分别由不同的种姓把持的现象尚存。例如位于比哈尔邦首府的有 1.5 万名学生的巴特大学，历史系、地理系和生物系由卡娅斯坦种姓把持，政治系和哲学系则由婆罗门种姓把持，中等种姓则把持商业系和英语系。1978 年在马哈拉施特拉邦，关于一所大学的校名问题还引起了种姓冲突，马拉塔种姓要将这所大学命名为马拉塔大学，“贱民”要求将这所大学命名为安德贝卡大学（安德贝卡是已故的“贱民”领袖，曾是这所大学的开创人之一）。后来，当局提出以“马拉塔安德贝卡大学”命名这一调和方案了事。

由于教育系统依然存在不利于教育发展的种姓问题，某些种姓的子女不能按照自己的能力与兴趣爱好选读自己所喜爱的专业和学校，他们的聪明才智受到扼杀。还有许多不文明的现象出现，使人再一次感受到种姓制度对教育危害竟如此严重。如不准不同种姓同宿一屋、一桌吃饭，不准低种姓男生与高种姓女生说话，否则会受到不文明的攻击等。更有甚者，有的高种姓学生还敢侮辱低种姓教师。

这些不利于教育发展的种姓问题，不但影响着印度教种姓与种姓之间的团结，更重要的是影响了国民素质的提高。不彻底克服教育系统的种姓旧习，对印度教育和经济的发展也将产生不利影响。

种姓陋习：印度教妇女的悲惨命运*

在印度，妇女的地位最为低下，特别是印度教妇女，她们的命运更为悲惨，苦难也更为深重。尽管印度独立后制定了一系列改善妇女政治地位与经济能力的法案，如《印度教徒结婚与离婚法》、《妇女继承财产权力法》、《禁止嫁妆法》、《禁止童婚法》等，在这些法律条文的约束下，独立后印度教妇女的政治与经济地位与独立前不可同日而语，妇女受教育与识字率上升，成为专家教授和担任政府要职的也为数不少，但是由于印度教思想意识的作祟与几千年形成的社会陋习的束缚，有关印度教妇女悲惨遭遇的报道与消息仍可常常看到、听到和读到。

我在印度任访问学者数年，也走访了印度东西南北的许多城市与乡村，对印度教种姓制度对今日印度教妇女的危害印象颇为深刻，现如实地写出来，使读者对印度有更多的了解。

重男轻女之风兴盛，杀女婴男女比例失调

早听说印度教重男轻女之风盛行，在印度的所见所闻却使我不由更加惊叹竟如此严重。在这个“爱万物、不杀生”的宗教国家里，杀女婴却屡见不鲜。而且不少人对此残杀生灵的罪恶已漠然视之，由此也造成了今天印度社会男女比例失调、女性人口相对下降的局面。我在与印度社会学者探讨这个问题时，他们哀叹女人刚出娘胎就会遇上厄运。因为大多印度教家庭都把男婴视作父母死后升天的必备条件，为此如果男女婚后的第一胎是个女婴，那么这个家庭就会不断地生育下去，直到有个男婴为止。在今天的马哈拉施特拉邦还流行着把刚刚出世的女婴在牛奶中溺死的陋习。泰米尔纳杜邦马杜赖农业区的一份医院记录证实，该地区在10年里出生的600个女婴有450个被杀死。我在北方邦农村访问一位农家的男主人时，他告诉我“女人生来是服侍男人的，家里若没有男孩，不仅地里干重活没有男劳力，更主要的

---

* 原载于《国际展望》2001年第411期。

是父母死后没有儿子亲自点燃焚尸的柴堆，就会无法升天轮回，要永世受地狱之苦”。甚至在新德里的高等学校里，有些受过良好教育的教师夫妇，也因为了生个男孩，便接二连三地生了一大堆孩子，当我问他为何不响应印度政府计划生育的号召时，他无奈地摇摇头说，宗教的思想观点和习俗、家庭与社会的压力迫使他屈服。尽管自感家庭负担沉重，但是他却无法跳出传统习俗的圈子，所以当他生了一大堆女孩后最终有一个男婴出世的那天，他高兴得几乎晕倒在医院的长椅上。

当我在印度图书馆查阅了《摩奴法典》和《罗摩功新录》后才知道了真正的答案。《摩奴法典》中写道：“女子必须幼年从父，成年从夫，夫死从子，女子不得享有自主的地位。”《罗摩功新录》中写道：“丈夫是妻子的天神，服侍丈夫是妇女最崇高的天职。没有丈夫的妇女等于没有生命的躯壳和无水的江湖。”

14个卢比（不到1美元）可买到一个少女

第一次到孟买就有人警告我说，小心街上的皮条客，晚上9点以后最好不要上街。那天我因肚子不适，一到孟买就倒头在宾馆的大床上睡着了。夜里12点左右，一阵嬉笑与吵闹声把我从睡梦中惊醒，我睁眼一看，原来是三个同屋的游客，他们见我醒来，便推拉着我的肩膀说：“我们见着了拿健康证的妓女了，那皮条客的热心劲实在令人动心。”“这健康证是真是假，鬼才相信呢。”“不过那姑娘确实漂亮。”“那是化妆的，一抹掉下一层粉。”我无意与他们说笑聊天，说实在的，白天奔波的劳累与拉肚子已使我筋疲力尽。我无力地摇摇手指指肚子，又翻过身迷迷糊糊地睡着了。可没想到，我第二次到孟买，果真碰上了皮条客。记得那天还不到晚上9点，当我到宾馆外的小商店买第二天早起吃的面包时，不知何时一个男子似幽灵一般贴到了我的身旁，随着在我的耳边响起从喉咙里挤出的低浊的声音：“漂亮姑娘要吗？很便宜，用不了多少钱，你放心，有健康证。”我闻声朝站在离我们五六步远的一个姑娘望去，只见那姑娘正从小皮包里拿出一个小本朝我走来，我急忙说“我没有钱”，然后转身向自己的宾馆大门逃去。我这惊慌失措的举动引来了身后皮条客的嬉笑声，现在想来还不免有点心惊肉跳。

印度的法律是禁止卖淫的，但是事实上妓女仍在印度各大小城市漫游，尤其是在孟买这样的大城市，妓女的数量多得惊人。一般来说贫困与饥饿是迫使妇女卖淫的主要原因，但也不乏为了得到钱财满足自己的高消费而出卖自己肉体的享受型女性。不过更多的资料证实，在一些穷困山区和边远地区的农村，不少父母卖女大多是为了抵债，或者是为了年迈多病的父母与幼小的弟妹。在调查这些卖女的父母时，有的父母认为，若被逼死、饿死，还不如卖几个钱抵债，不但女儿可以求生，家人也可以渡过难关。根据对卖淫女的出身调查，她们大多出自印度教低种姓及“贱民”

家庭。1980年5月《莫奴希》杂志有一则报道：在奥里萨邦，人贩子仅以14卢比或15卢比就可以买到一个少女，然后将其高价卖到妓院。另外，也有不少妓女是被自己的男人卖到妓院的。这些男人大多属低种姓与“贱民”阶层，因为负债累累，才把年轻的少妇卖到妓院抵债，待这些妇女的青春年华过后再低价赎回来操持家务，那时她们一般已经是35—40岁的中年妇女了。根据印度塔塔社会科学院的调查，在350名的妓女中，29%—32%的妓女出身于神奴，所谓神奴是印度教徒因贫困把女孩送到寺庙里当庙侍，她们以打扫卫生和歌舞敬神维生，一旦不能靠香客的施舍维持生活，她们往往沦为妓女。今天的印度政府已把解放神奴作为妇女解放的大事来抓，神奴的现象在逐渐减少。但是目前仍有自愿为神奴以修来世的印度教少女和青年妇女来寺庙当庙侍，所以消灭神奴现象仍是一个相当艰苦的过程。

印度独立后，对印度社会遗留下来的这一丑恶现象进行了打击惩治，但是卖淫像世界其他城市一样仍然存在，而且有的城市未有好转趋势，在孟买、加尔各答、亚格拉和海得拉巴已形成了印度最大的贩卖妇女的市场。根据印度拯救堕落者协会主席凯拉蒂·拉·帕里夫人在一次会上所说，全世界有6000万名妓女，其中印度就有250万人。

“吃人”的嫁妆

在印度时遇见一家华侨，闲谈中得知这家的儿子虽年龄已大，但至今未娶妻生子，可他的两个妹妹早已婚嫁多年，问其原因，那男子坦率地对我说：“我一定要找一个富贵有钱人家的女儿为妻，把两个妹妹出嫁时所花费的嫁妆钱赚回来。”他讲话时那刻骨铭心的神态令人难忘。在印度我参加了不少印度教徒家庭的婚礼，其豪华的排场和丰厚的嫁妆，确实使我目瞪口呆。有不少中等收入的家庭在为女儿置办嫁妆时所花的钱财，少则数10万卢比，多则百万卢比。如今嫁女已多少成为女方显示地位与富裕的象征，成为一种变相的商业贸易，同时也成为妇女在夫家地位高低的砝码。另外，一个人受教育的高低，也已成了索取嫁妆多少的因素。如一个大学毕业、通过政府考试成为政府官员的男青年，可以从女方得到与其相称的实物或现金的嫁妆，从家用电器到汽车，应有尽有，有的还有整套的住房。

当有些新娘的嫁妆不能满足夫家的欲望时，这些新娘在夫家的悲惨命运就开始了。有不少妇女因忍受不了夫家长期的折磨和嘲弄而自杀身亡，此外，新娘被夫家活活烧死的案件也屡见不鲜。在印度的报刊杂志上时常可以看到这样的社会新闻，某某新娘因嫁妆少于夫家要求的2万卢比现金或家用电器，在某一天晚上被浇上汽油活活地烧死。据印度政府公布的数据，每年全印度有数千名妇女因没有足够的嫁妆而被她们的丈夫、公婆、小姨子们害死，仅1986年就有1666名妇女为此死于非命。虽然，印度社会各界妇女组织举行反对嫁妆陋习和烧死新娘暴行的抗议游行，并要求增加妇女受教育和就业的机会，使她们在经济上获得独立，中央政府也于1961年通过《禁止嫁妆法》，各个邦也制定了相应的规定，但是由于印度教嫁妆习俗的根深蒂固，至今仍有不少人认为女孩出嫁陪送嫁妆是天经地义的事，他们对索取嫁妆和迫害婚后妇女的现象熟视无睹。印度有关当局也没有采取有效的措施严惩罪犯，致使烧死新娘的恶性案件仍不断发生，未见有减少的迹象出现。

野蛮的寡妇殉葬死灰复燃

印度教妇女命运最为悲惨的要数寡妇了。妻子一旦失去了丈夫，就等于失去了做人的权利。她们不但被看成是家庭中的负担，在平时的生活中也得不到任何快乐和享受的权利。如不能穿花衣服，不能戴首饰，有的地方还把寡妇剃成光头以示区别。因为印度教认为，寡妇是凶兆，她们是不吉祥和倒霉的代名词。所以，她们既没有继承丈夫遗产的权利，更无再婚的权利，只能终生呆在家里做繁重的家务与体力劳动。不少寡妇因受不了公婆、兄嫂、小叔子、小姨子及左邻右舍的虐待与歧视而自杀身亡。寡妇的悲惨命运和遭遇也使殉夫之风死灰复燃。在印度时常能看到一些有关寡妇殉夫的消息报道，最令人惊心动魄的要数罗帕·坎瓦尔为夫殉葬的事件。在印度拉贾斯坦邦的德拉腊村，年仅18岁的少妇罗帕·坎瓦尔，因丈夫患肠炎死亡，她在其夫火化的那一天，一大早梳洗完毕，穿上8个月前结婚时的红色婚服来到村头的火葬场，平静地坐在小山似的柴堆上，双手抱起亡夫的头，轻轻地放在自己的大腿上。她的亲哥哥点燃了浇了油的木柴，冲天的大火顿时把罗帕·坎瓦尔吞没了，她那艳丽的红装随着火光在空中飘荡。令人惊奇的是罗帕·坎瓦尔为夫殉葬的举动竟被一些人视为壮举，她殉葬的地方也成了四方乡邻的朝圣地，还专门有持剑的人守卫着这块“圣地”。每天有成千上万人戴着白花向死者致敬，当地的商人也乘机大发横财，还有些人准备在她的殉葬地建造庙宇。为此，印度舆论认为“这种野蛮原始的行为，应当追究刑事责任”。如果我们要追究印度今天寡妇人数众多的另一个原因，不得不归咎于印度的童婚旧习。尽管印度政府禁止童婚，但是在很多地区，特别是边远的农村山区，由于极端贫困，童婚仍然十分盛行。拉贾斯坦邦是童婚最盛行的地区，该邦的童婚率为56%左右，女子的婚龄平均为14.5岁。如在该邦的玛尔瓦尔地区，每年4月的阿卡蒂节有上万名儿童举行集体婚礼，其中包括怀抱的婴儿。因为这些人认为，阿卡蒂节是一年中举行婚礼最为吉祥的日子。如果你那天到玛尔瓦地区办事和旅游，就可以看到无数带着小新郎和小新娘的父母坐着牛车以及徒步行走的队伍，其中不乏有政府的官员。因为这里的人们认为童婚并不是犯罪，这只不过是根据印度教的婚姻习俗办事而已。另外，童婚又造成了印度老夫少妻现象严重。在印度的不少城市和农村，你也许会碰到一个豆蔻年华的少女挽着一个类似父亲或祖父的白发老者，他们往往不一定是父女或祖孙关系，而是一对夫妻。另据资料表明，在被烧死的新娘中有很大一部分是童婚者，而不少年轻的寡妇为了逃避亡夫后悲惨的生活，甘愿自杀与亡夫同赴黄泉路。所以，印度舆论认为，“反对童婚是当务之急，但是仅靠法律是不够的，更重要的是唤起民众觉悟，真正提高妇女在印度社会中的政治与经济地位”。

只管发车，安全靠神
——印度火车事故多发原因分析*

1999年8月2日凌晨，两列火车在印度东北部的盖萨尔车站因信号错误而迎头相撞，造成275人死亡，460余人受伤。刚刚跨进2000年，印度火车再次发生事故，一辆从新德里高速开出的火车因浓雾弥漫，压死了刚从另一列火车上下来正在跨越铁道线的乘客。印度火车为何事故频频？

一、各级官员忽视铁路安全

据统计，印度是世界铁路最发达的国家之一，但也是铁路事故最多的国家之一，每年大小事故不下300起。其中大多是工作人员玩忽职守和设备老化造成的，但是铁路各级官员也难辞其咎：各级官员对铁路安全重视不够。我曾在印度碰到过铁道部高级官员视察火车站的情况。火车站官员为应付视察，只做表面文章，对铁路安全措施与设备却不够重视。他们都认为是老问题，解决也难。而视察的高官对存在的问题也只是听听而已，官员走后一切照旧。

二、铁路安全运行的规章制度未能认真执行

翻阅印度铁路的有关资料，其各种规章制度不少，但是落实到切实保证这些措施及规章制度得以认真执行方面，那就大打折扣了。你如果走进火车站，就会发现很少见到认真值勤的火车站工作人员，火车站只把一张乘客名单往车厢外一贴就万事大吉了，任凭乘客满头大汗到处寻找。上了火车没有专职的车厢服务员，火车上只有查票的工作人员。车厢内的卫生也无人打扫，而是由每站上来的苦力承担，乘客则需付钱。火车在运行过程中乘客的安全也只能自已多加小心了，因为印度火车

---

* 原载于《解放日报》2000年1月13日。

上失窃与偷盗经常发生。上下火车也没有人报站名，因此常有乘客乘过了头误了下车的时间与地点。印度的铁路、火车站和火车车厢给人的印象是杂乱、喧闹与安全感差。为此，时任印度总统纳拉亚南指出，“改善印度铁路安全措施的行动已刻不容缓”。

三、铁路设备陈旧老化

印度铁路部门每次在总结铁路事故的原因时，不得不再三提出铁路设备的陈旧与老化，更换检修铁路设备已刻不容缓。印度火车站的各种设施除了几个大城市的设备较为完整齐全外，小车站的设备陈旧不堪。火车车厢内的设备不是老而无光，就是这儿坏，那儿响。电风扇几乎要掉下来，声音也响得出奇。座椅破旧，脏得无法让人坐下（当然，印度火车一等车厢的设备相当好，有空调，服务也是上乘的）。另外，火车没有门，这也许只是印度等少数几个国家才有的现象。印度人解释说，这是为了上下车方便，所以常闻有人跳火车而死伤。在跟印度的铁路工人聊天时有人竟说：“火车只要能开出就行，至于安全，就只有靠神相助了。”外国乘客听闻此话，不由得心里发毛：“怪不得印度的火车事故如此多。”

“贱民”当总统*

1997 年 7 月 26 日，纳拉亚南成为印度新任总统。纳拉亚南的出身很低，是个地地道道的“贱民”。在印度，印度教的种姓制度规定，“贱民”被称为不可接触者，排除在种姓的大门之外，他们生活在社会的最底层，连奴隶也不如。如今纳拉亚南当选为印度总统，不啻为印度的一件大事。

昔日：佃奴、妓女、清道夫、掏粪人

印度是个宗教国家，印度教是印度国内最大的宗教教派，有 85%左右的人信奉印度教。印度教的种姓等级制度人为地把教徒分为 4 个等级，而“贱民”则在 4 个等级之外，被称为不可接触者，是不圣洁的代名词。他们在生活中没有任何保障，社会上没有任何地位。他们可任意被高种姓凌辱、欺压和残杀，他们的死连猫狗都不如。具体地说“贱民”是这么一种人，高种姓的婆罗门不愿为他们举行宗教仪式，理发师不愿为他们理发。他们不能使用公共设施，如水井、旅馆和渡口等，也不能进神庙，不能与其他种姓一起受教育，更不能与其他种姓通婚。在农村 95%的“贱民”没有土地，他们是地主永久的佃奴。印度妓院里的妓女 60%—70%来自“贱民”，而城市的清道夫和厕所的掏粪人也都是“贱民”。他们是一群被社会摒弃在大门外的被剥削了最起码做人权利的污浊的奴隶。“贱民”极度悲惨的命运，为人类世界所罕见。

如今：部长、学者、厂长、经理

印度独立后，“贱民”地位的提高最为明显，他们不但得到了做人的权利，还有

---

* 原载于《解放日报》1997 年 8 月 16 日。

不少“贱民”在邦和地区内担任一定的领导职务，有的甚至走进了中央政府的大门，担任政府部门的要职，如部长、总统等。在印度的教学界与科技部门，更有不少“贱民”出身的知识分子在科学与教学领域占有一席之地，成为知名的专家教授。一般来说，“贱民”在城市的生活改善较为明显，有些“贱民”知识分子，在国家的政府机构和工矿企业与高种姓知识分子同工同酬，他们也有小汽车和洋房，也能与高种姓知识分子家庭一样雇佣花匠、清洁工和钟点工来干家务与杂活。有的“贱民”当上了工厂的厂长和商店的老板，他们生活富裕，不愁吃穿，根本看不出与高种姓有什么区别。甚至于有的高种姓知识分子还甘心做“贱民”知识分子的助手，从他们的手里领取工资，这在独立前是不可能想象的。还有不少“贱民”在政府的资助下出国留学深造，成为印度国内外知名的专家学者。

但是：多数“贱民”仍在最底层

但是在印度广大的农村地区，“贱民”上学的人数远远不及其他种姓的子女，还有不少地方，“贱民”上学仍要受到种姓制度的制约，大部分“贱民”失去了上学的权利与机会，他们仍从小跟着父母在田间劳作终生。由于传统恶习的影响，印度其他种姓的人认为自己生来就比“贱民”强。受教育的“贱民”知识分子也受到歧视，他们的工作不尽如人意，有的私营企业甚至拒绝招收“贱民”知识青年工作。

真正富裕的“贱民”仍占少数，他们大多数人仍从事祖传的职业，如修鞋、洗衣、清扫等，待遇很低，报酬不丰厚。他们的生活仍比较艰苦，在农村仍有大多数“贱民”没有土地，靠借债维持生活。他们负债累累，有不少人仍终身或几代当债务奴隶。在今日印度仍有数百万“贱民”为债务奴隶，终身为人驱使，生命得不到保障。

印度的寻常知识分子人家*

我两次去印度任访问学者算来也有几个年头了。我结交了许多印度朋友，有平民百姓，也有知识分子。

1990 年初我结识了新德里尼赫鲁大学教师马立克，觉得他热情忠厚。1995 年我再次来到新德里，真巧，我的住房离马立克先生家仅 300 米左右，我们来往频繁，亲如兄弟。

每当我走进他的家门，他贤惠的妻子就会马上进厨房，端来奶茶和新鲜水果。每次请我吃饭，她总要烧几个中国菜，让我饱餐一顿。

马立克夫妇年龄与我相仿，却只有一个孩子，这在印度是罕见的。我们在探讨学术之余，常谈一些家常事，说起孩子时，他们夫妇说："计划生育是我国的国策，但是传统的生育观念非常顽固，早婚早育，多子多福，在人们的头脑里扎得极深，到 2025 年，印度将达 15 亿人口。我们受过高等教育，要在计划生育上做个榜样。"

我说："一般说来独生子女骄娇二气十足，教育是个问题。"

"我们对孩子从不溺爱。虽经济条件不错，但是对孩子的需求有限制，根据孩子不同的年龄段，购买一些智力型和运动型的玩具与器材。过一些年考大学的话，我们要孩子考班加罗尔的大学。远离父母，可以培养孩子独立生活的能力。"

印度妇女贤惠温顺、吃苦耐劳，马立克夫人自然也如此。她是个知识分子，自己有着一份很不错的工作，在全印广播电台担任一定的职务。尽管工作很忙，她却把家庭生活安排得舒适有序。一日三餐由她亲自烹饪，她下班回家的第一件事是询问丈夫、孩子的身体状况。当然家中的一些粗活由钟点工做，如打扫卫生等。

在闲谈中，我问马立克夫人，马立克先生能帮你点什么忙吗？她说："印度的家庭，男人一般是不干家务活的，大多数妇女认为男人干家务有损主妇的形象。再说印度男子的夫权思想比较严重，但是马立克时常帮我上街买东西，一些重活他也包了下来。我们合作得很好。"

她也坦然地告诉我说："吵架拌嘴也是有的，大多是为了孩子的教育问题，有时

* 原载于《人民日报》1997 年 5 月 16 日。

也会为社会上的一些问题争论得不高兴。碰到这种情况，我们俩的一方会理智地静默下来，有时是我，有时是马立克先生。过不了一天，我们就没事了，谁说得对就听谁的。”

这时，我想起了印度教育家斯里瓦斯德瓦所说的话：“个人目标，国家的目标，整个人类的目标，只有依赖一种努力，那就是人类的教育。”

沉重的翅膀*

尼泊尔是个山地国家，亦称山鹰之国，其绮丽的山光水色为世人所倾慕向往，故也有东方瑞士之称。

但尼泊尔却是世界上最为贫困的国家之一。按世界银行的标准，人均年收入少于272美元国家属极度贫困国家，可是尼泊尔人均年收入仅210美元，处于极度贫困线以下。为此有的国际问题专家在分析尼泊尔经济发展前景时感叹，山鹰要起飞，可惜的是山鹰的翅膀太沉重。何况尼泊尔又是个内陆国家，没有出海口，这更使尼泊尔经济发展困难重重。1999年5月，大会党在尼大选中获胜，以巴塔拉伊为首相的新政府制定了一系列克服贫困、发展经济的政策与措施。巴塔拉伊雄心勃勃，在就职宣言里向人民表示“三年内改变尼泊尔面貌”。那么，尼泊尔经济究竟面临哪些困难？新政府又有何良策？取得了哪些成就？

一、稳定政局，经济才能发展

尼泊尔新政府深刻地认识到，尼经济要发展，首先必须稳定政局。1991年尼恢复君主立宪制后，各党派展开了尼泊尔独立以来最为激烈的斗争，其目的都想组建政府控制政局。9年里尼政坛上一片喧闹声，你上我下，政府像走马灯似的轮换，使得尼政局与社会更加动荡不安。由于尼各党派热衷于争权夺利，根本无心关注经济的发展和人民生活水平的提高，因此这几年来，尼经济不是上升，而是有所下降，人民生活不是逐步提高，而是更加贫困。如1995—1996年尼泊尔国民生产总值的增长率为6.1%，1997—1998年却下降至2.1%；1987—1992年农业生产平均每年增长率为3%—4%，1992—1997年却下降了3%；1971年贫困人口占全国总人口的29%，1992—1998年却大幅度上升，现尚有42%的人生活在贫困线以下；从失业率看1981年为1.6%，1998年却增至14%。当然其中人口的过快增长是一个重要因

* 原载于《国际观察》2002年第2期。

素，但是国内政局动荡致使工业农业生产下降也是不争的事实。所以，巴塔拉伊首相希望反对党从国家利益出发给予全力支持，因为尼经济只有在稳定的政治形势下，才能从困境中走出来。消除贫困将是新政府的首要任务。

从目前看来，尼政局日趋稳定，大部分尼泊尔人对大会党的政策和措施抱有希望，社会动乱较前大为减少，社会秩序也较为安定。大会党也对执政以来的成绩非常满意，并对在21世纪里稳定政局取得更大的政绩充满信心。

二、新的人口法与人口政策有利于经济发展

尼泊尔国土面积14.14万平方公里，全国的耕地面积不超过550万公顷，再加上北部山区终年积雪，气候寒冷，不利于农作物生长，粮食等农作物产量一直不高。另外，落后的耕作方式和缺少化肥与农业机械，使得尼农业的发展一直处于低水平。可是自20世纪70年代以来，人口却过快增长，这使得尼不得不每年用1亿卢比进口粮食，无疑给发展中的尼经济带来了沉重的负担。根据尼泊尔国内有关报道，尼1951年的人口才563万多人，可是1999年已达到约2300万人，增长了近4倍。而这2300万人中大多属于没有受过教育的人群，他们为了生存，大肆破坏森林植被，造成严重的水土流失，更加严重地影响农业生产的发展；同时大量无地的农民盲目地流向城市，他们中的大多数人找不到工作，成为新的城市无业游民，又使城市的失业人口迅速膨胀。目前，尼泊尔的失业人口占全国总人口的14％，半失业人口占47％。由于人口的过快增长，尼每年要增加30万新劳动力，其中半数找不到工作，大量新老失业人群又成为社会动荡不安定的因素。为此尼国内外舆论认为，尼泊尔如果不迅速制定新的人口法和人口政策，其经济增长率将无法与人口增长率同步，尼将始终走不出贫困的怪圈。于是新政府痛下决心，一定要控制尼人口的增长，并制定了许多有效的法令、政策与措施，如制定20年的人口发展计划，建立人口法和人口基金，提高男女婚龄，并针对尼泊尔的宗教思想和封建陋习，尤其要加强在全国进行计划生育和提高人口素质的宣传教育，反对童婚，加强医疗卫生和节育绝育措施。同时，尼泊尔新政府为了使国家的新人口法和人口政策得到贯彻执行，又专门成立了计划生育指导和研究队伍，从属于人口与环境部。人口与环境部长亲自到边远山区宣传和督促国家人口法和人口政策的落实和执行情况。

从来自尼各地的消息证实，计划生育的各项政策与措施正在得到较好的落实，特别是在边远的山区农村，由于政府计划生育工作人员的努力，一些计划生育的宣传和措施逐渐被人们接受，童婚在一些地方也受到舆论的批评和遏制。但是，由于宗教思想和封建陋习根深蒂固，在尼泊尔要全面实现新人口法和人口政策，还有待

于新政府作出更大的长期而艰苦的努力。

三、优先发展农业

尼泊尔是个农业国，工业基础落后，几乎没有什么系统的重工业。由于受尼赫鲁社会主义思想的影响，尼泊尔也曾努力发展过国营企业，今天这些国营企业由于经营和管理不善，大多数亏损。新政府成立以后，除了整顿现有企业之外，特别强调要发展农业，因为全国80％的人生活在农村，90％以上的贫困人群属农民。只有农业发展了，才能制止农民盲目地流进城市。新政府除了建立扶贫组织，还在全国建立了3913个农村发展委员会，用政府拨款和所收的税金为这些地区修路，并鼓励本地区的农民根据地方特点发展特色农业与产业，对一些无地或少地的农民给予低息货款。与此同时，新政府号召全国农民发展农副业生产，建立农村小型工业区。另外，新政府为了提高广大农民的素质，在全国开设农业技术培训班，使他们学会一两门生产技术，进行生产自救。新政府还拨出大笔资金开发农业资源和建立医疗卫生、教育等设施，从总体上提高尼泊尔农业的发展基础。据有关消息，尼泊尔1999年的农业生产有所好转，粮食产量较1998年有所提高，一些有利于农业发展的设施也将完工，即将在21世纪发挥作用。

四、加强旅游和水利资源的开发

尼泊尔是个山地国家，又处在喜玛拉雅山南麓，得天独厚的地形地貌造就了无数奇异的山水风光，吸引着世界各地的游客。但是由于以往尼泊尔各种旅游设施不像理想中的那样完备、舒适，所以这些丰富的旅游资源还是得不到充分的开发利用。新政府极力主张、支持政府与私人共同投资开发旅游业，并由国家银行和商业银行给发展旅游业的私人提供货款，从而促进了尼泊尔旅游业的发展。由于旅游业的发展，建筑、纺织和家庭手工业也较前兴旺，同时还增加了许多就业机会，减轻了国家负担。

尼泊尔水利资源非常丰富，全国大小河流有6000余条，仅次于巴西。开发水利资源既利于国家工农业生产的发展，又可以向邻国输送电力增加国民经济的收入。但是由于以往尼泊尔经济和技术方面的困难，水利资源的开发和利用未达到理想的效果。新政府成立后，大力实行与外国公司合作开发、利益共享的政策。目前进行开发和准备开发的工程有马哈卡利尼印联合灌溉工程、印德拉瓦迪水利工程、甘达基河和逊克西水站等多项工程。这些工程有的由世界银行贷款，有的与印度共同开发。如果这些工程能如期完成和发挥应有的作用，将给尼泊尔经济带来巨大的活力，使尼经济走上迅速发展的轨道。

总之，尼泊尔经济发展道路困难重重，但是舆论认为，更为重要的还是大会党及巴塔拉伊首相如何使新政府成为真正高效廉洁的政府。只有这样，尼泊尔经济才有望在贫困中求得发展，巴塔拉伊“三年内改变尼泊尔面貌”的诺言才有可能得到兑现。

知识不从属于权力
——从印度人“喝凉水”说起*

2005年夏天，上海天气大热。一天，有位印度朋友来我家做客，他刚进门还未坐下，就急急地伸手要“凉水”喝，因我家中不备有瓶装饮用水，桶装水刚吃完还没有送来，可乐和橘子水他又不喝，嫌那味太甜又不解渴，无奈我只能泡茶待客了。

可是，我的这位印度朋友望着杯中热气腾腾的茶水，说出的几句话，实在令我心悸愧疚。他说：“你这种行为，在我们印度是违反政府法令的。这么热的天，这么热的茶，明明是不让我喝水嘛。”

是啊，没有去过印度，或对印度不太了解的人，也许会对这个印度朋友的话迷惑不解。

印度天气炎热，绝大部分地区没有冬天，一年主要分夏、雨、凉三季，酷热是印度气候最大的特征。一般一年中4—9月，终日热浪滚滚，即使季风雨下，雨过天晴后，仍然闷热难忍。热天对一个正常人来说，喝水比吃饭更重要。因此，印度法律上有条规定，无论何人行至何处，只要想喝水，随便去找什么地方要水喝，别人无权拒绝和阻止。所以，在印度任何人口渴时到一户人家讨水喝，主人二话不说就会递上一杯清清的凉水，有些好客的印度人还会递上既解渴又营养的凉奶茶，令过路的客人喝后精神倍增。另外，在天气炎热的季节里，一般工厂、学校、商店和公共场所及村头树荫下，都备有免费供路人解渴的凉水和杯子。

在我们中国，由于气候的原因和传统习惯的影响，天热喝水解渴就没有印度人那么幸运了。前几天，我碰上一位资深的专家教授，他告诉我一件他在自己单位里因喝水遇上的尴尬和气愤的事。

这位教授家相距单位很远，在路上要花两个小时的时间。那天有一份未完稿搁在家中，需早点回家了结此事。那天天气很热，他在经过单位行政办公室时拿了一瓶农夫山泉水，以解路途的口渴。这事被办公室的一个副主任看见了，他非常不悦地说：“这水不能拿。”教授顿感纳闷问：“为什么？”这位副主任不屑一顾地看了看他说：“要喝自己去买，你这是假公济私。”这下把教授给震怒了，一个堂堂的正高

---

* 原载于《文汇报》2005年10月17日。

级专家教授，在自己单位的办公室里拿一瓶水在路上解渴，就遭到他人如此的出口伤人……况且，事先又没有任何安民告示。这位平时不多言语、与人为善的老教授破天荒与这办公室副主任理论了几句，憋了一肚子气回家了。

数十年来，我一直致力于印度学和南亚问题的研究工作，对印度社会的各方面还是比较了解的，因为我经常去印度，又在印度工作过几年。我与那位喝不成水的教授也是贴心的知己，因此我俩为此事做了严肃的畅谈。喝水的事虽小，但是由小见大，也是有关国之昌盛之大事，不可小视。

虽然，今天的印度社会还时常爆发宗教冲突和种姓之争，其造成的伤亡和财产损失也是惊人的，但是印度人与人之间的关系一般都相处得很好，他们待人友善、宽容、谦让，在公共场所极为少见为了自己一时利益的得失大吵大闹的场面。究其原因是多方面的，除了宗教的因果报应思想影响之外，其中有一点应该引起我们的重视，那就是对知识和人才的尊重。自古以来，印度人民把对知识的崇拜认为是最高尚的行为，对掌握知识的人尊敬已成为一种自觉的社会风气，而把管理国家的各级官员则放在其次的地位。印度教的种姓制度是腐朽的，但是“婆罗门”之所以成为第一种姓，其中主要原因之一就是他们是掌握知识的人群，而管理国家的官吏和军队的武士却属于第二种姓。在当今的印度社会，不管你是最低种姓的“首陀罗”，还是不可接触的“贱民”，只要你奋发有为，掌握知识和本领，成为有知识才能的专家教授，就会受到全社会的尊敬。更值得称颂的是，印度政府为了发展本国的科学技术，不但给有才华、有创造性的科学研究人员以高薪、优厚的生活待遇与充足的科研经费，而且以他们的名字命名国家的研究所和实验室。在印度这叫“为神建庙”（印度是宗教国家，神在人们心目中有着至高无上的地位），如为印度的原子能之父巴巴博士建立的“巴巴原子能研究所”、以著名化学家CMP教授命名的国家重点实验室“CMP教授国家化学实验室”等。

在我们国家，由于几千年遗存下来的陈腐思想和传统恶习的影响，目前仍存在着知识与权力之间失衡的现象。虽然自改革开放以来，知识和人才较以前得到更多的尊重和地位，但是在普通人的心目中，只有知识没有官职是不行的。如果专家教授某日得到了一官半职，那他们的待遇和地位就随之上升。为此，有不少知识分子不热心钻研自己的专业知识和科研工作，而是千方百计地在仕途上谋求发展，荒废了自己的学业。还有的研究单位，为培养年轻的业务骨干，非得给他们冠上个官名“去挂职锻炼”，这是有助于年轻人的知识增长呢，还是滋长了他们的官本位思想？

现在我们要在全社会真正树立这么一个观念：知识是神圣的，知识不从属于权力，人才是科教兴国的根本所在。为官者应为知识的创新和人才服务，权力更不应成为谋利的手段。尊重知识，尊重人才，克服官本位思想，淡化权力观念，已成为当今我国改革开放和反腐倡廉成败的关键之一。

我在印度乘火车*

印度是世界上铁路最发达的国家之一，纵横交错、四通八达的铁路网给印度的经济和人民的生活带来了极大的利益与好处。但是，印度又是铁路事故多发的国家。1999年8月2日发生在盖萨尔由错误信号酿成的悲剧震惊了世界，铁道部长为此引咎辞职，印度总统纳拉亚南指出："改善印度铁路安全措施的行动已刻不容缓。"

我曾两次作为访问学者赴印度考察，其间在印度乘火车时的种种经历与趣闻给我留下了难忘的印象。

一、初上火车站

我第一次在印度做文化考察的路线是从新德里出发，途经孟买、果阿，后返回新德里。

初次外出最怕的是误了开车的时间，于是我早早来到了新德里火车站。火车站人声鼎沸，你拥我挤。我好不容易进了站，找到了专门接待外国人的候车室。此时临行前一位印度朋友的警告声在我的耳边响起："火车站是小偷扒手的集居地，而这些小偷扒手技艺高超到了神奇的地步，也许你晃晃脑袋、眨眨眼睛的工夫，你的钱包或者行李就不见了。"这时我的眼前马上浮现出电影《流浪者》里主人公拉兹那了不得的扒手功夫。于是我不由地把小提箱紧紧地靠在身边，摸了摸我那有不少卢比的钱包，刚想舒口气的时候，忽然外面传来了一阵吵闹声，我好奇地转头往窗外一看，只见一个黄头发的外国人正在与车站的一名工作人员吵架。他满头大汗，身背一只大旅行背包，一只手拎着箱子，一只手挥舞着伸到印度人的面前，满脸怒色大声吼叫着……可那印度人却满脸堆笑给他解释着。有人说印度男人脾气好，特有忍耐性。此话不假，如果在中国哪一个男人经得起如此大骂而毫无生气的感情流露才怪呢。原来这个外国人也是初次乘火车外出，他要到加尔各答，就是找不到自己的

* 原载于《国际展望》1999年第16期。

车厢，离开车仅几分钟了，也没有列车员。当他向迎面走来的车站工作人员询问时，这印度人看他满头大汗便说了句“喝瓶冰冻可乐解解暑……你的名字贴在车厢外面慢慢找”，这下可激怒了他。我这才知道，印度的火车每节车厢没有列车员，火车站工作人员在开往某地火车的每节车厢外面贴上乘客名单，乘客自动对号入座，待火车开动后列车上的工作人员查查票就行了。我庆幸自己来得早，否则也会碰到那黄头发外国人所经历的麻烦事。

二、在去孟买的列车上

印度的火车车厢分三个等级，一等车厢相当于我国的软卧，二等车厢类似于我国的硬卧，三等便是我国的硬座了。

虽说印度的火车票价很低，但是为了节省点钱，我选择了二等车厢。可哪知一上车大失所望。整个车厢里纸屑、果皮、杂物满地，我包厢内那黑色人造革的铺位上除了灰之外别无他物，用手一摸粘乎乎的，我的手也就成了黑手。无奈，我只得用纸擦了擦，铺上自带的毛巾被，这才能坐在上面休息。可哪知头上两只黑乎乎的大电扇因年久失修，其叮当声大得无法让人安睡，关掉又热得难熬，开着声音又吃不消。我正在左右为难时，又觉得口渴起来，但跑遍整个车厢就是不见一滴水。“没有水这日子怎么过……”我不由愤然脱口而出。这时，我旁边的一个印度人说：“车开了以后会有冷水的。”忍着点吧，入乡随俗，下次我乘一等车厢吧，听说那里条件是不错的，我自己安慰着自己。

从新德里到孟买一路上除了看见查票的工作人员外，再也见不到一个列车服务员。火车没有门，可以自由上下，各个车站的小贩、乞丐把火车看成是发财的好地方，当然还有各种类型的小偷、扒手和无钱乘车的逃票者。整节车厢很像上海早晨的马路集市，各种叫卖和吵闹声此起彼伏。印度人习以为常，可我有点受不了，我无法相信的事实是印度铁路管理竟如此混乱。起先我为车厢没人打扫而担忧，哪想到火车一靠站，下面就会上来不少拿着小扫帚的老人与小孩，他们争先恐后地直奔各个包厢，认真细致地清扫你脚下的杂物，不过他们每清扫完一个包厢，就会伸出手问你要清扫费，你不给他们就不走。我说：“一两个卢比，也是他们的劳动所得吗?”旁边的一个印度人则说：“这些扫地的‘么力’（印地语俗称干杂活的苦力的别名）收入还是可以的，一天下来维持生活是足够了。”这时我也不由为印度解决剩余劳动力的出路而感叹。

在路途中跟随我们的印度外交部文化处的官员非常热情，他们为我们想得非常周到，每到一个大站就为我们购买饭菜、水果和水，并告诉我们印度的奶茶既便宜又营养，能解渴又充饥。空闲时他们还与我们几个外国人说笑聊天，告诉我们每个地方的风土人情，还指导我们某种水果的吃法。说实在的，印度的水果不但品种繁多，而且价格也非常便宜，如香蕉，不管大小12个合人民币才1元左右，有种味道独特满口留香的水果，我至今还能体会出它的特殊香味来，据说只有印度才有这种水果。另外，印度是牛奶生产的大国，各种鲜奶制品价廉物美，我一路上也大饱了口福。所以，尽管印度的火车不少地方令我心情不快，但是如此之多的水果和奶制品早已把它冲得干干净净。

三、在火车上遇见“阴阳人”

记得我是傍晚时分乘火车去班加罗尔的。也许由于我10多天参观访问的劳累，一上车我就睡着了，一觉醒来已是红日高照的第二天早晨了。由于昨晚睡得好，在吃了瓶酸奶、鸡蛋面包和水果后，我顿时精神百倍，便捧了一本很难读的印地文小说津津有味地看了起来……火车里的生活一切照旧，车厢的清洁工作仍由各站上来的大小“么力”承担，你只要付小费罢了，各种水果和奶制品仍不断滋润着我的喉咙，填饱着我的肚子。正当我在全神贯注苦读时，忽然耳边响起嗲声嗲气的女人声：“请先生行行好，给一点早饭钱，你是好人，神会保佑你的……”我猛然抬头一看，只见一个身着色彩鲜艳亮丽服饰的高大妇女站在我的面前，可奇怪的是其脸上除了一副故作的媚笑外，脸两边还明显地残留着未刮净凸出的须根，高隆的胸脯中间的上方也生长着一丛黑黑的胸毛，而向我伸出的要钱的手臂上也毛茸茸一片。这显然不是女的，这是印度人常说的“阴阳人”，今天给我遇上了，我便大声叫道：“你不是女的，是男的。”可他对我的惊奇只是扭动了一下身子，又故作了一个媚态，一边重复先前说的话，并向我紧紧地靠了上来。突然，一阵夹杂着女人香水味的汗臭直冲我的鼻子，几乎要把我熏倒在地……我不加思考地从口袋里掏出一张卢比，捂着鼻子挥挥手说：“去，快走……”这时一阵哄然大笑在我的身边响起，我周围的旅客大笑之后，你一句，我一句，给我讲起了有关印度“阴阳人”的故事，一个印度人则大声对我说：“你给他的是一张50卢比的大票，这小子今天可发财了。”我看看远去的扭动着屁股模仿女人走路的“阴阳人”，一股怒气直冲脑门，我大声说：“火车上怎能上这种人，不管管。”“谁管，车站根本不管这些。”“火车没门，谁都能上下。”“这些人从这站上车到那站下车，一天往返几次，还能收到不少钱呢，特别是碰上你这样的好心人。”

自从那次在火车上第一次遇见“阴阳人”之后，我便开始注意收集有关“阴阳人”的资料。实际上印度“阴阳人”的出现，反映了印度现今社会的某一种病态，在一定程度上也是受到西方文化影响的结果，有些“阴阳人”受过很好的教育，英语讲得非常流利，而他们刻意模仿西方的生活方式。或者也可以说，这也许是西方文化与印度文化交流融合过程中奉献给印度的一种特殊礼物。有报纸载文，孟买有一些讨债公司开始雇佣“阴阳人”，据说效果还不错，那些欠债的公司老板哪经得起“阴阳人”的折腾缠磨！只得签了账单早早让他们一走了事。

印度的住房*

刚到印度不久，一位好客的印度朋友邀我到他家去做客。这个朋友在新德里尼赫鲁大学任副教授。从踏进房门的那一刻起，我几乎一直在为他有如此宽敞的住所而赞不绝口。

这个四口之家占了整整上下两层，光一个客厅就接近40平方米，还有4个卧室、2个盥洗室以及一个很大的厨房……估计实用面积不在120平方米之下。我不由地对他说："像你这样的住房，放在我们中国，只有部长级以上的大官才能享用呢。"他却不以为然："在我们尼赫鲁大学，凡副教授以上的教师，都有这么幢小楼。""那么这一幢小楼的租金要多少呢?""每月200卢比（折合人民币40元左右)。"

这位副教授侃侃而谈，从独立之初印度住房的困难程度到今日的如此宽畅，当然也谈及了还存在的问题。在他看来，印度住房改革中有三个方面的经验是很值得称颂的。一是政府鼓励买地造房。政府在城市里划出大片大片的地块，专供私人建造，而且地价也不算太贵。当然，买得起地皮自建私房的一般都是富人，所以我们称那些居住区为富人区。富人区里有很多花园别墅。

二是各单位集资建房，再以低租金租给本单位的员工。像他的住房就属于这一类型。因为印度政府规定，凡国家政府机构、科研部门、大学、工厂以及其他有条件建房的单位，都要为自己的员工解决住房问题。如果已经有私房了，那么单位必须每月按照他的职别付给一定数额的房贴；如果离开工作单位，那么员工就得把住房归还，即使年老退休的，也必须交出单位的房产。

三是凡没有私房的印度人，自工作之日起，就得参加城市的建房合作社。每月按自己对住房的要求交纳一定数额的建房基金，待退休之时，建房合作社已经为你准备好了你所需求的二室一厅或三室一厅，等着你去安享晚年了。

---

* 原载于《青年报》1992年5月8日。

邂逅苦行僧*

清晨，我穿行在新德里南郊的树林中，准备去名胜古迹“古都布”游览，忽然在一片松树边看见一个苦行僧。他盘腿坐在羊毛毯上，身旁有一只纸箱，里面除了衣服、斋器外，还有水果、面包和香烟。几张10卢比的纸币和一些零星的硬币，则散落在另外一只不锈钢的盆子里。这时，一个年轻的施舍者正在把刚煮好的奶茶双手献予他，其虔诚和恭敬的态度难以用语言来形容。

苦行僧是印度对出家修行、四海浪迹的僧侣的俗称，苦行便是他们修行的手段：食野果，着破衣，宿荒林，终生漂泊，乞讨为生。他们还常常以绝食、卧棘、投渊、赴火、灸身、针刺、刀砍、自坠等极端方式折磨自己，以表达对神的虔诚，求得解脱。

趁着这个苦行僧喝奶茶的时候，我便细细观察起来：他大约40岁，肤色黑亮，健壮如牛，营养状况极佳，并不因为苦身修行而面容憔悴。他与我说话，声若铜钟，按照我国中医的说法，简直是中气十足。他喝完奶茶，那年轻人用双手再递上香蕉，3只香蕉落肚，那年轻人又毕恭毕敬奉上漱口的清水和毛巾。苦行僧漱完口，用毛巾擦过脸和手，随即从纸箱里掏出一包香烟。我一看，还是带过滤嘴的呢。在印度，带过滤嘴的高级香烟售价极贵，因为政府对烟酒高额征税，所以一般印度人只抽土烟。

为了进一步了解苦行僧的情况，我便与他海阔天空地闲聊起来。他非常健谈，告诉我，他出身在农村一个贫苦的婆罗门家庭，父母早亡，自幼就随叔叔生活。寄人篱下，使他尝尽了生活的苦涩。为了摆脱这一困境，10岁那年，他听从一个寺庙教主的安排，出家做起了苦行僧。我问他：“你这样做的目的是什么呢?”他略加思索，对我说，也好像是对他自己说：“出家修身苦行，以求解脱，是我的终身所愿。这样，在我死后，就能升入天堂，与神为伴。”

临走，我与他合影留念。这苦行僧告诉我，他即将去印度教的圣地贝拿勒斯，要在那里滞留三四个月。倘若神灵保佑，我们能在贝拿勒斯再次见面的话，一定不要忘了送他一张照片。

---

* 原载于《青年报》1992年6月19日。

我在印度见到的瑜伽大师*

久闻印度的瑜伽功与中国的气功十分相似。我走进印度国立图书馆，翻阅有关资料。相传距今7000多年前的古印度，有个叫茜瓦的人发明了自我调心调息的瑜伽术。根据文物证实，公元前3000年，瑜伽就在印度河流域流行了。而瑜伽二字，最早见于印度古文献《梨俱吠陀》中，意为调制自心，以达到和谐与统一。

有一次，我在北方邦一个山区小村旁的树林里，遇见一位白胡子长30多厘米的老人，正端坐在大树下修炼。据当地人讲，他是方圆几十公里之内最有声望的瑜伽大师。他现年70有余，虽然身体精瘦，可两眼放光，声音洪亮。他能单腿站立而把另一条腿绕到脊背上。他做各种姿势和动作，就像中国的杂技演员一样轻松自如，如果不是亲眼所见，我是怎么也不会相信的。

一天下午，我被好奇心所驱，去找寻那位瑜伽大师。沿着崎岖小路盘山而上，在山腰的一座小庙里再次见着了他。我说明来意，他显得很高兴。当我问他，修炼瑜伽的关键是什么时，他告诉我，凡修炼瑜伽者必须控制心意和感官，净化心灵，抛弃一切杂念，将心意集中于一点，这样方可达到锻炼身体、治疗疾病的目的。调身（坐姿）、调息（呼吸）和调心（排除杂念）是修炼瑜伽的三大要领。至于选取何种瑜伽，那要因人而异，不必强求。印度的《瑜伽经》记载的瑜伽修炼方式有“八支”，即守意、持禁、打坐、调息、制感、执持、禅定和神昏。神昏是最高境界，他自称修炼至今，离神昏（亦叫三昧）所显示的“心如虚空，只有对象光辉”还相距甚远。

当问及瑜伽的派别时，他说，名副其实的瑜伽功有六种：（1）格尔玛：强调修炼人的行为举止，所以亦叫“行为瑜伽”。（2）拉贾：以静坐修心为主。（3）哈特：除了打坐调息之外，还可以加动作。这就是当今世界流行的瑜伽操。（4）杰恩：杰恩是知识的意思，即用知识洞察人生，故也叫哲学瑜伽，修炼者多为知识分子。（5）帕克德：该派主张向神奉献一切，宗教色彩较浓，最为神秘。（6）硬瑜伽：强调通过运气，与精神完全合一，以产生力量。其力可把铁棍折断，其刀砍在身上只留一

* 原载于《人民日报》1998年1月30日。

条白印。这与我国的硬气功十分相似。

最后，大师再次强调，修练任何一种瑜伽，最根本的还是调身、调息和调心，否则无法达到修炼的目的。

当我走出庙门的时候，心中顿时涌出两句话：瑜伽是印度文化的精华，古老的瑜伽必将焕发出更大的光华。

刁钻的乌鸦和活泼的松鼠*

印度是个宗教国家，宣扬人类对万物的仁爱之心。即使是一只小蚂蚁，也不加伤害。天长日久，人人养成了爱护动物的习惯。

在这里，我自然对动物也倍加爱护。不过有两种小动物，却激起我截然不同的情感。这便是刁钻的乌鸦和活泼的小松鼠。

俗话说，“天下乌鸦一般黑”，而印度的乌鸦则不但黑，其长相也难看。尖尖的大嘴上方飞快转动着贼眼，加之那沙哑的嗓门，令人生厌。其行为则更让人烦恼。记得我第一次背着食品包外出，就遭到了乌鸦的袭击。那天我想在图书馆里用功一天，特地准备了可口的午餐，也许被它们侦察到了，所以我一出门，它们便盘旋在上空呱呱直叫。出于好奇，我扔出几片面包。顷刻间，飞来十几只乌鸦争抢一空，没有吃到的则更加冲着我乱叫。怎奈我没有准备，只好扬扬手。哪想到它们乘我不备，从身后俯冲偷袭，叼走了香肠、鸡腿和黄油，还把面包搅得乱七八糟。在印度，乌鸦的大胆是人所共知的，但我不料竟如此刁钻。我拣起小石子扔它们，它们才逃之夭夭。从此，我外出总是把背包扣牢。这下，我算是同这群乌鸦结下了冤仇，它们时常在我居室外的树上埋伏，一旦见我没关窗户，便立即飞进室内，叼走食物，弄脏书桌，啄破书本和稿纸……

松鼠在我的居处也经常可见，不怕人，但行为却象绅士一般。如果饿了，自己又找不到吃的，就会爬到我的窗台上，用两只前爪轻轻地敲打玻璃，并做低头哈腰状，吱吱地叫着乞讨。于是，我从冰箱里取出面包来放到窗台上。它们虽也争食，但比乌鸦斯文多了。松鼠小，食量也小，一般两三片面包就能满足三五只小松鼠的需求。饱食之后，它们仍然用前爪敲敲玻璃，并且翘翘大尾巴吱吱叫两声，向你致谢。我与这些小松鼠混熟以后，它们也会钻进房内，静静地伏在书桌一隅，看我读书写字。有时还会爬到我的手边，直立起来，晃动前爪吱吱而叫，其神态似欲与我聊天，令人倦容一扫而光。如今虽然我已回国，但印度小松鼠那亮晶晶的双眸、灵活的前爪、翘起的大尾巴，还有那活泼的神态，仍然时常在我的眼前浮现……

---

* 原载于《人民日报》1997年7月25日。

孔雀——印度的国鸟*

孔雀是百鸟之王，在印度是国鸟，它与神牛一样，被视为神鸟，而且印度现在的法律规定，“谁捕杀孔雀，就要受到法律的惩罚”，轻者罚款，重者坐牢。

在古代，关于孔雀还有许多美丽的神话传说。印度大神湿婆的儿子迦尔迪盖那的座骑是孔雀，耆那教开山鼻祖云游四方的交通工具也是孔雀。孔雀又是吉祥之神，它给人间带来幸福欢乐。

印度孔雀为数极多，我进入新德里尼赫鲁大学校园的第一天，就看到马路旁孔雀三五成群地在觅食，它们旁若无人，悠闲自得，我还以为这是大学驯养的孔雀，但我的印度朋友却告诉我这是野生的，整个尼赫鲁大学里有几百只孔雀。第二天早上，我很早起床，趁着天还未亮透，便拿着照相机到校园里转悠，一出宿舍楼，就看到宿舍的排球场上有三四只孔雀，那漂亮的羽毛、高傲的神态令我惊奇。尤其是它们的叫声“啊喔啊喔”，似乎在说，你快来快来。在印地语中，啊喔即过来的意思。我悄悄地向它们走去，走到离它们五六步远的地方，有一只雄性孔雀发现了我，见我并无恶意，也没有理睬我，仍旧与几只雌性孔雀戏耍，但是当我举起照相机时，它们却跑进树林深处去了。后来，我借助浓密枝叶的遮挡，总算拍到了孔雀觅食戏耍的镜头。当我收起照相机，走到马路上时，迎面走来的一位老者看了看我手中的照相机问道：“你是刚来的外国朋友吧。”我说：“是啊，想不到尼大校园里孔雀真多。”这位老者笑了，又对我说：“新德里的孔雀还算是少的，在阿格拉等地区，孔雀的数量还要多，若是碰到孔雀换羽毛的季节，森林里到处可以拣到漂亮的羽毛呢。”

印度多孔雀的原因除了法律规定孔雀为国鸟外，还有两个原因不可忽视：第一，印度是个宗教国家，历来奉行不杀生的教规，所以包括孔雀在内的许多珍禽受到了保护；第二，印度独立以来，历届政府极其重视生态环境的保护，严禁乱砍乱伐森林资源，像新德里这样的大都市里，也有大片大片的森林，这给孔雀等野生动物提供了良好的栖息繁衍的环境。

---

* 原载于《国际展望》1992 年第 5 期。

孔雀每年在 10 月和 11 月换一次毛，聪明的印度人把森林中拾到的漂亮的羽毛做成工艺品，如形态不同的扇子和各式各样的羽毛装饰品等，深受游人的喜爱。来印度的外国人看到如此之多的孔雀羽毛的装饰品都为之动心，纷纷掏钱买回去美化自己的居室和赠送亲朋好友。

印度何以成为软件王国*

近10多年来，以计算机软件为主的信息技术业在印度以强劲的增长势头迅猛发展。据世界银行的有关调查评估显示，印度软件出口的规模、质量和成本等综合指数名列世界第一。

据印度全国软件服务公司协会统计，20世纪90年代印度软件出口以年均60%的速度强劲增长。

根据美国、英国以及印度有关部门的研究报告，2000年印度软件出口额达57亿美元，到2010年，印度的信息产业产值将超过1000亿美元，并把印度经济的年增长率提高到两位数。

自从1991年6月印度在著名的科技中心——班加罗尔建立了全国第一个计算机软件技术园区，这里已吸引了海内外400多家著名信息技术业公司来此落户，在班加罗尔的带动下，印度软件技术园区由南向北推进，形成全国的软件技术网络。马德拉斯、海得拉巴等南部城市的高科技工业园区接踵而起，同班加罗尔交相辉映，成为印度南部著名的计算机软件业“金三角”。

至2001年，印度全国已先后建立起17个软件技术园区，注册公司由1992年初的142家发展到5552家，软件技术园区的年出口额从初建时的1.7亿卢比（43卢比约合1美元）增加到现在的1160.7亿卢比，增长了600多倍。

目前，印度从事软件研发的技术人员多达150万人。美国的百事可乐、可口可乐、通用电器、捷运公司甚至五角大楼都采用印度的软件。在硅谷的各大电脑公司里，有众多的印度人兼挑研究开发的大梁，连德国也已经宣布要从印度引进软件人才。

印度最大的信息技术企业威普罗技术公司的董事长、56岁的阿齐姆·哈桑·普雷姆吉身价已超过350亿美元，成为与美国人比尔·盖茨齐名的世界巨商。

---

* 原载于《解放日报》2001年2月23日。

配套政策措施跟上

印度信息技术产业发展如此耀眼，前总理拉吉夫·甘地可以说功不可没。拉吉夫·甘地在印度有“电脑总理”的美称，他的班子也被称作“计算机大队”。1984年他就任印度总理不久，就提出发展信息产业，特别是依靠信息产业和软件业的振兴带动印度经济发展的策略。拉吉夫·甘地认为信息产业投资小，风险小，收效大，特别是软件业，是充分发挥印度民族聪明才智的产业。

与此同时，印度政府及时公布了鼓励发展信息产业的政策，概括起来主要有以下几点：(1) 国家设立专门的研究开发机构，并在全国设立信息中心。允许国营或私营部门建立自己独立的信息与软件产业的开发机构，并享受同样的优惠政策。如免除和降低进口设备的关税，不用印度政府批准可以到海外融资并用于海外收购等。(2) 印度政府利用股市吸引外资，并引导外资对印度高科技特别是软件业的投入。对进入高科技园区的海内外公司都实行优惠政策，免除进出口软件的双重赋税，允许外商控股75%—100%，全部产品用于出口的软件商可免征所得税等。(3) 首先在班加罗尔建立印度的“信息城”、“硅谷”；在加尔各答的法卡尔、德里、马德拉斯建立电子出口加工区；同时还在科技水平较高和人才较为集中的浦那、海得拉巴、布班内斯瓦尔建立信息城，使印度的信息产业和软件开发形成一定的规模，提高在世界信息产业和软件开发方面的竞争力。(4) 制定吸引留洋人才回国创业和留住本国优秀人才的政策和措施。如给予优厚的待遇和较高的工资，减少税收等。(5) 鼓励国内的信息与软件公司与国外公司合作，或者到国外去开办软件公司，并在外汇方面予以支持。凡在软件技术园落户的国内外公司，可享受印度政府对出口加工区的所有优惠，同时对软件的出口给予现金补贴和关税回扣等优惠政策。

另外，印度政府对信息产业进行全方位的服务，在法律上给予保护措施，允许将部分出口收入作为国际旅行和在国外发展事业所用。

软件产业起步较早

印度政府和科技界从20世纪50年代起，就较重视计算机信息与软件的开发推广与研究工作。早在50年代末，印度就安装使用了第一代计算机，60年代又开始研制使用IBM计算机，80年代印度计算机在金融、商务、运输、信息领域已广泛使用。90年代在印度银行、商店及一些科技机构可以看见各种类型的计算机，尽管他们的样子并不美观，但是其准确的计算和快捷的速度受到商家、银行和科研人员的欢迎。

印度最早涉及软件开发的公司有塔塔咨询公司，他们的科技人员在20世纪60年代就已经非常重视计算机软件的开发和研究工作。其后跟上的是印度斯坦咨询公司、维普洛信息技术公司、安得拉信息技术公司、巴特信息技术公司、NITT公司、TISL等。

自从1985年拉吉夫·甘地把信息产业与计算机软件的开发与研究作为振兴民族经济、追赶世界科技发展的主要战略目标后，印度政府更加重视高级信息人才的培养。除了在高校开设信息专业外，还建立了地区信息技术学院，同时在各邦的首府也建立了分支机构。印度政府还鼓励开设私营的信息培训公司。

高等教育发展迅速

印度首任总理尼赫鲁曾说过，“大学代表人道主义、坚韧性、理性、进步与真理的探索，它代表人类朝着更高的目标全速前进。如果大学充分履行其职责，那么它对国家和人民都是十分有益的”。所以，印度在建国之初就成立了“大学委员会”，政府对高等教育的投资也不断增加，一般占全年教育经费的20%，有时更多。目前印度有大学和专科院校900余所，教育产业规模占全国GDP的4.7%。印度除了在普通全日制大学设有计算机信息学院和专业外，全国还有6所国际水准的高等技术学院，最著名的是孟买的印度理工大学的信息技术学院。印度在校的大学生人数远远超过中国，其科技人员的总数仅次于美国占世界第二位。

尽管有人批评印度对全民教育和初等教育不够重视，老百姓中文盲居多，可正是印度高等教育事业的发展，才给印度的高科技提供了源源不断的高质量人才。

印度高等教育迅速发展的又一个原因是，高校的师资、教材、教学管理与西方发达国家的著名学府差别不大，特别是印度著名的国家重点大学尼赫鲁大学、德里大学和6所理工大学，他们的师资、教材和教学管理与世界名牌大学几乎在同一水平上。所以，凡是在印度这2所国家重点大学和6所理工大学学习的毕业生，在西方发达国家的著名公司里尤其受到欢迎。目前在美国“硅谷”新崛起的2100家公司中，有820家是印度人创立的。同时，在西方著名的大公司里，也有大量的印度科技人员从事尖端产品的研究工作。

语言是信息交流的工具。印度政府规定英语为官方用语，它同国语印地语处于相同地位。印度政府的文件通常同时用印地语和英语写成。在社会上英语也被广泛使用，图书、报纸、广播电视、街上路名、广告都用印地语和英语两种文字写成。在南方的一些地区，英语的使用情况更是普遍，在学校英语是必修语种，无论是小学、中学或大学，学生都要同时学习并精通英语和印地语。由于印度大学生的英语水平高，在与西方国家的交流中不存在任何听、说、读、写的语言障碍，他们也更容易在西方发达国家留学和找到工作。

留学人员功不可没

印度大学生毕业之后，有很大一部分学生出国留学继续深造，他们除了去英联邦国家之外，很多人都选择去美国。经过数年艰苦的学习，他们往往都能在这些国家找到一份称心的工作。从目前美国“硅谷”各公司的人员结构来看，多数公司由三种肤色的员工组成，他们是棕色的印度人、黄色的中国人和白色的欧洲人。不过在这些企业与公司里，老板大都是白种人，印度人往往是业务的骨干和高级职员，他们不是总裁就是经理。

这些在西方国家的信息产业和软件业取得成功的印度人，他们带着自己的专长与积累的经验和资本、关系，有的独立创业，很大一部分则回到印度报效祖国。同时，在发达国家信息产业和软件业担任要职的印度人，把接到的定单和研究开发项目发往印度，其中有美国五角大楼及政府软件研究开发项目的定单，这些项目的定单对印度来说利润丰厚，回报率极高。因为印度软件人员的工资低，只相当于美国与英国的 1/8 和 1/6。软件的开发是劳动密集型产业，如此高的回报率又促使印度的信息产业和软件业更加迅速地发展壮大。

尊重知识代代相传

自古至今，印度国内尊重知识、尊重人才的风气很浓。印度人认为，知识是最高尚、最圣洁的，也是最神圣的。谁的知识越多，他在社会上的威望就越大，自然也会得到社会的敬仰和爱慕。

在印度，知识分子的待遇也是较高的，他们的工资往往是普通工人的几倍甚至几十倍。比如在大学里，一个普通勤杂工的工资为 1500 卢比左右，而教授的工资则在 1.5 万卢比左右；一个工人住一间房，而一个副教授以上的教师则要住一幢小洋楼。印度知识分子拿高工资，享受较高的待遇，普通的劳动阶层和商业职员没有半点怨言，而只会激起他们或他们的子女奋发学习知识，掌握真实的本领，去拿高工资，享受高待遇，这也是印度普通人家追求的一个光宗耀祖的目标。

善于吸收外来文化

印度民族曾经创造了自己灿烂辉煌的古代文明。印度十进位记数法和0的创造，更是世界数学史上的伟大发明。印度民族同时也是个善于吸收外来文化的民族。英语是英国殖民主义者强加给印度民族的异族语言，但是经过印度文化的渗透和修磨，形成了独特的南亚英语，其表达力相当丰富。印度知识分子并不把西方文明阻挡于门外。19世纪初，印度有许多能人志士纷纷去欧洲国家留学，他们苦苦寻找印度落后贫困的原因和拯救在水火中的人民的真理，他们用西方文明中的先进思想与科技对印度传统文化中陈腐的东西进行改革，发展印度现代的科学技术。印度独立后，更加注重从西方科技中吸收营养，发起了“绿色革命”、“白色革命”和“蓝色革命”，解决了印度的粮食危机，并还有余粮出口，又成为世界第二大“牛奶生产大国”，鱼类与水产品的出口也给印度创造了大量的外汇。

在信息时代，印度把西方的计算机技术加以融会贯通，特别在软件上进行了前所未有的创造，人才济济。2000年5月，印度的信息技术部长在华盛顿宣布，印度每年可向世界各国输出20万名IT人才。印度已成为世界上名副其实的“信息技术产业和人才的大国”。目前无论是美国还是英国、德国，都十分渴望印度的信息技术人才。虽说印度信息技术人才的输出是为了创造更多的就业机会和外汇，从而拉动印度经济更加迅速地发展，但其意义似乎远不至于此。

山中“野人”
——一个印度“吠檀多”哲学可敬的实践者

印度“吠檀多”哲学不二论的核心内容强调，人与自然万物之间的关系首先是平等的，没有高低贵贱之分，人只有尊重自然，爱护万物，人与自然万物之间才能保持和谐与平衡，共存共荣。否则，将会遭到自然界无情的报复……

我的同学彭子华，他虽没有著书立说，也没有什么豪言壮语，可他确是“吠檀多”哲学的推崇者，可敬的实践者。他退休后，放着自已安逸的生活不过，却到荒山承包了两个山头，植树造林……整日穿着一身破军衣，在山林里转，已十年有余……有人说他真像个“野人”……

彭子华对他人说自己是“野人”，却非常高兴，他甘愿当新时代的“野人”，因为他崇尚自然，珍爱自然，他本是从山林中走出的儿子，是山林养育了他，与山林为伴、重进山林是他一生的宿愿……

彭子华是我班年龄最大的学生，我则是班中最小的。他来自云南边境地区大山密林中的山寨，我生活在大上海。我原在北大历史系读书，后从历史系调到东语系学习印地语，才有幸与他成了要好的朋友。我俩关系最好，他是大哥，我是小弟。他还告诉我，他的幼年生活十分不幸，两岁时母亲去逝，十岁时父亲又离开了人世，上面有三个哥哥，也不太管他，他家就建在大山密林边的山坡上，一有空他就钻到大山里去，饿了摘野果子吃，渴了捧口山泉水喝，什么野芭蕉、野板栗、酸枣、野橄榄果、山鸡、穿山甲、孔雀、大象、蟒蛇……这一连串在大山中出没生长的野兽和野果，我还是从他的嘴里第一次得知。他又告知我，他是谎报年龄参军的，那年他才15岁，谎说已19岁了。闲谈中，我自始至终感觉到，他太爱家乡的大山与森林了，当他回忆山林中的一些往事时，眼睛闪闪发亮，而且有点湿润……他说是大山和森林养育了他，大山和森林里的野芭蕉、野板栗、酸枣、野橄榄果等是他充饥的食粮，要没有它们，也许他早就饿死了。他对大山和森林的爱，是在心尖尖上……虽然读书时他对“吠檀多”哲学的真义不是太了解，可当他提到大跃进、人民公社和农业学大寨，人们为开“大寨田”烧山毁林的时候，总有一种抑制不住愤怒的情绪流露……他常说，烧山毁林是要遭报应的……

不过我倒是很想看看今天的彭子华，他的“野人”生活究竟是怎么过的……

2012年春节前夕，因工作需要，我到中老与中缅边界走了走，工作之余，我下决心要到勐海的大山中去看看老彭，这个被称为新时代的“野人”……

如今是信息时代，我找到他的夫人，一个曾经在县医院工作的医务人员，问她要了彭子华的手机号，交谈中他极力反对我到大山中去找他，他说大山中的生活太苦，条件太差，他住在自己搭的黑黑的没有电灯光亮的茅草棚里……他可以带了山鸡、野鸡蛋和山珍到城里的家款待我。但是，我执意去大山中看他，他也无奈……

10 多年不见了，时间有点长。当我们俩第一次见面时，那高兴劲是可想而知的。他骑着摩托车，仍相当威猛，不过细细打量他后，我发觉他确实老了，头也秃了，本显得有点高大的个子也矮了不少。可是他的精神好得出奇，声如洪钟，透亮透亮的，这也许是他在大山中生活的缘故吧。我还隐隐约约地发现他有点疲劳过度，身体里似乎有一种疾病在折磨他。在我的再三追问下，他只是轻描淡写地说有点肝硬化。我不由得心头一酸，问是否是过于劳累和吃酒的原因……说着我要他伸出双手，只见他的两只手掌上满满一层全是黄黄的老茧，像他这双手上的老茧，这么厚，只有在极高强度的劳作下才会形成……

第二天一早，我们就向他大山中自己的“家”走去。从村寨到他植树造林的荒山，还要走好几十公里的山路，我们爬山钻林，一边走一边聊。从他提早退休到大山中植树造林的原因、荒山育林的政策，到今日世界生态环境的破坏与保护、科学育林、沙松、山竹、气候变化、山泉、水的污染、大叶子茶、山鸡、玉米、甘蔗等，无所不谈。几十公里的山路，不知不觉地就走完了。

我顺着他手指的方向看去，一间茅草屋静静地躺在山腰上，在草丛树林中时隐时现，这就是他大山中的家……忽闻一阵阵狗的狂叫声，由远及来，他笑着告诉我那是他的爱犬“黑黑”的叫声，它那是高兴，是在欢迎我们的到来……还不等我说话，“黑黑”已三蹦两跳地窜到我们面前，它一边摇晃着尾巴，一边添着老彭的裤腿，那热乎劲只有老彭心里清楚……

我们走进他黑乎乎的小茅屋，屋里的确黑得看不太清楚，我只能靠着从茅屋门外射进来的光线，仔细地打量起老彭这间生活了 10 多年的半明半暗的茅草小屋。一张用木棍与土坯搭建的床，上面挂着一顶有点发黑的帐子，他说山里蚊子太多，没有蚊帐是没有办法睡觉的。床边有一个火坑，常年生着火，上面搁着一只水壶，旁边还静静地躺着几只碗和两只铝锅，茅屋被熏黑的横梁上吊着芭蕉，两只猫趴在横梁上瞪着蓝蓝的眼睛静静地看着我们……老彭告诉我们，狗是看家的，猫是抓耗子的，鸡是吃虫的……这儿的自然就平衡了，沙松树也长得好了。话音刚落，就听到茅草屋外一阵阵的鸡叫声，我们弯腰走出茅草屋门一看，屋外的树底下和周围的草丛里，不知什么时候聚集了一大群鸡，有几十只漂亮的公鸡，还有好几只带着一群群毛茸茸小鸡的母鸡。这些毛未长好的小鸡、山鸡足足有 100 多只，大大小小、五颜六色的，可爱极了。老彭说：“你不知道，鸡也通人性，我一回来，它们就从山林草丛中回到茅草屋看我来了，还有更有趣的……”他指着一只极其漂亮的公鸡，十分得意地笑着对我说："那是一只被我驯养服了的野公鸡，它的能耐可大了，只要它一亮嗓子，准会招来野鸡。所以，我这儿的鸡越来越多，现大小足有二三百只。"说完他哈哈大笑起来："我成了鸡元帅……"我看着他灿烂的笑容，心里想，老彭虽至今对"吠檀多"哲学的释解还是没能写出一篇上好的论文，但他的行动和实践却实现了"吠檀多"哲学理想的境界与目标——人与自然只有互相尊重爱护，自然界才能太平、兴旺……

中午，老彭招待我吃山鸡宴，还有那大山里的山珍、水果和蔬菜，这山鸡的香与鲜，以及那山珍、水果、蔬菜特有的清香、甘甜和鲜味，如今的城里人是怎么也尝不到的。这都是来自大自然的恩惠……是啊！人与自然同出一源，人只有尊重自然，大自然万物才会给予人更多的恩惠……

闲谈中我问他，你在大山中植树造林，最困难的事是什么？他说是开路，在荒山中植树造林，首先要开路。在荒山野林中开路，要付出的劳动强度是极高的，碰到横在路中倒地的大树，要用斧与锯来解决它；碰到顽石挡路，就用火攻，把大石头烧得烫烫的，用冷水一浇，石头就自然开裂成许多碎片，这样就容易搬走了。第二难是找水源，大山密林中的水不全是可以饮用的，有的水还有毒，有的只能当生活用水。我看他在茅草屋边用长长的半劈开的山竹管搭建的水槽相当壮观，那清清的山泉水从远处大山的石缝间流出，顺着用一根接一根山竹水槽，自上而下弯弯曲曲地来到老彭的茅屋旁，从水槽里流下的清清的泉水，在石头上击起一条条美丽的水线，在阳光的照射下散发出一圈又一圈大大小小的七彩光环，要说多美就有多美……

当我们走出茅屋，向山坡上老彭栽种的一片片青翠的沙松林走去时，忽然间联合国一个资料上的几句话在我的脑海里浮现："在今天这个世界上，人类每年要砍掉有半个英国大的森林。"此情此景，我不由感慨万分……是啊，今天人类居住的"地球"自我生存的环境正在急剧地向不利于人类生存的方向变化着，而这个变化都是由人类自己造成的。温室气体排放量上升、水的污染、动植物物种的大量消失、雾霾、水土的流失与泥石流、地震、遮天蔽日的沙尘暴……所谓的"人定胜天"，那是过份地高估了人的力量，忽视了自然界万物的生存法规……人若再不控制住自己的贪欲，仍无节制地向自然界索取，得到的将是大自然更多的报复。为了人类与大自然的和谐共存，我们应像老彭那样，与自然界万物亲密无间地相处在一起，并为大自然增添更多的绿色劳作者，植树造林……

当我要离开勐海时，老彭高兴地告诉我，他有孙子了，2 月 7 日，昨天刚出生。我望着他欣喜万分的脸，可以看到他心中得到了一种莫大的安慰，因他曾悄悄地告诉我："儿子在大山中修路，无瑕顾及他的沙松林，他老了，有点力不从心了。但他相信随着科技的发展与人们观念的不断转变，他的孙子辈们一定会比他做得更好，这山上的沙松林也将会更多，长得更加茂盛……"

宗教斗争、民族矛盾、人口压力——大国梦下有阴影

印度政坛的党派斗争从未停止过，印度人民党的瓦杰帕伊政府被军火受贿丑闻折磨得死去活来，一向自信的瓦杰帕伊也感到空前的执政压力。印度教激进主义组织国民自愿团因要重建“罗摩庙”与伊斯兰穆斯林的矛盾一触即发。印度的少数民族、部族对印度人民党联合政府强硬的印度教民族主义政策产生了强烈的不满情绪，要求独立和自治的叛乱持续不断，各部落游击队与军警流血冲突时有发生。

至 2001 年 3 月 1 日，印度人口已达 10.27 亿，占世界总人口的 16%，2025 年将超过 15.3 亿，成为超过中国的世界第一人口大国，巨大的人口压力已给印度经济造成难以估计的负面影响。虽然，这儿年印度经济发展迅速，外汇储备增加，但是在“实力政策”的指导下，急剧增长的军费开支已占国内生产总值的 2.7%。同时，印度经济发展的基础设施也在超负荷运转，停电、断水、火车出轨、交通堵塞、住房极度短缺等消息屡见报刊电视，人民为此苦不堪言。印度的贫富差距越拉越大，富者坐拥高楼洋房、汽车、佣人，整日灯红酒绿、轻歌曼舞；穷者则身无分文，以乞讨为生，或者债台高筑，终生成为债务奴隶。为此，印度国内外舆论认为，如果印度人民党联合政府不妥善解决处理好以上各类矛盾，那么印度的经济发展将会受阻，国内政局将会动荡，印度社会将会面临新的危机。

信息业带动经济

印度自 20 世纪 80 年代末 90 年代初拉吉夫·甘地总理实施科技兴国的政策，并逐步对印度陈旧落后的经济体制进行一系列的改革措施，特别在以信息产业带动经济增长的策略取得成功以后，印度的经济规模比独立时增长了 9 倍，其中 50%—60%是在 90 年代实行新经济的政策后取得的。

20 世纪 90 年代以来，印度有的年份经济增长率为 7.5%以上，平均年增长率也在 6%左右，年生产总值达到 4900 亿美元，人均国内生产总值为 490 美元，外贸出口 2000—2001 年为 441 亿美元，根据世界银行按购买力平价计算，印度的经济实力已位于世界前 5 位。特别是印度的信息产业发展甚是喜人。至 2001 年，印度已有

1000 余家成熟的软件公司。印度的软件出口业绩更是骄人，2000—2001 年已达到 62.4 亿美元，印度政府计划到 2009 年实现软件产值 850 亿美元，出口额达 500 亿美元。印度信息产业的迅速发展，大大增强了印度的综合国力。

目前，印度与外国合作的成功项目已突破 1.2 万个，总金额达 400 亿美元。2001 年 4 月 1 日起，印度又对最后的 715 种商品取消了进口限制，这意味着印度市场将对从食品到汽车的所有外国消费品开放，这将极大地刺激印度对外进口贸易的增长。同时，印度政府对现有的国营企业进行了彻底的改造，改变所有制，把它们放到自由经济市场中去磨练，使不少国营企业走出困境并取得良好的业绩，为迅速增长的印度经济添砖加瓦，使印度经济的各种成分都逐步走上良性循环的道路。

印度私企踮脚看世界——塔塔（TATA）私营财团再次入榜财富500强*

在 2001 年的财富 500 强中，印度的塔塔（TATA）私营财团赫然在榜，排名 100 名上下，这已不是它第一次上榜，而以塔塔集团为首的印度私营企业在政府的政策支持下，已成为印度最具活力的经济成分。目前，印度 313 家最大私营企业集团的资产总和已超过 2 万亿卢比，它与印度 236 家最大的国营企业的资产总和 22305 亿卢比仅差一个尾数。

出台六大政策，发展私营经济

1990 年以后，国大党前总理拉奥彻底抛弃了尼赫鲁创造的经济模式，对印度经济进行了前所未有的大刀阔斧的改造，印度的私营经济得以迅速地发展壮大。

首先，印度政府把私营经济视作印度经济中最具活力的成分，它也是印度国家和民族经济发展的基础，只有私营经济得以繁荣发展，印度的新经济政策才能得以实现，纠正了尼赫鲁发展“印度式社会主义经济”的观点和模式。

其次，印度政府给私营经济松绑，彻底解除了限制、阻碍私营经济发展的政策与法令，如对私营经济采取过高的税收、在某些经济领域曾采取的许可证制度等。对私营经济和国营企业给予相同的资源分配待遇，把他们都放在自由竞争的市场经济中，如在钢铁、重型机械、石油化工、采矿业等工业领域。

第三，为鼓励扶植私营经济的发展，印度政府在金融上给予大力的支持，如给私营经济发放银行贷款，银行贷款的数量在政府及其金融机构的审核下，一般不受限制。

第四，在对外贸易中减少国营贸易公司的专营领域，允许私人贸易公司从事对外贸易。至 2001 年，印度的国营贸易公司由改革前的 12 家减少至 5 家，除了石油制品、云母、稀土和奶粉等 10 种商品由国营贸易公司专营外，其余都向私营外贸公司开放。

---

* 原载于《文汇报》2001 年 9 月 25 日。

第五，印度政府鼓励外国私人资本进入印度，并与印度私营企业合作。在改革前印度对外国私人资本采取限制与削弱的政策与措施。自独立至20世纪70年代末，外国私人资本在印度的资本总额只有27亿美元，如今外国私人资本的投资仅在电力和燃料领域就达137.6亿美元，美国通用和德国奔驰与印度私营企业的印度斯坦公司、塔塔机械和机车公司合作生产汽车，其投资规模巨大，单美国通用一次投资就达3000万美元。

第六，印度政府把亏损的国营企业交给私人经营，使得不少企业非但摘掉了亏损的帽子，还从此得到了美好的发展前景，既解决了印度工人的就业率，又为国家创造了更多的财富，如在纺织和轻工机械领域，这样的例子不为鲜见。

根据1997—1998年度的统计，印度的小型企业已达301.4万家，生产总值为6517.1亿卢比，占工业生产总值的40%，就业人数为1672万人，这些小型企业大多为私营企业。

政府提供平台　私营各显神通

进入21世纪以来，印度的瓦杰帕伊政府除了继续支持私营经济外，还向其提供了更加宽广的发展平台，除了极少数几个工业领域由国家垄断外，其他领域几乎全部对私营经济开放，并继续在金融上提供必要的资金支持。同时，印度政府审时度势，积极鼓励和支持私营财团向世界跨国大公司迈进。

印度的私营企业财团，尤其是10家印度最大的私营财团，也进行了新的战略调整，其目的是为了保持自己的领先地位，成为真正的世界级跨国公司。这些大的私营财团以新世纪的眼光，采取果断有力的措施，有的对所属公司的资产进行重组，断然放弃无效率的部门，用高薪聘请国内外的一流英才；有的则为了增加总公司决策层的前瞻性和准确率，不惜重金与世界大公司挂钩。另外，有的私营财团扩大核心公司的持股率，以便集中财力向更高层次采取更大的动作；还有的私营财团向信息工业和基础设施增加投资，增强品牌意识，积极走向世界。

建立风险基金　投资信息产业

印度最大的私营财团安巴尼根据印度的能源状况，将建一条3000公里的输油管，以增加安巴尼财团在印度石油市场的占有率。与此同时，安巴尼财团也不放弃信息通信产业里的份额，他们制订了向普通电话、移动电话和卫星电信的投资计划，投资额高达894亿卢比。另外，安巴尼财团宣布，将建立一条世界级光纤电缆和以互联网为基础的宽带，覆盖占印度产值一半的115个城市，投资额为1400亿卢比。另外，为了在信息软件业和保险业中取得更大的业绩，安巴尼财团建立了一笔25亿卢比的风险基金，又在班加罗尔设立软件开发中心，并兼并了两家软件公司。财团的销售指标2002年为100亿美元，2010年为400亿美元。

强化战略管理　推出“塔塔”品牌

塔塔财团是印度最老牌，也最具实力的最大的私营财团。为了适应印度新经济发展的需要，其专门设立了最高决策机构——战略管理处，同时把原经营的11个领域合并为7个，84家公司合并为68家，又新建了石油勘探公司，还在世界市场上统一推出“塔塔”品牌。另外，塔塔自然也不放过向新经济领域进军，在电信、通信、互联网和高新技术方面的企业的投资颇具规模，以取得更好的成就。现在塔塔的信息业务为360亿卢比，3年后有望达到860亿卢比。

联手英美企业　开拓世界市场

比尔拉财团在新世纪采取的大举措有：增加石油提炼能力至900万吨；在中央邦建578兆瓦电站；与美国电话电报公司合营移动电话；兼并美国电子学习产品和服务公司；买断世界驰名的英国马杜拉上衣公司7个品牌的使用许可证、销售和制作所有权，扩大其在世界服装市场的知名度。

掌控旧经济　弄潮新经济
印度四大私营财团

安巴尼财团：跨入50强，印度唯一

安巴尼财团是被联合国贸发会议列入50家大跨国公司的唯一的印度公司。财团首脑为迪鲁巴伊·安巴尼及其次子安尼尔·安巴尼。该财团总资产为6500亿卢比，安巴尼是印度仅次于软件大王阿齐姆·哈桑·普雷姆吉的第二富人，其身价为66亿美元。

安巴尼财团主要经营石油化工产业，贾姆拉格尔炼油厂年产2700万吨石油产品。此外，它还拥有印度最大的石油化工联合产业，年产60万吨聚丙烯、140万吨对二甲苯，并即将建成年产80万吨的石油裂化厂。

最近几年安巴尼财团也投资信息和软件业，有专家预言，如果安巴尼大信息计划启动的话，其信息产值很有可能超过威普罗技术公司。

塔塔财团：牌子最老，涉业最多

塔塔财团是印度最老牌的私营集团企业，成立于1839年，最初在鸦片和棉花贸易中获得巨额利润而发迹。现任首脑拉坦·塔塔对财团进行了重大的改革，加强总部集权和塔塔家族在各企业公司中的持股率。

如今塔塔财团的所属企业与公司遍及印度的各个角落，大到飞机、轮船、汽车的制造，小到食盐的加工。塔塔的60家企业资产总和约为7000亿卢比。塔塔的机械和机车公司是印度最大的商用汽车生产商，全印的中型和重型商用汽车70%为塔塔制造。塔塔钢铁公司是全印最大的私营钢铁厂，也是印度第二大钢铁企业，每年钢锭产量为350万吨左右。

近几年塔塔也大举进军信息产业市场，还成立了新经济战略三人团，建立了ISP，实行互联网价值联销，并在孟买、德里和海德拉巴设立了3个国际用户，建立了约2500平方米的资料中心，为塔塔提供管理服务和应用服务。

威普罗技术公司：软件新贵，印度首富

威普罗技术公司是印度最大的软件公司，总资产达350亿美元。创始人普雷姆吉以69亿美元的身价居印度首富，仅次于美国的比尔·盖茨和巴菲特。正如《洛杉矶时报》所评述的，“信息技术释放的能量在印度创造了大多数印度人从未见过的财富”。

阿齐姆·哈桑·普雷姆吉在几年前还是个名不见经传的普通商人，他所经营的是一家家族制石油加工企业。20世纪80年代以来，自从拉吉夫·甘地制定了以信息软件产业带动印度经济起飞的策略以后，普雷姆吉独具慧眼，看准了印度信息软件发展的美好前景，创建了威普罗信息技术公司，并落户具有信息软件发展良好环境的班加罗尔，全身心地投入软件的研究和开发，并为美国通用电气公司等欧美大公司加工、开发应用软件与硬件。

比拉尔财团：百年历史，掮客起家

比拉尔财团也是印度一家具有百年历史的老财团。创始人柯马尔·曼加拉姆·比尔拉由银行掮客起家，后经营麻纺厂、纺织厂、汽车、航运、银行，个人财产为17亿美元。

目前，比尔拉集团的总资产为2050亿卢比。比拉尔财团的灰水泥生产能力达1065万吨，曼加罗尔石油提炼厂的生产能力增至900万吨，比拉尔财团还生产农用化肥和开采铜矿。其人造丝、碳黑和铝的产量居印度第一，还在电力行业有不小规模的投资。

为神建庙，促经济腾飞*

印度历届政府都把发展科学技术放在极为重要的地位，无论在经费、管理还是科技人员的工资、待遇、福利上，都给予高度重视，相继制定实施了一系列激励科学技术发展的战略和措施，还建立了一整套科学研究和开发体系。如今，印度不但成为当今世界经济发展的发动机之一，更是一个发展中的科技强国。从总体科技水平排名来看，印度已跃居世界第 29 位，而拥有科技人才的数量则居世界第一位。尤其在信息技术、生物技术和核能技术方面，印度取得了令世界瞩目的成就。

科技兴国：为经济发展打下坚实基础

印度已故总理尼赫鲁认为，印度的经济发展、印度的未来，必须依靠科技的发展。他在任总理期间，无论发生什么情况，总是确保科学技术部门具有相当充盈的研发经费，尤其是 1958 年 3 月颁布的《科学政策决策》，对印度科学技术的发展产生了重大而深远的影响。该决策明确指出一个国家要实现工业化，必须在科学和技术方面付出巨大努力，还要不惜高价获得科技人才和咨询人才。《科学政策决策》为印度科学技术的发展规定了六大目标：（1）使用一切手段赞助、推动和支持科学和科学研究的各个方面——纯科学、应用科学和教育科学。（2）保证在国内培养一批高素质科学家，并把他们视为国家力量的重要组成部分。（3）以尽可能快的速度鼓励和执行各种培训科技人员的计划，使其规模能够满足印度在科学、教育、工农业和国防等方面的需要。（4）保证印度男女的创造性才能得到鼓励，并使他们在科学活动中得到充分发挥。（5）在学术自由的气氛下鼓励个人获得和传播知识以及发展新知识等方面的首创精神。（6）保证科学知识成果的获得和应用服务于印度人民。必须给科学家优厚的条件和崇高的地位，要为他们参与决策提供必要的保证。

英迪拉·甘地和拉吉夫·甘地执政期间，继续推行科技兴国战略，并且调整制

---

* 原载于《文汇报》2005 年 4 月 10 日。

订了更为具体详细的实施计划。英迪拉·甘地的“绿色革命”和“白色革命”相继获得成功，不但使印度人民摆脱了粮荒，而且有余粮出口；牛奶产量现在已跃居世界第一。究其原因，是印度运用高科技对农业进行了一场革命，如引进、培育高产良种和奶牛品种，大力发展生物基因遗传工程技术。

拉吉夫·甘地一上任就分析研究印度科学技术发展情况，及时提出了信息革命的战略，特别是大幅度提高科学技术的开发和研究经费，尤其是对发展信息技术和软件开发采取更加开放优惠的激励政策，如豁免进口设备的关税和减免税收等，还建立新型信息产业开发区和软件园区，给予更多政策上的优惠和照顾，使印度迅速成为信息技术和软件开发的大国。

前总理瓦杰帕伊执政期间，对科技发展更加雄心勃勃：印度不但要在国际社会保持信息软件王国的地位，还要成为生物技术大国和核能利用大国，并要在20年内跻身于世界科技超级强国之列。

政策激励：为科技兴国提供人才保证

印度历届政府坚持给有才华、有创造性的科研人员提供种种优惠待遇，例如给科研人员以高薪、高福利，杰出科学家的工资比政府部长还要高出许多。同时，印度政府还提供给他们宽敞的住房、优厚的福利和社会保障，这样科研人员可以全身心地投入到科研活动中去。

这些政策措施的建立和实施不但为印度的科技兴国提供了人才上的保证，同时还在国民中树立了尊重知识、尊重人才的好风气。

资料显示，印度政府的科研经费从“一五”计划的2亿卢比，增至“八五”计划的2000亿卢比，其科研经费占GDP的0.7%。瓦杰帕伊政府又把这个比例提高到1%左右。为了筹集更多的资金投入到科学研究领域，印度政府规定，全国各大型企业利润的一部分必须作为对科研开发的投资资金，政府对这一部分的投资实行免税政策。另外，凡全国各大工矿企业，无论是国营还是私营全部要对科研进行规划和投入一定比例的经费，邦和地区政府也必须在科学研究上出资出力。

印度有一项创新举措叫“为神建庙”，它不是为印度宗教的神建庙，而是给有作为的科学家买地造屋。印度政府规定，凡对发展科学技术有创造性贡献的专家学者，政府为他们专门建造实验室和科研机构。例如，20世纪50年代，为原子能专家巴巴博士建立原子能研究室，并以其姓氏命名为“巴巴原子能研究所”。

另外，印度政府对有发展前途的青年科研人员，采取压担子重用和奖励的政策。如把他们放到科研第一线，让他们担任一定的科研领导职务，并设立名目繁多的青年科学奖和青年科学基金，支持有作为的青年科技人员勇攀科学高峰。

印度政府制定的一系列科技兴国的政策和措施，对促进印度经济发展的作用是巨大的。例如，印度信息软件产业就拉动印度的经济增长 8%左右，预计 2008 年印度信息软件产业将达 870 亿美元，出口达 500 亿美元，占印度出口总额的 35%左右；而生物技术对印度经济发展的贡献前景更不可估量。专家预言，凭借实力雄厚的信息技术产业和初露端倪的生物技术产业，印度有望成为世界第四经济大国。

外国留学生最喜欢参加印度人的婚礼

在印度留学期间，每逢节假日，我们外国留学生最高兴的就是去参加印度人的婚礼。一来我们能亲身感受印度人婚礼的热闹场面，了解印度人的婚礼习俗。二来印度人很好客，凡是看到拿着照相机来参加婚礼的外国人，都表现出异乎寻常的热情。三来我们还可以饱餐一顿印度各式各样的美食，体味印度饮食文化的真谛。

每逢周末，我们几个外国人站在尼赫鲁大学图书馆的顶楼放眼看去，凡看到有搭建大批大批新棚的地方，一般都是印度有钱人家搭建的举行婚宴的彩棚。印度天气炎热，一般大型的活动都放在晚间进行，这些彩棚要么搭建在大草坪上，要么搭建在有着稀疏树林的山坡树林间。据印度同学讲，大户有钱人家的婚礼非常隆重，婚礼的样式也因宗教信仰的不同而丰富多彩，耐人寻味。

我首次参加印度人的婚礼是在刚到尼赫鲁大学的第一个周末，我宿舍的左右邻居分别是一个日本人和德国人，不知怎么我们三个人由于年龄相仿，语言相通（印地语），很是谈得来，一看到能参加印度人的婚礼我们就兴奋得很。第二天下午3点左右，我们三人挂着各自的照相机一起向预定的目的地——南德里多山走去。一路上山不高但树林挺密，我们穿行在起伏的乡间小道上。尽管离婚礼场所相距有六公里多的路程，但是一想到马上可以体会印度人的婚礼习俗，饱餐一顿印度美食，我们三人的热情还是挺高涨的，所以也不觉得累。说着笑着唱着刚学到的印度歌曲，在太阳还没有下山前我们来到了婚礼现场。这时从大彩棚里钻出一个打扮时髦、头发上抹足了生发油的男青年，他对我们说："你们是来参加婚礼的外国人吗?"当我们向他说明来意，表明国籍，给他看了尼赫鲁大学的学生证后，他便恭恭敬敬地对我们说："你们在椅子上坐一会儿，我马上去告诉主人。"一会儿，一个挺着大肚子、四十开外的男子笑哈哈地张开双手向我们走来，一一和我们拥抱。他说："欢迎外国客人来参加我二儿子的婚礼，这是神的保佑，你们的到来给我儿子的婚礼添光加彩，谢谢你们……"

随后，那个男青年把我们迎到贵宾区坐下，我环视四周一看，上百个装着各种美食的不锈钢烧锅不是在冒热气，就是吱吱作响，那各种各样的香味惹得我们直流口水，好在我们三人都拿着一瓶可乐，我们装着喝可乐掩盖了一脸的馋相。据那位年轻人讲，新郎非常优秀，虽出身低微，属低种姓的首陀罗，但是他才学超凡，凭着自己的聪明才智和奋斗精神，如今在美国的一家软件公司任经理之职。他少年时家境贫寒，靠政府的助学金完成了自己的学业，毕业于德里大学，后又就读于美国的斯坦福大学并获得博士学位。现他年薪丰厚，赚了很多的钱，现在他又为父母在南德里盖了一栋大别墅。新娘也不错，多才多艺，出身书香门第，属第一种姓婆罗门。她毕业于孟买的理工学院，现与新郎在一家软件公司工作，他们虽不是一个种姓，却能走到一起，这在今天的印度社会并不惊人，但确是一桩违反印度教传统婚姻的大事。他们此次回国举行印度教式婚礼，意在向亲朋好友表明，他们之间真诚的相爱使他们冲破与超越了印度教种姓内婚制的桎梏。查阅印度资料表明，印度教内婚制规定，高种姓的姑娘不能嫁给低种姓的男子为妻，否则就是大逆不道，要受到严厉的惩罚。

印度独立以来，为了消除宗教与种姓间的久存的矛盾与问题，尼赫鲁及其政府倡导世俗主义运动，并给予了印度各种宗教与种姓同等的教育待遇。今天，受过现代教育的青年男女，只要男青年有才有德也能娶高种姓的婆罗门姑娘为妻，这在印度独立前是不可想象的。

这对印度青年的婚礼确实是豪华型的，婚礼的迎亲队伍足足排了一公里长，迎亲队伍中最吸引人眼球的是吹鼓手们，他们服装艳丽气派，以吹奏的喜庆乐曲把这对新婚夫妇的喜庆传遍四面八方……

诚信是合作共赢之本
——重访达卡真实记录（1）

中国国家主席习近平于2014年9月对南亚三国的印度、斯里兰卡和马尔代夫进行了访问，并向全世界宣布，中国复兴共建“21世纪海上丝绸之路”的国家战略，并共同推进孟中印缅经济走廊建设。中国坚持以信相交、以利相融、以谊相亲、以诚相待，携手共创繁荣振兴的亚洲世纪，造福于南亚与东南亚各国人民……

9年前，我随团访问过达卡，也许是时间匆匆，走马观花，说实在对该城市的印象并不是很好，杂乱无章，卫生状况差……2014年12月19—26日，我又来到达卡，这几天里，我乘坐各种交通工具，从城市中心到郊野农村，仔细打量这座城市的各个地方，独自或在别人的陪同下与各个阶层的人交谈，感受颇深……热情好客的孟加拉国人民，他们心里在想什么，急需要什么，又有什么诉求……

刚下飞机，展现在我面前的达卡机场显得十分老旧，由于久旱无雨，翠绿的树叶上蒙上了一层薄薄的灰尘，驱车驶向城里的宾馆，一路上马路破旧坑洼，人行道高低不平，有些地方污水横流，满地的垃圾无人清扫，城中的一些河流也急需整理疏通，以除恶臭……

我的小车司机在拥挤喧闹的人群和三轮车间穿行，这是需要高超车技的，否则互相碰撞与纠纷就在所难免……当看到公共汽车和货车等车身上满是剐蹭痕迹时，司机会无奈地告诉你，路窄车多人杂，一不小心，你的车就会被划到，这也许是孟加拉国糟糕的交通反映之一……此刻，我似乎看到整个达卡正显露出不堪重负的感觉……我不禁问已多次往返孟加拉国的小曾：“达卡怎么一点变化都没有，还是那老样子……”小曾笑笑告诉我说：“教授，达卡的变化还是有的，新的国际机场正在建设中，城中高速公路也已从无到有，向四处延伸……就是太慢了……”确实，我放眼向四处看去，高耸的建筑塔吊似春笋般地插在城市的四面八方，奔跑着的重型水泥搅拌车发出隆隆的声音，似乎在大声地向路人说，孟加拉国人已意识到建设一个符合时代要求的现代化城市的迫切性，他们正在努力，但需要时间，更需要朋友的真诚相助……

当晚，孟加拉国前国务部长、现孟中友协副主席乔杜里先生设家宴款待我这个中国的客人。我与乔杜里先生是认识多年的老朋友了，在他当政的年月里，我多次与他面对面地交谈，内容涉及中孟关系的各个方面，也在国际会议上共同探讨中国与南亚和东南亚各国的水资源的保护、开发与利用等问题。受邀参加他的特设家宴，我心里有一种特别的情感和快乐。这次参加乔杜里家宴的至亲好友有从政的官员、教授专家，更多的是商人，以及正学习汉语准备经商的年青人。另外，还有年青时毛主义热情的追随者，如今已是大商人的孟加拉国商界的精英、大商人与老板……当我与他们畅谈“21世纪海上丝绸之路”时，从他们兴奋的眼神中看到，这是给予孟加拉国的一个难得的发展经济和振兴国家的机遇，孟加拉国人民一定要抓住，搭乘中国经济发展的“大船”，发展繁荣孟加拉国，改善提高孟加拉国人民的生活水平……不是吗，如今的孟加拉国已是世界上数一数二的服装出口大国，上海也有不少服装贸易的出口商把订单发给孟加拉国的服装加工企业。据中国商界透露，今后孟加拉国会接到更多来自中国的贸易订单，不仅仅是服装，也许还涉及机器制造、电子及汽车零部件等行业。

有人曾对我说：“你这次来是否感觉孟加拉国虽有新的变化，但是速度太慢……不过，我要告诉你一个值得特别关注的问题。孟加拉国是个民主国家，一切要依法行事，谁也不可以置法于不顾。”是啊！对孟加拉国来说，一个城市项目的立项和建设，最大、最头疼的问题是拆迁，拆迁太艰难和花时间了。由此，它也大大拖延了工程的进度。今天的孟加拉国各级政府已意识到拆迁问题的严重性，正在设想制定适应孟加拉国国情的拆迁政策和措施，加快孟加拉国的经济建设和城市规划与改造的速度。

乔杜里先生虽已不在从政的第一线，但是他在政界仍有相当的影响力。他告诉我们，吉大港的改建和深水港的建设将由中国公司承担。吉大港是南亚大港，也是世界少有的天然良港，在孟加拉国经济发展中发挥着重要的不可替代的作用。不过，吉大港老了，已不适应时代发展的要求，急需改造和建设新港。可是，由于种种原因、矛盾与问题，以及资金与技术等因素，这一关乎孟加拉国经济发展和民生的大国家项目迟迟无法启动。如今时代不同了，中孟友谊和合作与日俱增，尤其是中国“21世纪海上丝绸之路”战略的倡议和实施，给予吉大港一个难得一遇的新生与发展的机会，吉大港由中国公司承建，对孟加拉国人民来说更是一个天大的喜讯，孟加拉国人民也相信，吉大港一定会成为中孟合作共赢的典范，助推孟加拉国经济向新的速度和高度前进。在热烈言谈中，我深感孟加拉国人民对中国的诚信与合作是信心满满的，他们也热切地期待着中国“21世纪海上丝绸之路”战略的实施，能给发展中的孟加拉国注入更多的能量、活力与动力。

临与乔杜里先生话别，我也信心满满地对他说：“中孟是兄弟，合作共赢是我们共同的追求与愿望，我们会成功的。”

是啊！当今世界，和平、稳定与发展仍是时代主流，中孟两国诚信与合作，那是共赢之基、成功之本。

三个三轮车夫
——重访达卡真实记录（2）

在我小时候未上学前，每当看到电影银幕上有黄包车夫拉着胖男胖女在大街上跑得满头大汗的镜头时，总是对爷爷大叫："爷爷，你看，那大块头男女多适意呀，拉车的苦呀！满头的汗……"爷爷这时也总是长叹一口气说："是啊！拉黄包车的是苦，可他没有办法呀，他要挣钱养家吃饭，家里可能也有像你一样的小孩张着嘴要吃的呢，不做没钱买呢……"所以，我从儿时起对黄包车夫就有了一番同情怜悯之情。为此，我从懂事起，每次到上海城里，无论什么情况下都不坐黄包车或三轮车（上海解放后黄包车逐渐被脚踏三轮车代替），直至三轮车在上海消失。

记得我在上海国际问题研究院工作，第一次去孟加拉国访问时，孟加拉国达卡工会组织送给我们每人的礼物是一辆用铁丝和铁皮做成的三轮车模型。我当时诧愕万分，便不由自主地把头转向窗外看去，不宽拥挤的马路上，几乎到处都有车身上涂得花花绿绿的三轮车，它们在人群和汽车间穿行，来来往往，忙忙碌碌，多得很……那次因时间短，没有闲暇去关注它。

2014年12月中旬，因工作需要，我又一次来到孟加拉国达卡。这次无论如何我都要挤出时间，专访达卡的三轮车夫。俗话说有志者事竟成，一天中午，我吃完饭，放下一切事务，专门拎着照相机去访问三轮车夫。真是无巧不成书，刚走出宾馆大门，马路对面的树荫下就有3个三轮车夫前后排着候客，车夫们正坐在车上打瞌睡呢。我走上前去，刚走到第一辆三轮车前，这个车夫猛地睁开眼跳下车，对我笑着说："先生请上车"，我对他摆摆手说："我不是来坐车的，我想与你们聊聊行吗?"我学的是印度的印地语，慢点说孟加拉人还是能听懂的。后面年青的也跳下车走了上来，中间那个仍坐在车上，身体动了动，哼了一下，算是打了招呼。

他们三个正好是老中青，代表孟加拉国三轮车夫的三个年龄段，对我的采访也是有益的。我从东拉西扯的闲谈中得知，最前面老点的三轮车夫今年50岁，中年的37岁，年青的19岁。年青车夫衣服有点小，遮不住他浑身凸起的肌肉，还有他那乌黑发亮的眼睛和自信的眼光，一眼就能看出是个勤劳能干的小伙子。小伙子快人快语，告诉我他刚从农村来到达卡，想在农闲时到城里挣点钱，为自己结婚做准备。中年的车夫总是懒洋洋的，眼睛呆呆地向前看着，整个脸也像一潭死水，没有一点表情，身体也单薄些，也许是生活的压力大，又过于劳累，显得特别疲倦，心里说不定也烦着呢。“兄弟，心里不舒服，家里有事说说，大家帮出点注意……”我有话没话地问他，他没有直接回答我的问话，仍坐在车上，抬起眼皮看了我一眼，只是“唔哼”两声，又复归原样不动了。那个年老些的车夫，门牙虽掉了两颗，但眼睛黑亮亮的……从他不断转动的眼球里，可以看到些得意狡诈目光的流露。我问他：“你的心情不错，这么漂亮的新车，一天可挣不少钱吧!”“还可以。”他挥了一下手又说，“客人喜欢坐新的好车，也可多要点钱，像你这样的外国人给钱也不会少，是吧，我拉你在达卡玩玩。”“好，我们聊一会儿，聊一会儿，再坐车玩达卡。”我顺着他说了一句，心想，这人真会做生意，等会儿，不坐不行了……

这三辆车三个样，租金也肯定不一，相差不会小。老点车夫的三轮车最新，装饰得也最漂亮；中年车夫的那车很一般，车上装饰的油漆也开始剥落；年青的车夫那辆最破旧。因为达卡的三轮车夫一般没有车，他们都是从不同的车主那里租来的……我就问老点的车夫：“为什你的车最新最漂亮，多少钱一个月租金?”他告诉我，这车是自己的，不是租来的，说话时不免从眼睛里飘出些颇为得意的神色。那个中年车夫看了眼老点的车夫，似乎有点不高兴，猛地睁开眼抢着对我说：“他的车吗，是有钱人送的，来头很大呢，他有靠山……女儿……”那老的狠狠地斜了他一眼，摆摆手阻止他说下去。我知其中必有隐情，也就不再问下去了。那个年青的不用问便笑着对我说：“我的车最破，租金却是最贵的，幸亏我年青有力骑得快又稳，还是有客人愿坐我的车。”“那你住哪里?”我接着问他。他长长地叹了一口气告诉我，为了省点钱住在棚户区，五六个人挤在一间屋里，脚碰脚，铺连铺，连一点空间也没有。我看着年青人一脸的无奈，安慰他说：“你年青，只要努力，一切都会好的。”说完我转头就问那中年车夫：“那你的车，一定是租来的，租金多少？贵不贵呢？这车还真有点破旧了……”还未等我说完，那老点的车夫便用不阴不阳的报复口气说：“不多不贵，他的女儿嫁给了车主，省了嫁妆的钱，租金当然要比他人便宜多呢。”说着又狠狠地看了中年车夫一眼。我看中年车夫有点发怒的脸色，便忙着打圆场，还从口袋里拿出300达卡币，每人100塞到他们手中说：“谢谢你们，今天你们告诉了我许多，谢谢!”这时正好有一路人坐上了老点车夫的三轮车走了，也避免了一场可能由我引起的口角纠纷。可是，最终我还是没有问到租金多少，问其他的三轮车夫，他们都摆摆头不说，后来有个保安告诉我，因为车主的租金不一，一般不让告诉外人。

嫁妆制度本出自印度的印度教。因为伊斯兰教主张人与人之间是平等的，而印度教则有不平等的种姓制度，故今天南亚诸国的穆斯林，他们的先辈大都是从印度教低种姓改宗过来的，同时也把印度教的嫁妆制度或多或少地带进了穆斯林群体。不过，南亚的穆斯林虽受嫁妆制度的影响，但是没有印度教严重。孟加拉国现在还是个发展中国家，穷人的生活艰难是可想而知的，很多穷人的女孩往往成了父母渡过生活难关和养家糊口的牺牲品，一个年青女孩成为有钱人的小老婆也不鲜见。况且，伊斯兰教有娶4个老婆的遗俗，那中年车夫因生计把自己的女儿嫁给车主，在孟加拉国的普通平民百姓中并不罕见。另外，我从与他们的谈话中察觉，那老点的车夫漂亮的三轮车，其中定有不少故事，可能是有钱人送的，也许还是与他家女儿的婚事有关联……孟加拉国生活在社会底层的三轮车夫的命运最悲惨，他们为了养家糊口，为了孩子们的学习与生活和前途，什么都想到了，就是没有想自己……他们一天到晚骑着三轮车四处转，除了转还是转，直至生命的终结。更为令人心痛寒心的是，有的三轮车夫因种种问题及债务的牵连，还要受黑社会的控制与盘剥……

“时代在发展，社会在变革，在经济全球化的趋势带动下，这几年孟加拉国的经济也有所增长，达卡城也正在发生着这样那样的变化……”想到这里，我禁不住又回头看看还在候客的两个三轮车夫，心里又想：“他们的生活……还有那些数不清的三轮车夫，他们的生活和最终的命运，又将会发生什么样的变化呢？也许时间会证实一切，那时我再来达卡看看他们……”

我在达卡马路不宽的人行道上不紧不慢地走着，一辆接着一辆的三轮车从我的身旁飞驰而过，数不清有多少辆，除了车子的吱嘎声，更可以清楚地听到三轮车夫粗重的呼吸声……他们一天到晚干如此重的体力活，可是吃得却非常简单，一杯奶茶、几块饼、一小盘土豆泥和菜，就是一顿饭。而且，我看他们吃饭往往是在马路边完成的，一吃完，抹抹嘴，又骑车冲向马路人群揽客去了。

三轮车不仅仅是达卡最便捷价廉的大众交通工具，也是孟加拉国人民喜爱的交通工具。在全孟加拉国随处可见三轮车夫弓着背骑车在马路上飞奔、在小巷里穿行的身影。向达卡人询问，达卡有多少三轮车夫？孟加拉国又有多少三轮车？没有人能给我正确的答案，10万，20万，100万，或者更多，无法统计。一到深夜，一排又一排长长的三轮车阵，似一条条长蟒，懒散又安静地伏躺在一条条马路的人行道上，也许它们也累了……清晨，太阳刚从海面上跳出，三轮车夫又把它们抛向马路小巷，游向达卡和孟加拉国的四面八方……

婚事
——重访达卡真实记录（3）

婚事，顾名思义，即有关婚姻要办的事。按南亚地区的伊斯兰教婚姻习俗，穆斯林要办的婚事多又杂，可称世界婚姻史上最为复杂的婚事之一。他们把男女结婚称之为“尼迦何”，为维护“尼迦何”的神圣，谁也不敢违背它的意思。同时，在穆斯林的眼里，结婚不是简单的宗教仪式，而是一种社会的“协定”。伊斯兰法律也规定，结婚是一项必须遵守的社会法律，为使家庭和生育后代合法，这“协定”每个穆斯林必须自觉执行。否则，他会受到伊斯兰法律的惩罚。

孟加拉国达卡的穆斯林的婚事繁杂程度，基本上与印度和巴基斯坦的差不多，但是也有点小小的不同，因为这是孟加拉国的达卡，它得有点达卡的地方色彩。当然，一般常人是察觉不到的，我自然也不例外。只是想告诉人们，达卡穆斯林求婚、提亲、订婚与结婚有着一套严格的执行顺序，稍有违反和不规范，婚姻就有可能碰到麻烦，甚至告吹。所以，达卡男女穆斯林青年都很严谨，一切皆按婚姻习俗办。如男女谈婚论嫁，不管是谁，都得先尊重姑娘的意愿，任何强迫婚姻和逼婚均属非法；寡妇也可再婚，这比印度教寡妇要么从夫而终，要么永不嫁人，确实好了许多。不过，达卡穆斯林的婚事，包括相亲求婚、订婚结婚，必须要通过的手续和仪式很多，其规定和禁忌也不少。单仪式就有求亲方式、提亲方式、订婚仪式、坐肓茄仪式、露面仪式、迎亲斯拉米仪式和尼迦合仪式等等，如不全部完成这些仪式，则不能说是一个穆斯林真正完整的婚姻。另外，男方从求婚、提亲到订婚、结婚，需花去的时间与钱财也不少。所以，不少穷困的穆斯林一辈子也结不了婚。

这次我重访达卡，有幸参加了订婚与结婚仪式，感受良多，真实记录如下：

一天朋友来电话，一定要我参加其妹妹、女儿的订婚仪式，朋友之情不可违，我便奉命前往。车到订婚场所，只见搭了一个大彩棚，霓红灯闪烁，人来人往，优美悦耳的音乐声从棚内传来，向满是星星的夜空飘去，说美也真美呀！

据客人说，姑娘的订婚仪式可是件大事，男方的女性亲戚要带上点心和珍贵的礼品到姑娘家，包括一种叫巴鲁夏黑的点心甜品及9—10小罐沙糖，姑娘吃了后还要回礼给男方小伙子吃。首饰和现金也不能少，首饰的花式品种很多，有花冠、宝石戒指、手镯、金项链等。富人家多送些，穷人家则少些。订婚还要举行一系列仪式。男女订婚后，男方还要按家境的好坏送钱给女方姑娘家，少则数千上万，多则几十万、上百万，可以一次付清，也可分期给完，这被称作“迈合尔”。这钱最终归姑娘所有，家里父母等不得拿用。要是男方不给“迈合尔”，成家后妻子可上告法院索取。

我一边听客人介绍，一边吃甜食和羊肉抓饭等，还听着乐队的美妙音乐，这正是人生最美的享受。新郎则端坐在搭好的台子上，分别与客人合影，还要由每次照相中的一个客人喂一勺甜饭，我们自然也是如法炮制。我一次次看着客人喂新郎甜饭，一边老想，这么多客人，新郎的胃受得了吗？因为在这神圣美妙的时刻，只要客人举勺到新郎嘴边，他就得吞下一口甜饭，否则会不吉利……

因为我晚上还要赶另一场家宴，所以在待了一个小时后便匆匆告辞。每年 12 月是孟加拉国气候最好的季节，大家都把结婚喜宴放在这个时候举行。客人还告诉我，一人一晚赶两场宴会，那是常有的事，而且喜庆宴会往往又放在晚上举行……

参加结婚宴会是在临走前的一个晚上，朋友好友的婚礼设在一家高档酒店的大草坪上，这大草坪足有好几百平方米，上面整个被洁白色的帆布所遮盖，棚上成千上万只彩灯放射出迷人的光芒，大彩棚内则放有百余个圆台酒桌。我细细观察了一下，参加婚礼宴会的人都是孟加拉国上流社会的达官显贵、有钱人家的公子小姐，他们个个珠光宝气，笑容满面，互相碰杯问候……当我们一行人一脚刚跨进彩棚，就有穿着白色宫廷样服装的服务生微笑着送上一杯杯饮料，供我们享用。我们走到彩棚前的高台上，与新郎新娘合影留念，并说了些祝福吉祥的话，才走下台没几步，婚礼就开始了。

这时乐声四起，一道道摄影师的闪光灯在我们的脸上划过，我们也急忙走到自己的 78 号酒席，刚刚坐下，就有服务生送上一杯开宴前的酸奶，然后就是一盘盘的菜和肉，还有那我爱吃的羊肉抓饭，就是没有酒，只有饮料和矿泉水。我因心中有事，吃饱后就离开了酒店，那已是深夜时分，可婚礼的酒宴仍在继续……

在回宾馆的路上，客人告诉我，这是达卡最高档的花园宫廷式酒店，你们的习近平主席也曾是这里的客人。写到这里，我要着重再写上几句。这么豪华的酒店婚礼，可是婚宴的大菜就七八个，除了还有羊肉抓饭，就是没有酒。因为，穆斯林是禁酒的，宴会上连啤酒也极为少见，酒能误事，酒醉生事……谁要是私下喝酒，还须交高额的税收。不像我国的婚礼酒宴，酒菜多得惊人，有的还要大吃三天，浪费是极其惊人的，我们应该学习孟加拉国的穆斯林兄弟，办酒席婚宴简朴为好，更不应以浪费来显摆自己所谓的阔气……

“中国能量”与“印度智慧”*

中国国家主席习近平于2014年9月17—19日对印度进行了访问，习、莫会谈的巨大成功，可称为中印关系开辟了崭新的篇章。

习、莫会谈期间，“中国能量”和“印度智慧”被广为流传。舆论认为“中国能量”为莫迪立志要给“印度创造辉煌的未来”增添能量，而“印度智慧”则意为，开启印度的智慧之光，顺应时代潮流，加强中印合作，携手构建中印更加紧密的发展伙伴关系，共创繁荣振兴的亚洲世纪。龙象共舞，“中国龙”与“印度象”定会在21世纪引领亚洲经济可持续发展，并为世界的和平、稳定与发展作出更大贡献。

正如习近平主席访印期间，在17日的《印度教徒报》和《觉醒日报》著文写道：“我相信，‘中国能量’和‘印度智慧’将释放出巨大能量，我们要共同推动孟中印缅经济走廊建设，探讨丝绸之路经济带和21世纪海上丝绸之路倡议，引领亚洲经济可持续发展。”

一、“中国能量”

那么，何为“中国能量”?“中国能量”又表现在哪些方面?笔者认为，总的来说“中国能量”指的是中国经济改革开放的经验、技术和资金。中国自20世纪70年代末80年代初的经济改革开放以来，积累了建设经济特区和工业开发区的不少经验与教训，经验印度可以拿来借鉴，而教训可以吸取，这是其一。其二，中国的制造业相当发达，其精湛的技术和产能为世界各国人民所喜爱和称赞，“世界工厂”、“中国制造”令印度人羡慕不已。要发展印度的制造业，中国制造业的技术可以学习和复制。其三，中国人勤劳节俭，国家积累了大量的资金。而印度由于连年的赤字预算，政府已没有多少资金投向经济领域，印度要发展，经济要提速，中国的资金可以助印度经济发展一臂之力。其四，中国的高铁技术优质价廉，高速公路、港口、

* 原载于《南亚与东南亚研究》2015年第1期。

交通设施、能源电力建设以及太阳能发电技术都属世界一流水平，这些方面印度却极为急需、短缺、不足与技术水平低下。诚然，印度的软件、制药及卫星技术，中国也可向印度学习。中印可以优势互补，合作共赢。

二、"印度智慧"

那么，又如何解读"印度智慧"?"印度智慧"源自何处?

众所周知，代表"中国智慧"的有孔孟之道的《论语》与《道德经》，以及庄子、韩非子的论著，如《逍遥游》等。大多有文化的中国人也都知道这句话，即"半部《论语》治天下"，这是中国自古以来的一句"治国名言"。

印度也有类似代表"印度智慧"的论著，《薄伽梵歌》即是"印度智慧"的象征，它是启迪印度人的智慧之书，目前还不为大多数中国人所熟知。如今已有由黄宝生先生译的《薄伽梵歌》的中译本，它是我国研究印度古代社会珍贵可靠的史料，现简单解读如下：大约公元前4世纪至公元1世纪，古印度社会进入了史诗时期，由于这一时期的社会矛盾突出且又激烈，思想领域异常活跃和丰富多彩，百家争鸣，百花齐放，形成了许多的思想与哲学派别，各派的思想哲学理论与观点又对这一时期的文学创作产生了巨大的影响，《摩诃婆罗多》和《罗摩衍那》是这一时期文学的最高成就。《摩诃婆罗多》是叙述婆罗多王族的历史传说，其中也记录了大量的古印度知识和神话故事，故被誉为古印度的《百科全书》。同时，它又被认为是世界上最长的史诗，其篇幅是荷马史诗《伊利亚特》和《奥德赛》总和的8倍，而《薄伽梵歌》只是里面的一部分，共18章、700颂，其内容是黑天（印度教大神毗湿奴的化身）对阿周那的教言，它被视为印度教的一部圣典，也是印度教徒行为规范的典籍，对后世的印度文化、社会、宗教有着巨大的影响。

从广义讲，《薄伽梵歌》的主要内容讲述了古印度人认知世界，认识自我，以及掌握指导处理人与自然、人与社会、人与人之间关系的哲学理论书籍。它在印度几乎家喻户晓，人尽皆知。现代印度人把《薄伽梵歌》看作开启智慧之书、指导人生之路的经典著作。一般读书识字之人都把《薄伽梵歌》视作自己人生中的最爱，家里都珍藏有一本。

莫迪是个地道虔诚的印度教徒，他对《薄伽梵歌》的认知与感悟是非常人可及的。他把中印两国喻作"两个身体，一种精神"，并提出两国应以"从英寸到英里"（Inch towards Miles）的精神推动双边关系向前发展。可以说，这都是莫迪对《薄伽梵歌》的认知与感悟灵感的迸发，也是"印度智慧"的闪亮表现。

三、"中国能量"与"印度智慧"和中印关系

"中国能量"与"印度智慧"的相加，这与中印经济和两国关系发展有何关联？这三者之间有何特别值得关注之处？笔者认为，如果我们从四个方面去正面认识解读的话，也许可以从更深的层面上认识到，"中国能量"与"印度智慧"在中印关系发展中，其深含着的意义究竟在何处。

首先，"中国能量"与"印度智慧"都是建立在中印两国人民智慧、才能、创造性发挥的基础之上的。况且，中印同是有着5000多年历史的世界文明古国，其悠久的历史与灿烂辉煌的文化，不但对世界人类文明的进步、发展与繁荣作出了巨大的贡献，同时更难能可贵的是，纵观中印两国自古的彼此往来，不但文化交流源远流长，而且2000多年的文化交流和人员往来是非暴力的，这在世界文化史上极为少见。自古以来中印两国人民互相学习，取长补短，促进了各自国家社会的进步与发展，值得珍惜。如今中印都处在经济改革和社会发展的关键期与机遇期，更应该向先辈们学习取长补短、谦学宽容、真诚友爱的合作精神，抓住机遇，共谋大业。平等、公平、正义、包容、互鉴，维护共同利益，促进亚洲和平、稳定、繁荣，推动国际新秩序朝着更加公正合理的方向发展。

其次，知识是无国界的，《薄伽梵歌》虽是一部印度的智慧之书，但也是世界宝贵的精神财富。习近平主席在这次访印的演讲文稿中写道："中华民族历来注重学习，'博观而约取，厚积而薄发'，强调'三人行，必有我师焉。择其善者而从之，其不善者而改之'，提倡'博学之，审问之，慎思之，明辨之，笃行之'。中华民族之所以历经数千年而生生不息，正是得益于这种见贤思齐、海纳百川的学习精神。"中印都可以从《薄伽梵歌》里汲取丰富的智慧营养，丢掉一切不合实际与事实的杂念，登高望远，为了两国的经济发展和人民的根本利益，乃至亚太地区的和平与稳定及经济发展，发挥中印两国优秀的传统文化精神，"中国能量"和"印度智慧"将释放出巨大能量。我们要共同推动孟中印缅经济走廊建设，探讨丝绸之路经济带和"21世纪海上丝绸之路"倡议，引领亚洲经济可持续发展，为世界和平树立友谊合作的良好榜样。

第三，中印同是发展中国家，目前还很不富裕。况且，中印两国都有着受西方殖民者压迫、奴役和剥削的苦难史。"落后要被挨打"，"落后要受人欺侮"，中国要实现中华民族伟大复兴的"中国梦"，印度要做一个"有声有色"的世界一流强国，"发展才是硬道理"。另外，中印两国文化的相通性、国情的相似性、需求的相同性、哲学理念和价值观的互补性，以及5000多年文化累积下来的深厚底蕴与具有的不可替代的先进性，都显示出两国有着广泛扎实的合作基础和空间，今后必定大有作为。

所以，中印唯有真诚地走合作之路，继承和发扬和平共处五项原则，坚持平等、公平正义、共同安全，才能合作共赢、共存共荣，真正做到和平发展、合作发展、包容发展，再次为 21 世纪人类文明作出更大的贡献。

第四，此次习近平主席访印，习、莫会谈所取得的成果丰硕，可称是中印关系史上的新篇章，而习、莫个人的魅力、睿智与豪气令人难忘。目前，影响中印关系、横在中印两国之间的最大障碍是边界问题。自 1962 年中印边界发生冲突以来，中印双方经历了数十年上百次的谈判，采取了各种管控措施，基本上保持了中印边界地区的和平与稳定，这也是很不容易的事。虽然中印边界从未划定过边界线，但是中印两国在英国殖民时期留下的所谓"麦克马洪线"，以及"传统习惯线"和当今的"实际控制线"的认知与界定上的差异，却使中印边界隐藏着潜在的危险的不稳定因素，影响着中印关系的正常健康发展。如果在习近平与莫迪执政时期，中印双方充分发挥智慧和才能，高瞻远瞩，为了中印两国人民的根本利益，找到了中印双方都认可的公正、公平、合理的最终解决方案，那么习近平与莫迪以及其伟大贡献将为中印两国人民永远牢记。

多面的“印度象”
——如何认识印度、了解印度，印度是个什么样的国家*

在21世纪的今天，我们如何去认识印度、了解印度？印度究竟是个什么样的国家？这对中国人来说的确是一个不小的难题。

众所周知，印度是个有着5000多年文明史的古国，它悠久的历史和灿烂辉煌的文化，令人肃然起敬。现在印度虽仍是个发展中大国，但是其发达的教育事业及科学技术的发展，使其成为发展中国家中的教育大国和科技强国。印度还有着“软件王国”的称号，有着“一箭多星”的骄人业绩。可是，今日印度社会所反映出的种种强烈的反差、高低悬殊的现象，实在令人不可思议……圣洁与肮脏、暴力与非暴力、禁欲与纵欲、博爱与杀生、赤贫与巨富等几乎同时存在……

确实，人们对印度社会如此深奥繁杂与捉摸不定的现象深有感受，似乎印度社会现象的每一个方面都蒙着一层面纱，使人难以看到现象与本质之间的因果关系。而印度市民对社会种种弊病所表现出的无奈与麻木，脏、乱、差、无时间观念，效率低下、愚昧、守旧等更是令人诧异和愤怒……可是，当我们面对印度灿烂的文化，其哲学理念、价值观所表现出的深厚的底蕴和睿智，我们又深感印度智慧的伟大……

究其原因，我认为主要有以下三方面：

首先，印度是个宗教国家，几乎人人笃信宗教。印度宗教对印度社会、政治、经济、文化、教育、艺术等，无不有着密不可分的联系。宗教已深入到印度社会的每一个方面、每一个人的灵魂。印度人生活的各个方面都可以看到宗教的作用与影响，可以说没有宗教，就不成为印度。同时，印度宗教教派繁杂为世界之最，它几乎拥有世界上所有的宗教派别，而且印度最大的宗教派别印度教，至今仍保留着不平等的种姓制度……由此，印度教派别与种姓之间矛盾与斗争时续不断，这也影响和阻碍了印度社会的稳定以及经济的发展与进步繁荣。尤其是印度教与伊斯兰教之间的矛盾和暴力冲突，更是成了影响社会稳定和经济发展的定时炸弹。另外，值得关注的是，印度宗教派别信仰不同，追求的目标不一，西方文化的影响又使印度社

* 原载于《解放日报》2015年3月3日。

会多变繁杂和捉摸不定，致使人们对印度社会的各种现象深感迷惑不解……

其次，贫富不均。印度连续不断的性犯罪、贫富差距之大，令世界惊愕不已。富可敌国，女儿结婚可租英国白金汉宫作为婚礼场所；而穷则上无片瓦，下无立足之地，身无分文，全靠乞讨过日子。据印度计划委员会 1997 年 3 月 10 日公布的数字，印度 9.76 亿人口中，3.2 亿为贫困人口。印度经济改革开放 20 余年来，印度经济得以迅速发展，社会财富急剧增加，数量也很惊人，可是贫富差距非但没有缩小，反而扩大了。按当今国际社会对贫困人口统计的标准，印度仍有 3 亿人左右生活在贫困线以下，他们每天的生活费低于 1.25 美元。贫穷和社会就业不高，更给印度社会稳定和经济发展带来了不小的祸害。连续不断的性犯罪，不能不说是由于大量的青年找不到工作，他们与进城的无业游民合在一起，为了生活，也有的为了寻求精神刺激……铤而走险，偷盗，抢劫，吸毒，聚众斗殴……无恶不作，致使恐怖暴力和性犯罪频发……

最后，印度特色的政治体制。印度的政治制度是在模仿西方议会民主政治模式的基础上建立起来的。但是，它又有与西方议会民主政治体制不同的印度特色，是适应整个印度社会政治、宗教等各方面具体情况的需要而定的。60 余年来，印度特色的议会民主政治体制基本上保证了人们对印度社会秩序正常运行的诉求，人民的民主和法治意识也普遍得以认可和提高。为此，印度有舆论认为，印度建国以来最伟大的业绩，就是建立了适应印度社会发展的具有自己特色的议会民主政治体制。可是他们也不得不承认，印度特色的议会民主政治体制有待进一步完善。民主可赞，法制可行，就是民主和集权往往会出现错位现象，中央的权威和决策能力受损，许多有关国计民生的大事，议而不决、决而不行、督而不力，使印度丧失了许多大好的发展机遇与时间，影响了印度社会的进步与经济发展的改革与速度……

诚然，除了以上三个主要方面的问题之外，还有民族问题，超大的中央和邦政府的赤字预算、通货膨胀、改善民生间的互相矛盾与问题，基础设施的严重不足与经济高速发展间的需求矛盾日益激烈的问题，农民和农村的土地问题，高等教育和初级教育及全民教育的平衡问题，国营企业的亏损和改制问题，对外开放与民族工业的保护问题等等。这些矛盾与问题都有待印度政府与人民共同去克服解决，否则印度社会的发展将会出现更大的麻烦和问题……不过，时代在发展，社会在变革，况且，今日印度人民求新求变的欲望比往更为强烈……前总理曼莫汉·辛格在印度 65 个独立日的演讲中说："我坚信这个世界上没有任何力量能够阻止我们的国家实现新的发展和进步的脚步。我们现在所需要的，就是万众一心为国家的进步与发展而努力奋斗。"

人们把印度喻作大象，大象沉稳且有智慧。尽管前进中存在各种矛盾、问题和困难，印度象总是会迈着自己沉稳的脚步跨越向前。只有前进的印度，没有后退的印度，印度会实现"世界一流的强国梦"。

第二部分

南亚国际关系问题专论

美国俄罗斯，一个都不少
——印度为实现大国目标展开务实外交*

印度支持美国建立国家导弹防御系统，印美关系迅速升温。有舆论认为，印度有“重美轻俄”之嫌。但是，如果我们从印俄关系的历史、现状和发展趋势分析，印俄战略伙伴关系仍是印度外交的基石。因为印度清楚地知道，美国总统布什在全球战略中玩印度这张牌，印度也只是抓住机遇，投其所好，从中取利，为印度的大国目标服务。

进入21世纪以来，瓦杰帕伊政府为使印度成为真正的世界政治大国、经济大国和军事大国，在外交上进行了一系列的调整，更加注重大国外交、亲美、联俄、稳定中印关系是其外交的最基本战略。

支持NMD计划　印美关系升温

小布什总统上台之后，印美关系迅速升温。特别是2001年5月1日，小布什总统在美国国防大学发表讲话，声称要建立国家导弹防御系统（NMD），取消《反弹道导弹条约》。5月2日印度外交部就发表声明表示欢迎布什总统的讲话，从而从事实上支持了美国建立国家导弹防御系统。为此，美国舆论惊喜地认为，“全世界两个最大的民主国家美国和印度，冷战时期的敌意正在迅速解冻”，预示着“两国加速发展战略伙伴关系”。印度外长兼国防部长辛格也说：“过去欢迎，并继续欢迎美国总统布什的国家导弹防御系统。”

结成战略伙伴　印美各有所图

分析研究印美关系一再升温的原因，实际上印美两国各有所图。

---

* 原载于《文汇报》2001年6月22日。

美国要利用印度日益增强的综合国力，使其在美国新世纪的全球战略中成为亚洲一支遏制中国的战略平衡力量。因为自小布什总统上台后，中美关系已由“伙伴关系”定为“竞争关系”。在新世纪里，美国认为中美两国竞争多于合作，而印度与它有着共同的民主价值和战略目标。

印度则认为，其与美国发展关系除了祈求美国全面解除核制裁措施外，还有助于平缓国内政治矛盾与危机，并能得到美国更多的经济及高科技技术方面的援助与支持，有助于印度成为世界经济强国。更为主要的是，发展与美国的关系既可使印度在国际上拥有更多的发言权，也能为自己创造更加有利的国际和周边环境，提高印度在国际上的地位。

为此，印度紧紧抓住美国伸出的手，为圆其“大国梦”服务。

高层互访频繁　印俄友谊牢固

从 20 世纪 50 年代起，印苏关系就非同一般，70 年代苏联的“南下战略”更加深了两国关系。1971 年 8 月两国签署了“和平友好合作协定”，建立了战略伙伴关系。虽然苏联解体后，印俄关系曾一度倒退，但是自 1993 年叶利钦访问印度之后，印俄关系迅速恢复。俄罗斯认为印度是一个有价值的战略伙伴，也是一个可靠的平衡世界格局的借助力量。为此，俄罗斯公然为印度的核试验辩护。

2000 年 10 月 2—5 日，俄罗斯总统普京访问印度，签署了俄印《战略伙伴宣言》。瓦杰帕伊称宣言是“印俄关系坚定而长期的保证”；普京也再次表示支持印度成为联合国常任理事国，发挥印度大国的作用。从此，印俄关系高层互访更加频繁，双方签定了一系列政治、经济、贸易、科技、军事、文化等方面的长期合作协议，印俄关系发展到了一个前所未有的阶段。

2001 年 5 月 6 日，俄罗斯总统普京致函瓦杰帕伊总理称“印度是俄罗斯在地区与国际事务中的最主要伙伴”，印度官方及舆论也认为“印度不能少了俄罗斯这样的朋友”，印俄各项协议的签署与实施表明“印俄友谊仍很牢固”。

共同开发武器　军事合作质变

俄罗斯也是印度成为世界军事强国最有力的支持者，单在普京访问期间就向印度出售了 30 亿美元的先进武器装备。2001 年 6 月 4 日，印度外交兼国防部长辛格访问俄罗斯，在莫斯科落实了向俄购买 100 亿美元武器装备的协议。

另据俄军方透露，俄印将在不久的将来共同研制和开发第五代歼击机等更加高精尖的武器装备，印俄的军事合作产生了质的变化。

值得注意的是，俄罗斯卖给印度的武器装备总是最先进的，比其卖给其他国家的武器要质高一等，这又从某一个方面证实了印俄关系是非同一般的战略伙伴关系。

新国王面临三大挑战*

当贾南德拉2001年6月4日在王宫举行加冕仪式时，王宫外爆发了大规模抗议活动，愤怒的人群试图冲进王宫阻止加冕典礼。这预示着贾南德拉面临的形势不容乐观。

一、当务之急是查清血案真相

目前，尼泊尔舆论对王室血案疑问重重。首先他们不相信王储迪彭德拉会弑父弑母，残害手足。王储后背的枪眼更使民众感到困惑，更使民众不满的是贾南德拉的“走火说”。有舆论认为，“走火”导致王室灭门惨案是说不通的。

虽说尼政府已宣布成立调查委员会，三天后向民众提供王室血案调查报告，但是如果调查委员会的报告不能提供令人信服的证据，那么尼政局的发展将是令人担忧的。

二、稳定政局关键在于经济

尼泊尔是世界上少数几个最为贫困的国家之一，人均年收入仅为210美元。这几年里，尼泊尔经济发展一直不尽如人意，国民生产总值徘徊不前，有些年度不升反降，农业更加令人担忧。

1999年5月，大会党在尼大选中获胜，以巴塔拉伊为首相的新政局制定了一系列克服贫困、发展经济的政策与措施，但是由于国内政局不稳，各党派互相争斗拆台，收效甚微。再加上尼泊尔各级政府内贪污成风，现首相柯伊拉腊也卷入贪污丑闻面临调查，而境内暴力事件也不断发生。

---

* 原载于《文汇报》2001年6月6日。

作为新国王的贾南德拉，如何协助政府在稳定政局、发展经济方面作出贡献，是其坐稳王位最为关键的问题之一。尼泊尔人至今忘不了前国王比兰德拉为发展尼泊尔经济东奔西走的身影。

三、处理与印关系至关重要

尼泊尔与印度是邻居，从文化渊源上讲又同属一个体系。印度教是尼泊尔的国教，国内80%以上的人信奉印度教。尼泊尔又是印度最大的受援国和贸易伙伴，印度还有数百万移民在尼泊尔从事农业、商业和手工业等方面的工作。所以，尼泊尔与印度有着最为直接与紧密的关系，印度在尼泊尔也有着巨大的利益。

虽说印、尼两国独立以来没有发生过重大的过节与对抗事件，但是尼泊尔是个内陆国家，为向印度寻找出海口受到的刁难与要挟让他们记忆犹新。同时在经济活动中，尼泊尔对印度的控制和反控制斗争也非常激烈。所以，尼泊尔国民中反印情绪曾经是很激烈的。而在这次王室血案中，王储迪彭德拉的情人拉娜据报道已逃往印度，这在尼泊尔国民中产生了不少反感情绪。

目前印度最为担心的问题是尼泊尔局势失控，或者导致不利于印度的党派掌权，这样将会影响印度与尼泊尔的传统特殊关系，也有损于印度21世纪外交战略的调整。

因此，对新国王贾南德拉来说，如何处理好与印度的特殊关系至关重要，也十分微妙。

伸和解之手，举反恐之剑
——巴基斯坦面临双重压力作出选择*

2001年12月13日，印度议会大厦遭5名恐怖分子袭击，印巴两国关系骤然紧张起来，印度紧急实施了独立以来少有的东兵西调，80万大军屯驻印巴边境，印巴大战似乎一触即发。虽然两国首脑均表示要尽力避免战争，但是印巴边境地区的枪声告诉人们，印巴危机并没有缓和的迹象。

前不久，穆沙拉夫与英国首相布莱尔会谈时强调，巴基斯坦反对一切形式的恐怖主义，制止任何形式的黩武主义，并宣布在近日内公布一项在全国打击“黩武主义”的计划，目的是为了什么呢?

一、美欲开辟反恐新战场

时至今日，美国政府和舆论仍认为，美国在阿富汗的战争远没有结束。大批塔利班士兵和“基地”组织成员化为平民，越界进入巴基斯坦境内，在那里有他们同宗同族的兄弟姐妹和亲戚朋友。

所以，美国舆论还认为，反恐战争需要解决的一个至关重要的问题是如何继续推动巴基斯坦根除“基地”组织。当前印巴对峙的紧张局势给美国提供了一个借以推动巴基斯坦反恐的杠杆，反恐战争的下一个目标可能是巴基斯坦境内的“基地”组织。

自然，美国不希望印巴开战，但是印度目前这种战争威胁恰恰是美国所需要的，其要推动穆沙拉夫对“基地”组织成员采取更为强硬的措施。美国一再向巴基斯坦施加压力，目的也在于此。美国更希望巴基斯坦政府在打击“基地”组织的战斗中提供全面的合作，并在巴基斯坦开辟反恐怖主义新战场。

---

* 原载于《文汇报》2002年1月13日。

二、印重兵压境逼巴反恐

自印度独立50多年来，克什米尔冲突耗去印度大量的人力、物力和财力资源，克什米尔争端影响着印度社会政局的稳定和经济发展。印控克什米尔地区的穆斯林民兵武装及圣战者组织成为印军最为头痛的对抗力量，印军一次又一次地围剿这些民兵武装的基地，但是收效甚微。而巴基斯坦对“越境恐怖主义分子”的庇护，更使印度感到愤怒。

美国“9·11”恐怖袭击事件发生，使印度看到了机会。印度高举反恐怖的大旗，意在介入美国全球反恐怖斗争的范围内。可是事与愿违，美国与西方国家对反恐斗争采取双重标准，他们在表示“反恐怖斗争应针对任何地区任何形式的恐怖分子”的同时，对巴控克什米尔的“越界恐怖主义分子”采取宽容态度，意在获得巴基斯坦在打击塔利班和本·拉登的军事行动中对美国进行全面合作与支持。美国认为巴基斯坦作为反恐前线国家，在伊斯兰世界具有印度不可替代的作用和影响，这使印度感到极为不满。

2001年12月13日议会大厦的枪击事件，又给印度提供了一个打击“越界恐怖主义分子”的大好时机。印度总理瓦杰帕伊在2001年12月29日印度人民党全国执政委员会紧急会议上表示，印度将“尽全力避免与巴基斯坦发生战争”，但他同时又要求全国上下做好“应付任何不测”的准备。他指出，印度决心在克什米尔以及其他地区彻底消除“巴基斯坦支持的越界恐怖主义分子”。

三、穆沙拉夫冷静应对

自“9·11”事件以来，美国为建立国际反恐联盟，需要巴基斯坦的全面合作与支持，巴基斯坦一夜之间成了美国反恐怖战争的最前线国家。鉴于巴基斯坦的国情和与阿富汗的特殊关系，穆沙拉夫作出与美国全面合作的决定是异常艰难的。2001年9月19日穆沙拉夫在电视讲话中说，“为了巴基斯坦的民族利益，只能与美国合作”，并不点名指责印度想通过目前这场危机把巴基斯坦列为“恐怖主义国家”。现在看来穆沙拉夫作出这个决定是明智的，巴基斯坦虽然失去了自己的战略腹地，但也丢掉了长期拖累自己的包袱。多少年来，巴基斯坦为支持塔利班政权，在政治、经济、外交上付出了沉重的代价。

穆沙拉夫这一决定改变了巴基斯坦与美国多年的冷谈关系，穆沙拉夫的统治也得到了国际社会的承认，美国取消了对巴基斯坦的制裁并承诺债务减免以及源源不断的各种援助，使巴有望走出经济危机的困境。当然，不能否认巴国内亲塔利班势力可能会借此兴风作浪，大量难民的涌入使巴政局更加复杂化，穆沙拉夫也面临强大的反美情绪的压力。

在如此错综复杂的局势面前，"12·13"印度议会枪击事件又使穆沙拉夫面临了一次更为艰难的选择。首先，在所谓克什米尔"争取自由战士"问题上，巴基斯坦正受到印度和美国越来越大的双重压力，印度借反恐打击"越界恐怖主义"志在必得。另外，塔利班垮台后，阿富汗新政府对巴态度很不明朗，使巴国内亲塔反美情绪增长，变得更加复杂。

四、五管齐下，缓和局势

但是，穆沙拉夫表现出少有的沉着冷静。首先，他向美、英、中、俄、法等国家公布了"12·13"印度议会大厦枪击案的全部真相，以求得国际社会的理解和支持。其次，他对印度咄咄逼人的态度表现出了极大的忍耐和克制，并再三强调"巴基斯坦向来谴责恐怖主义，我们不要战争，我们永远不会首先发动战争，除非有人把战争强加给我们"，并主动要求与印合作调查"12·13"事件。第三，巴政府迅速逮捕了被印度政府指控的两个克什米尔激进组织"杰伊什·穆罕默德"和"拉什卡雷"民兵组织的首领大毛拉马苏德·爱兹尔哈尔和穆罕默德·赛义德以及其他50名成员，以实际行动表明了自己的反恐立场。另外，巴拒绝了原塔利班驻巴基斯坦首席代表扎伊夫的政治避难要求。第四，他在尼泊尔南盟峰会上向瓦杰帕伊伸出了言和之手，博得了与会者热烈的掌声。虽然印巴握手并没有缓解两国间的紧张局势，但穆沙拉夫此举却得到了国际社会的欢迎和支持。第五，穆沙拉夫表示，他将采取更加严厉的措施打击国内的黩武主义，引进宽容的社会风气，以稳定政局。同时，对克什米尔伊斯兰民兵组织采取有效的控制政策，并断绝了与他们的联系。

穆沙拉夫采取克制态度，坚持和谈政策，同时高举反恐之剑，不但使印度难以借打击恐怖主义向巴进兵，也有助于提高其本人在国际上的地位和声望，这样从根本上维护了巴基斯坦的民族利益。目前，虽然巴国内的极端分子向穆沙拉夫发出了威胁，但是他仍然得到普通老百姓和士兵的信任，大多数巴基斯坦人都对他寄予希望。

美国重印不弃巴
——布什新任期将调整对南亚政策*

美国总统布什第二个任期的就职典礼即将举行，而有关布什总统在新任期对外政策的调整已成定局。尤其是美国全球战略重心的东移，以及对处于南亚的印巴两国外交政策的调整，更是备受世界舆论的关注。赖斯接替鲍威尔就任美国新国务卿后，提出加强美印关系，此举引起了国际舆论的普遍重视。美国对印巴的政策究竟为何变化？美国果真会弃巴重印吗？

印度自20世纪90年代经济改革开放以来，其经济力量大增，综合国力也得到大幅度提升，在国际上所扮演的角色显得越来越重要。而“9·11”事件后，巴基斯坦作为美国的反恐盟友，得到了美国的青睐。为此，印度政府对美国“重巴轻印”的政策很是不满。如今阿富汗塔利班政权早已不复存在，美国所支持的卡尔扎伊政权也顺利通过民选产生，可以说美国在阿富汗的反恐战争已达到了预期目的。所以，布什政府将在新的任期内调整对印巴的外交政策，着重与印度发展更紧密的战略伙伴关系。除此之外，美国加强与印度的关系还出于以下几个方面原因：

首先，进入21世纪以来，美国的霸权主义得到充分张扬，但同时由于国际社会的反对和大国力量的制衡，美国在实现单边主义和霸权主义的过程中又显得力不从心。因此，美国企图借用印度的力量，实现其在亚洲的战略目的。

其次，美国和印度都认为，美印两国政治体制相同，有基础为了共同利益走到一起。

第三，美印两国国内仍有一些人对中国的日益强大或多或少存在着警惕和畏惧感，所以美印两国共同合作与中国抗衡的心理因素依然存在。

第四，随着印度经济的发展，印度市场的需求量也与日俱增。美国企业家都非常迫切地希望以更大的规模进入印度市场，而美印关系的发展有助于更多美国商品占领印度市场。另一方面，印度也需要美国的资金和高科技技术。

当然这并不说明布什政府将在南亚执行一条“弃巴重印”的外交政策。因为美国意识到国际反恐斗争将长期存在，它需要巴基斯坦的鼎力相助。巴基斯坦在穆斯

---

* 原载于《解放日报》2005年1月3日。

林世界拥有不可忽视的地位、作用和影响，而由于地理环境和民族文化因素，对于稳定阿富汗局势，巴基斯坦有着举足轻重的影响。而且众所周知，巴基斯坦为美国的反恐战争立下了汗马功劳，如果布什政府在新任期内弃巴重印，不但会招致巴基斯坦的愤怒和不满，而且“喜新厌旧”只会把美国陷于更不利的国际环境中，并被世界舆论所唾骂，从而使美国在国际反恐中付出更大的代价。

印度"象"能否变成印度"虎"*

进入 21 世纪以来，中国与印度经济的全面快速增长为世界所关注，并同被誉为亚洲乃至世界经济的发动机。但是长期以来，在一般中国人眼里，印度依然是贫穷落后的国家，经济发展也还是远远不如中国。先入之见往往并不代表事物的真相：当今印度的信息技术正以 30％的高增长率向前发展，其软件出口量已占世界软件出口总量的 20％；印度的外汇储备又创新高，达到 1400 亿美元……近来，国际舆论热评印度发展，认为过去庞大却迟缓的印度"象"正在蜕变为雄心勃勃且行动敏捷的印度"虎"。那么，印度的经济究竟如何？印度能崛起成为世界级的大国吗？

"软环境"提供发展潜力

当人们进行中印经济发展的比较研究时，往往形成一个共识，即中国和印度的崛起，走的是两条各自不同的路。不少国际舆论认为，中国的经济发展势头强劲，且政治和社会稳定，经济发展模式靠制造业驱动，大规模投资基础设施，以及外资大量涌入等等，故印度经济的发展是无法与中国相比的，中国经济的领先地位将会继续保持下去，印度人要赶上中国人是不可能的。况且，目前中国和印度的经济差距也太大。

不过，我们若冷静地审视分析研究印度经济发展的内外因素与环境，可以看到印度经济发展的潜力是巨大的。具体表现在以下几个方面：

首先，印度的政治体制为印度经济发展提供了相对长期稳定的政治社会环境，而印度人民民主与法律意识的形成、法律制度的健全，减少了不必要的人为因素的干扰和破坏。

其次，印度私营企业势力大大强于中国，而且具有不少成熟的能参与国际竞争的世界级公司与财团。在世界著名经济杂志《福布斯》和《远东经济评论》的评比

* 原载于《解放日报》2005 年 3 月 22 日。

中，中国大陆公司榜上无名，而印度有10多家公司榜上有名。

第三，印度的金融系统比较健全，而且管理体制国际化程度高。另外，印度银行的坏账远比中国银行低，印度的股票市场也比中国成熟得多。

第四，印度的软件业明显优于中国，甚至连比尔·盖茨也认为21世纪世界软件超级大国将是印度。美国《财富》杂志所列世界500家大公司中，有300多家使用的软件都是印度软件公司提供的。

第五，印度的国际化人才多。众所周知，一国经济的发展很大程度上取决于该国科技人才与具有国际竞争力的国际化人才的状况。印度不但高校数量多，而且世界知名的学校也不少，其学生的质量普遍也比较高，尤其是理工科学校，其优秀的毕业生可以与美国麻省理工学院和法国综合技术大学的毕业生相比。

第六，尊重知识、尊重人才，已成为印度社会的良好风气，在现今的印度社会里，知识分子不但受到人们的尊重，而且他们的工资和各方面的福利待遇也是最高的。

总而言之，所有这些有利于印度经济发展的“软环境”，是印度人民经过独立50多年来的奋斗实践得来的。印度的经济经过改革还是得到了较快的增长，并且将持续地增长下去。所以，也有国际舆论认为，通过更有组织和更自主的发展，印度可能更有发展后劲。

老问题仍是绊脚石

印度在崛起的道路上迈进，也存在着诸多的矛盾与问题。这些矛盾与问题一旦爆发，或者由于政府处理不当，都将成为印度崛起道路上的重重障碍。主要有以下几个方面：

首先，印度是个宗教国家，宗教教派间的矛盾与冲突，始终是印度经济发展进程中最大的拦路虎。

其次，印度有3亿多穷人，而且贫富差距非但没有缩小，反而有拉大的迹象。再加上失业人口远远多于中国，如果不能解决穷人的生活与居住问题，由贫富不均引起的社会矛盾将始终是印度经济发展的最大隐患。

第三，印度的国有企业效率低下，经济效益不佳。关于国企改革在执政党内部产生分歧，这给国企改革又带来了重重的困难。印度国有企业在经济领域占50%左右的比重，如果国企改革搞不好，印度的经济发展也会受阻。

第四，印度人口众多，由于宗教和封建陋习的影响，计划生育没有取得良好成效，如今印度的人口已超过10亿。自20世纪90年代改革开放以来，印度忽视对农业的改革和粮食生产，农业问题又一次突现出来，若再不注重农业生产，印度将面临“第二次粮荒”。

第五，印度的基础设施老化，设备陈旧，且又缺电少水，已经远远不能满足今天印度经济发展的需要。

第六，沉重的财政赤字已成为印度经济发展的绊脚石。中央与邦政府的财政赤字仍在不断扩大，难以看到有下降迹象。2003—2004 年度财政赤字总额已超过国内生产总值的 60%。财政赤字预算主要用于各级政府的日常开支、公务员薪金和旧债的还本付息，很少用于生产性投资项目。如果印度仍不能有效地克服财政赤字的攀升，那么它将会严重影响印度经济持续快速的发展。

总之，印度要成为一个真正“有声有色”的世界大国，还有很长的一段路要走，还需要印度人民更充分地发挥自己的聪明才智，作出更大的努力和奉献。

十年国防协议，美印各谋其利*

2005年6月28日，美国国防部长拉姆斯菲尔德与印度国防部长慕克吉在华盛顿签署了一份为期10年的国防协议。协议内容丰富，涉及面广。有舆论认为，美印关系的发展表明，美国要借印度之力遏制中国。笔者认为，根据美印关系发展的趋势、印度国情的需要和美国的亚洲战略目标，美印两国是各怀目的地签署了协议，他们是各取所需，各谋其利，在最终目的上并非完全一致。

美国作为当今世界上唯一的超级大国，在世界称霸和推行单边主义的过程中，深感心力不济。如今要在亚洲推行其战略目标，它更需要借重印度。印度是一个正在崛起的大国，其综合国力在不断提升。美印关系的发展，对在亚洲心力不济的美国来说是极为有利的。尽管美国也知道印度不太情愿被纳入其亚洲的大战略中，但是布什政府还是想方设法地争取印度，使印度为其亚洲战略目标服务。当然，美国与俄罗斯争夺印度的军火市场，获取最大的经济利益，这也是美国在经济上所需要的。

1998年时任俄罗斯总理的普里马科夫提出俄、中、印建立战略合作关系时，美国便开始担忧，三国的合作会影响到美国在亚洲的战略目标，美国也早有舆论敦促政府改善与三国的关系。不久前，中、印、俄第四次外长会议加强了多方面的合作，意味着中、印、俄三边关系进入了一个新的阶段。尽管三国合作不是针对第三国的，但美国仍然忧心忡忡，为此加速与印度签署了十年国防协议，欲干扰中、印、俄之间的战略合作。

印度自独立以来，在对外战略中一直有着自己的价值观念和独特的游戏规则，为了自己国家的最高利益，它既不听从任何一个大国的指挥，也不轻易放弃提高自己综合国力和大国地位的机会。只要对国家利益有利，印度愿意与任何势力和集团周旋，这样印度可以左右逢源，各取其利。中、俄、印的战略合作对崛起的印度来说是有益的：一是它需要一个和谐的周边环境发展经济；二是中、俄、印三国目前的国情基本相同，都是发展中大国，合作大于竞争，互补性强；三是中印之间虽有

---

* 原载于《解放日报》2005年7月2日。

些矛盾和问题，但可以用和平手段解决。印度不会听从美国成为遏制中国的工具，而印俄之间传统友谊的加强和能源合作更是印度经济发展所急需的。然而，美国毕竟是当今唯一的超级大国，印度也需借用美国之力提高综合国力和国际地位。因此，只要不影响印度的国家利益，印度愿意和美国进一步发展战略合作伙伴关系，但同时，印度也不会在与美国发展关系的过程中放弃自己独立的外交原则。

穆沙拉夫访华关注六大议题——续写光大55年传统友谊，树起两国关系“新里程碑”*

2006年是中巴两国建交55周年。新年伊始，穆沙拉夫总统出访首选中国。巴外交部在2月13日的一份声明中表示，穆沙拉夫此次访华将成为两国关系史上“新的里程碑”。为巩固和发展中巴更加紧密的战略合作伙伴关系，穆沙拉夫总统这次访华主要涉及以下六大议题。

更多关注能源、交通 促进经贸互补双赢

长期以来，中巴贸易总是在20亿美元左右徘徊，后来虽上升至30亿美元，但是20世纪90年代后，中印贸易的迅速增长使中巴贸易退居之后，这与中巴两国良好的政治关系极不相称。虽然由于巴基斯坦国内经济和科技落后，中巴的经济互补性较差，但是克服两国经济合作过于单一的问题已刻不容缓，不能老是局限于对巴技术出口、经济援助式的工程承包，应该在扩大贸易内容和形式上开创新路，创造中巴贸易新的增长点，这也有助于缩小中巴贸易中国顺差达20亿美元的现状。在认真研究中巴贸易及巴经济落后的现状后，我们不难发现，中巴贸易还是有相当的扩展和增值空间的，如软件信息设备的设计和制造，金融贸易的管理，高层次人才的培养与交流，能源、交通和国家资源性方面的生产与合作等。这有助于中巴经济的互利双赢，同时对促进巴经济长期稳定的发展也是有益的，这也是巴基斯坦人民和政府所期望的。

健康利用美印因素 培养未来中巴关系

巴基斯坦独特的地缘政治特征，以及稳定中巴和“中印巴三角”关系，是对美

---

* 原载于《文汇报》2006年2月20日。

国单边主义的亚太战略的挑战。美国始终密切注视中巴关系的发展，尤其对中巴“全天候”的朋友关系感到担忧，千方百计地要在中巴之间寻找突破口。美国现采取加大对巴经济和军事援助，从而影响动摇中巴关系，以利用美巴关系达到某种战略图谋。虽说中巴关系牢不可破，但是要保证亚太地区南亚的战略平衡，中国不但要重视爱护现有的中巴关系，更要注意培养未来的中巴关系，也要促进印巴关系走上良性发展的道路。无论从哪方面讲，这对维护和营造中国和平友好的周边环境，发展本国经济都是有利的。若印巴美三国结成战略伙伴关系，那将对中国的周边安全产生不利影响；而在中印美三国关系互动中也可能会使巴产生猜忌和误解，中巴双方宜深入交换意见，以达成共识。

有效控制巴国稳定　确保中方工程安全

虽说穆沙拉夫总统执政 6 年来，巴国内政局基本上保持稳定，但是由于巴国内政治成分复杂，党派众多，宗教势力强盛，民族矛盾突出，这又将使巴社会政治秩序潜藏危险的不稳定因素。这不仅影响着中巴关系进一步的发展，也不利于中巴各种关系的协调，并成为阻碍中巴经贸合作顺利开展的主要因素之一。巴极端主义恐怖组织屡次对中国工程技术人员的袭击枪杀，已影响了中国在巴基斯坦工程项目的顺利进行和施工，迫使中国部分项目停工，工程技术人员回国。如何确保中国工程人员在巴的生命安全，已成为穆沙拉夫政权刻不容缓的大事。

再阐明“东突”危害　排除宗教沟通障碍

巴基斯坦是个伊斯兰国家，绝大部分穆斯林对中国非常友好，他们对中国人民的友谊是真诚的。但是，有少数穆斯林出于宗教感情，对中国境内和逃到巴国内的“东突”分裂分子表示同情，对中国打击“东突”恐怖分子表示不理解。这不但容易使巴国人民对中国产生误解，同时也不利于中巴国民在民间的沟通和交往。

加强民间交往力度　增加两国旅游互访

中巴虽然是近邻，但由于特殊的地理条件限制，空中航线有限，海上路途遥远，陆上交通又十分不便，民间交往受到限制。两个不同民族的国家如缺乏广泛的交流和沟通，对于增进彼此之间的友谊和了解是无益的。

据统计，每年中巴之间的人员往来不到 10 万人次，巴来华经商、旅游、就业、探亲、留学和定居人员仅 5 万人，而中国每年只有 1 万多人去巴基斯坦，去巴观光旅游的人数一年里仅有 200 人左右，这对进一步加强中巴关系是远远不够的。所以，两国政府如何采取政策和措施，改善和扩大中巴两国之间的交通问题，缩短和减少两国人民路途的距离和时间，促进民间交往，也已成为巩固和发展中巴关系中不容忽视的一个方面。

扩大非传统安全合作　反恐合作进入制度化

中巴在非传统安全方面已有了广泛的合作，但是这种合作还需要推向更高的水平，如加强反恐合作的制度化建设，以更科学的措施和设备，扩大更多的人员和情报的交流与合作，以营造更好的周边发展环境，这也是中巴两国政府关心和努力的方向。

中印接通“黄金通道”*

在中印政府的共同努力下，乃堆拉贸易通道于2006年7月6日正式开放。乃堆拉虽只是中印之间一个相接的山口，它的开放却引起社会舆论的特别关注。

自古以来，乃堆拉山口一直是中国通向南亚最大的通商口岸、交通要道和文化走廊，素有“西藏至南亚陆上丝绸之路”的美称。乃堆拉山口海拔4308米，地理位置独特险要，具有极高的战略价值。它位于中国、印度、尼泊尔和不丹四国的交界处，具体位置在我国西藏日喀则地区东南部亚东县和锡金的交界处。它离锡金首府甘托克48公里，甘托克至噶伦堡56公里，噶伦堡至印度阿萨姆走廊铁路枢纽——西里古里80公里，而西里古里至西孟加拉邦港口大城市加尔各答376公里。另外，甘托克与印度国家级31A公路相接。而乃堆拉山口至拉萨的距离也在560公里左右。如今拉萨至乃堆拉山口的公路已经修通，它将成为我国通往南亚和印度洋最便捷的通道。

锡金商业联合会总干事长阿格瓦尔曾预计，乃堆拉贸易通道的开放能够使锡金的转口贸易价值至少每年达2亿美元，甚至更多；而从乃堆拉通道进出的旅游收入更加可观，同时还能刺激南亚与东南亚国家之间的经济发展。所以，印度中央政府为乃堆拉贸易通道的开放专门成立了一个委员会，从政策到资金予以全面的支持，如加强公路网和贸易设施的建设，西孟加拉邦也积极准备使自己的西里古里成为中印和东南亚贸易的中转站。亚洲银行也非常重视乃堆拉贸易通道的开放，先后拨款80亿元，用于连接锡金、西孟加拉邦、孟加拉国、尼泊尔和不丹之间的交通联系，活跃这些国家和地区的贸易活动，从而改善这些国家和地区的经济发展水平和人民的生活条件。据印度学者保守估计，这些国家和地区的边境贸易可达到每年5亿美元，中国青藏铁路的通车将更加刺激以中印为主导的乃堆拉贸易通道对中、印、尼、孟、缅五国地区经济的合作与发展。乃堆拉将成为南亚和东南亚贸易的桥头堡。

目前，我国西藏与南亚边境贸易口岸有5个，它们是樟木、普兰、吉隆、日屋和乃堆拉，乃堆拉是西藏通向南亚最好的口岸，它的开放必将给西藏边境贸易带来

---

* 原载于《解放日报》2006年7月6日。

新的机遇和增长点。众所周知，自古以来，西藏与南亚有着密切的贸易往来，1962年的中印边境冲突后，乃堆拉山口的贸易往来被终止。目前，西藏 95%的贸易靠樟木口岸，每年贸易额只有 2 亿人民币左右，而樟木口岸的条件远不及乃堆拉优越。南亚地区人口众多，有着巨大的消费市场，对西藏的羊毛、羊皮、生丝、酥油、硼砂、陶瓷、服装、藏药材及中国生产的家用电器、五金电料等有极大的需求量。而印度等国的农产品、粮食、种子、烟叶、茶叶、咖啡、计算机软件、生物制品、药品也有很大消费量。目前，西藏还处在以畜牧业为主的阶段，种植业相对落后，而南亚国家的种植业比较发达。因此，我国西藏与南亚和东南亚各国的互补性较为明显。西藏还有着独特的旅游资源和宗教圣地，将吸引南亚各国数以万计的旅游朝圣者。发展西藏与南亚各国的旅游业，将成为西藏经济发展的特色支柱产业。另外，西藏也将成为我国西部地区和南亚各国进出口商品基地，其转口贸易的收入也是惊人的。

总之，乃堆拉贸易通道的开放，必将成为我国西藏和印度及南亚、东南亚经济贸易的“黄金通道”。

增进政治互信，突破合作瓶颈——胡锦涛印度之行意义重大*

2006年11月20日，胡锦涛主席抵达印度进行国事访问，这是中国国家元首10年来首次访问印度。中印两国同是文明古国，对世界人类文明的发展作出了巨大的贡献。如今，两国又都面临着21世纪重新崛起的机遇期，相近的历史、类似的国情、共同的需求、一致的目标，使中印两国有着共同合作的广泛基础。胡主席此行对中印建立战略伙伴关系、增进政治互信和规划未来发展方向具有里程碑意义。

目前，越来越多的世界舆论认为，中印两国已成为新世纪经济的“发动机”，中印经济的崛起将对世界经济增长起到巨大的推动作用。如深入立体地分析研究中印两国历史与文化的特点、价值观念和中印关系的现状及发展趋势，可以看到两国的确存在着广泛合作的基础。比如：数千年文化友好交往史奠定了两国友谊的基石；同属发展中大国，发展道路可相互借鉴、取长补短；同样需要一个和谐的国际和周边环境；同样面临经济高速发展中对能源需求激增的难题，能源合作前途光明；在反恐、环保、水资源、打击海盗等非传统安全领域合作潜力巨大。因此，中印之间虽有竞争，但更多的是合作，最终达到双赢的目的。

最近几年里，中印两国高层互访频繁，瓦杰帕伊访华和温家宝访印，把中印关系推向了一个全面发展合作的新阶段。可是，从目前中印双方贸易和投资的状况看，其规模、数字和两国之间的经贸与投资并不相称。另外，自从中印两国签订了《关于解决中印边界问题政治指导原则的协定》，中印边界问题经过几轮的谈判，虽有些进展，但是并无重大的实质性突破。所有这些问题的存在，除了中印双方由于历史和现实多方面因素的制约，以及文化上的差异等问题外，印度国内影响中印关系发展的负面因素也值得关注，双方还需加强各方面、各层次的沟通和理解，增进政治互信。这次胡锦涛访印有以下三大热点值得关注：

首要问题是通过访问继续阐明中国对发展中印战略合作伙伴关系的诚意。中印友好谋求共同发展是历史发展的必然趋势，它是符合中印两国人民的根本利益的。当今世界和平与发展是主流，为两国营造一个和平、和谐的国际周边环境是中印共

---

* 原载于《解放日报》2006年11月21日。

同的历史责任。

其次是边界问题。中印两国应在既尊重历史，又照顾现实、互谅互让的基础上，为寻找公正、公平、合理且双方都能接受的最终解决边界走向的方案达成新共识。并且在《关于解决中印边界问题政治指导原则的协定》的指导下，积极采取新的措施，促进边界谈判争取新的突破性进展。

最后，中印经贸合作也是两国元首讨论的重要议题。中印经贸合作应该是建立在平等、互利、互惠的基础之上的，对印方近来限制中资企业投资问题和贸易反倾销调查，应当寻找双方认可的解决方案与政策措施。中印要力争在四五年内，把双边贸易总额提升至1000亿美元。另外，建立中印自由贸易区计划也是这次访问的重要议题之一，制定有利于中印自由贸易区安排的措施和政策，以及商谈有关自由贸易协定等问题，也是这次中印首脑会谈的重要内容。

中印合作基础坚实、前景广阔*

2006年11月胡锦涛主席访问印度，双方达成13项协议，涉及中印两国多个领域，中印合作从此广为关注。与此同时，也有评论指出，中印发展障碍不少，中印未能在久拖不决的边境争端问题上实现突破，也未能推动自由贸易协定谈判，印度限止中国企业到印投资，中印双边合作存在的矛盾与问题值得重视。本文就中印合作的基础以及双边关系发展的前景进行了论述。

中印合作基础广泛

首先，中印两国有着数千年文明友好交往史，这是中印合作最坚实的基石。早在秦汉时期，中印文化交流已经相当频繁，“丝绸之路”就是中印文化交流的渠道。中国的语言、文学、戏剧、医学、数学、天文、地理、音乐和舞蹈无不受到印度文化的影响。中国的四大发明以及茶叶、丝绸、陶瓷等产品，通过中印商人和僧人传到印度，促进了两国经济的发展和文化的繁荣。

进入近现代，中印之间的文化交流仍十分频繁。20世纪中叶，中印两国出现了空前的文化交流和人员来往，印度支持中国的抗美援朝战争，支持中国加入联合国，中印共创国际关系“五项原则”。1951年，中国在本国粮食供应十分紧缺的情况下，拨出66万吨大米帮助印度渡过粮荒。印度媒体称“这是伟大友谊的表示，它具有精神上的营养价值”。如今，中印两国的科技、文化和教育交流，又促进了两国的经济发展和文化繁荣。

其次，中印两国国情相似。新中国成立后，曾一度实行严格的计划经济模式。20世纪80年代，中国开始进行经济改革，走中国特色的社会主义市场经济发展道路。印度在独立后虽采取的是公私并存的混合经济发展模式，但过多的行政干预和控制严重制约了印度经济的进一步发展，印度不得不于20世纪90年代初进行经济

---

* 原载于《文汇报》2007年5月24日。

改革。中印两国经济改革之路并不完全相同，但经济发展过程中面临的需求、困难和问题在许多方面是相同的。如中印两国人口众多、文化教育及科技相对落后、经济欠发达是共同的特征；两国都有数亿贫困人口的生活水平和文化素质亟待提高。

第三，中印都需要和谐的国际环境和周边环境。50多年来，中印各自受到周边环境的困扰。改革开放以来，两国都致力于调整各自的外交政策，营造和谐的国际周边环境。中国国家主席胡锦涛一再强调，中国要“积极营造一个和平稳定的国际环境、睦邻友好的周边环境”。近年来，印巴关系有了很大改善，印度在处理与孟加拉国、斯里兰卡和尼泊尔的毛派武装等问题上，表现出较前更加温和务实的多样化政策，更倾向于支持周边小国政局的稳定和经济发展。

第四，在能源领域进行全方位的合作。中印经济高速发展，对能源的需求越来越迫切。但中印都是油气资源匮乏国家，需要到海外寻找油气资源。在争取海外油气资源问题上，中印已步入共同开发渠道。2005年12月20日，中国石油公司和印度石油天然气公司同时发表声明表示，双方在叙利亚阿尔福拉特油气田的联合竞标中获胜，共同获得该公司38%的股份，两个公司各占所获股份的50%。中印已在苏丹共同开发最大的尼尔油田，并在炼油和成品油输送方面展开合作。中印还在伊朗共同开采亚达瓦兰油田，在俄罗斯也展开了成功的合作。

负面因素有待消除

中印两国有着坚实的合作基础，但双方之间也存在着一些重大的历史和现实矛盾，尤其是印度国内影响中印关系发展的负面因素较多。一旦印度政局出现反复，将会阻碍中印关系的正常发展。

首先，中印边界问题仍是当前中印关系最大的死结。中印边界问题谈判几轮下来还是无法取得根本性的进展，其原因一是印度政局和社会极为复杂，各政治派别对中印边界问题的认识与观点不尽一致，印度仍有不少舆论认为，所谓的“麦克马洪线”是中印铁定的边界线，主张捍卫印度的“每一寸领土”。二是印度是中印边界领土争端的“既得利益者”，还不断对中国西部边界提出领土要求，质疑中国不愿作出谦让。三是印度舆论不恰当的宣传，导致公众不知中印边界冲突真相，对中国误解很深。四是印度作为世界四大文明古国之一，遭受近200年英国殖民统治的耻辱，激起了强烈的民族自尊心和大国情结。对1962年的中印边界冲突，印度认为民族的“自尊和体面”受到伤害，这也成为中印边界问题中的不利因素。

其次，目前中印经贸存在不少问题。印度政府过分限制中国企业到印投资。“在印度的中国企业抱怨中国工人办理签证困难重重，甚至连那些想引进中国工人的印度公司也难以如愿。”这使中印经贸关系蒙上一层阴影。此外，印度从1992年发起的188件反倾销案中，有89件是针对中国公司的。新德里也不愿意过早与中国签定自由贸易协定，担心这会给大批廉价的中国商品敞开大门，从而损害国内工业。

第三，“中国威胁论”在印度仍有市场。印度对中国援助巴基斯坦海军耿耿于怀。新德里尼赫鲁大学的学者斯里坎特·孔达帕利称，这一援助将使巴基斯坦到2015年拥有与印度一样多的护卫舰。印度至今有舆论错误地认为，中国在印巴关系中寻求平衡，目的是要在南亚寻求最大利益，一旦印巴局势有变，中国仍会全力支持巴基斯坦，利用巴基斯坦遏制打击印度。

第四，中国和印度有着大江大河相连，印度河流水系的源头大多在喜马拉雅山区，开发水资源问题已经凸显。印度担忧如果中国在其境内河流上游拦坝发电，将会影响下游印度人民的生活用水和农业灌溉。

随着印度经济崛起，印度的军事力量步入快速发展阶段。印度在1998年核试验成功后，加紧研制射程为3500公里左右的“烈火—3”型导弹。印度核打击能力已覆盖亚洲的大部分地区，印度国防部还想研制射程为一两万公里的“苏里亚—2”型远程导弹。近几年来，印度在军事上的投入之大举世皆知，尤其是对空军海军先进武器的购买，已经远远超出其防卫能力的需要。

消除疑虑　增进互信

尽管中印关系存在一些矛盾与问题，但由于其是在合作过程中产生的，因此两国政府与人民在加强合作的基础上，能够不断消除疑虑、猜忌与误解，增加互信。

首先，争取尽快解决中印边界问题，但不能操之过急。中印在20世纪60年代初发生的边界冲突，与中印数千年文化交流和友好往来的历史相比微不足道。从总体上说，中印边界问题的解决只是时间问题。如能在较高政治层面上达成共识，那么中印两国国内存在的一些不利于边境问题解决的不切实际的想法和舆论都会迎刃而解。

其次，在经济上互相取长补短。如中国在经济特区建设、吸引外资和制造业发展方面有一定的经验，印度在金融管理、软件产业与民族品牌发展、国际化人才培养方面也有自己的特长，这些都是值得双方互相学习和借鉴的。而中国的高污染、高消耗和高投资低产出，印度的财政赤字、过度保守、贫富悬殊和高失业率、宗教冲突等问题，又都是双方在经济发展中要引以为戒的。

第三，在非传统安全领域，中印合作的空间极为宽广。国际反恐合作、海上贸易能源通道的保护、水资源的共同开发利用和森林草原植被的保护，都将给中印带来重大利益。尤其是中印水资源的共同开发利用，既能解决印度人民清洁的生活用水，又可改善农作物的灌溉问题，有利于森林草原植被的保护，更有利于中印人民生态环境的改善和农业生产的丰收。

第四，在 21 世纪和平与发展的国际潮流下，印度不愿也不敢与中国直接对抗，因为中印对抗不符合印度的国家利益，这一点印度是有历史教训的。中印已经在保护印度洋与马六甲海峡贸易、能源通道上尝试更多的合作，如在军事领域开展更多的合作与人员交流，适时举行中、印、巴陆上、海上反恐演习等，这有助于增进两国间的政治互信，完全符合中印两国的根本利益。

美国的文化认识错位*

美国以“9·11”事件为由，发动了阿富汗和伊拉克战争。然而几年来，美国在这两个国家却遇到了难以逾越的障碍，血腥的暴力事件不断发生甚至升级。美国为何在取得军事胜利的情况下，又陷入困境不能自拔呢？这很大程度上与布什政府对阿富汗、伊拉克文化认识上的错位有极大的关系。

首先是时间问题。美国在“9·11”后急匆匆地发动阿富汗战争和伊拉克战争，几乎没有深入探讨研究在阿富汗和伊拉克究竟该采取何种政策更为妥当。至于如何恢复阿富汗和伊拉克的和平稳定和经济发展，布什政府的计划更显得粗糙和没有远见。

其次，布什政府没有清醒地认识到，由于伊斯兰教在发展过程中的种种原因，它有着强烈的自由、独立的意愿。众所周知，伊斯兰教与其他世界性宗教（佛教、基督教）一样都是主张和平的，恐怖和暴力不是穆斯林的行为准则，但是伊斯兰教决不允许外来势力肆意践踏他们的意愿、独立和主权。而美国在阿富汗和伊拉克等地的虐囚以及杀伤平民等举动，不仅激起了当地人民的反抗，更使恐怖袭击越来越多地向世界各地蔓延，尤其是一些西方国家。

最后，美国对阿富汗和伊拉克的国情、传统习惯、行为意志、价值观的了解研究非常粗浅，对两国文化在穆斯林世界中的特殊性的深层次认识显然也是不够的。正是这种认识上的不足，决定了布什政府很难采取正确的政策措施应对战后的复杂局面。以伊拉克为例，穆斯林什叶派和逊尼派素来不和，但布什政府却缺乏对两派之间矛盾与问题的深入研究，这就给了本·拉登“基地”组织可乘之机，他们利用伊拉克昔日的教派危机和矛盾，把伊搅得天翻地覆。在阿富汗问题上，塔利班能在短短的时间里占领阿富汗 4/5 的国土和人口并建立政权，这并非简单的军事力量上的差距。塔利班的迅速壮大发展，正是由于它利用迎合了阿富汗穆斯林文化的特殊性，而布什政府对这种特殊性，以及阿富汗山区部落及武装的文化习俗、行为意志、道德观念、价值取向的特殊性，始终没有进行细致研究并制定相应对策，这使得塔

---

* 原载于《解放日报》2007 年 6 月 15 日。

利班在喘息之后得以卷土重来。

美国的傲慢与偏见，使其对阿富汗和伊拉克文化的认识出现错位，盲目崇拜先进的科技与强大的军事打击力量以推行自己的政治主张和战略意图，忽视了不同文化在人类文明发展过程中无形而又不可抗拒的巨大力量。这样下去，最终结果可能与美国发动反恐战争的初衷背道而驰。

穆沙拉夫如何解难题*

巴基斯坦新一届大选已经进入白热化阶段，这次大选意味着穆沙拉夫及其政府在巴基斯坦民主政治道路上的又一次实践。目前，穆沙拉夫所面临的矛盾与问题颇多，而摆在他面前的最大问题是如何在确保政局稳定与经济发展的前提下，建立一种符合巴基斯坦国情的民主制度。

巴基斯坦国内错综复杂的政治、宗教、党派、经济方面的矛盾与问题使巴民主政治体制进一步完善的道路极为艰难，充满着未知数，其存在的矛盾与问题也令人担忧。

首先，向穆沙拉夫绝对权力的挑战。穆沙拉夫身兼总统、陆军参谋长和国家安全委员会主席三个职务。尽管这几年，穆沙拉夫在国内反恐、国际外交及经济建设方面取得了国内外公认的成绩，也得到了大多数国民与军队的拥护和支持，但是反对党联盟对其身兼数职进行了挑战。昔日民选政府的领导人贝·布托和谢里夫已两次在伦敦会晤，呼吁取消军队对民主政治的干预传统，建立真正意义上的民主政治。

其次，巴基斯坦伊斯兰教极端势力的抬头与发展。巴基斯坦是伊斯兰国家，伊斯兰教势力目前已渗透到政府、军队和党派的各个领域，成为巴基斯坦国内政治的精神力量。近几年，巴基斯坦的伊斯兰教极端势力有所抬头，其势力有增无减，而巴基斯坦宗教政党，如联合行动阵线的异军突起，不仅增添了推动民主政治进程的难度，也对政府决策和社会稳定产生了直接的影响。

第三，反美情绪的异化。“9·11”事件后，美国以反恐的名义在巴的种种作为，如派部队和情报机构进驻巴基斯坦，围剿恐怖分子时伤及大量无辜，以及企图利用、控制和改造巴基斯坦的战略都激起了巴基斯坦国内强烈的反美情绪。这种情绪又与西方民主制度盲目的追崇、曲解和蔑视相纠结，形成一股暗流，在巴基斯坦国内的宗教、党派和社会团体间到处流淌。在这样的环境下，有识之士认为，如果穆沙拉夫被赶下台，造成的结果可能是政治上的无政府状态和经济的破产。

第四，巴基斯坦的部落民问题。巴基斯坦西北部的俾路支省和西北边境省等地

* 原载于《解放日报》2007年9月11日。

区历来是巴部落民居住区，同时又是自然资源蕴藏量极为丰富的地方。独立以来，一些部落势力和武装组织为向中央政府索取更多的资源开采控制权，与巴基斯坦联邦中央政府产生了直接的暴力对抗。部落民问题已经越来越成为巴基斯坦国内政局与社会稳定和民主政治道路上最为敏感危险的突变因素之一。

第五，巴基斯坦军队内部的一些问题。目前巴军队内部的一些下级军官受伊斯兰原教旨主义的影响，对穆沙拉夫的仇恨心理不断增长，如果不采取更有效措施进行纠正和抑制，这个潜在的祸根对穆沙拉夫是十分有害的。

总之，在全面伊斯兰化的巴基斯坦，建立适合巴基斯坦国情的民主政治体制，其难度是可想而知的。至于在即将到来的新的大选中，穆沙拉夫是否会保留军职或是与流亡在外的人民党主席、前总理贝·布托“分享权力”，他会根据巴基斯坦的国情及政局的发展作出抉择。因此，尽管巴基斯坦的民主道路走得非常艰难，但笔者相信，巴基斯坦人民会寻找到一条符合自己国情的民主政治道路。

“中印大同”的战略思考*

虽然中印2000多年的友好交往增强了各自的亲近感，如今中印又都需要一个和谐的国际周边环境，以利于国内经济建设，但是中印在对待两国交往中的历史与现实问题上，存在着价值观认同和取向不一的矛盾。印度总理辛格访华，双方有望在这些问题上进行深入交流与协商，把中印友好关系推向更崭新的阶段。而笔者认为，目前在中印学术界探讨的“CHINDIA”（中印大同）的理想，将成为中印友好关系发展的新理念和发展方向。

“CHINDIA”是由印度友人兰密施首创的。他认为，中印的崛起引起世界的关注，而“中印大同”真正的含义有中印友好、同为一体、和谐共存、互相尊重、互利互赢和共同发展几层意思在内。这种超越“地缘政治”和“地缘经济”范式的历史唯物论，其核心内容是倡导一个“和”字，而“和为贵”已是中国主流文化的价值取向之一，进入21世纪以来，“和平发展与和谐社会”已成为中国发展的两大战略理念。“中印大同”不是中印友好关系中不可实现的乌托邦，它是有着中印两国极为深厚相通的文化底蕴支撑的。中印文化的和谐理论和价值取向不但是“中印大同”的理论基础，也是21世纪人类社会文明发展的方向。而中印两国2000多年的友好文化交流史，是“中印大同”的感情基础。

就中印关系的现状而言，有四个方面需要中印两国倍加关注，以使“中印大同”的理想逐步成为现实，并使中印友好关系迈上真正意义上的正常化道路。

第一，目前中印两国的民间交流十分薄弱。值得人们深思的是，中印两国普通老百姓对正在崛起的对方国家的了解是相当肤浅和贫乏的，不少中国人认为佛教源自于现在的印度，不少印度人则认为上海比孟买落后，中国的铁路要比印度差等等。为此，扩大民间交流与沟通，不但有利于加深两国人民的友谊和谅解，也有利于为发展中印友好关系和最终解决久存的矛盾与问题创造良好的基础和更加宽松的人文环境，促使矛盾与问题尽早妥善解决。

第二，就目前中印关系中存在的矛盾与问题而言，边界问题已成为中印友好关

---

* 原载于《解放日报》2008年1月15日。

系继续深入发展的主要障碍。中印边界问题如能得以最终解决，阻拦中印友好关系发展的绊脚石将得以排除，中印两国人民间最大的心理障碍也将得以消解。但对待该问题不能操之过急，以免留下新的隐患。

第三，加强中印边界地区森林、草原植被、水资源以及矿藏的保护、开发和利用问题已日益突出，尤其是水资源的保护、开发和利用已成为当务之急。中印两国及南亚各国应该尽快成立协调小组，并共同组建相应的研究机构，制订出长期的可持续的保护、开发和利用的规划方案，造福于中印及南亚各国人民。

第四，中印现在分别是“南亚区域合作联盟”和“上海合作组织”的观察员国，两国应努力尽早成为正式成员国。因为这两个组织倡导的互信、互利、平等、协商、尊重多元文化、谋求共同发展的精神，体现了国际社会寻求新型的、非对抗性的、互相尊重的国际关系模式，也符合“中印大同”的理想。此外，支持印度在联合国和国际事务中发挥积极作用，不但有利于中印友好关系深入全面地发展，也有利于亚洲乃至世界的和平稳定和经济的发展。

弹劾，谁会得利*

2008 年以来，巴基斯坦政局一直动荡多事。穆沙拉夫总统曾因“罢免乔杜里”、“紧急状态法”以及先前的“红色清真寺”事件等，激起反对派联盟的强烈反对和愤怒。如今大选中获胜的人民党和穆斯林联盟（谢里夫派）及一些小党派启动了对穆沙拉夫的弹劾程序，并指责其挪用美国援助。

国内外媒体的报道对事态前景也众说纷纭，如：穆沙拉夫仍能乱中求生，保住总统的交椅；穆沙拉夫将面临下台的危险，人民党总理将掌握实权，宪法将被修改等等。不过笔者认为，弹劾之举未必有益于巴基斯坦的政局稳定和人民党执政联盟地位的巩固和提升，其原因主要表现在 4 个方面：

首先，如果议会果真通过了弹劾穆沙拉夫总统的程序，巴政局必将出现剧烈的动荡。同时，在各方协商谈判不成而局面又无法稳定的情况下，军人出身的穆沙拉夫总统也不是完全没有利用其在军队中的影响和力量进行干预的可能。此外，他也极有可能运用手中掌握的解散议会和政府的权力，宣布重新举行大选。

其次，巴基斯坦还没有一个比穆沙拉夫更有影响力的领袖来平衡制约各方势力、各个党派和宗教。穆沙拉夫若下台，其真正的得益者也不太会是人民党和穆斯林联盟（谢里夫派），而是激进的伊斯兰极端主义宗教组织及边境部落势力和巴基斯坦国内的塔利班组织。它们将顺势而起，迅速壮大自己的力量，抢占地盘，使巴基斯坦再度陷入混乱之中。究其根本原因，巴基斯坦普通民众对大选已逐渐失去热情和信任。况且，自 2007 年底以来，巴基斯坦国内经济严重下滑，通货膨胀日益加剧，人民生活水平不断下降……巴普通民众期望军人政权和民选政府之外的第三种力量，能将巴基斯坦引向政治稳定、经济发展和人民生活安定幸福的道路。这就给了伊斯兰宗教极端主义组织和党派可乘之机，巴基斯坦将陷入从未有过的混乱。

第三，尽管目前不少舆论认为，接替穆沙拉夫担任巴基斯坦陆军参谋长的基亚尼主张“军队不参与政治权力斗争”，但是一旦巴基斯坦出现混乱和陷入危急存亡之中，素有干政传统的军队也不会坐视不管，巴基斯坦可能将重新出现军人政权。这

---

* 原载于《解放日报》2008 年 8 月 12 日。

将使得穆沙拉夫总统将军人政权转变为民主政体的努力付诸东流，巴基斯坦将在民主政治道路上出现倒退。

第四，实际上，穆沙拉夫总统与人民党执政联盟和穆盟（谢里夫派）斗争的根本焦点，是保护和剥夺总统的解散国民议会和政府以及任命军队领导人和各省总督的权力，其实质是总统与总理的权力之争。而自巴独立以来此种争斗已屡见不鲜，这是巴基斯坦选择何种政体的问题，既有着深厚复杂的历史原因，又有着现实社会利益集团的权力之争，矛盾的复杂性不是在短期内能解决的。不顾国情和事实的窝里斗，对巴基斯坦民主政体的建立和完善是极为不利的。

扎尔达里的难题*

2008 年 9 月 9 日，巴基斯坦人民党联合主席扎尔达里宣誓就任巴新总统，这也意味着人民党已占据了总统、总理和议长这三个国家中最为重要的职位，这是人民党建党以来取得的最为辉煌的业绩。然而，扎尔达里总统所面临的困境也是空前的。

对扎尔达里来说，稳定政局是目前的首要大事。2008 年以来巴基斯坦政局乱象频发：巴西北边境省的部落武装日益与中央政府形成对抗之势；塔利班武装乘乱扩充自己的力量，并不断制造爆炸事件搅局；“基地”组织也叫嚣着要在巴基斯坦进行“圣战”……扎尔达里及人民党政府出何高招平息与部落武装的纷争，应对“基地”组织、宗教极端势力以及塔利班武装的挑战？

更让扎尔达里和人民党政府感到“雪上加霜”的是，人民党与穆斯林联盟（谢里夫派）的斗争加剧与白热化的趋势已难以避免，新一轮的党争将会使巴基斯坦政局更加混乱不堪，扎尔达里和人民党政府又如何应对谢里夫这个老辣政治对手的不断挑战？

如何发展经济，也是扎尔达里现阶段最为紧迫的任务之一。巴基斯坦经济状况实在是糟糕透顶，因穆沙拉夫辞职而上涨的股市又跌入低谷，这在某种程度上反映了民众对扎尔达里和人民党政府治理巴基斯坦经济的信心不足。那么，扎尔达里和人民党政府该如何完成在大选前对选民的承诺？

军队在巴基斯坦国家中具有举足轻重的地位、作用与影响，舆论普遍认为，此时扎尔达里总统与军方发展密切关系显得尤为重要。可是，从目前情况来看，他在处理与军队的关系时缺少沟通并过于草率，如他要把三军情报局置于内政部控制之下，引起了军方的反抗未果。尽管现任陆军参谋长再三强调军队不参与政治，但是不能完全排除如果巴基斯坦政局继续恶化，经济下滑之势难以扭转，宗教极端势力兴风作浪不止，军队再次出来干政的可能。

如何协调好反恐与美国之间的关系，也是扎尔达里感到头痛的难事。如果按美国的要求处理部落武装并允许美军入境打击塔利班残余及“基地”组织，不仅极易

---

* 原载于《解放日报》2008 年 9 月 10 日。

刺激巴国内本已十分强烈的反美情绪，对稳定巴政局和解决中央政府与部落间久存的矛盾也极为不利。反之，若摆不平国际反恐与美国之间的关系，使得塔利班残余及“基地”恐怖组织取得新的进展，那么美国势必要对扎尔达里及其政府实施一定的制约措施，如减少甚至停止对巴基斯坦的一系列支持和援助，这对刚上任的新总统及其政府来说，也是攸关生存发展的大问题。

巴总统首访为何选中国*

2008年10月14日，扎尔达里抵华访问，这是他自担任巴基斯坦总统后的首次出访。人们不禁要问，扎尔达里出访为何首选中国？

关键因素之一，是因为中国是巴基斯坦的全天候的朋友。

中巴建交50多年以来，经受住了历史和时间的考验，在“和平共处五项原则”的指导下，无论两国国内局势与国际环境出现了多大的变化，中巴两国关系始终是友谊常青。互相支持、互相协作，使中巴两国战略合作伙伴关系越来越紧密。历年来中国对巴基斯坦经济发展的支持和无私的援助有目共睹，其所取得的成就也令人信服。扎尔达里当选总统后，中巴双方都公开表达了将继续发展传统友谊的意愿。此次访问，必将进一步加深中巴互相沟通与了解，加强两国的战略合作伙伴关系。

此外，在缓解巴基斯坦经济困难，在国际反恐、经贸互补、能源交通的合作、开发、利用等方面，扎尔达里总统也希望与中国开展更多、更全面的互助合作。

目前，巴基斯坦国内正面临着越来越多的问题，如果不及时妥善处理，将会直接影响到巴基斯坦国内政局的稳定。刚刚当选巴基斯坦总统的扎尔达里，自然不愿意看到人民党及其政府在他的领导下对现状无能为力，这是其一。其二，如今的巴基斯坦经济状况令人担忧，并已不断显现出进一步恶化的趋势。国内不少企业倒闭破产，股票下跌不止，人民被不断高涨的通货膨胀压得喘不过气来；因为安全得不到保障，外国商人不愿到巴基斯坦做生意，大量外资更是纷纷外逃，而现今的世界金融危机更是让脆弱的巴基斯坦经济雪上加霜。其三，在大选中获胜的人民党及其政府上台以来尚未取得令人信服的成绩。要把国家带出经济困境，稳定社会局势和改善人民的生活质量，对外拓展合作，尤其是同周边大国的合作势在必行。

值得注意的是，巴基斯坦与美国的关系出现了裂纹。巴美关系是巴基斯坦外交的重要一环，如果巴美关系处理不当甚至出现矛盾，将不仅影响到国际反恐进程，同时也会波及巴国内政局稳定和经济的恢复与发展，美国援助对巴基斯坦政局稳定和经济发展起到至关重要的作用。尽管美国多次声称一如既往地支持扎尔达里总统

* 原载于《解放日报》2008年10月15日。

和巴基斯坦政府，但是尚未见到这些承诺付诸行动。不仅如此，在打击“基地”组织与阿富汗塔利班残余势力和妥善处理部落武装的问题上，巴美分歧不断，而美军的无人驾驶飞机和导弹未经巴政府同意擅自进入其领空领土以及炸死巴无辜村民，更是引起了巴基斯坦政府与人民的强烈不满，使巴国内本已存在的反美情绪更加高涨。另外，美国、巴基斯坦、阿富汗三国的联合反恐斗争未能取得突破性的进展，以至于美国政府对巴基斯坦政府打击恐怖主义的决心产生了疑问。这不得不使人们对巴美关系能否顺利发展产生忧虑。

总之，这次扎尔达里总统首次访华，也是他从政道路上展开国际合作的重要尝试，我们祝愿全天候的中巴关系在互利共赢的道路上迈上一个新台阶。

印度金融体系有亮点*

印度在应对当前国际金融危机的冲击时，尽管还面临着国内通胀压力和股市暴跌等因素的影响，可是其金融体系却表现出少有的镇静，不慌不忙地针对国内外金融市场的变幻出台着各种不同的政策和措施，受到了国际舆论的普遍赞誉。人们认为，这是印度金融体系更具国际化和先进性的表现。那么，印度是如何建立具有自己特点的金融体系的？它的先进性又表现在何处？

首先，学习西方，优于西方。众所周知，印度自 20 世纪 40 年代末独立后，全盘接收了英国殖民政府的一切机构和行政体制，其中自然也包括金融体系管理制度。但是，以尼赫鲁为代表的精英们认为，英国殖民政府留下的金融管理体系不一定适应独立后印度经济发展的需要。于是，印度历届政府不断对其进行创造性的改革，不断地完善，使其逐渐适应印度的国情和不断变化着的国内国际金融市场。如印度银行系统建立具有印度特色的独立的金融监管制度、外汇管理措施与货币政策，以及各种贷款和股市管理条例与法规等。

其次，减少人为因素对金融管理的干扰和影响。印度金融体系的最大亮点之一就是有自己独立的金融监管系统，不受任何政府部门的管辖及人为因素的干扰和影响，中央政府各项金融政策措施的出台是针对金融市场运作过程中出现的矛盾和问题的，也是国内外金融市场变化和发展所需要的。从某种意义上讲，印度的金融体系基本上起到了为印度经济保驾护航的作用，人为因素对其的干扰和影响不大。所以，印度的银行坏账率也很低。另外，在这次国际金融危机中，以美国为首的西方各国采取了大力救市的政策措施，印度虽然也出台了减息和增加投资与刺激内需的政策措施，不过这是印度金融体系在经济全球化趋势下正常运转时的反映和补充。

第三，具有国际一流的金融管理人才。印度的金融体系之所以被世界舆论称道，主要是因为它由国际一流的金融人才来管理和操作。印度的金融管理人才不但能讲一口流利的英语，还有着与国际接轨的金融管理知识和经验，其中有很多金融高管都曾在国外经济领域进行过系统学习，或具有国际金融机构、银行系统长期工作的

---

* 原载于《解放日报》2008 年 11 月 24 日。

经历。印度总理辛格就毕业于英国牛津大学，并获经济学博士学位，对国际经济和金融体系有很深的了解与研究，这也为他担任财政部长期间对印度经济进行大刀阔斧的改革奠定了基础。在印度国内，即使一般普通的银行工作人员都要经过国际化金融知识的教育和训练。

第四，投资回报率高。独具特色的金融体系和国际一流人才的操作管理，使得在印度的投资回报普遍比较高，据统计一般在10%—15%之间。当然在印度投资除了劳动力廉价外，还要熟知印度的法律，以及宗教、风土人情与社会环境。印度的金融体系和人才能为客户出谋策划，助投资者一臂之力。中国的一些企业在印度投资的效益不太理想，甚至亏本，其中原因除了不研究印度的法律、宗教、风土人情与社会环境外，更重要的是这些企业的领导管理层，还没有很好地利用和依靠印度具有国际一流水准的金融体系和人才。

孟买惨案的启示*

进入21世纪以来，在印度经济快速发展的过程中，恐怖爆炸屡见不鲜。2008年11月26日的孟买恐怖袭击手段之恶劣、伤亡之惨重更是令全世界震惊，国际舆论甚至把它与美国的“9·11”相提并论，称之为印度的“9·11”。

这次孟买事件的特点，主要有以下几个方面：其一，这起恐怖袭击所造成的人员伤亡和破坏性为近年来罕见。袭击共造成195人死亡，295人受伤。各国旅游者对印度开始望而却步，投资者纷纷撤资离去，印度国际形象大受影响。其二，这起恐怖行动策划之精心非比寻常。恐怖分子不仅训练有素、作战顽强，且手段极其恶劣，更令人诧异的是其使用的武器精良，通信设备高端。显然，这些恐怖分子是受过长期严格作战训练、有国际背景的亡命之徒，政治目的明确。其三，恐怖分子专找外国人聚居的酒店和人群密集的车站下手，已有数十名外国人伤亡，大部分是欧美国籍。

这些恐怖分子为何会选择在这个时间对孟买动手？其背景又如何？

第一，孟买是印度最为发达和繁荣的金融中心，这次由美国次贷危机引发的全球金融危机对印度经济的冲击不小，尤其在印度通胀压力加大、股市下跌、外贸又出现大量逆差的情况下，人民的生活和就业受到严重影响。此时，印度社会不安定的迹象也接连出现，如久存的宗教问题、种姓矛盾与民族问题等。

第二，这些年里，随着印度经济的快速发展和国力的提升，印度在国际上的地位和作用也日渐上升和扩大，尤其是印美核协议的签署，更激起了具有反美情绪分子的强烈不满。他们既要破坏印度的经济发展和社会稳定，更要破坏印度在国际上的地位和形象。

第三，2009年三四月将举行印度新一届政府的选举，国大党执政联盟若想在新一届大选中获胜，光有经济发展的成就是不够的，还需要社会局面的稳定。而这方面恰恰是国大党执政联盟政府做得不够的地方，时常会受到舆论的批评。这次孟买袭击事件的爆发，无疑将使国大党政府所面临的处境雪上加霜。印度舆论已有不少

---

* 原载于《解放日报》2008年12月1日。

批评辛格政府反恐不力的报道，2009 年大选期间，一定会有人拿“反恐”来说事。

那么，通过这次孟买连环爆炸，世界又会得到些什么启示？

第一，在全球金融危机的冲击下，世界各国不能光忙于应对金融危机而淡忘了反恐。恐怖分子是不会睡大觉的，他们唯恐天下不乱，他们会兴风作浪，给这个世界乱上添乱，并乘机浑水摸鱼。

第二，孟买之所以发生连环爆炸惨案，其深层次的缘由还是印度国内久存的民族宗教矛盾。为此，在经济欠发达的发展中国家里，政府在发展本国经济的同时，一定要注意民生，要让广大人民分享到经济发展所带来的好处，让他们的生活得到切实改善。这样一来，恐怖分子就失去了作恶的群众基础，天下自然也会太平很多。

第三，加强国际间的反恐合作显得尤为重要，特别是早期的情报交流，可以尽早发现问题，及时采取防范措施，把恐怖灾难消灭在萌芽状态。另外，国际反恐先要从国内做起，各国有必要制定应对各种不同情况的反恐防卫措施，并进行立体宣传，做到人人皆知、个个参与，从而把恐怖事件发生率降到最低。

印度应对危机之道*

在这次国际金融危机中，原本快速增长的印度经济受到不小的冲击。印度经济明显减速，股市严重缩水，货币大幅贬值，资金严重短缺，外资大量撤走，外汇储备也急减了639亿美元。雪上加霜的是外贸出口在减少，贸易逆差却在不断扩大……据经济学家估计，印度2008年的GDP增长率能达到7%已经不错了。再加上印度固有的宗教民族矛盾引发的恐怖暴力事件加剧和贫富悬殊造成的社会不稳定现象凸现，更拖累了经济发展的脚步。故已有不少舆论认为，如政府措施不力，那么印度经济有可能将面临新的衰退。

众所周知，这些年里印度经济的快速增长主要是靠内需拉动的，目前印度经济的基本面没有垮掉，内需型经济增长的结构没有散架，况且财政赤字也下降了53%，印度经济的投资回报率也比较高。另外，印度的侨汇占世界第一，近3000亿美元的外汇储备也增强了其应对金融风险袭击的能力。所以笔者认为，印度内需型经济维持一定较快的增长率依然是可能的。我们不妨来看看在当今国际金融危机的冲击下，印度中央和邦地方政府是如何对内需型经济进行调整的。

首先，大力增强国民的购买力。根据目前的资料统计，印度在这次国际金融危机的冲击下，其国民的购买力有所下降。为此，中央与邦等地方政府除了采取补贴和降价等措施促销外，还与银行一起进行减息贷款和降低税收，鼓励国民购买汽车、住房及大宗家电；同时稳定汽油等日常消费品的价格，使消费者无太多的后顾之忧。由此种种，目前印度国民的购买力虽有所下降，不过在印度政府及其政策措施的激励下，经过一段时间后，印度国民的购买力有望得到回升。

其次，有效增加基础设施的投资。虽然这几年里印度政府加快放宽了基础设施建设的投资力度与外国资本投资的限制范围，但是对外国资本进入印度的基础设施建设领域还是抱有戒心。如今，印度中央和邦政府不但加大了对基础设施建设的投资力度，还放低了外国资本进入印度基础设施建设领域的门槛，采取了更加宽松优惠的政策措施，尤其是在能源、交通和港口建设方面。在今后的几年里，印度的基

* 原载于《解放日报》2009年1月5日。

础设施建设将比前几年快得多。

第三，极为关注对农业和农民的投资与民生。印度政府一方面加强对农业项目的投资力度，如农业的水利灌溉系统建设、生物基因工程研究等，另一方面在改善农民的生活保障上下功夫，还对一些农民的债务尽可能地减免或全免，并补贴农民生产用种子和肥料的采购金。

第四，大力培育“印度制造”。印度政府除了继续在扩大内需上做文章外，着力在培育“印度制造”上制定各项激励政策和措施。如加大印度国家和地方出口加工区的建设速度，以及相继出台免税、减税和补贴等各项优惠政策和措施，并且更加鼓励印度企业扩大出口，同时给予这些企业更加宽厚的优惠政策，做大做强自己的“品牌产品”。

从以上我们可以看出，虽然中印经济崛起之路不同，但是应对这次国际金融危机的策略颇有相似之处，双方的经验与教训非常值得互相学习和借鉴。

从乔杜里复职说起*

2009年3月22日，被解职的巴基斯坦最高法院首席大法官乔杜里正式复职。3月初以来，巴基斯坦政局一直不稳，而乔杜里的复职暂缓了巴政局的又一次危机。

乔杜里的复职是发生在巴基斯坦民主制度建立和完善过程中的一个事件。实际上，回顾巴基斯坦独立后的60多年历史，由于其特有的传统文化、价值观、国情、民情和种种历史与现实因素的左右和影响，巴基斯坦各族人民为民主政治制度的建立和完善已尝试了两条途径，也为此付出了相当的代价。

一是从军人政权向民主政治制度转变。前总统穆沙拉夫为此也作出了很大的努力。由于巴基斯坦政局突变，前总理贝·布托被暗杀，这一转变未能完全实现。二是通过民选政府建立和完善民主政治制度。在这个文化特殊、国情复杂多变、各种矛盾和问题纷繁激烈的国家里，民选政府往往无法控制局势，屡次被军人政权取代。

笔者认为，这次乔杜里大法官的复职并不意味着巴基斯坦政局从此太平无事，也不像西方舆论所说的巴基斯坦已实现“司法独立”，民主政治制度已指日可待。其原因有三个：

第一，乔杜里大法官如何面对复杂多变的政局，处理好历史和现实矛盾所产生的种种问题，同时，他能否真正使巴基斯坦全面恢复法制，又能否面对传统习惯势力真正做到“为司法独立而战”，所有这一切，人们不免打上一个个的问号。

第二，谢里夫为首席大法官乔杜里的复职出了大力，他也是目前巴基斯坦政坛上最为老辣的政治家。众所周知，谢里夫回国的最终目标是重新执掌巴基斯坦政局，以实现他自己雄心勃勃的政治目标。而现任总统扎尔达里及其同僚与谢里夫之间的矛盾，既有历史的因素和认识上的差异，也有现实中不可调和的利益冲突。他们之间能否真正握手言和，而乔杜里在其中会充当什么样的角色和起什么样的作用，人们尚存疑问。

第三，合作反恐是美巴关系能否继续发展的重中之重。由于巴基斯坦与美国合作反恐，巴国内反美情绪愈加激烈起来。为了平缓国内的反美情绪，扎尔达里政府

---

* 原载于《解放日报》2009年3月23日。

在如何对待部落武装和入境打击“基地”武装及塔利班残余等问题上，与美国仍存在着根本的分歧。美国是个极为现实的国家，如果在反恐方面难以取得实质性的进展与效果，那么它与巴基斯坦现政府极有可能无法继续保持实质性的友好关系，这对扎尔达里及其政府来说将是一个灾难。而如今的巴基斯坦经济比前两年更加糟糕，可能再次陷入政治经济因素交织的危机中，一旦局势混乱，军方会不会再度介入？

应当说，乔杜里大法官复职是个契机，不过巴基斯坦要想从此脱离政治危机的漩涡，走向全国和解、经济繁荣和人民生活安定幸福的时代，还需要各方持续努力，以走上一条真正适合巴特有传统文化、价值观、国情、民情的民主政治制度的道路。

美印是“伙伴”非“盟友”*

2010年11月9日，美国总统奥巴马结束对印度的3天访问。访印期间，无论是印度国内还是国际舆论，都认为美印关系将进入全新发展的阶段。还有不少舆论认为，美印关系正向非正式盟友迈进。其主要根据是此次奥巴马的访印演讲中将美印关系称为“21世纪起决定性作用的且不可缺的伙伴关系”。但笔者认为，如果全面地分析美印两国的现状、基本国策和一贯的外交策略，不难发现美印两国不可能成为盟国，仍然是一般性的“战略伙伴关系”，只不过美印两国都比以往更“热情”，而这种热情也将给两国带来不少好处。

其理由有以下4个方面：其一，从“盟友”和“伙伴”两个词义上分析，“盟友”对盟主是从属关系，并且具有一定的责任和义务，而“伙伴”关系则是平等的。印度哲学库中的“吠檀多”理论对平等有着极为深刻的解读，它不仅是印度家喻户晓的处世哲学，也已成为印度人处理社会与国家关系的准则。况且，印度独立以来的历届政府一贯主张不结盟原则，信奉“鸡蛋不能放在一个篮子里”的外交策略。此次奥巴马总统把美印关系推到一个新的高度，只不过是美印两国各取所需的表现，并不显现任何向“盟友”关系发展的迹象。

其二，在美印两国外交关系的发展过程中，印度一直对美国抱有警惕，而且对美国的霸主形象和所作所为颇有微词。印度舆论界也普遍认为，美国只能成为伙伴，不能成为朋友，美印之间的关系在任何时候都是利用与被利用的关系；美国这个超级大国始终未放弃统霸全球的野心，只是其目前的国内状况与世界局势的变化使其有些力不从心。进入21世纪以来，美国对全球的外交战略进行了调整，其要利用他国的力量为自己的全球战略服务，而印度这个在美国眼中世界上最大的民主国家无疑是其首选目标之一。

其三，自独立以来，印度一直对遭遇英国近200年殖民统治的历史深刻反省。印度国内已形成一种共识：印度必须强大，要成为“有声有色”的一流强国，不但要与中国争个一二，将来还要与美国平起平坐。为此，印度在外交上一直奉行独立

---

* 原载于《解放日报》2010年11月10日。

自主政策，以提高其国际地位。印度对美国的认识并未因奥巴马访印而发生根本的变化。为了在联合国“入常”问题、经济合作与新技术引进问题上得到美国的帮助，印度总理辛格对奥巴马显得热情一些也是可以理解的。反之，为克服目前国内的经济困境、提高就业率，美国也需要印度大宗的贸易采购合同。美印在如此心情下一拍即合，也在情理之中。

其四，笔者认为，美印关系的发展并不会像有些人所预料的那样对中国造成伤害。未来的中印关系虽可能会有些波折，但仍会朝着有利于两国人民利益的方向发展，和平与稳定仍将是中印关系的主旋律。

尽管在今后相当长的一段时间里，美印关系将进入颇为友好的发展期，但美印不可能发展成盟友关系，只能是战略伙伴关系。中印美三国关系的发展也将朝着有利于世界和平与稳定的方向发展。

中印关系聚焦三大问题*

应印度总理辛格的邀请，温家宝总理于2010年12月15日起对印度进行国事访问。在中印关系面临诸多矛盾与问题的情况下，总理级的高层访问引起了世界舆论的关注。因为这不但关乎中印两国关系的走向，也将对亚洲乃至世界经济发展产生重大影响。综合看来，中印之间有三大问题尤为引人注目。

第一，经济贸易问题。在国际金融危机的大背景下，中印两国仍以其独特的经济发展方式，保持着8%—9%的高经济增长率。但两国经济也出现了诸多不利的因素与影响，如中印都面临较大的通胀压力，印度政府的财政赤字过大等。更值得注意的是，这几年里，中印贸易量虽不断上升，但总量与其经济发展的规模仍不相称。此外，中印间的贸易纠纷不断增多，相互投资不甚理想，印度虽渴望中国的投资，却又人为设置障碍阻止中国资本进入。国际舆论因此质疑：中印究竟是合作对象还是竞争对手？诸多矛盾与问题，的确需要两国总理进行友好磋商，推动双边经贸关系更加平稳高速地发展。所以，此次随温家宝总理出访的中国经济贸易代表团有400多人。

第二，中美印三国关系问题。此前美国总统奥巴马访印，双方达成政治、经济和科技等一系列合作协议，国际舆论甚至认为美印关系进入了一个新的蜜月期。有学者认为，美印全面战略合作伙伴关系的建立，将有损于中印关系的发展，美国有利用印度来制约中国的企图，印度也有利用美国的政治影响和高科技支持提高自身国际地位和综合国力，以达到抗衡中国的目的；美印中三国关系进入了非常微妙的利用与反利用时期，美印关系的蜜月期最终将对中国产生不利因素。虽说以上评估与预测事出有因，但笔者认为，企图利用印度来抗衡中国，这是美国制定亚太战略的目标之一，但从印度一贯实施的外交政策与策略看，美国有此心，印度却无此意，印度不会随美国的指挥棒转，也不会把鸡蛋放在一个篮子里，印度历届政府的所作所为都是为其国家利益服务的。况且，当今世界，和平与发展仍是时代发展的主流。任何利用与反利用的意图、恶性的斗争与对抗，最终将有害于中美印三国的根本利益。

---

* 原载于《解放日报》2010年12月15日。

第三，关于印度的印度洋战略构想问题。此前曾有美国学者说，谁控制了印度洋，谁就能控制亚洲，21 世纪的命运将在印度洋上见分晓。印度首任驻华大使、学者潘尼迦也认为，印度的安危系于印度洋，印度的未来利益在印度洋。为此，自独立以来，印度一贯注重发展自己的海军力量，极力维护其在印度洋的利益。进入 21 世纪以来，印度更以惊人的速度发展海军，并形成了自己的印度洋战略构想。其基本内容为：印度不但要控制 300 海里以内的内层防区，还要控制 300—600 海里的外层防区，更要有效控制与监视马六甲海峡；印度海军要走出印度洋，成为真正的远洋舰队。在此构想之下，这些年里，印度频繁地与美国、印度洋国家、东南亚国家以及东亚的韩国、日本开展各类海上军事交流，显示海洋大国的姿态，以期借此提高其国际地位与话语权。印度如此雄心勃勃的战略构想，客观上对中国形成了某种挑战。但笔者认为，从长远角度看，印度洋战略构想的目标未必对印度完全有益。印度作为一个发展中大国，过分强调其印度洋战略利益，不仅不利于其经济的快速发展，也与当今世界和平发展的主题相悖。而在中印两国关系中，如何共同维护两国的海洋利益，共谋发展，也是值得两国政府重视的问题之一。

印度到底缺什么

10月14日，印度总理辛格在首都新德里与到访的越南国家主席张晋创签署了一项引人注目的经济合作协议，印度国有石油公司与越南国家石油公司合作，共同开发南中国海的石油、天然气资源。这似乎在告诉世人，急需石油、天然气的印度又找到了一条获得新的能源的渠道。不过，印度也有不少有识之士认为：印度经济的发展虽需要更多的石油、天然气，但是这种与越南的能源合作，还存在着一定的隐患；况且从21世纪印度经济的可持续发展来看，印度更需要的是水。因此，印度与中国在水资源的保护、开发与利用方面的合作显得尤为重要。从某种意义上讲，其重要性不亚于印度与中国为尽早最终解决边界问题的谈判。

首先，印度实际上是一个严重缺水型的国家，随着国内人口的急剧增长，特别是印度经济进入快速发展期以来，印度人民对于清洁水源的需求量越来越大。如果没有更多的丰富清洁水源作保证，不但会影响印度人民的正常生活，还将成为印度经济可持续快速发展的最大障碍。为此，水资源已上升为21世纪印度民族生存与经济发展的生命线。

其次，自20世纪80年代初以来，印度大江大河的水流量日益减少，以印度母亲河恒河为例，其水位在枯水季节已低得惊人。为此不少舆论担忧，许多年后，恒河水量将不能满足本流域地区人民和工农业生产对水的需求。目前唯一的办法是在恒河上游筑坝截流，控制其水量，丰水季节蓄水，枯水季节放水，这样才能解决印度若干年以后将会出现的“水荒”。

第三，印度是个能源极为缺少的国家，水力发电具有低廉又清洁的优点。但是印度境内的大江大河如恒河等，其源头都不在印度境内，因此控制水资源的主动权不在印度人手中，如果没有地区周边国家的支持与参与，充分利用水力发电是很难做到的。

另外，因为南亚与东南亚地区大江大河的发源地都在中国青藏地区，所以印度方面认为，在水资源问题上既需要与中国合作，也需要与南亚及东南亚各国合作，当前应联合南亚与东南亚地区各国，尽早成立由印度、中国、南亚与东南亚各国组成的“水资源保护、开发和利用委员会”，对这些区域的水资源保护、开发和利用进行长期的研究和规划，以达到互利共赢的目的。这已成为当前最为紧迫的问题，其原因有三：

第一，印度认为把南亚、东南亚地区的水资源问题区域化与国际化，不但有利于其对本国水资源的开发与利用，还有利于其与南亚及东南亚各国在水资源的合作、开发与利用。

第二，印度在恒河等河流与下游国家水资源分享的问题上矛盾不少，特别在与孟加拉国的水资源分享上，而把本地区的水资源问题区域化与国际化，不但可以转移分解与孟加拉国等在水资源方面分配的矛盾和问题，无形中还希望联合多国向中国施压。

第三，印度与南亚及东南亚各国在恒河、湄公河等大江大河上兴修水利，筑坝发电，需要上游中国的支持。所以，邀请中国参与共同开发，是印度在有关水资源保护、开发、利用方面的明智之举。

塔利班与巴美关系*

自巴基斯坦关闭了阿富汗战场上北约的陆上补给线后，滞留在巴基斯坦和阿富汗边境的北约运输车时常遭到袭击，北约指责是塔利班所为，美国也为此迁怒巴基斯坦，冻结了计划中的7亿美元援助。塔利班为何成为左右巴美关系的一个重要因素？让我们来深入认识一下塔利班。

塔利班是美国和巴基斯坦在20世纪共同孕育的怪胎，也是美苏冷战时代特有的产物，于20世纪70年代末80年代初为人所知，因"9·11"事件而闻名世界。塔利班一词本是波斯语"学生"的意思，在20世纪70年代末80年代初屡屡见诸报端。1979年苏联入侵阿富汗，当时由美国出钱，巴基斯坦三军情报局出力，把在巴基斯坦清真寺避难的阿富汗青少年训练成为反苏侵略的战士。1989年苏联撤出阿富汗后，各部落武装和军阀仍混战不休，年轻的塔利班武装乘机崛起，初期得到了平民百姓的支持和拥护，迅速壮大占领了阿富汗大部分的城市与乡村，并建立了自己的政权，后因逐渐向伊斯兰原教旨主义方向发展，执行严酷的伊斯兰教法律，因而逐渐失去了城市平民的支持。"9·11"事件发生后，由于其领袖奥马尔与本·拉登合伙在一起，并拒绝交出本·拉登，美国便打响了消灭阿富汗塔利班政权的战争。如今美国如愿以偿地在军事上打败了阿富汗的塔利班政权，本·拉登也于2011年在巴基斯坦境内被美国特战部队枪杀。可是，塔利班并未因此销声匿迹，它仍然活跃在阿富汗与巴基斯坦边境地区的山山水水间，并在与驻阿北约部队作战中连连得手。

塔利班从降生起，就是个不受人欢迎又时常闯祸的"野孩子"，并在阿富汗和巴基斯坦山水的养育与穆斯林文化的深刻影响下，不断地制造新麻烦。在阿富汗，塔利班与政府军长期处于对峙状态，使阿富汗混乱局面加剧。阿富汗的塔利班政权被美军打垮后，传说中的最高精神领袖并未被枪杀，他仍领导着残余部队与北约部队作战。而且，经过10多年的发展，其作战部队人数又在万人上下，还占据和统治着不少阿富汗山区，同时与阿富汗东南部的部落武装保持着密切的联系。阿富汗塔利班武装并不为兵源和给养的补充发愁。阿富汗卡尔扎伊政权虽占领统治着阿富汗的

---

* 原载于《解放日报》2011年12月27日。

大中城市与交通要道及富裕地区，但仍未能向塔利班武装占领区前进一步。也有舆论担忧，如 2014 年北约部队全部撤出阿富汗后，塔利班有可能卷土重来，阿富汗将陷入更大规模的内战。

在巴基斯坦，塔利班武装人数虽然不多，但影响力却不小，始终是一个祸事制造者。值得注意的是，巴基斯坦的清真寺又源源不断地在为塔利班培养新接班人。巴基斯坦西北部的俾路支省和西北边境省是地势崎岖、交通闭塞的最贫困省份，常年生活在山林中的部落人群很容易被塔利班武装收买，成为其忠实合作者。此外，巴基斯坦国内反美情绪高涨，政府军虽然强悍，但他们对于隐藏在部落地区、得到武装支持的塔利班武装也只能采取软硬两手，否则很难维持巴基斯坦的社会秩序。

可以预见，在未来很长一段时间内，塔利班将继续影响穆斯林社会，以美国为首的北约也仍是它首要攻击的对象。若要真正彻底消除塔利班的威胁，笔者认为有三个方面的问题不容忽视：一是对穆斯林与塔利班文化关系进行更深入的研究，从文化的角度去寻找塔利班得以生存发展的基础；二是改善塔利班区域内穆斯林民众的生存环境，使他们与世界各国人民一样有尊严地活着；三是像美国这样的超级大国，需更深刻地认识到单用武力是不可能解决问题的。文化多样性是人类文明发展的特点，不同文明有着各自不同的特点与价值观，只有在互相尊重与学习中寻找共同点，才符合人类文明发展的规律。

中印关系须增进互信*

2012年年初，中国国务委员戴秉国访印及第十五次边界问题特别代表会晤，使中印关系呈现良好的发展态势。

然而，中印之间存在的某些矛盾与问题，仍在严重干扰着两国关系正常发展的步伐。主要有以下几个方面：

首先，关于中印边界谈判。至2012年，中印边界问题特别代表会晤已举行了15次，虽也取得了不少值得称赞的成果，保证了中印边界地区的和平与稳定，但离最终达成公正、公平、合理的解决方案还相差甚远，而且一时难以取得突破性进展。究其原因，阻力仍在印方。一是，时至今日，印度仍有不少舆论坚持认为，中印边界划分要以英国殖民者遗留下来的“麦克马洪线”为准。二是，印方认为，目前中印双方领土争端，不仅在东段的9万平方公里，西段的3.35万平方公里也是印度的领土，这种不尊重历史事实的错误论调在印度仍很有市场。三是，印度实行多党政治，且社会极为复杂，各党派对中印边界的认识不尽一致，在中印边界问题上很难取得一致。四是，印方提出，中国在与其他周边国家解决边界问题时能作出谦让，为何对印度却不行。印度认为自己并非中印边界领土争端的“既得利益者”，而是受害者，中国提出的“互谅互让地解决中印边界”的原则不是印度应该遵循的。五是，印度国内的“中国进攻印度论调”仍未完全消失，仍有一部分人认为中国在边界地区加紧排兵布阵。

其次，中印贸易的反倾销调查与逆差论。虽然中印贸易总量已达近700亿美元，但这与相邻的两个发展中大国的地位并不相称，中国与韩国的贸易量都已达1000多亿美元。虽然中印两国的贸易空间很大，但其上升的速度极其缓慢。其主要原因是印度的安全因素在作祟。如中印黄金贸易通道乃堆拉口岸开通后，原以为会给中印的边界贸易带来不少好处，可是结果却与预料的相差很大。其原因在于印方有人认为，乃堆拉口岸的开通对印度的安全产生了威胁。另外，值得注意的是，中印贸易摩擦逐年增多且日趋复杂。据印度统计，每年印度进行的反倾销调查中，有关中国

* 原载于《解放日报》2012年2月13日。

产品的要占60%左右。印度担心中国大批的廉价商品会伤害国内的工业生产。再则，印度把中国从印度进口原材料称为“掠夺资源”。为此，自2007年起，印度又对铁矿石的出口每吨增加了300卢比的关税，并有传闻印度还将压缩对中国原材料的出口量。这种不平等的商品贸易造成的中印贸易的中方顺差，其原因显然在印度自身。

第三，达赖与西藏问题。尽管印度政府曾多次声明，西藏是中国领土的一部分，但在对待达赖问题上却是另外一种态度。印方始终坚持，除非有损于印度的国家利益与中印关系的正常发展，否则达赖在其境内的活动，印度不应加以干涉和压制。正是印度政府的这种暧昧态度，导致了达赖流亡集团在印度掀起了一波又一波反对中国政府的集会等行动，并指使国内一些反动组织，进行破坏西藏社会稳定的活动。

第四，对中巴关系的误解。虽然自进入21世纪以来，印度政府大多认为，中国在处理印巴关系时，正在采取“一碗水端平”的政策，既重视发展与巴基斯坦的关系，也注重与印度的双边关系，但是我们也不得不注意印度国内的另一些声音，如“巴基斯坦瓜达尔港建成后，中国海军可能会出现在印度家门口”，“中国核技术流入巴基斯坦，还将使巴基斯坦核武器现代化，以加强巴基斯坦与印度的核对抗力量”。更有甚者，还把中国援助巴基斯坦抗震救灾的人员称为“中国7000人军队进入巴控克什米尔地区”。诸如此类的“中国威胁论”，在印度却很有市场。印度舆论至今还认为，中国在印巴关系中寻求平衡，目的是在南亚寻求最大利益，一旦印巴局势有变，中国将全力支持巴基斯坦，利用巴基斯坦遏制并打击印度。

中印之间存在的上述矛盾与问题，传递给人们的信息是：中印互信不够。猜疑与不信任仍是中印友好关系发展的最大障碍，中印政府应站在更高层面，以更广阔的视角，增信释疑，充分发挥中印两国人民的智慧与才能，创造性地绘出最终解决中印矛盾与问题的美好蓝图。

国大党为何受挫*

2012年3月初，印度公布了5个邦地方立法机构选举的最终结果，印度执政党国大党“丢掉”了5个关键邦中的4个，在最具政治意义的北方邦议会403个席位中仅获28席。国大党在选举中的颓势因何而起？国大党能否在2014年全国大选中再次获胜？尼赫鲁—甘地家族能否在新世纪“复兴”？印度舆论认为，国大党执政前景并不乐观，尼赫鲁—甘地家族的政治影响力似乎呈现衰落之势。

众所周知，尼赫鲁—甘地家族在印度政坛的地位举足轻重，曾带领国大党一次又一次地走上政治舞台。可是，从近几年印度地方选举结果来看，尼赫鲁—甘地家族对印度政权的影响正逐步减弱，已不再是国大党在选举中的必胜砝码。原因主要有两点：在印度国内，除了现任国大党主席索尼娅·甘地仍在政坛保有较大的影响力之外，尼赫鲁家族其他成员，包括原本被看好的尼赫鲁家族继承人、索尼娅·甘地的儿子拉胡尔均无多大作为；在国际社会，家族政治在各国政坛逐渐失势，人民要求摆脱束缚的愿望日趋强烈。

在这次选举中，国大党丢掉了其发源地、印度人口最大邦——北方邦的执政权，这也意味着国大党执政联盟失去了该地区大部分民众的最基本支持。印度舆论认为，腐败已成为国大党执政联盟威望下降的主要因素。自印度独立以来，国大党在执政时期的腐败事件层出不穷。印度2011年举行的两次反腐败运动得到了全国舆论与广大群众的支持和拥护。更具讽刺意义的是，有腐败“前科”者竟被任命为反腐机构——中央监察委员会主席，直至最高法院在审核时取消其任命后，辛格政府才被迫公开承认“判断失误”、“用人不慎”。另外，国大党执政联盟的左派力量支持者——印度共产党（马）也痛失执掌已有30多年的西孟加拉邦，而另一个盟友德拉维达进步联盟党则因领导人搞裙带关系和家族统治，失去了在泰米尔纳德邦的执政地位，使国大党团结进步联盟变得更加势单力薄。

近几年里，印度始终保持着6%以上的经济增长率，但在印度舆论“争当世界经济大国”的雄心面前，辛格政府的“高通胀”成绩单让民众逐渐失去了信心。在

---

* 原载于《解放日报》2012年3月16日。

这一两年里，印度希望通过控制政府开支、减少个人所得税和减少政府补贴等措施遏制通胀，然而效果并不理想。印度批发价格指数高居9.72%，通胀率仍在10%左右徘徊。为此，印度央行不得不进行自2010年3月以来的第13次升息，利率已达到8.5%。包括索尼娅·甘地在内的国大党领导人承认，高通胀是国大党今后的“绊脚石”。

国大党此次地方选举失利的另一个原因在于，在这一两年里，反对党印度人民党联盟铆足了劲向国大党发起猛烈攻击。印度人民党联盟迫切希望能在2014年全国大选中击溃国大党，重新走上印度的执政舞台。为此，他们从四方面积极行动：一是攻击、渲染国大党政治与经济方面的失策之处，使普通百姓逐渐对国大党执政联盟失去信心；二是拉拢与分化国大党执政联盟的盟友，使他们倒戈投向印度人民党联盟的怀抱；三是在国际舞台上表现活跃，与多方联络感情，不断向国外使团抛出橄榄枝，以求得国际社会的更大支持；四是改变不关注民生的形象，承诺今后在发展经济中，将把改善民生、服务民生放在一切工作的首位。

总之，国大党执政联盟若想在2014年最终取得大选的胜利，实现连续第三次执掌政权、重振尼赫鲁—甘地家族昔日辉煌的夙愿，就应制定相应的竞选政策和策略，并更多地融入到印度社会中去。

"金砖"金融合作，印度想当操盘手*

面对更加动荡和复杂多变的国际形势，现今的国际组织无法有效地解决世界政治与经济发展中存在的矛盾与问题。被誉为"改革者的联盟"的金砖国家，意在以新的集体行动、方式和机制来尝试解决这些矛盾与问题。

金砖国家领导人第四次会晤在新德里召开，印度除了借办好这次峰会以提高新德里的国际地位以及在金砖国家中的话语权外，还着重倡议建立金砖国家开发银行，认为此举将增加新兴市场和发展中国家在国际金融和经济秩序中的发言权和代表性。印度认为自己有这方面的经验教训，意在推广印度式的经验。

众所周知，2011年在中国召开的三亚峰会上，金砖国家间的国家银行共同签署了相关合作协议，着力稳定扩大本币结算和贷款业务规模。一年来，由于金砖国家在国际金融合作方面经验不足，且又处于初始阶段，其成果并不理想，需要在这次新德里峰会上进一步探讨和研究。

金砖国家在这次峰会上强调加大本币贸易结算的质与量。可是，金砖国家都存在高通胀的压力、资产泡沫的挑战、热钱的流入，以及经济发展可能出现的过热现象。若为了规避汇率及美元风险，在金砖五国内大力推行本币贸易和结算，尤其是使用人民币结算，那么中国要面临贸易逆差问题。在人民币进入资本市场后，还要面对人民币全面可兑换的问题。实际上本币贸易还仅仅是贸易问题，更重要的是资本账户的管制问题。如果金砖五国加大用本币结算实行账户开放，资本快速流入的现象将更严重。为此，如何进行有效的管理将成为难点之一。

印度自独立以来，金融的管理与运作基本上一直与国际社会同步，并建立了金融体系方面相对独立的系统。印度的银行系统不但对政府政策依赖性少，同时对政府还有较强的抵制和干预能力。印度有独立的金融监督局，自行负责信贷和分类资产管理，还通过转移银行间的欠债对银行进行彻底整顿等。所以，印度银行的坏账率很低，货币的支付能力手续齐全，完全符合国际金融流通的法规和惯例。由此，印度认为，鉴于印度银行对国际金融运作方面积累的经验教训，以及数以万计的国际金融管理人才，印度完全有能力和智慧在金砖国家中成为精明高效的操盘手。

---

* 原载于《解放日报》2012年3月30日。

巴总统访印求“脱困”*

2012年4月初，巴基斯坦总统扎尔达里对印度进行了短暂的私人访问，这是巴总统7年来首次访印。它不仅仅是一次简单的“私访”，还攸关巴基斯坦国内政局，尤其对身处内外困境的人民党及其执政联盟而言，更是关系重大。

从政治角度看，扎尔达里自担任总统以来，巴党派斗争始终非常激烈，尤其是近一段时期，执政联盟内部的分歧不断扩大。如执政联盟的第二大党“统一民族运动党”指责人民党独断专行，有关国内外重大事件的决策从不与该党商量，扬言要退出执政联盟。而另一个盟友“伊斯兰学者协会”（法兹尔派）也指责人民党腐败无能，无法调控物价，使人民生活水平下降，声称要退出政府。在野党反对派更是借势发难，频频向人民党执政联盟发起猛烈攻击，声称“巴现政府是一条正在沉没的船，任何人登上它都会一起淹死”，要扎尔达里下台，提前举行全国大选。

从经济角度看，扎尔达里任总统以来，巴基斯坦经济发展一直在走下坡路，GDP实际增长率只有2.4%左右，远低于穆沙拉夫执政时期的GDP增长率，而政府的财政赤字却占了GDP的5.5%，通胀率又增至16%。目前，巴政府的外债已突破600亿美元，有舆论调侃巴基斯坦又回归贫困。究其原因，舆论普遍认为，虽有天灾之说，但更主要的是人祸。扎尔达里政府贪腐盛行、执政能力低下，是阻碍经济发展的两大主因。同时，政府在应对2010年特大洪灾上行动迟缓，在克服国际金融危机的影响上措施乏力，也加剧了经济恶化。再加之党派、民族和宗教斗争持续不断，使社会经济发展陷于停滞状态。

从国内安全角度看，自“9·11”事件后，巴基斯坦成为反恐的最前线国家，巴民众和军队为反恐事业作出了重大贡献和牺牲。可是，如今的巴基斯坦已变为恐怖事件频发并深受其害的国家，国民正在承受越来越多的爆炸、暗杀等恐怖袭击。据统计，巴基斯坦每年死于恐怖袭击的人数超过数千人。更值得注意的是，发生在巴基斯坦的恐怖袭击正出现新动向：越来越多的恐怖袭击正瞄准军人与政府高官。从2010年8月至2011年10月，针对军警的恐怖袭击超过40次，造成300余名军警人

* 原载于《解放日报》2012年4月15日。

员死亡。

从对外关系角度看，自美国总统奥巴马上台后，美国对巴基斯坦采取了新的战略思维，欲迫使其在反恐中采取更加坚决有力和更大规模的军事行动。可巴基斯坦认为，自己为美国作出的贡献和牺牲已超出了应有的承受力，故未积极响应。美国为此大为不满，并且单独采取行动：突袭一处其认为是恐怖据点的巴部落民居住区，造成包括 19 名部落首领在内的 49 名平民死亡；事先不向巴军方和情报部门打招呼就“私自”抓捕本·拉登；空袭巴军哨所，造成数十名军人死伤。一系列事件使巴美关系一落千丈，巴基斯坦一怒之下关闭了北约过境巴基斯坦通往阿富汗的运输线，并要求美国撤离舍姆西空军基地和驱逐美驻巴安全人员，而美国也暂停了对巴军援，两国的僵冷关系一时难以修复。相比之下，巴基斯坦与邻国印度的关系，虽曾因孟买恐怖袭击冷却下来，但之后在双方的努力下有所改善。为了进一步发展巴印关系，扎尔达里此次敲开邻国的大门，而且出访也“富有成果”，辛格总理既答应向巴输送 500 兆电力，又接受扎尔达里邀请将适时访巴，这为扎尔达里及人民党执政联盟增色不少。

由此可见，扎尔达里对印度的短暂私人访问，表面上虽是为改善巴印关系，但更主要的是想通过这次访印改变其政府形象，寻求巴基斯坦发展经济和稳定政局所需的外部环境和必要条件，使扎尔达里领导下的人民党及其执政联盟摆脱当前的困境。

中印如何除怨修睦*

自美国战略重心东移以来，中国周边可谓暗流涌动。然而，与中国有着边界矛盾的印度近期倒显得较为平静。不过根据来自印度各方面的消息，有些情况也不得不引起我们的重视。

首先，“中国威胁论”在印度仍有相当大的市场。有些舆论认为，中国是印度最大的对手和竞争者。在印度国内，与中国合作的不信任和防范心理还相当强烈。

其次，边界问题是中印关系发展的一大障碍。对于中印边界有争议的9万平方公里土地（中国称藏南地区，印度已划定为“阿鲁纳恰尔邦”），印度不想放弃永久的统治权。同时，还有一些印度人认为，如今的“阿鲁纳恰尔邦”70%已是地道的印度移民，原住民也大多印度化，只要再过两代人的时间，“阿鲁纳恰尔邦”自然成了印度领土。为此，不少印度人认为，中印边界争端已不成为印度的头号问题，印度也不急于尽快解决边界问题，越晚解决，对印度越有利。

第三，印度有舆论认为，中国在印度洋及其周边国家发展海上力量，侵害了印度在印度洋的利益，意在抗衡印度。更有甚者认为，从某种角度看，中国在南亚地区的影响要大于印度，其原因是中国对印度的周边国家有相当强的控制能力，不能排除中国有利用这些国家对印度进行围堵的意图。为此，印度也要加强执行“东向和西上”的政策，与中国在东南亚与非洲进行竞争和抗衡，为印度谋取更大的利益。

第四，印度有舆论认为，中国已把印度对水资源的保护、开发和利用与边界问题合并在一起向印度施压。由于印度大江大河的源头都在中国境内的西藏地区，因此中国对印度的清洁水源需求有着举足轻重的作用与影响。

尽管印度国内对中印关系还存在某种负面认识，但笔者认为，和平与发展是21世纪不可逆转的潮流。况且，中印两国在文化和哲学理念上的相通性，对促进两国关系发展将发挥不可替代的作用。正如温家宝总理在2010年底访问印度时所说，“世界有足够的空间供中印共同发展，也有足够的领域供中印合作。这些重要的共识，深深扎根于中印古老文化传统与悠久的交往历史”。

---

* 原载于《解放日报》2012年8月14日。

为此，中印两国对目前中印关系发展应做如下思考：一是为了中印的经济发展与人民的根本利益，两国更应遵循“和平共处”、“合作共赢”、“共存共荣”的原则，在经济发展与国际合作方面开展更大规模、更深层次的合作。

二是中印政府应认清解决边界问题对两国关系发展的重要性与必要性，并应尽早择机解决边界争端。正如印度有识之士所见：“尽管中印关系已有很大的改善，但是由于没有最终解决边界争端，多年来作为双边关系特征的相互怀疑难以彻底消除。两国贸易增长迅速有助于为改善政治关系提供动力。但是，除非政治关系彻底实现正常化，否则经济接触永远无法真正放开手脚。”

三是中印对当今两国关系出现的新问题应及早加以探讨与研究，如能源合作中石油的开采与利用，中国在南亚地区的作用与影响，印度关切的水资源保护、开发与利用等问题。在中印水资源的保护、开发和利用方面，可以尽早成立相关委员会，全面调研并制定中印水资源保护、开发和利用的方针、政策与措施。中印都应遵循不损害两国核心利益的原则，为中印友好多做有利之事，从根本上造福两国人民。

解决中印边界争端能否走出一条新路*

目前，就中印关系而言，最大最难的问题就是没能最终解决两国边界争端。1962年发生的中印边境冲突虽然只是中印几千年友好交往中的一个不和谐的小插曲，但在21世纪的今天却成了中印友好发展的最大障碍。对此，中印专家学者有3个基本看法：一是中印边界问题太过复杂，要想在近期找到一个双方都能接受的公正、公平、合理的最终解决方案，难度比较大；二是按目前中印实际控制线为两国最终边界，当然，两国对此都不能接受；三是经过了几十次各种形式的谈判，中印找不到解决边界问题的新突破口，有人认为中印边界谈判似乎已走入“死胡同”，再举行类似的谈判已毫无意义。

那么，中印边界谈判果真进入了“死胡同”？不然。笔者认为，在保证边界和平与稳定的前提下，中印在藏南地区（印方称“阿鲁纳恰尔邦”）建立经济开发区，不失为一个可供探讨的新思路。

笔者认为，目前提出在藏南地区建立经济开发区的时机已日趋成熟，理由有以下几个方面：首先，目前中印专家学者及政府部门的一些官员都存在着寻找解决问题新思路的想法。如果在藏南地区某一区域进行保护性开发和利用，并使这一区域的经济水平有飞跃式发展，在此基础上，再对整个藏南地区全面加大开发力度，经过中印十多年的努力，也许在那时就能找到双方都能接受并且满意的最终解决方案。其次，目前中印经济改革和发展都已到了关键的阶段。全球金融危机发生之后，中印两国都在经济的可持续发展方面寻找新的突破口，如果两个“金砖国家”在经济合作中把新的突破口选在藏南地区，那是一举三得的好事，既能促进藏南地区经济发展，又能以此作为发展中印友好关系的一个新样板区，同时也为世界提供一个以经济共同开发解决边界争端的新模式。最后，中印都是文明古国，两国的哲学理念与价值观为中印解决边界问题提供了坚实的理论支撑。将两国传统文化中具有先进性的部分糅合在一起，其迸发的能量可能是巨大的。

---

* 原载于《解放日报》2012年10月25日。

"美"梦难圆*

美国将战略重点转向亚太以来，亚太地区的洋面很不平静，南中国海和钓鱼岛附近"波涛汹涌"。然而，这并不说明美国的新亚太战略已经得逞，相反，这恰恰反映出美国"重返亚太"力不从心。

事实上，美国自发动伊拉克和阿富汗战争后已显国力不济，尤其在金融危机后，更感到疲惫和衰弱。但美国霸权野心不死，为了在亚太地区实现其霸权主义目标，便玩起了"巧实力"外交，试图采取挑拨离间、搬弄是非、浑水摸鱼的手段，达到四两拨千斤的效果，实现其新亚太战略的最终目标，即制衡日渐强大的中国。不过，笔者认为，和平发展、合作共存仍是21世纪时代发展的主流，美国"重返亚太"的战略目标恐怕无法如愿。

首先，美国若在玩弄"巧实力"外交策略时失当，将适得其反。非但不能给亚太地区带来和平发展、稳定安宁的局面，反而会使地区局势陷入混乱和不安定，从而阻碍经济发展。那时，美国势必将背上破坏21世纪亚太地区和平、稳定、发展的恶名。

其次，那些想倚仗美国、实现自己不良图谋的国家也未必能实现其妄想。原因有二：其一，美国是个利益至上的国家，一旦国际形势对其不利，其为了自身利益，必将不顾一切地抽身而走，决不会照顾他国的利益得失。其二，中国是个爱好和平的国家，并早已向全世界宣布"永不称霸"。那些为了实现不良图谋的国家，本身在道义上就矮人一截，自然站在世界舆论的对立面上。因此，笔者认为，目前那些与中国存在领土、领海争议的国家，完全可以通过双边谈判来解决。一味地跟在美国屁股后面转，决非上策。和平发展、合作共存才是亚太国家的明智选择。

第三，在美国的新亚太战略下，作为中国的邻邦，印度自然成了美国拉拢的对象。不过，笔者认为，印度不但是个大国，而且是个历史悠久、充满智慧的文明古国，决不会任意听从美国的指挥，什么该做，什么不该做，它心中非常清楚。中印两国的友谊、存在的矛盾与问题都不可能因美国的新亚太战略而逆转，中印关系仍

* 原载于《解放日报》2012年11月2日。

会朝着友好、合作、共赢的方向前进。

第四，现在的中国已不是 19 世纪、20 世纪的中国，任人欺凌的时代一去不复返了。中国人民有能力、有决心保卫祖国的每一寸领土、领海不受侵犯。

总之，展望 21 世纪国际形势，一切有悖于世界和平稳定、合作发展、共同繁荣的时代潮流之图谋，最终的结果一定是搬起石头砸自己的脚。

辛格二次改革之困*

1991年，当印度经济处于危难时刻，时任财政部长的辛格进行了大刀阔斧的改革，成功使其保持20年的高速增长，辛格也因此得到印度国内和世界舆论的一致好评。

时过境迁，2012年印度经济已滑入慢车道。卢比贬值、巨额赤字和持续的通胀压力，不但使外商纷纷撤走资金，印度本国政府也已无力增加投资和开设新项目。于是，辛格又鼓足勇气进行了第二次较大规模的改革：对外资开放航空、电力和零售业；继续运用金融手段控制通胀；加强服务业和制造业的改革；再次对卢比进行贬值等等。

然而，这些政策实施以来，印度国内呈现的政治、经济与社会状况并不令人欣慰，零售业界甚至爆发了5000万人示威游行。为此，辛格政府迫于压力，不得不叫停了零售业改革措施。这虽从某一方面反映了印度中央政府掌控能力低下，但更说明印度复杂多变的政治社会局面、难以预料的干扰因素，使中央政府时常处于尴尬和难以应付的境地。究其原因，主要有以下几点：

首先，进入21世纪以来，印度经济的高速增长陷入通胀中难以自拔。辛格政府的紧急财政政策虽减轻并制止了国际金融危机对印度经济的严重伤害，但却给印度经济带来了全面通胀。辛格政府连续10次提高存款利率，虽达到了抑制通胀的目的，却增加了工农业生产成本，反而又影响了印度经济正常快速的发展。这自然引起了工商界和反对党的不满，从而给辛格政府再次进行金融改革带来重重阻力。

其次，印度国内贫富差距日益显著，贫困人群的不满情绪酝酿已久。零售业占印度GDP的37％，从业人员达2.7亿，他们担忧一旦外国的大型超市全面进入零售业市场，并将先进的商业理念运用于商品交易中，将剥夺印度本土靠开小商店、摆地摊谋生的零售业者的生活来源；印度制造业的规模也远比中国小且落后，从业者只能靠低级劳动养家糊口，维持着最低的生活水平，无法吸收零售业改革后的大量剩余人员；尽管各党派为了赢得选举，拼命提高各种福利，推出各类名目繁多的

---

* 原载于《解放日报》2012年12月11日。

补贴，但大部分都有领取“门槛”，真正贫困人群往往无法“享用”。因此，贫困人群的奋起反对也就不足为怪了。

第三，长期以来，印度经济发展一直依托赤字预算，最高年份可达 GDP 的 5% 至 6%。财政赤字居高不下，用于保证经济发展的基础设施资金就捉襟见肘，尤其是对农业基础设施的投资严重不足，农业欠收几成定局，进而又影响到工业生产的原料供应，农民、工商业者均对此意见纷纷。有舆论认为，印度目前粮棉、油料的产量已难以满足日渐增长的人口消耗，农业生产发展停滞，不但影响印度经济发展的整体速度，还会影响社会稳定。

2014 年，印度将举行新一届政府大选。有舆论认为，国大党联合政府选在此时进行第二轮大规模经济改革，是为了在新一届大选中取胜、为尼赫鲁—甘地家族的第四代——拉胡尔重新走上印度政坛捞取政治资本。为此，在野的反对党不但不合作、不支持，有的甚至极力反对，认为此举置当前具体国情于不顾。他们的挑剔与反对，为那些因改革而出现的骚乱火上浇油，使印度政局更加混乱。

当然，以上原因并不说明印度的经济改革将停止，而是从另一个侧面证明，辛格总理对印度进行的第二次经济改革前路坎坷、困难重重。

印度军购背后的纠结*

2012年12月24日，俄罗斯总统普京访印时携带了75亿美元的军售大单，舆论普遍聚焦俄印双方的交易意图，似乎忽视了印度国内多年来对大额军购所抱有的复杂矛盾的两重心态。

首先，军购与经济实力是否匹配？印度经济发展极不平衡、基础设施欠债过多等问题，阻碍了经济快速发展的步伐。目前，印度仍有3亿人口生活在贫困之中。尤其自2012年以来，印度经济的发展状况很不如意，赤字高企、卢比贬值、通胀压力持续，政府已无力进行大规模的基础设施投资与新项目开发。为此，印度国内不少有识之士认为，如此巨额的军购大单，就目前印度国力而言，似乎有点难以承受，很可能会影响印度经济可持续发展的速度。不过，也有舆论认为，在当今国际形势下，提升军力才是印度急需的。军购非但不会影响印度经济发展的速度，反而有助于提高印度军事技术水平，最终对经济发展起到实质性的促进作用。

其次，军购能否提升大国地位？进入21世纪以来，印度分别从俄罗斯、美国等国进口了大量先进武器装备，花去了大量的美元储备。有舆论认为，这让印度成为第四大军事强国，更提升了印度的国际地位。不过，也有一些分析人士认为，一国提高国际地位的根本是其经济实力和科学水平的稳步增长，而不是依靠军购发展起来的军力。反过来，军事力量的强大也需要靠经济实力与科学水平做支撑。因此，印度国际地位的提升，还得靠印度人自己的智慧和努力。

第三，军购旨在抗衡中国？在印度，至今仍有不少人认为，印度购买外国的先进武器装备，以此来提高军力，主要目的之一是与中国抗衡。甚至还有人认为，目前印度面临的主要威胁来自中国，中国对藏南地区提出领土要求，意味着中国威胁真实存在，如果印度不引进先进武器装备，将无法与中国军队对抗。不过，另有舆论认为，“中国威胁论”并不存在，中印同是发展中大国，谁也威胁不了谁，双方都不愿意在争议地区再起冲突。两国边界谈判已取得了不少成果，不仅保持了边界地区和平稳定的环境，还建立了多层次的军事交流机制。目前，关键在于两国要继续

* 原载于《解放日报》2012年12月28日。

加强沟通，增进互信、互谅、互让，运用智慧与才能，最终找到双方都能接受、公平合理的边界解决方案。因此，从这个意义上说，用“中国威胁论”增加军购，进而与中国对抗，让人难以理解。

总之，笔者认为，衡量一国实力的强弱主要是看其软、硬国力的综合效应，某一方面的偏离都将影响其综合国力的真正提升。就中印关系而言，在当今复杂多变的国际环境中，这两个国情相似、比邻而居的发展中大国，理应在更多方面加强合作，唯有合作才能共赢。

反恐形势严峻，经济持续滑坡，大选日期临近 ——2013年巴基斯坦恐危机四伏*

2013 年 1 月 10 日是巴基斯坦这两年来最血腥的一日。为何巴基斯坦屡屡成为恐怖袭击选中的目标?

回溯 10 年前，巴基斯坦并没有这么多的恐怖爆炸。2001 年“9·11”事件后，美国在阿富汗发动了反恐战争。为了巴基斯坦自身的利益与生存，当时的穆沙拉夫政权在迫不得已的情况下，向美军提供了机场及运输通道，为美国打垮阿富汗塔利班政权出了大力。然而，美国虽然打垮了塔利班在阿富汗的政权，但并未彻底摧毁塔利班的力量，奥马尔这个阿富汗塔利班的头目仍带领自己的残余部队，在阿富汗东南部普什图族居住区的大山密林中游击，同时发誓要向巴基斯坦报仇雪恨。为此，作为前线国家的巴基斯坦，其安全局势也开始逐步恶化。10 年来，恐怖爆炸案在该国频繁发生，造成大量平民死伤。

巴基斯坦本是塔利班运动的故乡，而阿富汗普什图族与巴基斯坦普什图族同属一个族群。如今，阿富汗塔利班又与普什图族的独立运动搅合在一起，使得巴基斯坦的西北部地区少数民族的独立自治意愿与日俱增，这无疑给巴基斯坦安全形势增加了更多不稳定因素。另外，自巴基斯坦建国以来，少数民族聚集的西北边境省以及俾路支省和普什图省，经济发展一直慢于东南部旁遮普人居住的省份，但却是巴国内能源蕴藏最丰富的地区。为此，少数民族居住区部落首领指责巴基斯坦中央政府只热心于对当地资源的掠夺性开发，却忽视当地民众生活水平的改善。久而久之，巴基斯坦西北部少数民族居住区的“离心”倾向日益加剧。

自扎尔达里总统执政以来，巴基斯坦内部也麻烦不断。一方面，经济一直在走下坡路。2013 年巴基斯坦的经济状况更加糟糕，卢比与美元的兑换比率为 80∶1，这在巴基斯坦历史上极为罕见。所以，国内外舆论比喻“扎尔达里政府是一条快要沉没的船，谁要是登上去将一同丧命”。另一方面，司法部门和政府间长期不和，不同教派之间冲突不断。扎尔达里之所以还能勉强支撑政权，最主要的原因在于巴军队仍支持扎尔达里政府。一旦巴军人态度有变，扎尔达里政权随时可能更迭。

---

* 原载于《解放日报》2013 年 1 月 12 日。

血腥袭击不仅令巴基斯坦的反恐形势再次成为人们关注的焦点，也在一定程度上验证了美国与北约军队撤离阿富汗后，巴基斯坦将遭受塔利班无情报复的舆论担忧。

按照时间表，北约军队将在2014年底前从阿富汗撤军。届时，阿富汗的塔利班武装极有可能与巴基斯坦境内的塔利班运动紧密联手，在巴基斯坦制造更大规模的袭击与动乱，这将给本已陷入政治与经济混乱之中的巴基斯坦政局以及安全形势带来更大伤害。同时，美方认定塔利班和其他武装团体不少重要头目藏身在巴基斯坦与阿富汗交界地区，因此持续发动空袭，此举一方面确实有效打击了恐怖势力，但另一方面却又使巴政府和安全机构等成为了复仇的目标。2013年还是巴基斯坦的大选年，随着3月大选日期的临近，各种政治力量都想显示存在，而民族分裂势力、暴力恐怖势力、宗教极端势力或将“兴风作浪”，制造事端，引起社会恐慌，使得巴政局走向更加扑朔迷离。不难想见，2013年对巴基斯坦来说，或将是危机四伏的一年。

巴下月议会选举，三派势力角逐沙场*

“自我流亡”4年的巴基斯坦前总统穆沙拉夫2013年3月回国并宣布参选，巴大选的序幕就此拉开。在5月国民议会选举的选举日到来之前，执政的人民党、穆斯林联盟（谢里夫派）以及穆沙拉夫代表的“全巴基斯坦穆斯林联盟”这三派势力，将角逐沙场。

执政的人民党虽然背靠雄厚的政治资本和布托家族的影响力，但由于政绩不佳，在选民中的声誉并不好。一来在经济方面毫无建树，通胀和失业率居高不下；加之国内反恐与安全局势又日益恶化，人民怨声四起。二来反腐不力，且腐败之风愈演愈烈，使人民对其丧失信心。三来执政能力低下，在处理国内外大事面前显得迟钝和无能为力。为了弥补这些执政缺憾，人民党抛出了只有24岁还不到法定参选年龄的比拉瓦尔，即现总统扎尔达里和贝·布托之子，作为本党代表参选。作为布托家族及人民党的继承人，比拉瓦尔似乎给人民党注入了新的活力。不过，这个带有家族色彩的比拉瓦尔能否为人民党摘得胜利果实尚未可知。

巴政坛老将谢里夫及其领导的穆斯林联盟，似乎在此次大选中获得较高的呼声，这有赖于谢里夫派近年来取得的不俗政绩。首先，谢里夫领导的穆斯林联盟在执政的旁遮普省干得不错，成绩有目共睹。如旁遮普的公路网和立交桥建设改善了当地交通。其次，谢里夫在任巴基斯坦总理期间，较注重经济发展与交通设施的基础建设，拉合尔至伊斯兰堡这条南亚最长的高速公路就是在他任期内完成的。而1998年巴基斯坦核试验成功，使巴基斯坦的国际地位与在穆斯林世界的影响得以提高和扩大。不过，谢里夫的政敌也不少，积怨很深，加上如今的巴基斯坦政局更为复杂多变，谢里夫及其穆斯林联盟是否能稳操胜券也是未知数。

前总统穆沙拉夫系军人出生，其政党“全巴基斯坦穆斯林联盟”虽不及人民党和穆斯林联盟，但他在军队中仍有影响力。同时，他当政期间的政绩也值得巴基斯坦人怀念，当时的经济发展速度是巴建国以来最好的时光。他也是一个有志于改革的人，意在“建立一个既有权威，又有政党和民众参加的民主政体”，他还使妇女第

* 原载于《解放日报》2013年4月20日。

一次走进了议会。他与美国联合反恐，借助美国及国际社会的援助，使巴基斯坦国际地位得到提升，经济得以发展。如今，他又作出承诺，要消除腐败，重振经济，不但要使经济每年增长6%，还要把“一种新的政治文化”带到巴基斯坦，使巴基斯坦“找回自信”。

尽管舆论认为，“穆沙拉夫有改变巴基斯坦未来的能力”，但是他无法回避三大不利因素：一是在他任职期间，军方及情报局做了不少违反人权的事，他至今未摆脱涉及贝·布托遇刺等三个案件的嫌疑；二是在他任职期间对塔利班打击最为严厉，巴基斯坦塔利班发誓要对他进行无情的报复；三是他是个铁腕人物，在政界树敌过多，司法界仍对他耿耿于怀。

上述三大党派集团都是松散的结合体，其追随的党派和支持者也随时可能更换门庭和重新组合。另外，巴基斯坦军队在国内政治中有着举足轻重的影响力，军人们的支持意向也往往决定参选党派集团的成败。这些都注定5月的巴基斯坦大选不会平静。

中印关系排除干扰，需要加强民间交流*

印度外长胡尔希德 2013 年 5 月 9 日起访华，印度希望通过此访同中国新一届领导人进一步沟通。另外，印度 2014 年将举行大选，作为国大党联合政府的外长访华，对于了解中国政府解决中印边界的真实想法非常必要。而对中国来说，近来印度国内的不和谐音增多，尤其是中印边界西线的“帐篷对峙”，中方也希望了解新德里的真实想法。

不可否认，进入 21 世纪以来，中印关系有了长足的进步与发展，和平发展、合作共赢，已成为两国政府的共识，但近些年，印度国内总有一些杂音在干扰中印关系良好的发展势头。他们罔顾史实，搬弄是非，在中印两国间制造不必要的紧张气氛。当前，中印主要存在三方面的问题：

一是中印之间缺乏互信的问题。由于久存的中印边界问题至今未得到解决，中印关系没有实现真正意义上的关系正常化。误解与不信任始终在中印两国关系间作祟，所以增加中印间的互信，仍是当前中印关系最关键的问题。

二是处理中印边界的问题。目前在印度国内，有不少人士根本不去正视中印边界冲突的历史事实和真实原因，而是一味用感情代替事实，企图把中印边界问题搅乱，只强调印度人的感受和利益，不顾事实一味要求中国作出让步。这种不顾历史事实的胡搅蛮缠，对最终公平、公正解决中印边界问题是不利的。笔者相信，印度人民及其领导人，不会被一小部分人的不理智言行所迷惑，他们将与中国人民一起，既尊重历史，又照顾现实，共同找到一个双方都能接受的方案。只有边界问题解决了，中印之间存在的互信问题和其他问题才有可能迎刃而解。

三是中印民间交流不足，无法给中印关系的良性发展增加更多有利的因素。据印度外交部统计，2012 年中印之间民间交流成果并不理想，印度到中国工作、旅游的人数已达 30 万人次，而中国到印度工作、旅游的人数只有 2 万多人次，这与中印两个邻国的地位是极不相称的。更值得注意的是，如果更多的中国人走进印度，了解印度，将势必影响中国人对印度的看法与观点，到时候再谈增进中印友谊、解决久存的矛盾与问题，或许就是水到渠成的事了。

* 原载于《解放日报》2013 年 5 月 9 日。

中印合作的“基”与“线”*

2013年5月，李克强总理在印度演讲时说，“中印作为战略伙伴，达成了许多共识，对历史遗留的边界问题，我们没有回避，一致同意推进边界问题谈判进程”。笔者认为，从探究两国关系的五大基础与边界三线的主要矛盾，我们可以看到中印合作基础深厚，对边界问题的解决可持积极乐观的态度。

中印两国关系有五大基础。首先，国情的相似性。两国同是发展中大国，又都是人口大国，还都有着被西方殖民者统治、压迫、剥削的历史；如今都要专心致力于经济发展。

其次，文化的相通性。两国有着数千年的文化友好交往史。往来两国的文化使者与僧侣把优秀的印度古文化、佛教文化带到中国，也把中国的四大发明和先进的科学技术带往印度，促进了印度社会的进步与繁荣。

第三，需求的相同性。中印两国同是发展中大国，教育与科学技术落后、经济欠发达是共同的特征。而提高两国人民的生活水平和文化素养，既是两国沉重的负担，也是崇高的目标。目前，双方都需要一个和谐的国际与周边环境。

第四，哲学理念的相容性。在中印哲学领域，印度的佛教哲学与中国的古典哲学相互影响、相互学习，更多地推动了中国哲学提出新的理论与认识世间万物的方法，也有利于两国认识世界事物的理论和观点相同相似。

第五，价值观的相补性。中印两国人民的价值观、世界观取向虽有不同，但互补性极强。印度人看重精神，中国人则更强调唯物主义。从长远角度看，两者调和、相辅相成，更利于中印经济与文明的发展。

应该看到，目前在中印边界问题谈判中仍存在较大分歧，其中“三条线”备受关注。

中印边界的传统习惯线：中印边界几千年以来，虽从未划定过边界线，但两国的边民都遵照祖上留下的传统习惯线，相安无事。这条传统习惯线包括：中印边界东段藏南地区9万平方公里、中段的2000平方公里、西段的3.35万平方公里。这

---

* 原载于《解放日报》2013年6月4日。

些土地都在传统习惯线以北，它们一直是中国西藏地方政府的管辖区域。

麦克马洪线：1913—1914年，中印藏三方在印度西姆拉召开会议，英国殖民政府代表麦克马洪与西藏地方代表在会外私下把中国西藏地方政府历来管辖的藏南地区9万平方公里、中段的2000平方公里、西段的3.35万平方公里全都划在了当时英国殖民政府的管辖版图内。中国政府代表拒绝在条约草案上签字，所谓以英国殖民政府代表命名的“麦克马洪线”自然是非法无效的，历届中国政府从未承认过。

实际控制线：目前中印边界的实际控制线与“麦克马洪线”基本相似。西段的3.35万平方公里一直在中国的实际管辖之下，中段的2000平方公里的土地仍在印度的控制下，东段的9万平方公里土地从1914起被英印殖民政府和印度现政府不断蚕食，直至1986年12月通过法案，建立所谓的“阿鲁纳恰尔邦”。

当然，中印边界的最终解决不会从此一帆风顺，但只要两国政府与人民以实事求是的精神看待当今中印边界的实际状况，互谅互让，友好协商，运用两个文明古国的智慧和才能，一定能够找到彼此接受、公平合理的解决方案。

谢里夫为何首访中国*

2013年7月3日起，巴基斯坦新任总理谢里夫将访华。其首访选择中国，除了中国是巴基斯坦最值得信赖和亲如兄弟的朋友外，还有以下几个原因：

首先，美国在“9·11”事件后认识到，如果想在阿富汗取得打击塔利班和消灭本·拉登的胜利，没有巴基斯坦相助是不可能实现的。于是，美国便从政治、经济、军事等各方面给予其支持与援助。如今，美国已决意从阿富汗撤军，可想而知，巴基斯坦在其心目中的地位已大不如前，再加上谢里夫一上任就指责美军无人机伤及无辜百姓的恶行。谢里夫深知，按照目前的巴美关系及他三度当选巴总理的言行，美国是个靠不住的朋友，也不可能像以前那样支持巴基斯坦。

其次，巴基斯坦方面担心，其在阿富汗的地位与作用可能被邻国印度所取代。这些年里印度的经济和军事实力大增，除了美国有意要让印度在阿富汗发挥作用外，还有两个因素不可忽视：一是在历史上，印度与阿富汗在文化上紧密相连；二是新德里当前也自认为，今天的印度已有实力在阿富汗显示自己的力量与作为，这符合印度的国家利益，有利于提升其大国地位和形象。实际情况也是如此。近些年里，印度援助援建阿富汗的项目，涉及阿政治、经济、军事、文化与教育等各个方面。

第三，对于巴基斯坦来说，当前最为首要的任务是发展经济和改善民生。目前，巴基斯坦民众中有一种浓重的怨世求进心态。对于邻国印度经济的高速发展，巴基斯坦国民除了羡慕和自叹不如外，潜意识里对自己国家的贫困与政局混乱深恶痛绝，怨恨政府的无能和政党的内斗，尤其是知识阶层更对政府的腐败和不作为愤恨不已。他们认为，巴基斯坦如再不奋起，恐将陷入更大的混乱。谢里夫也清楚地意识到这一点，他再三呼吁全国各政治派别停止内耗，专心发展经济。

那么，巴基斯坦经济发展的突破口应选在哪儿？谢里夫想到了与中国进行经济方面的战略合作。这次谢里夫总理对中国的访问共有6天时间，他除了与中国商谈战略合作，尤其是打造“巴中经济走廊”，还要考察中国经济发展的成就，特别是能源、电力及高速公路与铁路的建设，以及经济开发区和工业园区的建设，以期借用中国经验促进巴基斯坦的经济发展。

---

* 原载于《解放日报》2013年7月1日。

印度的经济与政治困局*

卢比大跌，既说明了市场对印度这个新兴经济体缺乏信心，造成大量外资撤离印度本土，同时也证实了全球经济复苏乏力。

2013年以来，尽管印度中央储备银行进行了积极的干预，仍无法遏制卢比兑美元汇率持续下跌之势。回顾印度自1991年经济改革以来的发展历程，不难发现，以下几方面问题值得特别关注。

首先，印度作为新兴经济体，躲过了国际金融危机的冲击，并继续保持了较高的经济增长率，但其经济发展中存在的矛盾与问题并没有得到根本的解决和逆转，有些甚至有所恶化。如印度的预算赤字未减反升，通胀率居高不下，而为适应经济发展所需的经济结构调整却迟迟未能见效。正因如此，最近几年里，印度经济发展持续低迷，GDP增速回落至5%。

其次，1991年，辛格总理作为总设计师，主导了印度经济改革。进入21世纪以后，辛格及其政府日益感到，经过了近20年的高速发展，印度经济暴露出种种矛盾与问题，急需进行第二次改革才能渡过难关。但遗憾的是，2012年，辛格及其团队对印度经济的第二次改革遇到了从未有过的阻力，还引发了席卷全国的抗议示威游行。为此，辛格政府被迫叫停了多项对经济发展有益的措施与政策，如零售业改革等。正因为印度第二次经济改革止步不前，印度经济新的活力难以迸发，才使得积聚多年的矛盾与问题形成了更大的破坏力。舆论担忧，如不及时采取措施加以纠正，将有可能引发新一轮印度经济危机。

再者，众所周知，印度沿袭了西方的议会民主制，并经过印度式的改造，形成极具印度特色的议会民主政治体制。60余年来，在印度文化、哲学理念和价值观长期潜移默化的影响下，印度的议会民主制又有了新的发展。民主的扩大化，使中央的决策能力逐渐弱化。不少有关国计民生的大事，在议会无休止的争论中搁置或被叫停。“印度政治已成为印度经济改革的最大阻力”，这已经成为印度舆论界的共识。

2014年大选临近，在野的印度人民党联盟为了击败执政的印度国大党联盟，难

---

* 原载于《解放日报》2013年8月24日。

免会不顾事实，百般阻挠辛格政府进行的二次经济改革。他们不仅纠集不明真相的民众举行示威游行，反对辛格政府新的改革政策，还散布“政府已失去对经济的控制”、“印度必须提前选举”等言论，激起民众对国大党联盟及其政府的不满情绪，以期达到重新走上政坛顶峰的目的。

最后，国大党联盟及其政府面对印度当今的经济与政治困局，似乎有些力不从心。但更值得注意的是，类似辛格等老一辈政治家都将进入暮年，而新一代政治领袖却仍未脱颖而出。国大党期待的政坛新秀、尼赫鲁家族新一代接班人——拉胡尔·甘地，似乎尚无为人称道的作为。在近几年的邦选举中，拉胡尔还在诸如北方邦等多个国大党传统根据地败北。与此同时，拉胡尔也未能提出帮助印度摆脱政经困局的良方，反为印度人民党提供了更多指责国大党腐败无能的口实。另外，国际社会也对拉胡尔是否有足够才智担当大任缺乏信心。

当然，国大党和尼赫鲁家族在印度仍保有根深蒂固的影响力，因此在新一届大选中，国大党联盟和新一代政治领袖是否能创新执政理念，做好经济发展、政治稳定与民生改善的文章，人们拭目以待。

总之，政治与经济相互依存。经济的改革与发展，也有待于政治改革的不断完善。当今的印度，无论是政治还是经济，都进入了一个关键期。无论是国大党，还是印度人民党，谁能较好地解决政治与经济改革的矛盾与问题，谁就将赢得民心，并最终站上印度政治舞台的中心。

打了三场仗，美国得到啥*

日前，叙利亚的“化武换和平”吸引了世界目光。然而根据美俄达成的协议，美国并未放弃军事威胁。笔者认为，美国若坚持动武，必将自食恶果。

反思美国“9·11”后发动的三场战争，如果从文化视角加以研究，我们可以得出两点启示：

首先，军事打击不是唯一的手段。单纯通过军事打击，强制推行美国的民主政治体制，已成为“不可能完成的任务”。

先看伊拉克战后。其社会出现倒退，恐怖事件不断，所谓的用美国民主体制建立的伊拉克政府并未朝着西方所想象的方向前进。

再看阿富汗战后。美国从军事上打垮了阿富汗的塔利班政权以后，重建的卡尔扎伊民选政府步履艰难，只能控制喀布尔等几个大城市，广大的山区、农村地区仍在塔利班势力控制之下。连年的战争使阿富汗经济几乎瘫痪，毒品泛滥，人民生活贫困到了极点。

至于利比亚战后，代之而起的利比亚反对派新政权也并未达到西方的目的。且不说经济负增长，人民生活痛苦不堪，目前由于恐怖事件无法遏制，西方驻利比亚的外交机构也都纷纷撤离。

另外，值得注意的是，美国出于保护自己士兵生命的考虑，大量使用无人机对其所确定的恐怖据点进行导弹袭击，却造成无数平民伤亡，从而在这些伤亡人员的亲朋好友及族群中种下了仇美的种子。在也门和巴基斯坦，今日的反美情绪比以往任何时候都高涨。

其次，必须尊重世界文化的多样性。美国想通过自己的价值观，对其他文明进行强行改造，是走不通的。

美国的当权者一味地追求强大的军事手段打击，忽视了当今世界国与国关系发展的主要特点和总体趋势——和平、互信、平等、非暴力、尊重多样文明、谋求共同发展。美国自恃有强大的军事和经济力量，认为可以为所欲为，但世界大势浩浩

* 原载于《解放日报》2013年9月19日。

荡荡，逆势而为，只能自吞恶果。

美国作为超级大国，拥有超强的经济与军事力量，理应成为和平的捍卫者，但是美国的霸权主义和傲慢与偏见，造成了对伊拉克、阿富汗等伊斯兰文化认识上的错位，导致了盲目地崇尚武力，一味地追求用先进的科技和强大的军事打击力量推行自己的政治主张和战略意图，结果适得其反。美国唯有吸取教训，更多地帮助贫困地区的国家与人民摆脱贫困，从根本上消除国际恐怖主义生存与发展的空间和基础，这样才符合世界的根本利益，也符合美国人民的利益。

“中国动力”吸引辛格访华*

这些年来，印度经济状况堪忧，2013 年又是中印共同倡导的和平共处五项原则发表 60 周年。在当今国际经济疲软的情况下，辛格的访华，其重要性就不言自明了。为此，印度国内舆论对辛格的访华给予了更多的期待，主要有以下几个方面：

首先，在经济方面，近年来，印度经济迅速下滑，其改革开放高速发展的态势受阻。2013 年印度 GDP 的增长率能否保住 5%尚无定论。更为遗憾的是，辛格为刺激印度经济增长的第二次经济改革困难重重，无法顺利执行。故有印度舆论认为，印度国内对印度经济的发展丧失信心。印度在内外交困的情况下，只有期待加强与中国经济方面的互助合作，借此克服印度经济发展的低迷状态。所以，辛格访华将向中国开放设立“中国商务园”，并给予更多的优惠政策及措施，吸引中国企业、资金、技术更快地进入印度，尤其在能源电力、基础设施建设、交通制药、电子产品等领域。辛格希望借此增加印度的就业率，减少对外经济逆差，并为促进印度产业升级换代注入“中国动力”。

其次，在民间交往方面，中印同是两个新兴的发展中大国，又是邻国，但进入 21 世纪以来，人民期待的增加民间交流愿望难以如愿。尤其是旅游业，每年中国赴印度的游客人数不到 6 万，这与中印关系发展水平极不相称。故有印度媒体认为，这不仅影响中印关系向良性方向发展的速度，也不利于中印之间增加了解与互信。为此，辛格此次访华将宣布放宽赴印度签证等措施，这对促进印度旅游业发展是极为有益的。此举不但能增加中印间的友谊、互信和了解，更能给疲软的印度经济注入新的活力。

最后，在国家安全方面，对中印两国来说最大的隐患是边界问题。2013 年 4 月的“帐篷对峙”事件给中印关系蒙上阴影。为了中印边界的和平、稳定与安宁，需要建立新的制约机制。虽然以往中印边界的多次谈判中建立了一系列处理边界事件的工作机制，但离中印两国尽快解决边界问题的共识相差甚远。故这次辛格访华将签署《边界防务协定》，并将建立更高层次的军事热线，为今后最终和平解决中印边

* 原载于《解放日报》2013 年 10 月 23 日。

界问题创造更加有利的条件。

笔者认为，目前中印两国需要更多的真诚与理智，去化解长期存在的边界方面的矛盾与问题。我们真诚希望，在中印边界问题上，在如今达到众多共识的基础上，迈开步子，彻底消除两国的猜忌与不信任，向公正、公平、合理且双方都能接受的最终解决方案前进。这不仅有助于中印两国经济的发展，也符合中印两国人民的根本利益。

印度何以成最热投资地*

不久前，美国安永会计师事务所发表调查报告称：印度已超越中国，成为全球最具吸引力的投资目的地。从其排行榜看，印度第一，巴西第二，中国第三。且不论安永的调查报告有何权威性，印度既然被外国投资者看好，想必也不是平白无故的。

首先，印度所处的国际大环境较好，世界不同制度的国家为了各自目的都要讨好拉拢印度。

其次，印度的议会民主政治体制非常合欧美等西方国家的胃口。他们认为，印度的民主政治体制与他们国家的政治体制相类似，有一种亲近感。印度法律体系也较完整，人们依法治国的意识强，在很多问题上较易达成共识。为此，尽管当前印度经济面临种种严重挑战，但西方国家的投资者仍然对印度保持乐观预期。

从投资角度看，在印度投资领域中，汽车、医药、生命科学、家用电器有巨大的市场潜力。另外，在国际金融领域，印度成熟的金融结算使西方投资者无需多操心货币问题。近期，印度宣布对外国投资者进一步开放航空与广播电视等领域，更使西方投资者对未来充满憧憬。

印度曾流行一句话："中国的改革开放是自上而下，而印度的改革开放是自下而上。" 20 世纪 90 年代，印度对经济全面开放的决心确实源自下面的压力。而印度第二次大规模经济改革，既出于下层的迫切愿望，也来自上层决策。宏观经济的压力和沉重的债务负担使得印度从上到下想到了一起。如此上下同心致力于经济改革，这在印度独立以来是极为少见的。

不过，笔者同时认为，印度经济发展的现状、久存的矛盾与问题以及印度社会与文化习俗，将会给外国直接投资者带来诸多困惑及问题。

首先，印度自经济改革开放以来，基础设施建设一直滞后，极大地阻碍了印度经济进一步快速发展。印度经济开放 20 多年来，至今没有一条符合国际标准的贯穿印度的高速公路。印度的铁路也十分破旧，航空与海港的建设虽然雄心很大，但是

* 原载于《解放日报》2013 年 11 月 30 日。

脚步跨得却很小。国际舆论认为，资金的匮乏与技术的不成熟制约了印度基础设施建设的速度与质量。

其次，作为宗教国家，印度教派争斗司空见惯，经济发展与社会进步为此受扰。与此同时，印度贫富差距严重，两极分化悬殊，富者可租用英国女王的白金汉宫作为女儿的婚礼场所，而穷者则居无定所，四处流浪。这些矛盾与问题始终像一颗“定时炸弹”埋在印度社会里，稍有不慎就会引发一场全国性的暴力事件。2014 年印度大选临近，各个党派与教派间的明争暗斗极为激烈。如何赢得选民手中的选票，在各党派心中，教派问题始终最为关键棘手。

第三，工作效率低也是一大“硬伤”。现任印度总理辛格曾多次强调，为适应印度经济的快速发展，提高印度人的工作效率是当务之急。不少在印度的外国投资者也经常埋怨，印度人办事拖沓，影响了他们的投资效益和信心。再者，印度式的议会民主政治体制是把双刃剑，它扩大了印度民主，却制约了中央权力的充分发挥，以致正确的中央决策得不到贯彻执行。议而不决、决而不行使印度经济丧失了许多发展的机遇。

穆沙拉夫命运如何*

2014年的第一天，穆沙拉夫又一次因路边爆炸物未能出席指控他“叛国罪”一案的庭审；而1月2日的庭审虽有千余名安保人员一路保护，但穆沙拉夫也因心脏病发作未能出席。这位曾身兼巴基斯坦总统、陆军参谋长和国家安全委员会主席的铁腕人物，会落得怎样的下场？其与今天的巴基斯坦政局又有何关联？

建国60多年来，民选政府和军人政权交替掌权是巴基斯坦政局较其他军人政权不同的一大特点。印巴分治以来，巴基斯坦政府始终无法较好地解决和消弭意识形态、语言文化上的差异和分歧，没有形成强烈的民族认同感，以实现各民族政治倾向和利益原则的统一，并解决民族和社会差异的政体问题。时至今日，国家仍需要由军队的强制力量、强有力的行政机构、各党派团体组织间的政治交易来维持统一。因此，每一次军人政权出现之前，巴基斯坦国内政治混乱、社会动荡不安、经济发展迟缓。而民选政府自身陷于腐败和权力争斗，无法治理乱局，失去了普通民众的支持。军人政权的铁腕与崇尚民主自由的党派团体形成了一对激烈冲突的矛盾统一体，久而久之，两者之间积怨渐深。集大权于一身的军人政权领导人——穆沙拉夫自然成了攻击的首要对象。

穆沙拉夫是军人出身，起初对政治并不感兴趣，他是被当时的历史潮流推上巴基斯坦政治舞台的。他运用铁腕实行军事管制，严厉打击罪犯、恐怖分子，惩办渎职官员，取缔查封激进宗教团体及塔利班组织。同时，为了发展糟糕的经济，他利用美国“9·11”事件打击阿富汗塔利班政权，为巴基斯坦争得大量美元援助。由此种种，他得罪了不少人，又惹怒了塔利班和不少激进宗教团体与组织。

在2009年的大选中，人民党候选人贝·布托被暗杀身亡，时任总统的穆沙拉夫自然被怀疑是幕后操纵者，被之后上台的人民党政府追查。2013年，他结束流亡，回国参加大选，自己从政壮志未酬，反而给反对者清算老账的机会。如今，巴陆军参谋长严守“军人不参政不从政”的承诺，无法对他们的老将军穆沙拉夫给予全面公开的支持。更为重要的是，在巴基斯坦民主法治不断完善的今天，法律界欲在穆

---

* 原载于《解放日报》2014年1月4日。

沙拉夫一案中显示法治的力量，努力给巴基斯坦民众和舆论一个公正、公平、合情合理的交待。

鉴于以上三方面的因果关系，人们不禁要问，穆沙拉夫的结局将会如何？笔者认为，不外乎三种情况。

第一，尽管穆沙拉夫在执政期间有种种不是，但巴基斯坦不少舆论认为，穆沙拉夫时期巴经济表现最好，民众生活得到提高与改善。再加上军方的作用与影响依然存在，穆沙拉夫一案虽有曲折和反复，但将有惊无险。

第二，当今的执政者谢里夫总理是个老辣深谋的政治家，他更懂得稳定对巴基斯坦的经济发展和社会安定是何等重要。如果穆沙拉夫一案在不经意间引发全国性的不稳定局面，这是他不愿看到的。相反，执政党及其政府最愿意看到的结局是：适可而止，既不伤法律的尊严和体面，又维护了巴基斯坦的稳定。

第三，如果反对穆沙拉夫的势力与执政当局的某种力量结合，且又占据上风，再加上法庭又掌握着对穆沙拉夫不利的诸多证据，那么穆沙拉夫将面临巴基斯坦有史以来第一次对军人政权时期总统的法律宣判，这或多或少会对巴基斯坦政坛和社会构成影响和冲击。

充满变数的印度大选*

2014年是印度的大选年，很可能也是历次大选中变数最大的一次。

如今，有三股政治势力的代表角逐总理宝座，分别是国大党联盟的拉胡尔·甘地、印度人民党的莫迪和政坛新秀普通大众党（平民党）的科基瓦尔。无论是国大党联盟，还是印度人民党联盟或普通大众党，都有自己的软肋，但也都有随时翻盘的可能性。

大选在即，以下三方面潜在因素不可忽视：

首先，国大党联盟能否继续执政。自2004年大选获胜后，国大党联盟执政已有8年之久。8年里，印度经济的发展与成就有目共睹。但是，国大党联盟政府自身接二连三的腐败丑闻引起了选民的极大愤慨。同时，辛格政府的第二次经济改革受挫，以及地方选举中的惨败、物价的暴涨、社会治安的恶化与轮奸案频发，使得大部分选民已对国大党联盟政府不再抱有幻想。失望之余，他们更期盼一个全新的党派及联盟政府上台，能给印度带来新的希望和活力。

其次，莫迪、拉胡尔·甘地、科基瓦尔，这三个人在大选中的表现是关键。印度人民党古吉拉特邦的首席部长莫迪从政经验丰富，作为印度人民党的总理候选人，在选民中呼声颇高。但是，作为印度教政党的领袖，莫迪在印度1.8亿穆斯林中的声誉不太好。2002年，在古吉拉特邦的印度教徒与穆斯林的冲突中，他掌控不力，有纵容印度教徒极端分子胡作非为、滥杀无辜的嫌疑。

国大党尼赫鲁家族的接班人拉胡尔·甘地虽然年轻，但也涉入政坛多年。可是，他对接任印度总理的信心不足，一再表示无意竞逐总理职位。普通大众党领袖科基瓦尔近来在政坛表现不俗，颇具领袖风采。不过，由于势单力薄，几乎没有从政经验，科基瓦尔要在选民中赢得足够多的选票也非易事。

更重要的是，除了候选人的魅力外，决胜大选的“钥匙”还在于候选人及其党派推出的执政纲领是否赢得民心，即如何摆脱经济下滑的颓势，如何制订适应印度国情并为普通大众所接受的经济改革方案。

---

* 原载于《解放日报》2014年3月2日。

第三，第三势力在印度崛起，要求变革的呼声日益高涨。国大党是百年老党，印度人民党也是个老资格的印度教党派，他们在印度政坛纵横已久，在选民心中有一定基础。按理，国大党与人民党应是大选中最为激烈的竞争对手，若国大党失败，印度人民党就将走上政坛。可现在是21世纪，不是怀旧的20世纪，年轻选民的心态更多地是要求变革求新，而普通大众党的创立与崛起顺应了时代的要求与选民的呼唤。只不过，普通大众党太年轻，这匹黑马在广大选民中的影响不够深广，能否最终赢得选民的信任，还不得而知。

至于印度大选可能出现的结果，笔者认为有三种结局。其一，国大党败选，印度人民党及其联盟获胜，总理候选人莫迪在众多印度教徒的狂欢中走上总理宝座，执掌印度政坛。其二，国大党及其联盟在经过了艰苦的奋斗后，以微弱的少数党派的支持票，又一次走上印度政坛。国大党副主席拉胡尔·甘地，这个尼赫鲁家族的政治继承者，将怀着复杂不安的心情坐上总理宝座。其三，普通大众党在人民求变求新中异军突起，科基瓦尔及其政党有可能在一个大党（也许是国大党联盟）的支持下，最终赢得大选，组建政府。

人民党为何大胜，莫迪有哪些难题*

印度人民党此次可谓大获全胜。以过半数议席获胜组阁，该党候选人莫迪成为新一届政府总理，终于实现了人民党重新执政印度的夙愿。纵观印度一个多月大选的全过程，笔者认为有三个方面值得关注。

首先，印度国民参政意识强。这次大选，印度共有 5.5 亿人投票，实际投票率为 66.8%，创历史新高。总体说来，由于印度国民强烈的参政意识，大选最终结果基本上代表了民意所向。这在一个拥有 10 多亿人口的大国，并不是一件容易的事。

其次，经济发展与民生改善是选民的首选。在这次大选中，选民最关心的是经济改革与发展、反腐败和民生改善。印度人民党及其所属联盟与莫迪之所以能够最终走上执政舞台，正是抓住了印度经济发展这个关键。

相比之下，国大党联盟总理候选人拉胡尔·甘地尽管能利用执政之利，甚至冒着财政风险，向选民大量发放各种现金补贴和各种承诺，但这个百年老党已失去了昔日的雄风与活力，家族政治日渐式微。再加上国大党政府近年来的腐败丑闻及经济改革中的不作为，使得大多数选民丧失了信心。

最后，年轻选民是这次大选最有效的砝码。

印度 18—35 岁的年轻人占了近半数，他们基本上受过教育（农村除外），热心政治，对国家的命运与前途更为关注。他们的思想、处境和要求也影响着父母和兄弟姐妹对选举的倾向性选择。因此，可以说，谁抓住了年轻人的心，谁就能赢得大选。印度人民党联盟与莫迪的竞选口号抓住了年轻选民的心，莫迪的激情、自信又与年轻选民产生了共鸣。不过，鉴于印度社会的状况及特点，如果印度人民党政府不能实现竞选时的诺言，年轻选民依然会将其赶下台。1996 年，人民党执政 13 天就下台的命运还殷鉴不远。

由于印度国情复杂多变，印度人民党及莫迪未来的执政道路并不平坦，主要有四大挑战：

一是在经济方面，国大党联盟政府留下两大难题：经济的低增长与巨大的财政

---

* 原载于《解放日报》2014 年 5 月 17 日。

赤字。印度人民党联合政府与莫迪总理必须要在经济改革中寻找出路，而这相当艰难。前总理辛格作为经济改革大师，在推行国大党政府第二次经济改革中充满无奈，且最终败北，这足以证明经济改革的艰难。莫迪虽有在古吉拉特邦发展经济的经验与成就，但是一个邦的经验如何能适应全国和向全印度推广，这需要莫迪与印度人民党联盟政府有更大的勇气、智慧与才干。

二是反腐与社会维稳。腐败是印度的顽疾，印度人民党此番高举反腐大旗在选举中深得人心。不过，将来如何采取有效的措施根除腐败，其阻力相当巨大。印度司法不力也常见于报端，接二连三的强奸案激起民愤。对新政府来说，如何有效运用法律手段阻止犯罪率上升也是难题。

三是通货膨胀与就业。近几年，印度的通胀压力加大，而年轻人的就业率在下降，如何解决通胀与就业之间的矛盾一直困扰执政者。经济学家开出的药方就是吸引外资，加强基础设施建设。但事实是，印度在保护民族经济及国家安全的心态驱使下，外资顺利进入遇到巨大麻烦与阻力。为此，印度人民党与莫迪总理需要使出妙招，真正克服引进外资的瓶颈与不利因素，同时又能克服通胀压力，以适应印度经济再次快速增长的需求。

四是如何创建和谐的国际周边环境。印度是南亚大国，也是亚洲大国，更是一个发展中大国。经济要发展，社会要安定，人民要过幸福的生活，都需要创建和谐的周边环境。未来，在与邻国解决领土纠纷、贸易摩擦等问题时，需要印度人民党及莫迪总理站在更高的政治高度，发挥印度文化优势，开启智慧眼光和创造性思维。

印度为何选择莫迪*

2014年印度大选尘埃落定，印度人民党以绝对优势胜选。印度人民党民主联盟的总理候选人莫迪也一时名声大振，成了印度人追捧的政治明星。印度为何选择了莫迪？

笔者认为，所谓“时势造英雄”，莫迪就是印度人民期望的冲破印度经济二次改革困境的关键人物。

20世纪80年代末90年代初，印度经济跌入立国以来最为艰难的境地。印度政府不得不动用飞机，把国库的黄金运往伦敦黄金市场换取外汇，以填补国际收支的缺口。时任国大党政府财政部长的辛格对印度经济进行了大刀阔斧的第一次改革，使印度经济有了20年的高增长期。如今，印度经济发展改革又进入了低增长的怪圈，已任总理的辛格又出手对印度经济进行第二次改革，却阻力重重。印度经济究竟向何处去？能否再现奇迹？人们期待着……而莫迪——这位有着古吉拉特邦经济发展经验的新总理，似乎使印度人看到了希望。诚然，莫迪将如何发挥才智，把一个治邦的经验向全印度推广，对他的压力和考验也将是空前的。

莫迪具备哪些当总理的条件？这是目前印度国内最热门的话题。印度舆论认为有3个方面：一是莫迪出身寒门，是茶农之子。他的生平经历使他最能体会生活的艰辛，也最了解经济发展对提高百姓生活和印度国力的作用。为此，他渴望印度经济发展，出于一种本能的原动力，非常人可比。当印度大选揭晓，他成为新一届政府总理时，他的“印度赢了，好日子来了”一句话即刻传遍了全印度。

二是莫迪是个地道的印度教徒，他对印度教文化的精神内核的悟性是彻底的。印度教的行为之道是这么写的：“他做了许多工作，他完全没有业，不要希望什么控制着自己的心，出离了贪求，只用身体去工作，他就不沾罪垢。”传闻莫迪是个工作狂，据说他一天只睡3个小时，除了做瑜伽就是工作……

三是还没听说莫迪有什么腐败等丑闻。而莫迪的自信和激情又使他变得强硬，但强硬中有理性，他在中印关系的边界问题上持强硬态度，却又主张稳定发展中印

---

* 原载于《解放日报》2014年5月25日。

关系，向中国学习经济发展的经验。实际上，莫迪是个尊重事实的彻底的实用主义者，印度需要这样的人当总理。

“莫迪时代来了”，这是当下印度流行的一句话，尽管这句话还要经过事实的验证。印度是个文明古国，有着悠久的历史和灿烂的文化。但是，它更是个发展中大国，它错过了工业革命发展经济和技术的最佳时期，它落后了。进入21世纪后，印度本应快速发展的经济停顿下来，渐渐地使大多数印度人悟出了一个道理：带有封建家族色彩的国大党政府已显得力不从心，印度需要重新选择新人。莫迪有缺点，但他的出现顺应了历史发展的要求。国大党的总理候选人拉胡尔没有坐上总理座位，而草根出身的莫迪得到了各阶层大部分选民的认可，这是民心所向。印度迎来了“莫迪时代”，历史也把重任压在了莫迪的身上……

印日战略利益有交集也有差异*

美国自推行“亚太再平衡”战略以来，一直希望与印日两国联手，一起遏制中国的迅速崛起。此次莫迪首访日本，两国就加深经济和安保等领域合作达成一致。对此，有舆论认为，印日各取所需，两国“特别战略全球合作伙伴关系”已经形成，而美国更是乐见其成。然而，笔者认为，事情并不那么简单，原因有三：

首先，印度的经济要止跌回升，并继续走上高速发展的道路，加强基础设施建设是重中之重，莫迪兑现大选时承诺发展高铁是当务之急。此次安倍全力支持莫迪把印度引入高铁时代，不但给金钱、送技术，还要把京都到东京的新干线复制在印度孟买至古吉拉特邦首府的铁路线上。可是也有舆论担忧，印度接受得了日本高昂的造价吗？日本的高铁技术能否适应印度的地理环境和国情需求？

其次，莫迪要提升国防力量，尽管US—2水陆两用飞机价格昂贵，但安倍为示好印度，表示可用政府开发援助（ODA）资金的援助方式支付。同时，莫迪与安倍又签下了印度洋共同防卫等协议。印度增强印度洋的防卫力量，与安倍巡视南海、保护印度洋贸易通道的战略需求相一致，似乎安倍已经为日本舰队在印度洋找到了栖身之地。不过，从更深的层面研究，莫迪与安倍在南海、印度洋战略上的侧重点和根本点有所不同，双方能否在南海与印度洋上找到长期合作的利益交汇点，尚需拭目以待。

第三，有舆论认为：“莫迪与安倍都是纯粹的民族主义者，他们的关系很好，更容易走到一起。印日在经济和安保等领域合作达成一致，将令两国走得更近，由此看出，印日企图联合遏制中国的图谋已经显现。”笔者认为，这一观点并不尽然。印日在现阶段的确有利益交汇点，但也隐藏着难以趋同的矛盾和问题。且不说莫迪与安倍所处的文化教育背景和环境完全不同，他俩的价值观、哲学理念、执政方式与目的也是不同的。莫迪就是莫迪，他是印度人的莫迪，他不会轻易改变自己的初衷、信仰与追求……

况且，21世纪和平、稳定与发展仍是时代不可逆转的主流。中印都清楚地知

---

* 原载于《解放日报》2014年9月3日。

晓，“龙”、“象”唯有真诚合作才能共赢，也有利于世界的和平与稳定。目前，中印之间虽有矛盾和问题（如边界问题）尚未解决，但只要两国共同努力，相信双方有智慧和才能，最终公正、公平、合理地解决相关问题。

"新丝绸之路"从友谊与合作出发*

2014年9月14日，当习近平主席在马累机场下飞机时，马尔代夫欢迎的人群手举的标语牌上写着"海上丝绸之路，全亚洲的梦想"。

自古以来，中国与世界各国有着紧密的经济贸易联系。古老的中国还曾"走出去"与世界各国发展经贸关系，丝绸是中国的主打产品，丝绸之路就因此而得名。

古丝绸之路具有三大特点：一是古代中国与世界各国的经济贸易往来是非暴力的，它不像西方工业文明的经贸往来是建立在掠夺、血腥和强取豪夺上。二是中国主动"走出去"与世界各国进行贸易往来，每到一个地方，都给所在地的国家带去中国先进的制造技术和产品，如丝绸、陶瓷、茶叶、制糖和中国的四大发明。三是通过丝绸之路的经济贸易往来，中国文化也受益匪浅。域外先进的文学艺术、医学、天文地理、数学、音乐舞蹈等对中国有着极大推动，使中国的文化变得更加丰富多彩。

中国的古代丝绸之路有3条：一条是敦煌丝绸之路，它从中国的陕西、甘肃，经新疆至中亚和欧洲地区；另一条是南方丝绸之路（亦称博南古道），它以四川的雅安为起点，经贵州、云南到达缅甸及东南亚各国；而海上丝绸之路则从中国的东南沿海各省的港口城市出发，经中国南海，过马六甲海峡，到达印度洋沿岸港口城市，斯里兰卡和马尔代夫是这条海上丝绸之路的关键站点，最终到达非洲的好望角。

"新丝绸之路"已成为中国当今对外经济贸易的国家战略，以实现与丝绸之路所在国经贸关系的快速提升与发展。合作共赢、共同发展是"新丝绸之路"战略的最终目的。

"新丝绸之路"也有3条：一条是丝绸之路经济带，它包括中国的西北部地区与蒙古、中亚各国、伊朗、巴基斯坦，最后到达中东与欧洲地区。另一条是孟中印缅经济带，其中包括中国的西南地区各省，最后到达东南亚及南亚各国。第三条是21世纪海上丝绸之路，以中国东南沿海各大城市为起点，经中国南海，过马六甲海峡、印度洋至非洲各国的沿海城市。斯里兰卡和马尔代夫这两个印度洋上的国家，成为

---

* 原载于《解放日报》2014年9月18日。

连接太平洋、印度洋和大西洋的重要贸易港口的集散地。

中国建设“新丝绸之路”的原则是：共同合作，互利共赢，共同繁荣。“新丝绸之路”除了经济贸易往来，还包括文化交流与合作。友谊与合作是中国“新丝绸之路”建设的首要目的与基本点。

目前“21世纪海上丝绸之路”处于初始阶段，还面临不少挑战，需要各国真诚合作，共同解决。就习近平主席访问的马尔代夫而言，其港口建设、周边的公路交通设施建设、仓储业、集装箱码头等都有待研究规划。发展旅游业所需建造的宾馆、休闲娱乐场所，以及海上的设施也有待调查研究规划，以便逐步落实完善。

习近平主席访问的南亚第二个国家斯里兰卡，虽然目前中国援建的科伦坡港口已经使用，但是深水港的建设显得更加紧迫，机场高速公路虽然已经建成，但是斯里兰卡的公路系统也急需完善。鉴于斯里兰卡作为“21世纪海上丝绸之路”关键节点的重要性、功能及作用，它需要建更深的深水港及集装箱码头，而连接首都科伦坡交通的主干道建设也要提上日程。

习主席南亚行的第三站印度也是“21世纪海上丝绸之路”的关键国家。此次习主席访印，中印将就这一议题进行商讨。

“21世纪海上丝绸之路”的规划研究任务相当繁重，它需要的是时间，有待相关国家共同努力，互相协作。正如习近平主席访问马尔代夫时所说，“齐心协力，同舟共济，巩固传统友谊，深化互利合作，携手实现共同发展”。如此，“海上丝绸之路，全亚洲的梦想”才能变为现实。

第三部分

印度国情与文化研究

印度宗教与社会发展*

印度是个宗教国家，在其10多亿人口中，几乎人人笃信宗教，它有着世界上几乎所有的宗教教派（印度教、伊斯兰教、基督教、佛教、嗜那教、锡克教、袄教和巴哈伊教，它们都能在印度占有一席之地，有着自己虔诚的教徒。印度教是印度最大的宗教教派，有80%的人信奉印度教。伊斯兰教是印度第二大宗教教派，信奉者占印度总人口的10%左右。锡克教虽属少数派宗教，教徒只占印度总人口的2%左右，但是由于他们大多强悍勇敢、吃苦耐劳，并能忠于职守，因此尽管人数较少，但是在印度近现代历史上仍有着很大的影响和作用。佛教虽起源、发展、繁荣于古印度次大陆地区，但是由于种种原因在印度次大陆地区渐渐消亡了，只是在上世纪三四十年代才有所发展，目前印度的佛教徒仍不足千万人。其余则是基督教、嗜那教、袄教、原始宗教和新教巴哈伊教等）。所以，若要了解印度，首先应该研究印度宗教，印度宗教对社会、政治、经济、文化、军事、科技、教育、医学及天文地理都有着密不可分的联系。宗教已深入到印度社会的每一个角落、每一个人的灵魂，印度人一生的各个方面都烙上了宗教的印记。不了解印度宗教，我们就难以认识印度、了解印度，也无法看到一个完整的印度、真实的印度、真正的印度。

一、问题的提出

21世纪印度的快速崛起虽令世界刮目相看，然而给人更多的感觉是迷惑、神奇和诧异。这个自誉为世界上最大的民主国家，却依然存在着严格的种姓等级制度、寡妇殉葬和童婚等封建陈陋恶习，宗教政治与宗教政党势力在印度政坛仍占有一席之地，并有着不可小觑的影响力。当印度为自己在信息软件、生物技术、农业绿色革命、核技术和航天工业方面的成就骄傲时，它却又是世界上文盲最多的国家之一，

* 原载于《当代印度宗教研究》，上海外语教育出版社1998年版，第17—21页（作者此次发表有增加内容）。

成人的识字率仅在50%左右，贫富差距悬殊，有3亿多人生活在贫困线以下，40%的儿童和60%的母亲营养不良……印度文化的价值取向重精神轻物质，在这种反物质主义的文化传统下，印度却又能与中国同为亚洲乃至世界的经济发动机，每年经济以8%左右的速度增长着。那么，这些骄人业绩的取得与印度宗教有什么关联？宗教与印度社会及生产力的发展又有何因果关系？

为此，英国学者爱德华·卢斯在惊奇、迷惑和感叹之余写道："成千上万的印度人如今依旧生活在贫困中，尽管他们的生活状况在缓慢地改进，但是许多机会仍在白白地流失。于是，我很难抑制住愤怒，无法以平静的心态去记录和评述印度政治、经济和法律体系的运行。同样时至今日，仍然有许多外国人和当地人习惯于从纯精神的视角看待印度，面对这样的现实，也难免会让人沮丧。"①

世界上类似爱德华·卢斯对印度社会所持认识和观点的人不在少数，不过笔者却认为，爱德华·卢斯对印度社会所反映出的种种现象感到迷惑、茫然和诧异的愤怒心情虽是可以理解的，但是如果我们静下心来，从宗教的角度去深入探讨和研究印度宗教与社会发展以及21世纪印度经济崛起的方方面面，再从哲学理念和价值观的高度去分析、研究、品味印度宗教与社会的关系，然后再去认识今天的印度政治、经济、法律、人与社会等各个方面的原由，也许我们就能比较容易地找到较正确的答案。

二、印度人的宗教观念

印度为何是一个宗教国家？印度为何人人笃信宗教？为什么它不但有着世界上三大宗教——佛教、基督教、伊斯兰教，还有着印度特有的印度教及其等级种姓制度？与此同时，在印度这块大地上，为何不但仍存在着古老的原始宗教崇拜，还盛行新兴的现代宗教教派巴哈伊教等，而且信徒人数众多？对此首先我们要认真研究印度人的宗教观念，从而才能领悟印度宗教的变革与社会发展、经济崛起之间关系的真谛。

关于这个问题，王树英先生有过精辟的述论。他认为可以从三个方面解释印度人的宗教观念：一是"宗教是印度人生活的最高理想。他们认为，人的一切活动，最终的目的是宗教职责的积累"。② 所谓的宗教职责，主要指的是追求真理、不杀生、不妄言、不偷盗、苦身修行、禁欲、牺牲等。所以，当印度人评价西方人追求

① ［英］爱德华·卢斯，张淑芸译：《不顾诸神：现代印度的奇怪崛起》，中信出版社2007年版，第1页。

② 王树英：《宗教与印度社会》，人民出版社2009年版，第56页。

物质生活的享受时，他们认为，印度社会之所以不同于西方社会，其根本原因是印度人注重宗教的精神生活，他们有着比西方人更高尚纯洁的理想和精神以及对真理的追求。为此，印度人虽物质生活的享受不如西方人，可他们的精神生活却是丰富多彩的，他们生活得虽困苦甚至有些绝望，但是他们会在追求崇高的精神境界中快乐地生活着。因为他们的一生中无论大事小事，都要以宗教道德与职责的基础为目标。二是“宗教的基础是对一种力的信仰，而这种力量胜过人的力量，但是，只有信仰并不是宗教的全部内容，还有来源于这种信仰的一种神，例如对于那种力量的恐惧或惩罚的害怕，以及对于那种力量的虔诚、尊敬和喜欢，这也是宗教的必要组成部分”。[①] 这就是印度人信仰的神的力量。他们崇拜神、信仰神、畏惧神、寄托神，一切都与神联系在一起，为了得到神的保佑、庇护，而不受到伤害，印度人主张行善做好事，他们还要经常进行祈祷和举办各种崇拜活动和仪式。《摩奴法典》规定了五大祭祀：梵祭、祖祭、神祭、鬼祭和人祭。印度人认为，没有祭祀的生活是毫无意义的，没有祭祀的品行也不是好品行。另外，印度人崇拜的神，有的是无形的，有的是有形的实体，无形的如“梵”，有形的如印度教的三大神——梵天、毗湿奴、湿婆，还有大大小小数不清的神灵，如猴神哈奴曼、雷神等。“总之，对有关这种力量的所有信仰产生的精神和各种活动就称之为宗教。”[②] 三是“在印度人看来，没有宗教就没有生活，而保护宗教的人将得到宗教的保护”。[③] 为此，印度人坚信人从生到死，时时处处与宗教联系在一起，只要按宗教的教义教规待人处事，就能脱离轮回之苦，死后得到解脱与神合一，在天堂无忧无虑地幸福生活。因为在印度教的“吠檀多”哲学与印度教徒的思想意识里，“梵”是神，是宇宙人间的主宰，是印度教最崇拜的神，在印度教三大神之上，它超越时空，无形无踪，法力无边，无所不能，也不为因果所限。宇宙人间的万物也都是由“梵”创造的，全都是“梵”的一部分，都是神的显现，即大我与小我的关系，“梵”是大我，人与宇宙人间的万物是小我，它们全有自己的职责范围。所以，人与万物之间的关系也是平等的，没有高低贵贱之分，人只要尽到自己的职责，按宗教的教义教规办，并与万物相亲相爱，就不会受到惩罚，能达到人生的最高境界——涅槃，这也是人生最高的真理追求。

三、印度宗教的变革与社会发展的关系

马克思的一句名言导出了宗教的本质：“宗教的苦难的表现，又是这个现实苦难

① 王树英：《宗教与印度社会》，人民出版社 2009 年版，第 56 页。

② 同上书，第 56 页。

③ 同上书，第 57 页。

的抗议。宗教是被压迫生灵的叹息，是无情世界的感情，正像它是没有精神的状态和精神一样，宗教是人民的鸦片。”① 不过，这是马克思从宗教对社会发展的危害性方面研究所得出的结论。的确，印度次大陆各族人民在进入阶段社会之后，由于剥削阶段的压迫，广大劳动人民的生活日益贫困，再加上印度次大陆历史上屡遭外族入侵，朝代更迭频繁，使劳动人民生活在水深火热之中……另外，更值得关注的是，当时印度次大陆上的土邦王公为了各自的利益，一边驱使劳动人民与外族对抗，一边又加重对他们的剥削，使广大穷苦百姓的生活变得更加痛苦不堪，看不到曙光的到来。统治阶级为了防止人民反抗，便大肆利用宗教来麻痹人民的斗志，使其甘心忍受苦难生活的煎熬，任意受他们的驱使，做他们的驯服工具，进而使其认为人生的祸福命运皆由神的意志决定，无法去真正认识苦难生活的阶级根源。久而久之，印度次大陆上的穷苦百姓逐渐形成了“世事如浮云，变幻无常，人生如梦，四大皆空”的思想，使他们更加寄希望于神灵的保佑，以便今生和来世有一个好的命运，最终求得人生的解脱——涅槃。这也是他们追求的人生最高的精神境界。所以，大多数的宗教教义都向自己的教徒努力灌输宿命论、生死轮回、因果报应、逆来顺受的思想，宗教确实像鸦片一样毒害着人民的心灵……

但是，如果我们从历史唯物主义的观点出发，冷静地实事求是地去分析研究印度宗教与社会变革和发展的关系，也许不难看到这么一个历史事实：印度宗教的每一次矛盾、冲突和变革，其最终结果都成了推动印度社会向前发展的动力。纵观印度宗教的发展历史，其每一次变革往往与社会的进步和发展紧密相连，这也许是印度历史文化发展的又一个特殊之处。

印度宗教与社会发展的关系大致可以分成四个阶段：

（一）婆罗门教的创立及衰亡和佛教的兴起与社会的进步

印度次大陆上最古老的原始宗教为吠陀教。吠陀教主要信仰自然神，如太阳神、雷电神和风神等。公元前7世纪，由于生产力的不断发展和社会分工的出现，吠陀教又演变为婆罗门教，婆罗门教信仰多神，奉梵天、毗湿奴和湿婆为三大主神，分别代表创造、保护和毁灭。婆罗门教主张吠陀天启、祭祀万能、婆罗门至上三大纲领，并主张善恶有因果、人生有轮回之说。婆罗门教的种姓制度就是在这个时期形成的。它把人分为高低四等：婆罗门为第一种姓，地位最高，从事文化教育的祭祀；刹帝利为第二种姓，地位次之，从事国家管理和打仗，为武士阶层；吠舍为第三种姓，普通平民百姓，主要从事商业；首陀罗为第四种姓，下层贫民，主要是务农和手工业劳动者。另外，还有地位最低的不可接触者“贱民”。据《摩奴法典》认为，

① 马克思：《黑格尔法哲学批判》，马克思恩格斯全集，人民出版社1956年版，第453页。

"把人分为四个不同的等级是神的意志，凡人是无法变更的……"[1] 所以，种姓是世袭的，任何人都不可更改。婆罗门教的创立和发展，把印度次大陆从原始社会推入了有阶级的奴隶社会。正是婆罗门教僵化不变的种姓制度以及婆罗门至上的神权思想，制约了印度社会生产力的发展，也激起了低种姓教徒的激烈反抗，特别是首陀罗和"贱民"阶层的反抗尤为突出和惨烈，他们对婆罗门的暴行忍无可忍，不是起来抗争搏斗，就是逃离家乡。可是，不劳而获的婆罗门并未因此收敛，反而变本加厉地进行了更加残酷的宗教镇压政策，致使整个印度次大陆战火不断，民不聊生……正在这时，佛教针对婆罗门教的教义提出了消灭种姓制度，主张人人平等。佛教的"五蕴"、"十二因缘"和"四谛"，以及倡导因果报应和修行解脱的思想理论，得到了包括刹帝利和吠舍种姓在内的广大印度教徒的响应，尤其是低种姓的首陀罗和"贱民"，他们对佛教表示出由衷的欢迎，纷纷脱离婆罗门教加入了佛教队伍。

由此，佛教逐渐成为印度次大陆上人数最多的宗教教派，也被当时的封建统治者定为国教，婆罗门教也随之衰弱，变成一个名存实亡的地方小教派。历史证明，正是佛教的兴盛促进了当时印度社会政治、经济和文化的进步、发展和繁荣。最能说明问题的是摩揭陀国，由于它采纳了佛教的主张，信奉佛教，以反对婆罗门教摄取民心，整军经武，最后在公元4世纪统一了北印度，建立了印度次大陆历史上第一个大帝国——孔雀王朝。孔雀王朝的建立，基本上结束了印度列国纷争的局面，社会稳定，使久经战火动乱的人民能安居乐业，经济也因此得到迅速的发展。孔雀王朝阿育王时期是印度次大陆上佛教最为兴盛的时期，也是至今印度乐于称道的经济和文化最为繁荣发达的时期。也就是在这一时期，佛教开始走出国门，在世界各地传播，特别是中国和亚太地区，到处可以看到佛教的寺庙和穿袈裟的僧侣。毫无疑问，佛教的传播也促进了这些国家和地区的政治、经济和文化的进步、发展和繁荣。

（二）佛教的衰亡和印度教的兴起及社会的发展

佛教在印度次大陆兴盛达1000余年，可它最终还是被印度教取代了。在很长的一个历史时期里，印度次大陆上无法找到佛教徒四处行走的踪迹，只是在印度独立期间，在佛教复兴活动家安培德卡尔的努力下，在圣雄甘地和尼赫鲁的支持下，佛教在印度才得以复兴。尼赫鲁认为，印度是个佛教国家，佛教教义崇尚和平，向世界宣扬佛教的和平主义是每一个佛子的应有责任。印度政府为了提高佛教的地位，立国时决定采用阿育王敕柱的四面狮头柱头为国徽图。不过时至今日，印度佛教徒

---

① 《摩奴法典》，第一卷，第31页。

的人数也不过千万。而在佛教的发祥地尼泊尔，其国教不是佛教而是印度教，佛教在尼泊尔也是少数派宗教，这确是令人费解和迷惑的一个问题。

佛教在印度次大陆衰亡到如此地步，究其原因有以下几个方面：

首先，佛教自身的衰败。佛教在印度次大陆经历了全盛时期后，寺院变成了既得利益的中心，教规开始松弛，巫术迷信、繁琐的宗教崇拜仪式也开始在民众中传播盛行。这原本是佛教反对婆罗门教的一个主要方面，而佛教的大众化与教徒的不劳而获，又阻碍了印度次大陆经济进一步发展的步伐。因为佛教认为，人要摆脱生死轮回之苦，首要的是消除“业”因，“业”是轮回之因，以至人死后不能归真，要消除“业”因，只有不劳作出世一法，才能最终得到解脱——涅槃。所以，当时在印度次大陆上的佛教徒中，那种“不恭名利、敞履公乡、蔑视富贵、远离盛世”的观点盛行，并逐渐形成一种超脱精神。正是这种超脱精神，只强调自我超脱，不履行对社会的奉献；只求社会施舍，不求自己的劳作，久而久之，对社会生产力产生了极大的破坏性，最终被社会拒绝。与此同时，佛教又不太注重加深对宗教教义理论的传播研究，未能满足一部分学者对高深宗教理论的需求。另外，佛教强调苦行和非暴力不杀生，而农夫和猎人在农耕和捕杀动物时却会杀死生灵，这使他们的职业受到人们的蔑视。于是，婆罗门教的改革者利用农夫与猎人的地位低下向佛教发起攻击。此外，阿育王后期放弃宽容政策，唯佛独尊，也导致佛教和其他宗教派别的矛盾不断恶化。由此，阿育王后期经济和文化的发展不尽人意。阿育王死后，孔雀王朝开始瓦解，印度次大陆再次进入百家争鸣、百花争艳的时代。

其次，婆罗门教是从吠陀教发展而成的。古吠陀教经典著作又与吠陀文化紧密相连，印度次大陆人民的传统思想意识与习俗脱离不了古吠陀文化的影响，所以说植根于印度古吠陀传统文化的婆罗门教虽消却未亡。婆罗门教的改革者通过对婆罗门教教义的改革，在佛教势力相对薄弱的婆罗门教的原发地开始复兴。正在这个时候，印度伟大的哲学家商羯罗在看到佛教种种衰败的迹象后，在继承印度传统文化的基础上，开始创立革新印度教。他把佛教合理的部分与传统的印度文化和婆罗门教义糅合在一起，创立了印度教教义。所以，印度教教义和佛教很相似，又与婆罗门教教义有共同之处，既合乎佛教的情理，又迎合了复兴的婆罗门教的要求。从此，印度教开始为广大人民所接受，兴盛起来，而佛教却从此走向衰亡。

第三，就佛教本身而言，它也是从吠陀文化的基础上发展起来的，其哲学思想与印度教的“吠檀多”理论是相通的。如大乘佛教的体系与婆罗门体系非常相似，对于大乘佛教来说，只要能保持其伦理背景，其愿意与任何事物妥协。所以，当印度教吸收佛教和婆罗门教的某些教义而得以创立时，大乘佛教教派并没有与其产生激烈的矛盾冲突。另外，就印度教而言，它不但吸收了佛教和婆罗门教的某些教义，同时基于旨那教和众多民间信仰发展而成，它几乎容纳了印度次大陆上所有的宗教形式和类型。美国学者L. M. 霍普夫写道："人们可能会发现，印度教中已经孕育着或者已产生了几乎任何的宗教形式和类型。它可能是最宽容的宗教，从最原始的万物有灵论到最为高级复杂的哲学体系都可以被它所包容。可以毫不夸张地说，印度教以这宏大的宽容态度承认了八百万个大大小小的神和它的寺庙以及祭司。因为，对印度教来说，在宗教观点方面实际上是无限的。"①

总之，印度教的集大成者商羯罗，这个"吠檀多"哲学家，顺应历史潮流，迎合印度次大陆传统文化，以一个政治家少有的气派和胆略，在吸收了佛教、耆那教教义合理的内核，沿袭了婆罗门教的主要教义和理论，在个人精神"我"和宇宙精神"梵"是同一不二的"不二论"哲学的基础上，创立了印度教。此举不但稳定了印度次大陆社会的局面，同时也推动了印度次大陆的变革与经济的复兴和文化的发展繁荣，可谓功不可没。

（三）伊斯兰教的传播与印度社会伊斯兰文化的兴盛

伊斯兰教在进入印度次大陆初期，穆斯林的主要目的是掠夺印度教社会巨大的财富，他们以血与火和剑，为在印度次大陆实现伊斯兰化采取了极为残忍的高压宗教政策，给当时的印度社会及印度教徒带来了难以忘怀的沉重灾祸。但是，随着莫卧儿王朝的建立，以及伊斯兰文化与印度教文化的不断交流和融合，伊斯兰文化对印度社会的进步与繁荣所做的贡献也是有目共睹的。尤其在莫卧儿王朝的阿克巴大帝期间，它也是印度次大陆历史上最值得骄傲的经济富足、社会稳定和文化繁荣时期，阿克巴大帝采取了与印度教缓和的宗教政策，主张穆斯林与印度教徒共同为发展经济及繁荣文化合作努力，他的政策主要表现在以下3个方面：

首先，充分尊重印度教及印度传统文化的存在。印度教的宗教领袖地位获得莫卧儿王朝的尊重，并把其中有名望、有才能的宗教领袖请进莫卧儿王朝做官，与穆斯林共同管理这个国家。

其次，善待印度教徒，放弃歧视印度教徒的宗教高压政策，取消和减少原本强加在印度教徒头上的某些税收，如香客税和人头税等，基本上做到了穆斯林与印度教徒一视同仁。

第三，伊斯兰教进入印度次大陆后，莫卧儿王朝的统治者仰慕印度传统文化的伟大成就和辉煌业绩，诚恳地推出了鼓励穆斯林向印度文化学习的政策与措施，使得伊斯兰文化与印度传统文化有一个相对稳定的、适宜互相交流融合的时间和空间，由此产生了印度历史上光彩夺目的印度伊斯兰文化。如今印度伊斯兰文化已成为印度文化大家庭中一支绚丽多姿的花朵，在文学、艺术、建筑和绘画雕刻等方面都取

---

① L. M. 霍普夫著，张元纲译：《世界宗教》，世界知识出版社1991年版，第63页。

得了巨大成就，令世界惊叹瞩目。如世界七大奇观之一的泰姬陵、阿格拉和德里红堡皇宫等，处处体现出伊斯兰文化与印度教文化在建筑艺术上完善结合的神韵。

总之，所有这些成就的取得，与莫卧儿王朝的伊斯兰统治者清醒地认识到印度历史文化的悠久与辉煌是分不开的。历史证实了，印度伊斯兰文化的成就得益于统治者为它创造了一个互相交流融合发展的和谐环境。历史也再一次证实了，奥朗则布执掌莫卧儿王朝的权力之后，反其道而行之，执意要在印度次大陆实现伊斯兰化，恢复了歧视非伊斯兰教徒的经济制裁政策，结果又激起了印度教徒和非穆斯林的愤怒与反抗，莫卧儿王朝也因此走向衰落，最终成为英国的殖民地。

(四) 基督教与印度教的改革运动

1498年葡萄牙人登上印度次大陆，基督教开始在印度次大陆传播。葡萄牙人和英国人都深知要征服这块富裕土地上的人民，除了使用武力之外，更要善用宗教进行渗透，只有精神心灵上的征服，才能使他们成为可任意驱使的驯服工具。于是，葡萄牙人和英国人都极力鼓励基督教传教士到印度次大陆传经布道，并且殖民政府还通过法规，凡印度教徒改宗基督教者，可与基督教徒享有同样的继承权。同时，英国殖民者还通过开办学校、医院等慈善事业来感化印度教的低种姓教徒。印度教不平等的种姓制度，促使大批大批的低种姓教徒加入基督教队伍。这使得忠实的印度教徒感到危机已经来临，他们认为只有改革印度教，把西方的理性、平等和博爱引进印度教的神学体系，丰富印度教“吠檀多”的“梵”、“我”哲学，才能进一步增强教徒对印度教教义理论和思想的认同感、自豪感和责任感，使印度教适合时代的需要，跟上世界的潮流，这样印度才有希望，民族才能进步。

印度教的宗教改革运动始于20世纪初的加尔各答。受西方资产阶级思想影响的印度教知识分子组织了改革印度教的梵社和圣社，提出反对种姓对立和偶像崇拜，取消印度教繁琐的清规戒律，以及殉葬、童婚和多妻制度；否定印度教教义中的因果报应、生死轮回和灵魂不死的宗教腐朽思想，主张男女平等、宗教平等。圣社还专门提出了“印度是印度人的”口号，积极维护印度的民族文化传统，反对西方殖民主义的文化侵略，以增强印度民族的文化自豪感。

梵社和圣社对印度教进行的一系列改革，虽然还是处于初级和不彻底的阶段，但却受到了大多数印度教低种姓教徒及有“印度心”的知识分子的欢迎和支持。后来印度教的改革运动又继续向深入方向发展，改革运动中涌现出来的新毗湿奴派等认为，真正的宗教改革必须导源于印度教的传统，西方的哲学思想只能帮助重新发现印度教价值的理想工具，于是提出了“爱已、爱家庭、爱祖国、爱人类”的口号，具有强烈的反对英国殖民者统治的倾向。

如果我们实事求是地总结发生于20世纪初印度出现的印度教改革运动的作用和

影响，不得不说这次改革运动一方面传播了西方的资产阶级民主思想，对印度教存在的愚昧陈腐的封建思想和习俗带来了激烈的冲击和挑战，促进了印度社会的改革，解放了人民的思想，为印度资本主义经济的发展准备了有利的条件；另一方面，它对激发印度人民的民主主义觉悟和爱国主义热情，反对英国殖民者的残酷统治和剥削压迫，为争取国家和民族的独立和解放做了思想上的前期准备。可以说，如果没有这一时期的印度教的宗教改革运动，圣雄甘地领导的争取国家和民族独立自由的非暴力不合作运动就不可能得到广大民众的响应，印度的独立将会推迟。

四、印度宗教与21世纪经济崛起的关系

印度总理曼莫汉·辛格撰文说："我认为，我们已经越过了许多障碍，但仍有许多障碍要跨越。印度是一个具有很大潜力的国家，我们只挖掘了表面的一些潜力。现在，我看我们的问题：我们的体制不珍惜时间，这是印度体制中一个让我很担忧的毛病。"[①] 实际上，辛格总理把印度人不珍惜时间归罪于体制，也许他有难言之隐。笔者认为，印度人不珍惜时间这一毛病的养成，最主要还是与宗教的某些教义理论与观点相关联。由此，研究印度宗教与21世纪经济崛起之间的关系，就显得重要而不可或缺了。这对于我们更深刻地认识印度、了解印度、展望印度是很有帮助的。笔者认为印度宗教与21世纪经济崛起的关系主要表现在以下三个方面：

（一）印度教与伊斯兰教的宿仇新恨难消，成为阻碍印度经济快速崛起的主要障碍之一

伊斯兰教的穆斯林军队自公元991年打通进入印度次大陆旁遮普地区的通道后，伊斯兰教便开始大举进入印度次大陆地区，穆斯林军队经过500年的征战，于1524年创建了莫卧儿王朝。莫卧儿王朝的统治者最初为了达到永久统治印度次大陆的目的，大肆使用武力推行其高压宗教政策，使印度伊斯兰化。他们为了达到目的往往粗暴地拆毁印度教庙宇，焚烧印度教神像，疯狂地屠杀敢于反抗的印度教徒，并在拆毁焚烧的印度教庙宇旧址上修建穆斯林清真寺。在莫卧儿王朝宗教政策的高压下，印度大部分地区印度教徒的政治权利被剥夺殆尽，他们经历着宗教高压下的巨大考验。伊斯兰教的统治者只允许印度教徒谦卑和服从，否则就将大难临头，甚至遭至灭门之祸。

---

① Manmohan Singh, "Our system doesn't value time and that's one weakness that worries me a great deal", *The Indian Express*, December 1, 2007.

印度教徒长年激烈的反抗，迫使莫卧儿王朝的统治者认识到用剑和火是无法把印度教徒的反抗镇压下去的，他们不得不缓和对印度教的高压政策，以达到永久统治印度次大陆的目的。阿克巴大帝是莫卧儿王朝期间最为英明、智慧、伟大的君王，他在总结了前辈君王的经验教训之后，毅然制定了“攻心为上，以文治本”的与印度教缓和的方针路线，以最后达到实行与印度教徒共同治理印度次大陆的目的。如前所述，他采取了一系列与印度教徒和好的政策与措施，如免去印度教的人头税和巡礼税，尊重印度教的宗教领袖，并请他们到王朝做官，地方上也开始任印度教徒为官，并且对凡改宗伊斯兰教的印度教徒给予优厚的待遇和重用等等。可是好景不长，阿克巴大帝死后，他的子孙们没有遵照其遗训继续治理这个国家，而是故态复萌，重新起用在印度次大陆伊斯兰化的宗教高压政策，印度教与伊斯兰教的矛盾又重新激化起来，最终不但导致英国殖民者成了印度次大陆的主人，而且使印度教徒和穆斯林久存的矛盾与问题进一步激化加深。

英国殖民者统治印度次大陆期间，利用印度教与伊斯兰教昔日的仇恨进行挑拨离间，并实行起用印度教徒歧视穆斯林的政策，使二者关系更加恶化，宿仇加新恨，最后不得不以宗教进行分而治之。穆斯林主要居住区为巴基斯坦，印度教徒主要居住区为印度。令人悲伤的是，在印度和巴基斯坦立国之初的日子里，双方在宗教性的复仇大屠杀中死去的人数达59万多人，120多万人无家可归，而死于民族大迁移的人数更是难以估计，至于财产损失更是无法用数字来表达……这样反而又进一步增加了两国间印度教徒与穆斯林之间的仇恨与矛盾。

印巴两国分别以宗教立国之后，据统计目前在印度国内仍有约1亿人口的穆斯林散居在各个地区，占印度总人口的10%左右。尽管印度独立后，历届政府都强调宗教间的平等和团结，反对歧视和仇恨，但是印度国内印度教徒和穆斯林之间的矛盾与流血冲突时续不断，从来没有停止过。有克什米尔争端导致的宗教流血冲突，也有为各自宗教利益所发生的争斗，不但造成大量生命财产的损失，也大大造成财力物力的损失，阻碍着印度经济的发展。不说印巴为克什米尔争端所付出的人力、财力和物力方面的牺牲和损失的数字，单1992年12月6日在印度北方巴布里小镇上发生的寺庙之争就足以证明，印度的印度教徒和穆斯林之间的流血与冲突，对印度经济的发展、社会的稳定产生的影响是多么地巨大，其后果又是多么地触目惊心。据目击者说，12月6日那一天，几十万狂热的印度教徒在5个小时内，把一座有着464年历史的清真寺化为一片废墟，随后导致全印度印度教徒与穆斯林的流血冲突，整个社会几乎完全停顿下来，商店关门、工厂停产、学校停课……最后在印度军队的直接干预下，这场宗教冲突得以才迅速平息。据不完全统计，直接死于这场宗教冲突的人有1150多人，5000多人受伤，财产损失更是不计其数。最后政府决定，由印度高等法院调查判决寺庙真相，并在同一个地方同时建造一座摩罗庙和清真寺。虽然巴布里寺庙之争暂时得以平息，但是印度教徒和穆斯林之间的仇恨尚未完全消除，近几年发生的火车爆炸与仇杀等事件，人们都无法否认其不是印度教徒与穆斯林之间矛盾与问题的延续。

可以说尽管印度自 20 世纪 90 年代开始经济改革以来好事连连，但是印度教徒与穆斯林之间的宿仇新恨仍似一座活火山，不知什么时候会突然喷发，这对 21 世纪印度经济崛起的潜在危害性无疑是巨大的。

（二）印度教的种姓制度使印度社会丧失了不少生机和活力

把人分为高低不等的歧视性的等级制度，无疑是人类文明发展史上的罪恶。随着人类社会生产力的发展和文明的进步，种姓等级制度基本上在世界其他国家和地区已消失殆尽，可是在今天的印度社会，印度教的种姓等级制度依然顽强地存在着。

虽然印度自 1947 年独立后，历届政府都极力反对印度教种姓制度，尼赫鲁为了平缓教派、种姓和种族之间的斗争，把执行“世俗主义”政策作为国大党政府发展经济、解决贫困、增加就业、稳定社会的立国之策，并专门制定一系列的政策和措施，提高低种姓人的社会地位和经济水平，使一部分人从中受益。但是，种姓之间的矛盾、差别和歧视状况还是没有得到根本性的改变，而国大党的“世俗主义”政策也由于宗教、种姓和种族之间的矛盾交织在一起，无法做到真正的“世俗主义”，反而又助长了 20 世纪 80 年代中期印度教势力的增长和印度教与伊斯兰教间矛盾的加剧，影响着印度社会的稳定和经济的发展。

印度教的种姓制度是世袭的，任何人都不能改动，代代相传。印度独立后在历届政策与措施的帮助与鼓励下，也有一些低种姓的人通过上学、办厂和开店，努力改变着自己的社会地位，有的还当上了总统、教授、专家、政府部长、公司总裁和经理等，这不能不说是印度社会的进步表现。但是屈指算来，这些人在数亿的低种姓人群中只是少数。几千年来，印度人社会地位的高低、职业与经济状况的好坏，大都仍与种姓有关，受种姓的束缚还是很深的。一个人若要为自己改变种姓现状，真是难上加难。尤其在印度农村，种姓歧视更是根深蒂固。

在印度教众多的种姓中，高种姓（婆罗门和刹帝利）只占极少数，大多数为中低下种姓，长年来，由于仍存在种姓歧视和高种姓对低种姓的剥削与压迫现象，高种姓一般生活都比较富有，而低种姓则相当贫困。因此，印度经济虽进行了改革并得到发展，但贫富差距不仅没有缩小反而不断扩大，这使高种姓与低种姓之间的矛盾更为突出，也极容易激化。另外，随着经济的发展与社会民主化意识的增强，低种姓渴求平等和权利的欲望加大，对顺从命运和传统分配方式的安排提出了新的更加激烈的挑战。所有这些往往又与昔日的宗教种姓矛盾联系在一起，在政府无法妥善解决的情况下，也就使得许多地方种姓矛盾和问题越来越多地表现为暴力倾向。而种姓之间的利益和权力与暴力冲突的加剧，对印度社会的稳定与经济发展的影响和危害更是不可小觑。仅在比哈尔邦“种姓之间的集体屠杀事件从1971年报道的第一天起到1999年2月一共发生了59起，有600人被杀”。[①] 随之而起的以种姓为借口的谋杀、绑架、强奸、抢劫等案件开始频繁发生，在印度的广大农村地区表现得尤为突出。另外，由于印度“农村地区人口对土地和资源的压力日益增大，在未来的二三十年中，以土地关系为核心的种姓暴力冲突可能会继续增加”。[②] 这对印度政府借改革开放和经济崛起妥善解决农村与农民问题的愿望无疑是相悖的。可以这么说，印度经济在崛起的过程中，如果农村和农民问题没有得到根本性的改善，印度经济的改革就不可能取得真正的成功。更值得注意的是，自“9·11”事件后印度教的原教旨主义和极端宗教势力有所抬头和发展，利用宗教和种姓报复的爆炸、谋杀与抢劫的事件在印度各地不断发生，这对印度经济的崛起无疑又是一个潜在的危险性极大又拂之不去的主要障碍之一。

总而言之，印度教的种姓制度，现在和将来的很长一个时期里将深深地制约着印度现代社会变革和经济发展，社会的生产力也因此得不到真正充分的解放。印度教种姓制度似一只魔盒，造成了人与人之间的歧视和不团结。正是这种歧视和不团结，造成了印度历史上一次又一次血的教训。

（三）印度宗教教义与观念和时间的关系

生死轮回、因果报应，是印度教的核心教义之一。婆罗门教、佛教和印度教都视它为本教的基本教义。久而久之，人们形成了这么一个普遍的观念：人在轮回中生，人又在轮回中死，生命的长短不能用时间来衡量，时间对于人生来说是无限的，人生就是死，死就是生，生生死死无穷尽。人生最崇高的目标就是求得解脱（涅槃），达到与神合一的最高境界，人这才脱离了生死轮回之苦，在极乐世界过无忧无虑、富足美好的生活。

一般来说，印度宗教认为，要实现人生的最高目标——解脱（涅槃），首先要不作业，“业意为造作，指一切身心活动。分类很多，一般为三业：身业（行动），语业（也称口业、言语），意业（思想活动）……若自性者，应唯一业，所谓语业……”[③] 那就是不劳动、不生产。因为业是轮回之因，作业之人是无法脱离生死轮回的，所以人生唯一最好的办法是“出世”，意思是说常年四处游荡，以乞食为生，在印度这样的人被称为苦行僧，人数有成千上万，无法统计。这对印度人不珍惜时间，不以虚度光阴为耻产生了很大的影响。

---

① Venkitesh Ramakrishnan，“A History of Massacres”，*Frontline*，No. 5，1999.

② 孙培均、华碧云主编：《印度国情和综合国力》，中国城市出版社2001年版，第253页。

③ 任继愈主编：《宗教词典》，上海辞书出版社1981年版，第282页。

另外，印度宗教教义强调，为人要仁慈宽厚，人与人之间要宽容，不要斤斤计较，这当然是对的，也是美好的道德传统。但是，印度人一般都非常注重待人要强调宽容忍让，人与人之间产生的错误行为和言论不太注意批评与教育，而是任其自流，其结果往往会走向反面。在印度，人与人之间的关系一般都是非常友善和睦的，也不常见为一点小事争吵闹事，以至于在单位，对迟到早退和聊天喝茶、工作效率不高等现象都习以为常，你好我好大家好，一般不会有人去对某一个人的迟到早退等不遵守规章制度的错误行为严加指责和批评教育，最多是两手一摊、耸耸肩膀、埋怨了事。所以，天长日久，印度人不注重干实事，而多夸夸其谈的作风也就形成了，这无疑对印度经济的改革与崛起是十分不利的。曼莫汉·辛格是个经济学家，他懂得时间、生产力与经济发展之间的利益关系。故我们对辛格总理为印度人不珍惜时间的毛病如此地担忧，就不难理解了。

(四)“吠檀多”哲学与印度经济的可持续发展

“吠檀多”是印度教的基本教义之一。相传创立人是跋达罗衍那，“其著作《梵经》是此派理论的根本经典。认为世界上除了最高存在的‘梵’之外，不存在其他存在，物质世界及其一切现象都是‘梵的一种’‘幻视’，并认为证悟个体灵魂与最存在的‘梵’的‘合一’是宗教解脱的主要途径”。[①] 从宗教词典的解释来看，“吠檀多”纯属唯心主义宗教哲学范畴，但如果从“吠檀多”哲学在印度的演变及今天印度社会的综合反映来看，它的朴素的唯物主义成分对印度社会的进步与发展是有一定贡献的。同时，它又成了印度文化核心价值体系中重要的一部分。它理性地指出了人类在追求物质利益的同时，应该与自然万物和睦相处，人与自然万物是共存共荣的关系，而不是征服掠夺与无情地索取。“吠檀多”哲学认为，世界最高的主宰是“梵”，它无形无踪，又无处不在，物质世界都是“梵”的显现，其中特别强调“梵”便是“我”，此“我”便是彼“梵”，“梵我一如”的思想。因此，印度舆论都认为，人与自然的关系是平等的，二者之间不是对抗性的，而是互相依存、你中有我、我中有你的“大我”与“小我”的关系，都是“梵”的一部分，所以人与自然应该互相爱护、尊重，互不伤害，只有这样，人与自然才能长期共存共荣。否则，人会遭到自然界的报复惩罚。

在今天印度经济改革和崛起的年代里，人们都认为经济的发展不应以破坏和牺牲自然环境为代价，更不能像西方人那样走先污染后治理的发展经济的道路，经济发展了，环境破坏了，空气污染了，水不能喝了，人也就难以生存下去了。实际上，自然环境的破坏是人无法完全治理和恢复的，这是人在走自我毁灭的道路。

---

① 任继愈主编：《宗教词典》，上海辞书出版社1981年版，第519页。

基于上述理念，一般地说印度人在发展经济时不会人为地破坏环境，更不会为了达到个人的某些目的而明目张胆地去破坏环境，或者毫无节制地向自然界索取。因此从总体来看，印度自20世纪90年代改革开放以来，不顾一切地为了经济的发展而严重人为地破坏生态自然环境的事例基本没有发生过。最典型的一个例子是20世纪80年代中，美国通用电器公司准备在印度建立一个大的火力发电厂，其投资达数亿美元，这对基础设施薄弱落后、电力严重不足、资金又极其匮乏的印度来说是求之不得的。但是，在该项目的论证过程中，涉及到该项目对当地多处生态环境的破坏和当地居住利益照顾不周的现象发生，当地政府和居民最终还是否决了这个项目。他们宁可在缺电的情况下继续生活，也不愿去呼吸污染的空气，喝不洁的水，放弃肥沃的土地和祖传的老屋。不少外国舆论为之惋惜，但大多数印度人却非常平静。他们认为，以破坏牺牲人类赖以生存的自然环境为代价的经济发展的目光是短浅的，这不符合印度人传统的价值观念，是人的贪欲恶性膨胀的结果。

另外，印度有较为健全的议会民主制度，能比较容易地制止人为的单纯经济观点的行为，因此也就能较好地解决印度崛起过程中重复建设的人力、财力和物力的浪费，提高印度资金的利用率和回报率。显然，这有助于印度经济崛起，在良性循环的道路上取得更大的成就。

印度的世俗主义与教派主义*

印度无疑是世界上最具有宗教性的国家，宗教的繁杂与教派之间的矛盾和冲突为世界之最。从来矛与盾总是相伴而生，印度的世俗主义也伴随着宗教的产生发展着，自问世于南亚次大陆以来，世俗主义与教派主义始终是相存相克的一对矛盾体，当世俗主义与教派主义斗争相对稳定减少时，也是世俗主义得以发展的最好时期。不过，印度的世俗主义与教派主义的斗争又不同于世界其他的地区，显得更为异常和激烈，你进我退，我进你退，以此把印度整个社会历史向前推进，这拉锯式的斗争正是印度特有国情的体现。

一、独立后印度的世俗主义与教派主义问题

在世界社会科学界，对世俗主义的理解和定义众说纷纭，有复杂化的趋势。实际上世俗主义是针对宗教而言的，宗教是神圣的，脱离了宗教的神圣，便进入了世俗化的历程，一切不受宗教思想及教义教规的束缚，回归自然，走进社会、民主、平等、和谐和自由，人会感到轻松、自然和愉快。美国学者拉里·席纳尔对世俗主义的解释较为全面，即：世俗化是宗教衰退下，其价值观从出世到入世的变化，宗教与社会分离，其信仰和行为发生了转变，世界回归自然，摆脱了宗教的神秘性，走向了世俗自由、平等、和谐的社会。

当人们在研究印度究竟是个什么样的国家时，都会一致认为其是个宗教国家，而且是个地地道道的宗教国家，人人笃信宗教。但是，印度独立后却坚持走世俗主义道路，不定任何一个宗教为国教。当时以尼赫鲁为代表的新政府认为，昔日印度教派主义之间矛盾斗争惨烈，不但影响了印度各民族的团结，使印度次大陆不得不以宗教立国，分裂成印度和巴基斯坦两国，而且使印度社会长期处于不稳定状况下，

* 原载于《当代印度宗教研究》，上海外语教育出版社 1998 年版，第 80—82 页（作者此次发表有增加内容）。

这将会影响印度独立后社会进步发展和繁荣，而世俗主义提倡的宗教平等与社会和谐宽容精神起到了平缓消除教派之间矛盾斗争的作用，它不但是促进和加强印度民族团结的良方，也是印度立国后走向稳定繁荣的唯一选择。况且，印度也有良好的世俗主义思想观点的基础和传统可加以发扬。所以，他们决心要在印度推行世俗主义道路。

不过，在今天的印度，对印度是否从来就是个世俗主义国家，还是有着很多的争论与观点。关于这个问题印度国内与世界学术界有不少观点值得思考，我国社会科学界也有一些研究人员在注意研究这一问题，如中国社会科学院世界宗教研究所的研究员邱永辉女士，她在其著作《印度的世俗化研究》中有过详细叙述和独到的理解。综合目前印度国内外及我国学术界主要的观点如下：一是持印度自古就是世俗社会观点的人认为，“印度世俗主义历史传统首先表现在对信仰自由的尊重上及其宽容的精神上，《薄伽梵歌》和《梨俱吠陀》都有论述。即：‘人应以最满意的方式自由接近神’，‘真神仅一个，学习者以不同的名字呼之’。阿育王是真正的世俗国王……”持这种观点的人还认为，“虽然印度一直存在着宗教主义，但是独立于教义的观点也同时存在，与宗教并行的道德和伦理，产生了通常所说的世俗观点”等。二是也有人认为，持以上这种观点的人“实际上是混淆了宗教思想本身的变化、宗教思想家的世俗思想与社会的世俗化间的差别，混淆了历史上有世俗意义传统观念与世俗的现代观念的差别”。亦有将宗教的融合现象解释为世俗化，仔细区分“世俗与神圣”，这也是印度宗教文化研究中的难点之一。以至于在印度有人将复兴印度教和建立“印度教国家”的主张称为世俗主义主张，瓦杰帕伊也不例外。实际上“近代以来不仅存在着印度社会的世俗化进程，这个进程在独立以后得到进一步发展，至今仍继续着。但是，由于印度宗教本身的特点和印度社会的变迁复杂性，其世俗化进程也相应地呈现出许多的特点”。[①]

在这里笔者必须着重说明的是，印度的世俗主义是随着宗教的产生和发展而发展的，不同时期世俗主义的含义也不尽相同。印度有着世界上几乎所有的宗教教派，也有着印度特有的宗教派别，教派之间的矛盾与斗争也是前所未有的，在这样特殊的环境里，并行于印度宗教的世俗主义文明，印度次大陆也得以孕育与发展，平等、自由、宽容与尊重的风气逐渐形成发展，尤其是它的宽容精神，与宗教的宽容精神有着质的不同。为此，我们可以毫不怀疑地说，印度的世俗主义是在与教派主义的斗争中发扬光大的，这也是印度独特的国情、文化环境所决定的。

我们不妨翻开印度次大陆的文明发展史。印度自古以来，不但有着佛教、耆那教与婆罗门教和印度教的矛盾与斗争，更有印度教与伊斯兰教的矛盾冲突，这些宗教矛盾斗争的结果都相应地推动了社会的变革和进步。婆罗门教被宽容的佛教所代

---

① 邱永辉、欧东明：《印度的世俗化研究》，巴蜀书社 2003 年版，第 13—19 页。

替，伊斯兰教也在印度世俗文明的影响下，确立了阿克巴大帝时期印度教与伊斯兰教共存共荣的宗教政策，使伊斯兰教的莫卧儿王朝进入全盛时期。在英国殖民主义统治印度次大陆时期，英国殖民者虽然利用了印度教与伊斯兰教历史上的矛盾与问题，有着其长达200年的统治，但是在其统治的后期，印度教与伊斯兰教有着相当长一段时间的和睦共处，这也是印度世俗主义得以发扬光大的时期，特别在18世纪至19世纪上半叶，世俗主义的宽容精神得以发扬。印度教徒与穆斯林同为兄弟，在反英斗争中团结一致，1857年的全印大起义就是二者共同团结抗英的结果。但是，我们也不得不承认，在印度次大陆已逝的历史长河里，尽管其孕育着世俗主义的文明，但宗教的教派斗争却始终异常激烈，世俗主义与教派主义的斗争往往显得软弱无力，最终世俗主义总是退居幕后，世俗文明往往被残酷激烈的教派斗争所淹没。印巴分治的“蒙巴顿方案”的实施，又一次见证了印度教派主义斗争的血腥和残酷。在印巴两国印度教徒与穆斯林的宗教大迁移中，出现了印度次大陆历史上空前规模的大仇杀，在1947年短短的几个月中，有多少城市乡村变为废墟？又有多少印度教徒与穆斯林被这种宗教的仇恨吞没了生命？据目前能查阅到的资料证实，死于这场宗教大仇杀的人数有50多万人，1200万人无家可归，身无分文的难民达1400万人。更为可悲的是，由于这场宗教大仇杀，埋藏在印度教徒与伊斯兰教穆斯林心中仇恨的种子至今还时时影响着印巴两国关系的发展，克什米尔问题、越界恐怖主义问题、印巴边境贸易问题和印度教徒与穆斯林两地探索互访的交通问题，无不有着宗教魔影的作祟。它危害着印巴两国人民的根本利益，影响着他们正常的生产生活，阻碍着印巴两国经济的发展，印度次大陆的世俗主义文明也被教派主义的罪恶所吞噬。

印度独立后，尼赫鲁与其政治精英们深刻地认识到教派主义的危害，他们除了痛斥教派主义的祸害之外，还郑重地作出决定，一定要在印度建立一个世俗主义国家，只有发扬了印度古已有之的世俗主义文明，才能真正更好地把印度建设成为一个社会稳定、人民幸福的繁荣富强的国家。为此，他们坚持政教分离，不把80%的人信奉的印度教定为国教（巴基斯坦认为它是个伊斯兰国家，伊斯兰教自然是全民信仰的宗教——国教）。1950年印度宪法规定，“世俗化”是印度共和国奋斗的主要目标，并及时提出宗教平等，反对印度教的种姓制度，任何公民都享有平等、自由和民主选举的权利，并在就业、教育和任职上均有平等的机会，不受宗教、性别、种姓和出生地的任何影响。

如果概括印度独立之初推行世俗主义路线的特点，主要有三个方面：一是宣扬宗教信仰自由，但是宗教不得干预国家政治，国家要对所有宗教平等对待，不把某种宗教定为国教，这是印度独立建国最基本的决策。尼赫鲁更是认为“要在印度建立一个自由的世俗国家。国家应当保护所有的宗教，但是不亲某个宗教而疏远其他宗教”。[①] 二是在经济利益方面。印度政府给予少数人利益，包括对少数民族、较小的宗教团体、低种姓等弱势群体的利益予以保护与照顾。尼赫鲁常对自己的同僚说：“记住少数人集团利益的得失是我们神圣的信念，如果没有这种信念，那么我们所损害的不仅是国家利益，而且也是我们自己”。[②] 三是主张种姓平等。社会应对各种不同等级的种姓一视同仁，因为种姓制度的存在与政府的世俗主义政策是格格不入的。为此，印度历届政府采取种种政策和措施，给予印度教各不同等级的种姓以平等待遇，不歧视他们，有时还格外地采取措施照顾低种姓人群，并致力于清除国内的教派主义与种姓集团的矛盾与冲突。[③]

但遗憾的是，印度自古至今的历史证明，印度世俗主义与教派主义之争中，教派主义始终占据主导地位，世俗主义的地位与作用远不能适应时代发展的需要。这也许又是由印度特殊的宗教国情所决定的，印度宗教繁杂激烈的血腥纷争根深蒂固，这也决定了印度走世俗主义之路的艰难曲折，每一次世俗主义在与教派主义的斗争中所取得的成就来之不易，可往往不久又被宗教教派主义的大潮所淹没。印度独立60余年来的历史也证实了，世俗主义始终处于不利的地位，其作用的发挥也一直受到教派主义的压制。例如，虽然20世纪50年代初，在尼赫鲁政府的大力倡导下推行世俗主义路线，也制定了不少有利于世俗主义发展的方针、政策和措施，而世俗主义也确实在不太长的10年里有了些进步与发展，可从20世纪60年代开始，教派主义又逐渐露头，教派主义的矛盾冲突与种姓斗争又开始激烈起来，并且更趋激烈。其中，尤为突出的是印度教徒与伊斯兰穆斯林的争斗更加血腥和残酷。据印度资料不完全统计，“1960年印度教徒与伊斯兰教徒的冲突26起，1961年增加到92起，1966年为132起，而1980年达到421起。1977年在宗教冲突中死亡36人，伤1122人（主要是穆斯林）；1978年相应数字分别为110人和1853人；1979年是258人和2296人；1980年是37人和2691人。这些冲突一般发生在穆斯林人数占20%到40%的城镇地区。随着时间的推移，这类冲突也越来越残酷，流血越来越多，在冲突中越来越多地采用各种杀人武器”。[④]

进入20世纪90年代后，印度教徒与穆斯林的流血冲突更加激烈血腥，其中最突出的表现是1992年12月6日的寺庙之争。那天几十万印度教徒涌向北方邦阿约迪亚小镇的巴布里清真寺，狂热的印度教徒把这个有着464年历史的清真寺化为一片废墟。仅死于这场冲突的人数就达1150多人，财产损失更是不计其数。1995年至1996年秋，笔者赴印度进行学术调研，对这场印度独立以来最大规模的印度教徒

---

① 《印度教徒报》1951年7月17日。

② 尼赫鲁：《尼赫鲁讲话集》，第3卷，新德里，1958年。

③ 关于世俗主义特点，参阅了陈峰君主编：《印度社会述论》，中国社会科学出版社1991年版，第357页。

④ 陈峰君主编：《印度社会论述》，中国社会科学出版社1991年版，第357—358页。

与穆斯林的流血冲突进行了深入调查，事件是由是寺还是庙的争议引起的。

众所周知，伊斯兰教进入印度次大陆以后，伊斯兰莫卧儿王朝为了加强对印度的统治，采取了残酷的宗教高压政策，回顾一下北方邦阿约迪亚小镇的巴布里清真寺的建造历史和现状，有助于我们了解印度世俗主义和教派主义的争斗为何竟如此复杂残酷与血腥。伊斯兰莫卧儿王朝于1528年在阿约迪亚建立了巴布里清真寺。据史料记载，当时的穆斯林统治者为了摧毁印度教徒的心理意志，在全印度传播伊斯兰教，他们是在拆毁了的印度教罗摩庙的原址上建造了这座清真寺的。罗摩是古今印度人崇拜的英雄，闻名世界文坛的印度两大史诗之一的《罗摩衍那》写的就是英雄罗摩惩恶扬善、除妖灭怪的故事。今天的印度人无不知晓罗摩这个伟大而神圣的名字，连圣雄甘地临死前还在嘴里念着“罗摩”的名字。在今天的印度教内，崇拜罗摩的罗摩派信徒人数众多，在民间的影响力也非常大。他们认为，人只要对罗摩神表示虔诚，默念他的神名，即可获得解脱。所以，在伊斯兰莫卧儿王朝衰落时期，历史上曾出现过的几次寺庙之争不断加深了印度教徒与穆斯林之间的矛盾。印度独立后，为了防止有关巴布里清真寺问题再次引发伊斯兰教与印度教的矛盾冲突，尼赫鲁政府下令关闭巴布里清真寺30多年。20世纪80年代中期，印度法院判决巴布里清真寺重新向穆斯林开放，于是又重新燃起了印度教徒与穆斯林之间的矛盾摩擦，而且越来越激烈。与此同时，激进的印度教组织世界印度教大会和国民志愿团又四处活动，提出了拆寺建庙的主张，而此时的穆斯林则建立了“巴布里清真寺行动委员会”等组织与之抗衡。

1991年6月11日，印度人民党为了达到自己的政治目的，又利用穆斯林与印度教徒之间仇恨，由该党主席乔希与阿德瓦尼亲率西路印度教徒向巴布里清真寺进发，并鼓动印度教徒拆除巴布里清真寺，为在原址建立罗摩庙而“贡献自我”。虽然这次行动因政府的阻拦没有成功，但是点燃在印度教徒心中的怒火已经熊熊地燃烧起来。再加上在此之前的5月，印度人民党开始在有争议的土地上挖土奠基，开始建造罗摩庙，引起了穆斯林极大的不满与对抗，虽然最后在最高法院的干预下停止，但愤怒的印度教徒已难以抑制住心中早已形成的怒火。

1992年7月，拉奥总理邀请印度教的领袖到新德里商议寺庙之争问题，并且答应3个月内拿出解决的办法。可是3个月后，拉奥政府并未拿出具体解决的办法和措施，这下便得罪了印度人民党及其印度教的基层组织，他们振臂一呼，又一次浩浩荡荡地向巴布里清真寺进发，发誓要捣毁巴布里清真寺……当时在阿约迪亚小镇上有12个连的政府军，直接守卫巴布里清真寺的也有2个连的士兵，此后又一再增兵至2800名。可是，12月6日这一天，印度教已有20多万愤怒的教徒把巴布里清真寺团团围了起来，其中有1200人是经过特别训练的狂热的骨干教徒，他们手拿铁铲、镢头、绳索和印度教神器三叉戟，冲向巴布里清真寺……军警对如此众多的印度教徒无计可施，只得溜之大吉，躲在远处观看事态的发展……据目击者说，巴布里清真寺是在 5 个小时内化为废墟的，12 月 6 日下午 4 时 50 分，狂怒的印度教徒推翻了巴布里清真寺的最后一堵墙……

随即印度全国爆发了独立以来最大规模也最为沉痛的印度教徒与穆斯林的流血冲突。两天之内，12 个邦内发生了严重的宗教骚乱与仇杀，尤其在孟买、班加罗尔、斋普尔、博帕尔、海得拉巴、加尔各答和马德拉斯等大中城市，骚乱及流血冲突更加严重，出现了交通中断、物价上涨、商店关门、股市下跌的混乱局面。与此同时，印度全国各党派指责拉奥政府对教派势力软弱无能，印度国内的穆斯林组织“巴布里清真寺行动委员会”也发出强烈的抗议，印度周边国家的穆斯林（巴基斯坦和孟加拉国）也开始破坏印度教寺庙和追杀印度教徒。

在如此严峻的形势下，拉奥政府下令逮捕印度人民党领导人阿德瓦尼和乔希，世界印度教大会总书记辛加尔也被捕入狱。1992 年 12 月 10 日，印度内政部又发出命令，取缔印度教国民志愿团、世界印度教大会和巴吉郎团等极端主义宗教组织，并且答应由最高法院根据出土文物调查判决有争议的阿约迪亚寺址到底是否原是一座罗摩庙，同时同意在有争议的地方重建清真寺和罗摩庙，并因此而成立了两个基金会分别负责两座寺庙的建筑事宜，这才使印度全国混乱的局面得以控制平息。

那么印度独立以来，越演越烈的印度教徒与穆斯林的流血冲突的真正原因何在呢？笔者认为概括起来主要有 3 个方面：一是印度教派主义势力抬头。印度独立之初的 10 年里，由于尼赫鲁政府极力推行世俗主义路线，较为有效的政策与措施抑制了印度教派主义势力的增长，如梵社、人民同盟和雅利安人社等组织主张推行温和的宗教路线，与穆斯林社团和谐共存。但是，20 世纪 60 年代后，印度的教派主义势力逐渐抬头，其活动日益猖獗，印度教教派主义的极端主义分子极力鼓吹印度教至上，特别是印度教极端主义组织，如国民志愿团、世界印度教大会、巴吉郎团和湿婆军，它们的组织最为严密和活跃。有的组织还有准军事化倾向，其成员服装统一，每天有宗教政治课和军事操练课。它们最终的目标是消灭印度的各小宗教派别，建立神圣的印度教国家，恢复罗摩盛世。这些组织还专门建立出版社、研究所，并有定期出版的杂志刊物发行全国，日报不下 10 种，周报、月刊 50 多种。印度教极端主义组织的激烈言行，如他们鼓吹“在印度斯坦，印度教种族及印度教、印度教文化和印度教语言一起构成了印度教民族。只有赞誉印度教种族和民族，并为达到此目的尽最大努力的人才是真正的民族主义者和爱国主义者。至于非印度教徒，如果他们拒绝放弃与印度教徒的全部不同特点，不完全融化于印度教民族大种姓中，那么印度便没有他们民族生存的余地”，[①] 使印度的穆斯林倍感恐慌，同时又增加了对印度教徒的愤恨和复仇心理。二是印度政府的失误。从“寺庙之争”中可以看出，印度政府的政策与言行，未能及时地把印度教徒与穆斯林的流血冲突消灭在萌芽状

① 陈峰君主编：《印度社会论述》，中国社会科学出版社 1991 年版，第 358 页。

态，印度政府迟疑不决任其发展，以至到了无法收拾的地步。从尼赫鲁之后的印度历届政府看，他们在一定程度上忽视了印度教徒与穆斯林的历史怨仇以及今日存在的矛盾与问题，没有积极主动地不断去消除或者减弱印度教与伊斯兰教久存的矛盾与问题。笔者长期任中印互派访问学者的时间里，曾较深入地走进印度教徒与穆斯林社团，调查询问了他们的生存处境和日常生活状况。与印度教徒相比，穆斯林自印度独立以来生活水平虽有所改善提高，但是普遍地要比印度教徒差一些，其社会地位也比印度教徒低些。虽然，印度历届政府也强调对宗教少数群体进行政策方面的照顾，但是在执行时或多或少地打了些折扣，因为印度中央及邦地方的政府官员中大多为印度教徒，历史上印度教徒与穆斯林之间宿仇新恨，无形之中起着相当大的作用。如在社会福利、经商办厂、教育机会和就业任职等方面都没有很好地执行与印度教徒相等相同的待遇和机会。另外，印度的报刊杂志等宣传机构数十年来在宣传方面往往强化印度教徒而忽视了穆斯林。学校里也只讲印度斯坦族的印地语，基本上不教穆斯林的乌尔都语。更需引起注意的是，印度政府对惩治打击印度教极端主义宗教组织的力度不够，平常的管制也不严，抓而不紧，放任自流，致使这些印度教极端主义组织有恃无恐，大肆进行违法的宗教骚乱活动。更使人无法容忍的是，某些国大党与人民党要员为争取选票，往往利用人数众多的印度教组织，参与他们组织的会议和活动，甚至还有的声言支持他们，助长了印度教徒的教派情绪。三是在印度的穆斯林组织的分离主义倾向。由于历史的积怨与印度教徒的歧视，印度的一些穆斯林组织迎合境外穆斯林组织的号召，强调在印度国内进行独立活动，并鼓吹印度教与伊斯兰教的分离主义观点。全印穆斯林联盟的成立，在某种意义上对加强印度教徒与穆斯林兄弟的团结有时反而起到了相反的作用与影响，他们中有些极端主义分子不时地鼓吹“印度穆斯林是不幸的受苦者，只有‘独立’才是唯一的出路”等，他们奋斗的目标是要把自己的居住地从印度的版图中分离出来。另外，巴基斯坦的一些穆斯林组织对印度境内的有关穆斯林组织从政治、经济、物资和宣传方面极力进行帮助，尤其在印巴克什米尔地区，几乎成了印度穆斯林在全国进行骚乱和恐怖活动的基地。印度在克什米尔问题上曾犯过的历史性错误和拒绝进行公民投票决定克什米尔的命运，已成了印控克什米尔地区的伊斯兰宗教极端主义民兵组进行恐怖活动的借口。这对遏制印度国内其他地区穆斯林组织反印情绪的高涨是不利的，同时也成了印度伊斯兰恐怖主义者行动暴发的最大隐患。

总之，由于南亚次大陆上印度教徒与穆斯林的矛盾与问题根深蒂固，这就更需要印度教徒与穆斯林共同发扬光大“世俗化”精神，双方以宽容与大度，不断消除历史冤仇，平缓矛盾与问题，为了双方的根本利益而握手言和，否则受损害的还是广大印度教徒与穆斯林的利益。与此同时，印巴两国政府应在新的历史条件下，更加积极地发挥创造性智慧，采取大举措，从根本上扫清印度教徒与穆斯林心中的仇恨，切实提高他们的生活水平和社会地位，促使印度教与伊斯兰教永世修好。这并非完全没有可能的幻想，因为南亚次大陆上的印度教徒与穆斯林本是兄弟，你中有我，我中有你，他们不但有着文化上的认同感，有的甚至还有着血缘关系，为何不能“一笑泯恩仇”呢？

二、印度人民党的教派主义与世俗主义之争

上世纪 80 年代末，印度正处于经济改革的前夜，印度国大党政府在经济建设中僵化的政策和措施，致使印度国民经济发展缓慢，人民期望的生活水平提高不快，宗教间的斗争与矛盾也日益激烈起来。更为重要的是尼赫鲁去世后，国大党内部个人专权的现象严重，破坏了国大党的民主形象，况且国大党高层内部争权夺利，四分五裂，致使无法集中更多的精力于经济体制的建设、改革与创新。因此，昔日显赫的尼赫鲁家族的威望也有所下降，而此刻印度国内政局又趋向不稳，党派斗争更加激烈与白热化，印度人民党等众多小党派东山再起，它们联合起来反对国大党，国大党已无法继续一党专政，印度政局进入了多党联合执政的时期。这一时期印度最为明显的政局特点是政局动荡不安，任何一个政党联合政府都难以在印度政坛执政满 4 年。据统计，1989—1999 年的 10 年中，印度一共频繁地更换了 8 届政府，其中 6 届只执政了 1 年左右的时间，1991 年上台的国大党拉奥政府也是在众多小党派的支持下勉强执政的，虽然他们进行了印度经济上大刀阔斧的改革，但是其执政的基础并不牢固，最终也不得不下台成为最大的在野党。1997 年，执政不满 10 个月的高达政府因国大党撤销了对联合阵线的支持，于 1997 年 4 月 11 日辞去总理职务。最后为了避免举行选举，联合阵线和国大党又推荐古杰拉尔担任新政府总理。在短短的 1 年时间里，印度政府的总理之职三易其人，使印度政坛变得更加复杂与动荡不安。

观察家们指出，高达政府的政绩不佳虽成为国大党撤去支持联合阵线的理由，但更为重要的是，国大党责怪高达政府未能兑现遏制“教派势力”、加强“世俗力量”的许诺。那么国大党为何要把遏制“教派势力”、加强“世俗力量”作为支持联合阵线的筹码呢？这与印度的国情和国大党长期以来执行世俗政策有关。

如前所述，印度是个宗教国家，全民信教，而印度教派的繁杂为世界之最。长期教派种姓与种族间的矛盾与冲突不断，给印度社会的发展带来了巨大的灾难。印度独立后，国大党为了平缓教派、种姓与种族之间的斗争，把执行“世俗主义”政策作为发展经济、解决贫困、增加就业、稳定社会的立国之策。但是事实上，国大党执行“世俗主义”政策也矛盾重重。由于宗教、种姓和种族间矛盾交织在一起，无法做到真正的“世俗主义”。有时国大党还要利用宗教、种姓与种族之间的矛盾，为某种政府利益服务。国大党这种执行世俗主义的不彻底性，促进了 20 世纪 80 年

代中期开始的印度教势力的增长。而印度人民党则利用印度教与伊斯兰教的宿仇，制造寺庙之争，从中大捞政治资本，扩大自己的影响，使得印度人民党在这些年的大选中席位猛增，直至1996年大选中一举击败国大党，达到自己组织中央政府的目的。

在印度人民党与国大党的斗争中，印度人民党攻击国大党的"世俗主义"政府是"伪装的世俗主义"，认为它不能代表印度教徒的利益，反而只照顾到了穆斯林、部落民与低种姓的利益，这对印度教徒来说是不公平的。而国大党在执行"世俗主义"政策方面的失误，又使得穆斯林和其他教派及低种姓认为，国大党的世俗政策并未能保护他们的利益。所有这一切成了国大党在1996年大选中遭到惨败的主要因素之一，而印度人民党的势力却大振。为此国大党有切肤之痛。为了达到遏制"教派势力"的目的，国大党采取支持联合阵线组阁的政策，欲借联合阵线之手，达到打击削弱印度教派势力的代表——印度人民党的力量。但是，高达政府的所作所为并未起到遏制"教派势力"、加强"世俗力量"的目的，国大党对此大为不满，决定撤销对联合阵线的支持，以图东山再起，重演历史旧剧。但是，印度今天的政坛并非往昔，国大党虽有光辉的历史，但其力量已不可同日而语。目前印度政坛三足鼎立已成定局，国大党、印度人民党和联合阵线都无法独自组建政府，只有其中两党联合才能稳定政局。所以国大党撤销对联合阵线的支持后，使自己陷入僵局，遭到了包括国大党内部政治家的批评。社会舆论也认为，国大党此举使印度人民党渔翁得利。这是国大党不愿看到的事实，故其不得不第二天马上表示："如果他们找到新领导人，我们就支持他们，我们不会强行兑现我们所提出的要组建政府的要求。"

高达政府的下台自然使印度人民党格外惊喜。今日印度教派主义势力的抬头使他们胸有成竹，他们盼望举行选举，以重新达到执政的目的。印度人民党的秘书长则表示，其更加迫切地希望举行选举。印度人民党本身脱胎于印度教组织，其最初的组织是印度教大会，它是1923年由印度独立运动的著名领袖提拉克创建的。该组织创建之初强调维护印度教利益，宣称帮助在宗教动乱中受难的教徒，并帮助被迫改宗的伊斯兰教返回印度教大家庭内。这是印度教大会的宗旨和任务。同时它强调维护印地语的权威，主张在印度建立一个统一的印度教统治的国家。

由于印度教大会过分强调了印度教的利益，引起了穆斯林和其他宗教派别的不满和对抗情绪。印度独立后的1951年，印度教大会分裂，一部分人在S.P.穆克吉的领导下组建了人民同盟。人民同盟是一个纯的印度教政党。1977年在印度大选中，人民同盟联合印度民众党、社会党等在大选中击败了国大党的英雄拉·甘地政府。大选的胜利使他们认识到联合起来的力量，于是五党正式联盟组建成统一的人民党。1979年人民党内部因"双重成员资格"产生分裂，1980年4月瓦杰帕伊退出人民党，组建印度人民党。

印度人民党在瓦杰帕伊主席和阿德瓦尼总书记的领导下，极力主张印度教派主义的观念与思想，并成功地利用印度教徒的情绪于1989年取得重大胜利，在大选中获得119个席位，成为议会中最大的反对党。从此，印度人民党对国大党政府展开了针锋相对的斗争，公开批评国大党的世俗主义政策，并指责国大党的腐败之风。

虽然印度人民党在建立之初为争取人心打出了“甘地社会主义”的旗帜，并提出了五项原则为基本纲领（即：民族主义、民族统一、民主、积极的非教派主义、甘地的社会主义价值基础上的政治），但实际上印度人民党言行不一，所谓的“非教派主义”只是一纸空文，它以维护印度教主义为宗旨，鼓吹建立“罗摩盛世”的印度教国家，并且联合其他印度教政党与组织，利用寺庙之争，挑起印度教与伊斯兰教的矛盾与冲突。但是1992年的寺庙风波使印度人民党的威信大跌，在1993年的邦议会选举中惨败，丢掉了在中央邦、北方邦和喜马偕尔邦的执政地位。惨痛的教训让印度人民党意识到，赤裸裸的教派主义使温和的印度教徒及其他教派和其组织产生了恐惧心理，失去了对印度人民党的信任和支持，于是其马上调整政策，淡化教派主义色彩，不再公开提“印度教特征”的口号，而是提“印度特性”的口号，借以印度民族主义取代印度教派主义。实际上这是印度人民党的一种伪装的印度教派主义。在1996年的大选中，印度人民党又提出三个民族主义，即文化民族主义、政治民族主义和经济民族主义。特别是经济民族主义的口号，更加蛊惑人心。印度人民党在解释经济民族主义时强调，要以印度自己的方式达到工业化和现代化，而不是过分地依赖外国的技术与投资。自力更生是印度经济民族主义的基本指导方针。当然并不反对外国投资高科技领域，但是反对外国投资食品等不增长价值的领域，对此提出口号“要电脑芯片，不要土豆片”。印度人民党在文化上一再强调主体文化——印度传统文化，以发扬保持印度民族文化精神，反对全盘西化倾向，要增强印度文化的价值观念，借以唤醒印度的民族意识。印度人民党这种以民族主义为基础的政策与纲领，赢得了印度中下层人民的欢迎，特别对印度教徒极具吸引力，也受到了印度工业界的欢迎。

印度人民党与印度教派组织关系密切，互相配合，在印度政坛上上演了一台台引人注目的历史剧。如它与印度教大会、湿婆军、猴王团一起煽动印度教徒制造了寺庙之争事件。1995年它又与湿婆军联合，在马哈拉施特拉的选举中获胜，并在该邦共同执政。1996年1月，世界印度教大会掀起保护母牛运动，为印度人民党拉选票造声势。另外，印度人民党与印度教的国民志愿服务团关系亲密无间，除了该党的头号人物瓦杰帕伊和阿德瓦尼曾在1941年和1942年加入志愿服务团之外，约有一半的印度人民党党员来自国民志愿服务团。当然这两年印度人民党打起印度民族主义的旗帜，多少引起了一些印度教派组织的不满，但是植根于印度教的印度人民党决不会放弃印度教派主义，它的这些淡化教派主义的策略只不过是一种伪装起来的教派主义，其实质内容变化不大。

古杰拉尔出任新一届印度政府总理，表明了国大党对古杰拉尔在遏制“教派势力”、加强“世俗力量”方面的信任。国大党作为一个根基深厚、有实力的曾在印度长期执政的政党，这些年来的失利是惨痛的，它需要时间养好内伤，以图东山再起。不过，从目前印度的政坛来看，一党专政的可能性并不大，一大党与地方多个小党联合执政将会维持相当长的一段时间。在今后的印度政坛上，国大党是否能继续保持当今良好的执政势头？印度人民党是否能再次实现其宿愿？联合阵线是否能在走钢丝中不断壮大？关键还是取决于三方如何解决好世俗主义和教派主义之间的矛盾与问题，取信于民；取决于印度经济改革的成果是否能使印度大多数人获利；取决于世俗主义和教派主义以各自努力奋斗的成果如何。从目前印度政坛发展的趋势看，虽包括印度共产党内的第三阵线的力量在不断壮大，2009 年的印度大选也说明了这一问题，但是这并不意味着印度民族主义势力的削弱，其仍处在上升阶段，一旦印度人民党在民生问题上的政策调整得当，并能基本满足印度各阶层人民的需求，尤其是印度人民党的印度民主主义政策与印度教派主义在利益上取得一致，印度人民党在下一届新大选年里获胜的可能性还是存在的，印度人民党重新当选印度总理，执掌印度政局并不是一个不切合实际的幻想。为此，国大党虽在 2009 年大选中获胜继续执掌印度政局，但若在新的执政年月里不能较前更努力地处理解决好世俗主义和教派主义间的矛盾与问题，在世俗主义和教派主义的斗争中取得决定性优势，那么印度人民党仍会拿世俗主义说事，用教派主义煽动民心，使国大党重吞苦果败走政坛的可能性还是存在的。

印度的多党政治*

印度政党组织最初的萌生、创建与发展，始于英国殖民政府统治印度次大陆的19世纪初前后，也是英国殖民政府压榨与剥削印度次大陆上各族人民最为凶残的时期，他们对印度次大陆上资源、财富的掠夺几乎到了疯狂的程度。同时，为了在印度次大陆榨取更多的钱财，他们有时也把西方的民主思想在这块大地上兜售。由此，不少在西方受过教育的印度人，在资本主义所谓民主、自由、平等和博爱思想的感召下，反思印度次大陆各民族受苦受难的境况，反而激起了对英国殖民者的无比不平和愤恨，他们要起来反抗，要与英国殖民者做斗争，要为自己的国家和民族争取独立和自由。所以，也可以说西方民主、自由、平等和博爱的思想与印度本土文化传统与价值观念相融，塑造了一大批为印度国家和民族独立自由奋斗的勇士。诚然，印度独特的文化底蕴和传统习俗及宗教、民族与历史纠葛久存的矛盾问题，使印度的社会尤为复杂多变，这也成就了印度次大陆政党组织林立、党派多如牛毛，同时也决定了印度次大陆众多党派之间的矛盾、斗争尤其复杂激烈和残酷。即使是最早成立的国大党，在这百余年里也经历了无数次分裂与组合，极大地影响了其战斗力。再加上各党派之间民族和宗教之间的矛盾、问题与仇恨，所以印度政党一般说来凝聚力和团结性都较差，国大党的发展历程也正说明了这一点。另外，印度在争取民族独立和自由的历程中，正是党派之间不同的政见、观念和宗教与民族的矛盾、问题及仇恨混杂在一起，又给了英国殖民者以可乘之机，使印度为争取自己国家独立的道路显得漫长和血腥，以至于不得不在印度次大陆上以宗教分治立国，伊斯兰教为巴基斯坦，印度教为印度共和国。当时发生了世上仅有的最为惨烈的宗教大迁移中的仇杀，印度教徒与穆斯林分别要迁回到自己国家，其死伤的人数与财产损失难以计数，单在旁遮普省分治初期就有50多万人死亡，120多万人无家可归。现仍在印度的穆斯林与印度教徒仍矛盾不断，成为阻碍当今印度社会稳定与经济发展的最大隐患。

进入21世纪后，印度政党的基本发展特点没有变，但是党派斗争的方式和内容

* 原载于《变化中的印度》，人民出版社2010年版，第75—90页。

有所不同，这是因为历史文明的进步、科学技术的发展与经济的崛起，使印度多党政治发生了不少根本性的变化。本文以分析研究印度政党的内容、实质、特点及发展趋势为主线，努力阐明多党政治与印度大选以及与印度经济发展崛起变化间的表现和因果关系，探讨研究印度政党在历史与现实社会发展中的地位与作用，找寻21世纪印度政局发展的特点、趋势和规律，加深对印度的认识与了解。

一、印度的政党及其发展趋势

印度政党众多，独立前主要有国大党、共产党、社会党、穆斯林联盟、印度教大会党、阿卡利党、和德拉维达进步联盟及刺杀圣雄甘地的宗教极端主义组织“民族服务团”等。印度独立后，由于印度建立了模仿西方议会民主的政治体制，党派的建立和产生发展有了更加适宜的政治环境，因此政党组织似雨后春笋般地不断涌现。据1952年印度大选前的统计，全国注册在内的大小政党已有200个，自此至后，又有不少新的政党被人民高涨的政治热情催生到这片大地上，截至2009年大选，据登记在册的全国性政党已多达434个。不过，就目前印度政党的规模、力量以及发展趋势看，真正能左右印度政局和有潜在良好发展趋势的全国性大党只有4个，它们是百年老党国大党、人民党、印度人民党和共产党。

（一）国大党（The Indian National Congress）

国大党全称为印度国民大会党，是印度最早创建的资产阶级政党，成立于1885年，那时正值印度民族主义运动的高涨时期，也正处于印度民族革命的危急关头，英国殖民者一方面严厉镇压印度的民族民主主义革命，另一方面又企图用资产阶级的改良主义扼杀和缓人民的民族革命斗争热情。国大党的前身是资产阶级改良主义组织——印度联盟，1885年12月印度联盟召集全国的民族主义组织准备成立统一的全国性政党组织，在这次大会上根据印度联盟的创始人A.O.休谟的提议，这次大会取名为国民大会，大会上成立的组织也被命名为印度国民大会党，简称国大党，A.O.休谟也成为该党的第一任总书记。

国大党从成立至今已有100多年的历史，它自然是在印度党员人数众多、斗争经历最为丰富、力量最为雄厚，并得到印度社会最广泛支持的政党，该党既拥有大小资本家、大小地主阶层的支持者，也拥有广大印度教低种姓和不可接触者——“贱民”阶层的热情的响应者。

国大党为了印度的独立及建国后的经济建设与社会发展作出了巨大的不可磨灭的牺牲和奉献。国大党的发展一般可分为3个时期：

1. 独立前国大党的“非暴力不合作运动”

印度被英国殖民者视为英王王冠上最珍贵闪亮的红宝石——皇家的后花园。英国殖民者可以在这片土地上肆意地掠夺，残酷地压迫与剥削，几乎已经到了毫无顾忌的残忍变态和血腥疯狂的程度。俗话说，物极必反，印度次大陆上的各族人民再也无法忍受英国殖民者的压迫和剥削，他们要起来争取印度次大陆的独立和自由，使这块土地上广大的印度人脱离苦海，过上幸福快乐的生活。为此，印度的民族主义运动日益高涨起来，印度要独立，印度要自由，已经成了全体印度次大陆上各阶层各宗教人们的共识与目标。

虽然英国殖民者曾想用资产阶级改良主义来驱使国大党成为英国殖民政府的“安全阀”，但是事与愿违，国大党在提拉克的领导下克服了温和主义路线，逐渐使印度的民族运动由资产阶级的改良运动向资产阶级的革命化运动转化推进。提拉克是印度民族独立解放运动的主要奠基人，而圣雄甘地在国大党地位中的确立使得印度民族独立运动转向了“非暴力不合作”的时代。圣雄甘地认为，在与英国殖民者的斗争中，“坚持真理”、反对暴力不是与英国殖民政府讲和，而是用“不合作”的方式，迫使英国殖民者同意印度的自治。为此，1920 年国大党修改了自己的党章，它在新党章中规定“国大党的目标是依靠印度人民，采用一切和平合法的手段达到自治”。国大党的“非暴力不合作运动”使印度的民族独立自治出现了新的高潮，虽也出现过曲折，但最终在尼赫鲁与鲍斯的领导下又出现了新的转折，尼赫鲁提出的印度“完全的民族独立”得到广大国大党及其各阶层人民更热烈的拥护与支持。在争取印度“完全的民族独立”斗争中，“非暴力不合作运动”得到了进一步的发扬光大，如圣雄甘地提出的“食盐进军”引发的吉大港、白沙瓦和绍拉普尔的起义，把印度的民族独立运动推向了更高的阶段。英国殖民者的血腥镇压虽然使这次“非暴力不合作运动”没有取得完全的胜利反而跌入低谷，国大党被取缔并被视为非法，领袖被捕入狱，起义者被绞死……但是它却完全唤醒了印度各民族各阶层人民争取印度完全独立自由解放的思想意识。

第二次世界大战的爆发又给国大党的独立运动注入了新的生命活力，印度的民族独立运动又一次进入了新的高潮期，1946 年皇家印度海军的起义、特仑甘纳的农民起义“特巴卡运动”（减租运动）的开展，以及遍布全印度的农民、工人、土邦居民争取独立、民主、解放的运动，使英国殖民者感到了前所未有的恐惧，他们惊恐万状，看到了再也无法压制全印次大陆上熊熊燃起的争取民族独立、自由的火焰……而此时，由于英帝国主义的力量在第二次世界大战中削弱，其已无力来统治这个世外桃源——印度次大陆上愤怒反抗的各种不同肤色、民族和宗教信仰的人民。于是，1947 年 8 月 15 日，印度和巴基斯坦两个自治领宣告成立，1950 年印度宣布为自立自主的共和国，这也是国大党从成立后，又经过艰苦卓绝、曲折复杂的斗争，取得的“非暴力不合作运动”的第一个胜利成果。

2. 独立后国大党的政治斗争和经济建设阶段

1942—1964年期间，国大党几乎在尼赫鲁一人的掌控之下，尼赫鲁的建设印度式“社会主义”类型社会的目标也成了国大党全党的唯一目的，印度进入了建国后的以社会主义计划经济为主与私营经济为辅的“混合型经济”时代。虽然经过20年左右的经济建设，印度经济建设的成就也颇为巨大，一个完整的工业体系呈现在世界面前，社会面貌也发生了很大变化，但是国有计划经济的弊病也使印度碰到了难以克服的困难，经济增长进度缓慢，大多数穷人的生活并没有得到较大的改善，甚至有些年头某些地方还因饥饿造成了大量人员死亡，国际地位也因中印边界冲突中尼赫鲁放弃了“不结盟”外交方针而大大下降，再加上国大党内部利用职权贪污腐化，使国大党在人民心目中的地位大跌。而尼赫鲁在1963年执行的党内“卡马拉季”计划①，又把国大党的内部争斗复杂化和表面化。尼赫鲁逝世后，其女英迪拉·甘地虽然当选为政府总理，但是此时国大党的实力和威信由于派系斗争已大大削弱，不少派系因此干脆离开了国大党。1969年国大党彻底分裂，以英迪拉·甘地为首的为国大党英迪拉·甘地派，以尼贾林加帕为首的为国大党组织派，分裂后的国大党英迪拉·甘地派在人民院的议席仅228席，它是靠印度共产党和德拉维达斯进步联盟的支持才勉强执掌印度政坛的。虽然国大党英迪拉·甘地派在1971年东山再起，在“消除贫困”的口号下取得了大选的胜利，并获得了人民院520个席中的382个席位，1971年印巴战争的胜利和孟加拉国的成立又使国大党英迪拉·甘地派专横跋扈，激起了印度反“英迪拉·甘地”的高潮，而英迪拉·甘地在全印实施的“紧急状态法”则把国大党及其英迪拉·甘地总理政府推向了失败的边缘。此时的英迪拉·甘地又错误地估计形势，宣布进行新的大选，其结果以国大党英迪拉·甘地派的完败告终，英迪拉·甘地不得不独自吞下自酿的苦果。国大党英迪拉·甘地派仅得人民院的议席153席，而新成立的人民党却获得了298席。国大党英迪拉·甘地派的惨败又导致了新的分裂，改选后的国大党英迪拉·甘地只是一个工作委员会的委员，但她败不气馁，决心重振旗鼓。她走乡村、访贫苦、问饥寒，足迹遍及印度广大的城镇乡村地区，那些在人民党统治下受教派和种姓迫害的穷人仍把她当作印度的“总理”看待。1978年1月2日，英迪拉·甘地独自召开了“国大党全国委员会”大会，并宣布真心追随她的国大党英迪拉·甘地派才是真正的国大党，导致了国大党英迪拉·甘地派的再一次分裂。新成立的国大党英迪拉·甘地派力量十分弱小，但是自信的英迪拉·甘地从头做起，她运用自己的聪明才智和艰苦努力，继续在全印度城市乡村访贫问苦，同时又利用执政的人民党政府的腐败无能和教派、

---

① 卡马拉季是马德拉斯邦的首席部长，他提出的加强国大党的计划“卡马拉季”建议得到了尼赫鲁的支持，尼赫鲁以执行“卡马拉季”计划为由，对国大党内部进行了一次“不流血的清洗”。

种姓冲突及经济上的败笔来攻击人民党政府。另外，她还运用策略不断消弱其他国大党组织的力量，同时又设法重新唤起尼赫鲁家族在人民心底里的威望和信任。1980年，国大党新英迪拉·甘地派在人民院的选举中获得大胜，得到了人民院议席525个席位中的351个席位，英迪拉·甘地又一次坐上了印度总理的宝座。此后的岁月里，英迪拉·甘地为培养接班人伤透了脑筋，次子桑贾伊·甘地的死使得她不得起用不愿从政的大儿子拉吉夫·甘地。而英迪拉·甘地的被枪杀和拉吉夫·甘地的被炸身亡，又把国大党英迪拉·甘地派推到了发展的十字路口，国大党向何处去？谁来执掌国大党英迪拉·甘地派的核心权力，并领导全体国大党英迪拉·甘地派党员继续为了印度、为了尼赫鲁家族而奋斗？

3. 索尼娅·甘地时代

自从拉吉夫·甘地被炸身亡后，虽然国大党英迪拉·甘地派在拉奥的领导下重掌印度政坛，并担任了印度政府的总理，而且对印度经济进行了独立以来最大规模、最为彻底的改革，使印度走上了经济振兴繁荣的道路，但是国大党英迪拉·甘地派由于缺少核心的领袖人物，显得少有生气和战斗力，所以在此后相当长的一段时间里不得不成为一个在野党。为了重振国大党英迪拉·甘地派，该党要员一再邀请拉吉夫·甘地的妻子索尼娅·甘地出山并担任主席，利用尼赫鲁家族的威望重现昔日的辉煌。无奈，在国大党英迪拉·甘地派上下的呼声下，索尼娅·甘地担任了国大党英迪拉·甘地派党主席的职位。

自从索尼娅·甘地出任国大党英迪拉·甘地派的党主席以来，这个本不愿从政的外来媳妇却领导国大党英迪拉·甘地派奇迹般地取得了2004年大选的胜利，但她却不愿意担任印度新一届总理之职，而推荐印度经济改革之父、国大党英迪拉·甘地派的资深领导曼莫汉·辛格出任印度总理，博得全世界舆论的赞扬。2009年大选，索尼娅·甘地再次领导国大党民主联盟击退了反对党印度人民党的猛烈攻势，又一次取得了大选的胜利。曼莫汉·辛格这个印度经济的总设计师再次成为印度的总理，而索尼娅·甘地仍甘居后台帮助曼莫汉·辛格总理出谋划策，并为曼莫汉·辛格总理政府做好各方面的服务保障工作。为此，世界舆论赞誉索尼娅·甘地为印度政府总理最佳的“政治搭档”。确实，事实也证明，索尼娅·甘地为了国大党英迪拉·甘地派的新生，为了重振尼赫鲁家族的昔日辉煌，为了印度国家的安宁和经济的振兴，她一个带有外国血统的意大利媳妇为了印度国家和人民的利益，不辞辛苦，忘我地奉献了自己的智慧和才能，确可为世人所称道。可如今索尼娅·甘地也已64岁，无论是从当今印度政坛的状况还是发展趋势着眼，印度都在呼唤着年青的新生政治力量领袖人物的出现。38岁的拉胡尔·甘地——英迪拉·甘地的外孙——拉吉夫·甘地和索尼娅·甘地的儿子，也为2009年国大党英迪拉·甘地派选举的胜出而奔忙，作出了自己的贡献，现在拉胡尔·甘地已担任该党总书记之职，为此印度也有舆论认为其迟早将成为印度政府的总理。那么，拉胡尔·甘地能否使国大党这个百年老党重铸辉煌？能否使尼赫鲁家族在新世纪得以新的复兴？这不但要取决于印度政坛的发展及其经济改革的成功，更要看经济改革的成果能否使全体印度人民得益，还要看拉胡尔·甘地的所作所为是否能给国大党英迪拉·甘地派注入新的活力，使印度政坛呈现出非同一般的朝气和蓬勃生机，又能否为印度的政治、经济和外交带来前所未有的新的创造性思维，重塑21世纪印度国家的新形象。一切还有待事实来证明。

（二）人民党（The Janata Party）

人民党成立于1977年5月1日，它看似一个新党，但却是有老党资深人员加盟的党派。初建时的党员大多来自国大党分裂后的组织派党员及少壮派国大党党员，还有老资格的人民同盟、印度民众党和社会党，以及人民党成立之后加入的民主大会党，共有6个党派组织合并而成，所谓“老枝发新芽”是最为恰当的比喻。

人民党创始奠基人纳拉扬本意要在印度创建一个能与国大党并列的全国性大党，实现他在印度实行美国式的两党制竞争格局的政治意图，以给印度政局带来良性的竞争和互动格局，防止国大党的一党专制，遏制英迪拉·甘地的政治霸权。

人民党的成立给国大党一党专制的印度政局带来了一阵新风，并得到了各阶层人民尤其是印度教下层贫苦百姓的支持。为此，人民党一成立就取得了1977年大选的胜利，获得了人民院542席中的295席，占得票率的41.3%；而国大党则遭到了惨败，仅得154席，占得票率的34.5%。人民党领袖德赛出任总理。

分析人民党的竞选纲领，其赢得1977年大选胜利的原因有6个：一是人民党主张甘地主义、分权民主和开发农村三大原则，它基本上是符合当时印度国情的实际状况的。二是人民党声明对圣雄甘地的政治哲学信守不渝，决心在印度建立民主、世俗主义和社会主义的国家，同时实行经济和政治权力的下放，保证司法独立和保障公民享有自由与民主的权利，博得了当时印度国民的欢迎。三是在经济方面，主张在发展工业时不能忘了农业，保证农业的发展，以满足人民的吃、穿及必需品的供给，顺从了民心。因为国大党执政时期的粮荒，人民还没有忘记。四是人民党发展经济的主张切实可行。即反对垄断经济，国营、私有、小型、大型、合作社与乡村企业及个体经营者都能在自由竞争中各得其所。五是国营大企业应该帮助小型企业和农村工业的发展，为建设印度的新农村服务。六是在印度实行新的“土地改革”，实行耕者有其田，并以此来解决越来越严重的失业问题。

在外交上，人民党政府也一改以往国大党存在的颐指气使，主张努力解决同邻国悬而未决的矛盾、纠纷和问题。人民党还重申不依附任何一个大国和大国集团，奉行真正的“不结盟”外交政策，和平解决国际争端，与第三世界建立公正、公平、合理的国际经济新秩序等。

由上可见，人民党主张贯彻执行的方针、政策和措施符合印度当时的国情，也顺应了民意，而且还在一定程度上代表了印度社会发展的新趋势。如果人民党能团结一致，专心致志于印度政局的稳定和经济建设，那么其是有可能实现创始人纳拉扬的夙愿的，在印度政坛形成两党制的局面。但遗憾的是人民党的执政年限太短，只有 2 年 4 个月，而且由于党内激烈的纷争，根本无法实现自己大选前的承诺和纲领、政策与措施，也没有作出可圈可点的政绩，并且在这短短的 2 年 4 个月中还经历了三次大的分裂，因此人民党的失败是注定的。分析其原因主要有三：一是高层领导的权力之争使人民党内部产生了离心力。人民党上台伊始，党内的三个巨头——德赛、查兰·辛格和拉姆就为争夺总理的宝座你争我斗，最终在纳拉扬的调停下德赛任总理，查兰·辛格和拉姆任副总理。但是，他们三个人之间的争斗并未真正结束，还波及到了各自代表的党派组织和支持拥护阶层。德赛代表着印度教婆罗门高种姓阶层的人民同盟，查兰·辛格为贾特种姓印度民公党的总代表，而拉姆则又是表列种姓民主大会党的领袖。人民同盟的前身与印度教大会党和国民志愿团有着紧密的血缘关系，人民同盟自 1951 年 10 月成立以来，就是一个印度教教派主义政党，它代表着中小工商者、中小地主和高利贷者的利益，鼓吹在印度建立一个印度教国家。他们主张权力下放，反对国大党英迪拉·甘地的国有化政策。其党员人数最多时达到 150 万人，志愿者 100 万之众，在印度社会上的影响很大。印度民公党是 1974 年由 7 个小党合并而成，代表着印度农业“绿色革命”后富裕起来的新兴地主和富农阶层的利益，其党员的主要力量分布在印度农业发达的北方邦、哈里亚纳邦等北部地区，其主张发展农业和农村建设。而拉姆的国民大会党是印度教低种姓的组织，拉姆本人是“贱民”出身，他是印度亿万“贱民”的精神领袖，自然要为谋取“贱民”的利益服务和斗争。人民党三巨头的权力之争和党派矛盾利益的冲突，把印度政坛搞得乌烟瘴气、一团乱麻，根本无法实现人民党上台时的竞选纲领和政策主张。在这种情势下选民自然心灰意冷与愤怒之极，用不信任选票迫使他们下台。二是纳拉扬这个人民党的创始人年老体衰，已无力从事建党后人民党的各项巩固发展工作，他只成了人民党三巨头的调停人。而这三巨头都精于内斗，却无一人在绝对权威、声望和地位上能够服众。所以，与其说人民党的失败归结于党内的不团结和内耗，倒不如说，匆忙中建党的人民党还没有造就出一个非凡的众望所归的领袖人物，最终曲终人散、导致分裂也是必然的结局。三是人民党成立之初是全松散的联合体，其目的是为了反对英迪拉·甘地的政治霸权，一旦在大选中掌握了政权，这一盘散沙似的人民党无法形成坚强的战斗集体。事实也证明，人民党经不起老辣政治家英迪拉·甘地的反攻，失败也是自然的。

进入 21 世纪后，人民党虽然仍是个人数众多的全国性大党，但是导致人民党内斗和分裂的因素仍无多大改观。自从瓦杰帕伊脱离人民党自行成立印度人民党后，人民党组织中的骨干又有不少走向了印度人民党，其力量一衰再衰。目前，虽说人民党在广大印度教徒中仍有着相当大的作用和影响，但是人民党想在短期内东山再起，仍是个不切实际的幻想。

（三）印度人民党（The Bharatiya Janata Party）①

印度是个多元文化、多民族、多宗教、多种族和多语言的国家，这一社会多样性的特征也决定了印度政党中的多变性。印度国大党这个百年的老党经历了3次大的分裂组合，连一个小小的印度社会党在并入人民党之前也已分裂了7次，组织严密单纯的锡克教的阿卡利党也自成立至今分并组合了好几次。人民党自然也不例外，也分裂了4次。印度人民党是人民党第三次分裂的产物，是由“双重成员资格”问题引起的。原人民同盟在参加人民党时声称保留同国民志愿团的关系，但是从1979年起人民党中央宣称其党员（包括国会议员和邦议员）不得参加国民志愿团的活动，不能有双重成员资格身份。于是原人民同盟领导人瓦杰帕伊带领众多党员脱离了人民党，于1980年4月5—6日创建了印度人民党。

印度人民党成立伊始，就把矛头指向了国大党英迪拉·甘地政府，指出该党的首要任务是反对日益增长的王朝专政，提出了“民族主义、民主、非教派主义和以甘地的政治和经济权力分散的原则为基础的社会主义”纲领。② 印度人民党的大部分党纲与人民党有类似之处，其主要支持者是城镇中的中产阶级和商人与下层印度教徒。目前自称有党员300余万人，为全印度第一大在野党。瓦杰帕伊为第一任党主席，现任党主席为文卡亚·奈杜。在1999年印度的第13次议会选举中，以印度人民党为首的全国民主联盟夺取了人民院545个席位中的356个席位，取得在印度政府中的组阁权，瓦杰帕伊自任印度人民党全国民主联盟政府总理。可是在2004年5月印度的第14次议会选举中，印度人民党因选举策略上的失误，败给了在野多年的国大党英迪拉·甘地派。2009年印度的第15次议会选举中，印度人民党企图东山再起，可仍败于执政的国大党民主联盟，又一次成为在野党。

进入21世纪以来，印度人民党有得有失，它赢得了1999年的大选，却又丢掉了2004年和2009年的大选，败给了国大党英迪拉·甘地派。如今该党在主席文卡亚·奈杜的带领下卧薪尝胆，准备在第16届印度议会选举中取得胜利，重返印度政坛。但是，目前印度社会舆论普遍认为，从现在印度人民党的实力和影响看，其还须从如下几个方面作出努力：一是印度人民党高层领导老化现象严重，必须充实有作为的中青年领袖人物。虽说近来印度人民党在中高层领导内做了一些调动，但其

---

① 有关印度人民党的某些内容，已在前面的“印度的世俗主义和教派主义”一文中有叙述，这里不再重复。

② 引自印度人民党党纲。

幅度不大，特别在印度知识分子中未取得突破性的进展。二是印度人民党虽然标榜自己为非教派主义政党，但其印度教派主义的本质难以掩盖。为争取全印度更大更多的支持力量，印度人民党必须与印度教派主义割断血肉联系，把自己真正建设成为一个非教派主义的政党。三是在经济的发展过程中，印度人民党过于主张甘地的分散主义政策，除重视发展个体工商业外，忽视了对国营和私营大型企业的支持力度，于是对印度经济的发展产生了不利影响。另外，在主张发展民族工业时，也忽视了排斥外国资本进入印度的不利影响，它那“要土豆不要电脑芯片”的政策实际上起到了阻碍外资进入印度本土的作用。虽说后有所调整，提出了“要土豆，也要芯片”的口号，但总的来说印度人民党经济发展过于民族化的政策未彻底改变。四是印度人民党为吸引广大下层的劳动人民，大肆宣扬“甘地的社会主义”，企图在印度建立甘地倡导的合作托管制原则，以实现经济平等、消灭饥饿和贫穷的目的，还提出了“反对剥削和落后，倡导和平”的斗争。但是，人民看到的是印度人民党在执政的 4 年里却违背了这一原则，经济改革开放的成果并未给千百万普通百姓带来生活上的明显改善和提高。最终其只得自吞苦果，未能实现 2004 年第 14 次印度大选后继续执掌印度政局的愿望。为此，印度人民党如何在千百万穷苦百姓中重塑“平民”政党形象，还有待于进一步努力。五是印度人民党自从人民党分裂建党后，党的组织工作虽有发展，但目前显得有点力不从心。在瓦杰帕伊和阿德瓦尼任主席期间，由于二人的个人魅力和智慧才能，印度人民党基本上避免了分裂且有新的发展。如今印度人民党内部的向心力有些松散，两次败选使印度人民党的自信心减退，现主席文卡亚·奈杜虽也是个强势人物，但是其威信还不及瓦杰帕伊和阿德瓦尼，如何把由众多小党派组成的印度人民党团结起来，取决于印度人民党高层领袖创新的智慧和才能的发挥，否则人民党很难在第 16 次大选中获胜，以再次达到重掌印度政局的目的。

（四）印度共产党（The Communist Party of India）

印度共产党组织的成立要比中国早些，1920 年 10 月 17 日，印度共产党的最早组织在中亚的塔什干成立，它的早期领导人有马·纳·罗易、伊英琳·罗易、穆罕默德·阿里等七八个激进和先进青年。他们受到了列宁十月革命的影响，在学习了马克思的《共产党宣言》和《资本论》后，更深刻地认识到自己的祖国只有依靠社会主义和共产主义才能得以拯救，只有共产党才能救印度次大陆上的人民脱离英国殖民者的统治与压迫。随即他们回到印度，在孟买、加尔各答、马德拉斯、拉合尔和康普尔分别成立了共产主义小组，1925 年 12 月 26 日在印度北方邦的康普尔成立了印度共产党中央委员会，1933 年 12 月印度共产党召开了第一次全国代表大会，并加入了共产国际。1934 年 7 月印度共产党被英国殖民当局宣布为非法组织，并受到英国殖民当局的残酷镇压，损失惨重。由此，其发展速度减缓，在印度次大陆的影响也极为有限，群众基础十分薄弱。与此同时，由于印度次大陆特殊的国情与传统的文化底蕴、价值观、哲学理念的影响，印度共产党在印度次大陆的发展也经历了与众不同的历程，颇具印度特色。主要的表现是印度共产党内部的斗争异常地复杂激烈，不同程度潜伏着不同的阶层及宗教派别的思想与观点，并且对马列主义理论与思想也有着各种不同的解释。由此，1964 年印度共产党因政见不一发生了第一次大的分裂，分裂后的印度共产党似一盘散沙，各自为阵，有的坚持暴力革命，有的则放弃暴力革命，走议会民主和平取得政权的道路。印度共产党似乎始终在暴力和非暴力之间徘徊，难以形成统一的全国性力量。如印度共产党（马克思列宁主义）总书记查鲁·马宗达，因主张暴力革命，用暴力夺取土地，与印度共产党（马克思主义）中央的矛盾激化，于是他不得不于 1969 年 5 月 1 日在加尔各答宣布成立印度共产党（马克思列宁主义）。印度共产党（马克思列宁主义）成立后，在 1970 年 5 月的第一次全国代表大会的决议中指出，印度现阶段的革命仍然是土地革命，主张通过武装斗争夺取政权。1971 年底印度共产党（马克思列宁主义）领导的武装斗争被印度政府残酷地镇压下去，1972 年查鲁·马宗达被捕牺牲。自此，印度共产党（马克思列宁主义）又因意见不一产生分裂，至 1981 年印度共产党（马克思列宁主义）召开第一次联邦会议，有 13 个不同的派别参加了这次会议。目前，印度共产党（马克思列宁主义）主要的活动区域在东北部和南部地区，共有党员 3 万左右，领导着数百个群众组织，同情与支持者在 60 万左右。另外，今天的印度共产党（马克思列宁主义）虽仍主张暴力革命，但在逐渐向温和方向转化，他们认为目前印度暴力革命的时机不成熟，主张用各种非暴力的群众运动达到暴力革命的目的，在印度建立社会主义国家。而主张暴力革命的派别是印度共产党（毛泽东主义），简称印共毛派，它虽仍处于地下状态，但在印度的东北部地区有一定的实力和影响力，那些身无分文的佃农和无业游民是他们最坚定忠诚的支持者。

印度共产党（马克思主义）成立于 1964 年，是在印度共产党分裂后的基础上建立起来的，其主张是："努力通过和平手段实现人民民主和社会主义革命"，不能走暴力革命道路。他们认为就印度的国情而言，印度革命的时机不成熟，尚未找到一个满意的解决办法实现革命的最终目的——人民民主和社会主义。1967 年 3 月印度共产党（马克思主义）和其他一些地主小党派组成联盟，在西孟加拉邦和喀拉拉邦赢得了邦议会选举胜利，获得了在这两个邦的执政权，此后，印度共产党（马克思主义）又在特里普拉邦获得执政权。从目前状况来看，印度共产党（马克思主义）在西孟加拉邦的统治地位十分牢固，人们对其执政的所作所为也较为满意，并且在印度政坛上产生了较大的影响。印度共产党（马克思主义）也曾多次支持国大党英迪拉·甘地派组阁执政，该党已成为国大党英迪拉·甘地派一个重要的不可缺的盟友。

进入21世纪以来，从印度共产党总体的发展趋势看，主张非暴力走议会民主道路，从而取得在全国各邦的执政权，已成为当今印度共产党组织的一个主要的奋斗目标。由此，和平、民主和非暴力仍是当今印度多数共产党组织的行动宗旨。

目前，印度共产党虽然在印度各邦的执政地盘没有得到理想的扩大化，而且在今后相当长的时间里，其在印度各邦的执政还将仅限于数个邦内，西孟加拉邦共产党的统治也不会产生扩散的效果，但是这也并不意味着印度共产党领导的暴力革命从此在印度销声匿迹。印度共产党（毛泽东主义）在印度中东北部的势力有增强的趋势，2004年10月中旬印度共产党“毛泽东主义者共产主义中心”与“人民战争组织”合并，声称继续在印度实行“暴力革命”、“从农村包围城市，最后夺取政权”的道路方针。尽管2007年尼泊尔共产党（毛泽东主义）已走上了非暴力和平民主的议会道路，但是印度共产党（毛泽东主义）派声称这“不仅仅对尼泊尔的革命运动有害，而且对整个南亚地区的革命运动更是如此”，并且认为“放下武器只会失去人民的保护”。[①] 对此曼莫汉·辛格政府十分头痛，他们仍然用软硬两手对付作乱的印度共产党（毛泽东主义），在严厉镇压的同时呼吁印度共产党（毛泽东主义）放下武器，时任印度内政部秘书V.K.杜嘎尔在尼泊尔共产党（毛泽东主义）放下武器走非暴力、和平和民主的议会道路后强调，“印度政府永远向印度共产党（毛泽东主义）敞开谈判的大门”。[②] 如今的莫迪政府对印共毛派将采取何种策略仍有待观察。

二、多党政治与印度大选

印度的国情、民情及历史文化决定了其在选择议会民主的政治体制后，只能是一个党派林立的国家。而参加议会民主的选举，又是这些党派实现自己政治目的及利益的唯一途径和目标。据印度独立以来中央选举委员会公布的统计数字，1952年参加议会民主选举的全国性政党就有192个，1974年已达到200余个，1991年多达300个，1998年达到500个。2004年的全国大选，参加选举的大小政党已有750个，据资料分析其中全国性的大党6个，邦一级的党派42个，其余的则多是小的东摇西摆飘忽不定的“墙头草”政党组织。2009年参加大选的政党组织快速增至1000个，在这1000个中有些实力的全国性政党为434个，其余的则仍是街头小党，处于建党的初级阶段，其政治目标多变，组织松散，随意性和游移性也很大。目前，印度以印度共产党（马克思主义）为首的“第三阵线”势力仍在发展，其中包括实力不低的低种姓阶层政党“社会公民党”，由于“第三阵线”在2009年大选中表现不

---

① Nepal，Kandipur online，December 17，2006.

② Press Trust of India，December 29，2006.

凡，被舆论界称为“政坛新秀”。但是，也有舆论认为，“第三阵线”只是为了选举而聚集在一起，只不过是一个松散的联合体，2009年大选后又没有足够的措施使其成为永久的联盟，所以在今后相当长的时间里，国大党和印度人民党及其联盟仍然是印度政坛一对相互激烈抗争竞选的政党组织。

纵观印度独立以来的15次大选，各政党组织为了自己一党的政治目的和利益，在台上台下的表现既触目惊心，又淋漓尽致，它们为了各自的目的无所不用其极，如各党派的利益及所代表的阶层和种姓集团的目的未能如愿，它们随时可以既分又合，走马灯似地变幻着自己的花样，使人眼花缭乱……但是，这乱哄哄、热闹闹的选举政治局面，却使印度社会政治呈现出6个方面的现象，值得关注。

一是印度60余年以来，议会民主道路及其选举基本上保持了印度社会的稳定，没有出现动摇印度政治、经济和社会根基的大动荡，国家和人民的根本利益也未受到根本性的损害或出现大倒退，更没有出现能改变社会局面的党派与组织间的大恶斗。印度人民的生活虽仍不富裕，还有3亿多穷人仍生活在贫困之中，他们的生活未见有多大的提高和改善，但是在这60余年里，印度的每一次大选都基本反映了民意，竞选的双方都能和平地承认大选的结果，输的服输交出政权，赢的上台执政。选民可以用自己的选票把不满意的政党及政府赶下台，也能把寄于希望的有活力的政党选上台。在这政党上台与下台、正确与错误的交替中，正确的得以发扬，错误的被淘汰出局。这种政党的轮回也从某一个方面代表了印度社会发展的趋势，也正是这种正确与错误交替的议会民主的选举，不断把印度社会的文明向前推进。

目前，21世纪的印度正在崛起变化中，尽管经济上的发展使印度的国力大增，但是总体说来印度还很落后，在21世纪经济崛起的“金砖四国”中，它的表现还不是那么突出，各项代表先进大国的指标还不理想，如识字率为61%，经济GDP增长在7%－8%，基础设施落后，卫生状况不佳，穷人只能勉强维持温饱，民族、宗教和种姓的争斗频繁……印度广大选民仍认准用民主选举的方式，并坚信用自己手中的选票能使局面不断得到改进和完善。自进入21世纪以来，越来越多的选民参加选举就是一个证明。也可以这么说，有越来越多的选民认为民主选举是印度各族人民政治生活的大事，是他们对改变国家和个人命运的最大的期盼。

二是由于印度大选政党林立，派系众多，基本上每个党派都从自己狭隘的立场出发，不顾国家的整体利益，每决定一件事情，制定某项政策，他们总是喋喋不休地争吵着……其结果使印度的经济和社会发展丧失了不少大好机遇和宝贵时间，有的议案由于各党派的利益不能达到互相认同而大打折扣，有时一件本应该办好的事要么胎死腹中，要么不伦不类、毫无作用。

三是腐败现象严重。虽说腐败在当今这个世界每一个国家都有，印度则又有不同，它虽有着反腐败的法律和机制，但是由于印度式的腐败已深入到社会的各个方面（也许这是印度人对腐败的概念和认识有所不同），行贿受贿已成普遍现象。据

《印度时报》调查，印度每年花在行贿受贿上的钱多达600多亿美元，合人民币4000多亿。不过，由于印度司法独立，不管行贿受贿之人是谁，不管他的官有多大、财富有多少，只要触及了法律的底线，任何事都能大白于天下，任何人都会受到法律的各种制裁。

四是在印度的每一次大选前，独立的选举委员会虽严令凡犯有前科的人不能参加各级议员的选举，但是每次选举结果总有被社会称为“黑议员”的人物进入中央与邦议会，奇怪的是他们都是被选民看中的，在尚无法律认证他们的犯罪事实之前，他们就是合法的。根据2004年大选后的结果，据查这些“黑议员”都有一定深厚的社会背景，他们要么是受某个党派的支持，要么是某个阶层人群的核心领袖人物。

五是印度每次大选都暴力事件频发。以2009年大选为例，在这次大选中被谋杀的人有成百上千，有的被炸死，有的被吊死，有的被扔到井里溺死。据印度报纸报道，为确保新德里选区的安全，光警力投入就达5.5万人，全国更似进入战争状态，到处是持枪的警察和开动着的警车，马路飞驰着的也是运兵车。更奇怪的是，不少竞选议员的选民为了自己在选举中胜出，也为了自身的安全，雇用私人侦探。全印度有1.8万名私人侦探被雇用，他们的工作除保安外，更多的是调查领导人、跟踪选民、收集民意、排查谣言等。

六是不择手段拉拢选民。在2009年的印度大选中，大小党派团体为了自己的胜出，不惜花钱去购买选民手中的选票，其费用是极为惊人的。据印度大选后公布的结果显示，2009年大选，印度为大选花费了20亿美元，2014年大选更多。所以，有选民说，只有在选举中这些党派的领袖才会如此慷慨，他们不但会给钱，有的还送上漂亮的纱丽、御寒的毛毯等生活用品，连选举时各党派给选民喝的饮料也大有讲究，有的还有平时贫民百姓喝不到的含酒精的饮料……如此巨大的选举消费，对一个正在发展中的大国来说也是个不小的负担。[①]

三、多党政治与印度经济崛起和发展的关系

印度的国情与议会民主的政治体制酿成了多党政治的格局，1000余个政党在印度政坛这个大舞台上各显身手，为执掌印度政局闹得有声有色、轰轰烈烈。那么，印度这个多党政治的局面与经济的崛起和发展有些什么关联呢？它又起到了哪些作用与影响呢？

众所周知，马克思和列宁主义在论述政治与经济的关系时强调，二者是辩证统

① 根据有关2009年印度大选的报道，综合印度各大报刊杂志有关2009年大选资料编写而成。它们是《印度时报》、《印度斯坦报》、《印度教徒报》和《今日印度》等。——笔者注

一的关系，经济基础决定上层建筑，上层建筑又反作用于经济基础。在现代社会里，一个国家的经济发展战略和政策的制定与实施，与政党的执政方式和能力密切相关。随着21世纪印度经济的快速崛起，同时在21世纪经济的全球化、信息化和民主化浪潮发展趋势的影响下，如何从根本上改善印度政党与经济发展的内在联系，从而使印度经济更快速地走上崛起之路，实现印度做“有声有色的大国”愿望，这与印度如何发挥政党的能力与智慧，如何创造性地制定符合印度国情又有远见和活力的经济发展战略和政策密切相关。但是，事实告诉我们，政党是政治的代表，是代表着一定的阶级、阶层和集团的根本利益的团体组织。印度如此繁多杂乱的政党组织，它们都是在为实现自己政党的目标奋斗，有着强烈的对经济发展给予自己利益的愿望，无疑这如此众多的政党组织，对印度经济发展有着巨大的作用与影响。由于篇幅有限，仅以印度主要的几个全国性大党对经济发展战略与方针政策的影响做一分析研究，从而透视印度多党政治与经济崛起和发展间的关系及规律性的东西，同时也可以从中看出印度经济崛起和发展的脉络与趋势。

（一）国大党

国大党从立党之初，就立志要在印度次大陆建立一个强盛的印度帝国。众所周知，在英国殖民者退出印度次大陆时，印度已经拥有相当的现代工业发展的基础，铁路交通、钢铁、棉纺麻纺业、水泥、发电和农业灌溉系统在亚太地区是少见的。当时印度铁路已达6万公里左右，钢铁、水泥及棉麻品的产量已初具规模，就钢铁而言，塔塔私人钢厂已能源源不断地向大战中的英国提供数量可观的铁轨和钢材。印度独立后，国大党在经济上的目标是将印度建设成为世界上一流的“有声有色的大国”。由于当时受到苏联社会主义计划经济的影响，以尼赫鲁为代表的国大党政府开始建立具有印度特色的“社会主义混合型”经济类型，集中国力创建全面系统的大型国营企业，建立印度完整系统的强有力的工业体系。同时，在有计划发展国营企业时给予私有企业一定的发展空间。为此，从1950年到1990年经济改革开放，印度经济发展的“社会主义混合型”经济模式虽然给印度建立了一个较全面、系统、完整的工业体系，但是GDP的增长率缓慢，一般在3%－5%上下浮动。值得关注的是，由于政府人为过度地干预，印度社会主义计划经济下的国营企业集团缺乏活力，效率低下，有的甚至连年亏本，其价格的扭曲和浪费现象也十分惊人。而私有经济在政府部门的压力和限制下，由于得不到公平、公正、合理的资源配置和银行贷款支持及外贸出口许可证，所以虽有发展愿望和能力，却无进一步发展的空间与余地。总而言之，印度经济发展至1990年，国大党的“社会主义混合型”经济政策已无法正常运转，国营企业亏本，效率低下。社会主义计划经济下私有企业也缺乏市场经济活力，无法持续不断地开拓发展空间，印度经济已到最为艰难的时刻，连支付外贸出口的美元都需用国家黄金储备换取外汇支付。

为此，1990年国大党拉奥政府不得不调整经济发展的战略与方针政策，实施印度独立以来最大也最彻底的经济改革，其目的是要把印度经济完全纳入市场经济发展轨道，大力发展私有企业，并把一部分亏本的国营企业私有化，取消外贸许可证制度，鼓励外国资本进入印度市场，制定更加宽松的刺激与培育高新技术发展的政策与措施和环境，尽可能地提供一切方便和更加优惠的条件。如IT信息产业、生物制药工业、生化工业、绿色农业及现代服务业等就在1990年后得到快速发展。如今，这些高新技术产业已成为印度的朝阳产业，给印度经济的崛起和发展注入了强大的生命力。2004年国大党团结进展联盟在大选中获胜，它在《国大党联盟政府最低共同纲领》中公布了发展经济的原则、战略、方针和政策，这是一条充满想象又有朝气活力的共同纲领，从中我们可以看到，国大党联合政府对工业、农业、商业、贸易、基础设施建设、教育卫生、财政政策、国有企业、资本市场、私有企业和能源发展等采取了更为大胆务实的战略方针、政策和措施。由于国大党在1990年及之后在执政的年月里纠正了以往错误的经济政策，调整了具有远见和创造性又符合印度国情的经济发展战略、方针和政策措施，所以1990年至今，印度经济保持了较为快速的发展势头和速度。进入21世纪以来，印度虽然也受由美国次贷危机引发的国际金融危机的影响，但是由于印度经济发展的内在素质较为优良，所以其耐受力也较强，基本上没有受到多大的影响。目前印度在国大党联合政府的领导下，以经济内向型发展为主，同时发展国际服务业及外资导入型的全面的市场经济模式，印度经济不但有能力抵御类似国际金融危机的冲击，同时还能保持一定较快的发展速度，其经济的发展态势和前景为世界舆论所看好。不过，由于国大党辛格政府第二次经济改革受挫，印度经济发展速度连年下滑，激起了民心思变，2014年大选国大党失败，印度人民党大胜，莫迪雄心勃勃地走上了印度政坛。

（二）人民党和印度人民党

人民党和印度人民党原是由小党派组建而成，虽然印度人民党是从人民党分裂后自立门户的独立党派，而且其势力和影响比人民党还要大和广泛得多，但是这两党基本上都代表印度教中下层人群以及新兴的地主富农和城镇的中小资产阶级。从两党的经济发展纲领来看，基本上相差不大。两党均反对垄断经济，反对经济权力的高度集中，主张无论是国营经济、私有经济、大企业集团和小型企业合作社、乡村工业和村社个体工业，应都有公平、相等的发展待遇，发挥其在不同经济领域中的作用，并各得其所。两党均极力反对人为地用政策去压制企业的发展，与此同时，也都主张政府尽可能地扶持小型企业，特别是农村工业，并主张农村实行新的土地改革，把剩余的国家土地分给无地的农民。印度人民党在主张发展农业经济时，强调支持农产品补偿收购价格，并为小农经济和贫困农民提供低息贷款，鼓励他们发展生产自救。另外，印度人民党还主张规定工人最低工资制，成立了“消灭贫困”基金，实行“以工代赈”的办法解决贫困和失业。为此，印度人民党在广大贫苦人群中有着众多的拥护支持者。但是，由于印度人民党过于强调发展民族主义经济，主张要以印度自己的方式达到国家的工业化和现代化，反对过分依赖外国资本和技术，要自力更生发展印度经济，用自己的双手改变印度国家面貌等，所以印度也曾阻绝外资和外来技术进入印度国土，影响了印度经济的发展速度。为此，有舆论认为，这是印度经济发展速度为什么比中国慢的主要原因之一。但是，时至今日，印度国内主张不能过分地依赖外国资本和技术，要靠印度人自己的呼声还比较高，外国资本和技术在印度还不能像在中国那样受欢迎，仍有本能地对外国资本和技术的限制措施和内心的抵触情绪作祟。后来虽然印度人民党政府改变抵制外资的政策，表示在高科技和新兴产业领域鼓励外资设厂，以带动印度高科技产业的发展，即人民熟知的“既要土豆片，也要电脑芯片”的发展新兴技术产业的口号，印度人民党也在执政的年月里热衷于新兴产业的发展，并取得了不俗的成果，可是遗憾的是，印度人民党在发展经济、改善民生方面做得比较差，普通老百姓并未感到印度人民党政府在执政期给普通百姓多大的实惠，他们的生活水平也未得到明显的改善和提高。所以，在2004年大选中，印度人民党以“使印度大放光芒”的竞选口号败给了“改善民生”的国大党。印度人民党的下台虽有偶然，但也在必然之中。2009年的大选，印度人民党虽然改变了其不注重民生的宣传策略，但是人民对其“要电脑芯片，不要土豆片”的竞选口号心有余悸，他们又一次把选票投给了国大党，印度人民党又一次成为在野党。印度人民党在经济发展上的失策之举，成为其大选中屡战屡败的根本原因。2014年印度人民党为何大胜，究其原因主要有三：一是国大党政府经济上的失败；二是印度人心思变；三是莫迪个人的魅力和印度人民党大选策略的改变。

（三）印度共产党及印度共产党（马克思主义）

全世界共产党的成立，其最终目的都是为了推翻旧世界，建立以无产阶级工人为代表的没有剥削压迫、人人平等、自由的新社会，印度共产党也不例外。但是印度共产党认为，推翻英国殖民主义的统治和资产阶级及其地主富农的压迫剥削，联合反帝、反封建、反垄断资本的力量，进行印度的“民族革命”，建立以工人阶级、资产阶级和其他阶级“共同领导”“民族民主国家”是印度共产党革命的目的。不过，就当前印度特殊的国情和民情而言，通过“非资本主义途径”“以便不经过一场持久的战争”，而是通过相对和平的道路真正过渡到社会主义“是一条可选择的正确的革命道路”。为此，印度共产党长期以来支持代表印度民族资产阶级左翼的国大党，强调国大党是可以联合的力量，国大党一系列发展经济的战略及方针和政策，不仅符合印度国家的实际情况，也符合印度共产党的利益，并且还认为这是朝社会主义方向发展的民主改革的措施。

印度共产党（马克思主义）则认为，印度现在的国家政权是大资产阶级领导的资产阶级地主政权，但是印度的大资产阶级是工业大资本家，不是买办分子。由此，印度共产党（马克思主义）认为，在印度进行反帝、反封建、反垄断资本、争取民主的“人民民主革命”的过程中，既要“力求通过和平手段实现人民民主和社会主义革命”，也必须准备“应对一切的突然事变”。印度共产党（马克思主义）在经济政策上代表农民和城市贫民及工人阶级，他们要在走和平民主道路的过程中，为工人、农民和城市贫民谋利益。该党也在印度的西孟加拉邦、特里普拉邦通过民主选举获得执政权。在执政过程，根据党纲及发展经济的方针政策，该党着力发展农村经济，注重农村建设。与此同时，其也注意发展中小企业，维护工人、城市贫民的利益，获得了这些邦人民的赞言。但是，由于印度共产党（马克思主义）倾向于走非暴力革命与和平民主的道路，支持国大党的执政及其一切经济发展的战略与方针政策，在一段时间里因西孟加拉邦纳萨尔巴里的武装农民斗争及劳资纠纷产生的动乱，国大党指责印度共产党（马克思主义）执政不力而解散了该邦政府，同时还殃及喀拉拉邦的印度共产党（马克思主义）的执政权下落。不过，由于印度共产党（马克思主义）在这些邦有较好的群众基础，该党几度在这些邦的执政舞台上下，其经济政策的推行虽断断续续，但却能得到延续。目前，在印度共产党（马克思主义）执政过的几个邦内，普通农民、工人和城市贫民的生活较为稳定，能够基本维持温饱状态，社会秩序也比较好。特别是西孟加拉邦，到处可见印度共产党（马克思主义）的红旗飘扬、广大人民安居乐业的景象。但是，如今西孟加拉邦共产党执政权已移手他人，共产党政权相比前些年有衰落之势，毛派共产党却在顺势而上，其暴力活动频繁，成为执政党政府的心头大患。

印度特色的议会民主政治体制*

印度独立建国60余年以来，由于崇尚和建立了西方式的议会民主的政治体制，故被西方欧洲诸国称为世界上最大的民主国家。大多数印度国民及政府官员也对自己国家选择议会民主的政治体制感到满足与自豪。被称为印度经济改革之父的曼莫汉·辛格总理对本国的议会民主政治体制赞不绝口。他认为，印度的议会民主政治体制，虽然其决策过程比较缓慢，但却不太容易出现大的决策错误，而有关国计民生的重大决策也不会因为政府的更叠而被否定和断弦。印度的新闻媒体也认为，印度的议会民主政治体制有着中国没有的潜在优越性。

那么，印度议会民主的政治体制究竟怎样？它有哪些特点？印度独立60余年来的发展，其议会民主的政治体制发挥了什么作用？其优劣和发展趋势又如何呢？

本文就印度议会民主的政治体制与经济发展做一分析研究，意在寻找一些规律性的东西，使我们能够真正地了解印度特色的议会民主政治体制究竟是怎样的，进而更深地去了解印度，认识印度。

一、议会民主——印度政治精英的选择

在印度次大陆独立前后的日子里，在印度和巴基斯坦分别立国的时候，在这块多灾多难的大地上，又因印度教徒与穆斯林的迁移发生了震惊世界的大仇杀。这悲剧的始作俑者自然是英国殖民者。在英国殖民者统治印度次大陆的200年间，他们为了稳固自己的统治地位，极为狡诈地利用昔日印度教徒与穆斯林的世代怨仇，重用印度教徒，轻视穆斯林，如对印度徒在某些方面减轻税收，对穆斯林则加重税收，在同一个工厂和工程里脏活重活给穆斯林承担，印度教徒则干轻的活，这又不断加深了印度教徒与穆斯林之间的仇恨。在英国殖民者不得不放弃对印度次大陆的统治后，他们表面上为了防止在独立问题上发生更大的流血冲突，实际上在撤出印度次

* 原载于《变化中的印度》，人民出版社2010年版，第56—66页。

大陆之前最后在印度教徒与穆斯林之间的矛盾与问题上撒上了一包难以消停的毒药。为此，蒙巴顿这个英国女王任命的在英印殖民地的最后一个总督宣布了以“蒙巴顿”命名的分治方案，在印度次大陆成立以印度教徒居住区为主的印度斯坦和以穆斯林居住区为主的巴基斯坦。但是印巴分治后，印度教与伊斯兰教间的流血冲突非但没有减少，反而更加猛烈，一次又一次激起了印度教徒与穆斯林间的血腥大仇杀（印巴两国至今为了克什米尔的归属问题发生了三次大战。进入21世纪后，克什米尔仍然是影响印巴两国关系发展的最难解的结。另外，在印度国内尚存的1亿左右穆斯林与印度教徒间的矛盾，也成了印度社会稳定和经济发展的最大绊脚石）。

此时，以尼赫鲁为代表的印度政治精英们深感首要任务是在设法制止因宗教大迁移而发生的仇杀的同时，着重考虑在印度建立一个什么样的国家，建立哪一种政治体制。1948年1月30日圣雄甘地被印度教极端主义组织“民族服务团”成员纳图拉姆·戈德森刺杀后，究竟在印度建立何种政治体制摆在了尼赫鲁和巴特尔二人面前。昔日印度政界三巨头少了圣雄甘地的左右调停，使尼赫鲁和巴特尔之间在政治重大决策上的争斗更加复杂尖锐了。尼赫鲁出身在一个欧化的资产阶级家庭，况且他早年又长期在英国留学，深受西方资产阶级民主思想的影响，其性情也比较豁达，思想较常人激进，故被称为印度民主派的代表。巴特尔却与尼赫鲁完全不同，他不但出身于古吉拉特邦一个有着正宗印度教传统的大地主家庭，而且从小是在严格正统的印度教文化的教育与熏陶下生活成长起来的，他还比尼赫鲁年长14岁。虽然巴特尔也曾留学英国专攻法律，但西方的民主思想很难进入他的头脑，对其影响十分有限，况且他性格执拗，思想又十分保守，并代表着印度大地主、大资产阶级、大商人和印度教派主义者的利益，自然也就成了印度独立初期保守派的首领和头面人物。在印度建国之初的日子里，正是以巴特尔为首的保守派的屡屡作梗，使建国之初大政方针的确立经常搁浅，也使尼赫鲁时常处在非常尴尬恼火的境地。1950年12月15日，巴特尔因病逝世，印度政界出现了一面倒的态势，以尼赫鲁为代表的民主派取得了完全的胜利。历史最终选择了以尼赫鲁总理为代表的政治精英们组建新一届政府，[①] 印度议会民主的政治体制也得以顺利通过并建立起来。

印度议会民主政治体制定为议会民主制度、文官制度、军事体制制度、联邦制度和政党制度。虽然印度沿袭了英国殖民政府统治印度时期的政治体制，但以尼赫鲁为代表民主派对其进行了适当改造并加以利用，使它基本上适应了印度的国情。为此，学术界一般认为，印度议会民主政治体制与纯西方的议会民主政治体制有所

① 此后尼赫鲁连任四届印度政府总理，“尼赫鲁”时代开始了。其女英迪拉·甘地和外孙拉吉夫·甘地分别担任印度总理，尼赫鲁家族在印度议会民主政治体制的建立和实施过程中，倾注贡献了自己的智慧和精力，也作出了巨大的牺牲。但是，尼赫鲁和英迪拉·甘地不时表现的专权行为，与印度议会民主政治体制的精神与宗旨是相悖的，也许这是印度特殊国情所决定的。——笔者注

不同，它虽脱胎于西方的议会民主制度，但具有印度特色，否则它是无法在印度这个具有特殊国情的国家里生存下去的。这个印度特色也已成为世界学术界研究议会民主政治课题的一个重要而不可缺的内容。人们也常常以新加坡前总统蒂凡那用钟对印度议会民主体制做形象的比喻来告知后人，蒂凡那总统的比喻是“英国人离开印度后，印度人把钟修理好，钟还是英国钟，却用印度的方式走动”。

二、印度特色议会民主政治体制的基本内容

据资料反映，印度的宪法是世界上最长的宪法，其文字多达 10 万余字，条文多达 395 条，条款 1000 多条。印度宪法从确立至今经过了 50 多次的修改，它规定了印度的国家政治体制为议会民主制度，政治上人人享有平等、自由和教育的权利，保护私有财产不可侵犯，经济为自由经济竞争体制。如果扼要简洁地概括分析研究印度议会民主政治体制的基本内容，笔者认为主要有以下 6 个方面：

第一，国会是印度联邦的最高立法机构，共分上院和下院，上院为联邦院，它代表着各个地方邦，共有 240 个席位，分别由各邦和中央直辖区选举产生，任期为 6 年，每 2 年还要改选 1/3 的议员。下院为人民院，它由全印度直接选举产生，共计由 540 名议员组成，任期为 5 年，5 年后全部重新改选。按照印度宪法的规定和常年来的惯例，印度议会的主要职权是：修改宪法，在全国范围内行使立法权，选举国家领导人总统和副总统，任命和罢免最高法院院长及高等法官、检查长、审计长等，并监督政府工作。政府及总理的部长会议集体对人民院负责，政府的每一次重大决策和政策措施的实行，必须得到议会的批准，议会也可以通过对政府的不信任案和财政预算制约政府，或者迫使总理和政府辞职。

第二，国家元首虽为总统，并从表面上看总统有着广泛的行政权力，但是印度实行的是总理负责制，以总理为首的部长会议是印度最高的行政权力机构，即使总统在行使职权时，也必须按照总理为首的部长会议的建议行事，这是印度宪法规定的总统不可逾越的门槛。印度总理还有组织和领导政府的大权，其政府部长会议成员是由总理提名总统任命的。印度总理还有权随时提请总统免去某个部长的职务，甚至解散政府重新改组。

第三，议会选举制是印度议会民主制的核心内容，它是由全印度普通选民参加的政治生命中最重要的政治活动。印度议会民主体制的独立选举委员会不受任何人和政府机构的控制与操纵。独立选举委员会由 4 个选举机构组成，它们是独立选举委员会、邦选举委员会、县选举委员会和区选举委员会（有些地方称“选举委员会”为“机关”）。每一级选举委员会都有其不同的责权，最终对选民负责。印度实行成人普选制，年满 18 周岁的公民都可以成为选民，任何超过 25 周岁的印度公民登记

为选民后，都有资格参加人民院上院和下院席位的竞选。但是，为了保证选举的严肃性，每个参加人民院和邦立法院竞选的公民需交1万和1.5万卢比的保证金，如果在候选人的选区内没有得到超过1/6以上的选票，预交的参选费用发还参选人。参加竞选的选民除了须交保证金外，有的还要注册政党的支持和选举官的审查，有劣迹的人不能参加竞选。选举投票采取秘密投票制，选举委员会在2平方公里内设一个投票站，投票站的工作人员要核对选民，并对选举官和候选人投票代理人进行全程监视。

第四，改革文官制度。英国殖民政府遗留下的文官制度及各级官员，独立后的印度新政府全盘接受，这是为了保证最初的新政府工作能正常运转。但是，这不是草率的照单全收，在新政府运转的过程中，以尼赫鲁为代表的政治精英们对英国殖民政府的文官制度进行了印度特色的改造，其人员也在不同的阶段时期进行不断的教育、培训、考核，以更加适应独立后印度新政府的需要。概括起来有三个方面：首先，新政府把文官机构的名称改为“印度行政机构”，除保留“印度警官”外，还增设了新的“印度外交官”、“印度中央秘书”、“印度经济官员”、“印度稽查官”及20多种技术官员机构。印度文官分为三类，全印文官指的是在联邦中央和邦之间可以调职通用的官员，由中央公职委员会统一招聘，分配给联邦中央各邦政府各级行政机构。中央文官指的是中央政府的秘书人员、外交官、会计官员、经济官员、海关税务官员、统计和审计等文职人员，亦统称为秘书。邦文官是邦政府招收录用的官员，一般担任县以下的各级行政职务。邦文官如果从官政绩优秀可升为中央行政官员。其次，制定“全印文官法”。对印度录用的各类官员制定提升、行为、工资、纪律和上诉等一系列考试、考核的条例和规则。当然，提升和任用中等以上职务的官员，不但要进行严格的考核，同时要参看其年资和才能，对特别优秀的公务员在经有关部门公开推荐和联邦公职委员会审查合格后，最后由中央政府任命。印度执行文官法以来，一直非常重视任用具有高等学历和专门经验的人才进入文官队伍，在经过一定的教育训练后充任政府机构的高级职务。

第五，整编军队。印度军队的性质是国家的军队，其宗旨是维护和保卫国家和人民的根本利益，不为某一个政党和阶层拥有和指挥，一切命令听从政府的调配和派遣。印度军队的最高统帅是总统，并通过总理主持的内阁军事委员会实施对军队的指挥权。为了防止军人干政，印度实施文官治军的办法，削弱军队在政府决策中享有一定的自主权，国防部长由文官担任，三军参谋长对国防部长负责，军费开支在政府财政部的直接监督之下。另外，为了严防高级军官与地方势力合股势力增大后干政，印度中央联邦政府经常给高级军官调换工作，以防止他们积累力量发展野心。

第六，全印度实行联邦制。全印各邦的政治体制与中央基本一致，邦首席部长在普选的基础上产生，不通过中央任命的办法，一般任期5年。邦组建一个由首席部长为首的部长会议，但是这个部长会议必须得到邦议会大多数议员的支持，邦部长会议向邦议会负责。虽然印度各邦的自治权力有限，但邦还是享有66项立法权和442项中央与邦共同立法权，其中包括公共秩序、警察、地方自治、卫生、工业、土地法、刑法、刑事诉讼法、婚姻法、财产转让、契约、劳工福利、纠纷、经济计划、报纸、物价管理、土地和建筑税、电力和印花税等。不过联邦法规定，各邦制定的法律只有在同联邦法律不相对抗的情况下才有效，也不能妨碍和有损于联邦的行政权。另外，有的邦实行的是邦长由总统直接任命，邦议会由邦长指定，但是总统有权解散议会，重新召开议会。实际上印度的联邦具有单一制国家的特点。“严格地说，印度并不是一个联邦制国家。”[①] 总之，印度是个宗教、民族、人种、语言等极为繁杂的国家，这一国情决定了联邦中央既要给予地方相当程度的自治权，但是这个自治权又不能丝毫有损于联邦宪法与法律规定，必须消除有可能产生的地方与民族狭隘心理的界限，为建立一个强大的向中央集权靠拢的联邦制国家创造更为有利的条件与环境，这种联邦制下的中央集权是符合印度国情的。

三、印度特色议会民主政治体制的特点

从上述印度特色的议会民主政治的内容看出，印度独立后的政治精英们迫于独立之初平稳控制印度政局的需要，全盘接受了英国殖民者遗留下来的西方议会民主的政治体制，不过他们深知这个移植过来的西方议会民主的政治体制必须进行印度特色的改造，这样方能适应印度的国情需要。60余年来，印度历届政府对这个印度特色的议会民主的政府体制进行了无数次修改，不断地加入印度内容，但是其基本框架没有变。如果对今天的印度议会民主政治体制加以深入的分析研究，笔者认为其主要特点有3个方面：

第一，议会民主政治体制的基本框架是西方的，但是其印度特色确实还是相当浓的。如印度的宪法、联邦制对地方自治权的解释和行使，联邦中央集权对地方自治权的制约、对军队的改造与控制等。若从更深的文化价值和哲学理念的角度去探讨研究的话，它基本上体现了印度文化的核心价值和哲学理念，基本上达到了对自由、平等和权力平衡的目的，以及精神与物质的依从关系，精神第一，物质其次。为官者虽也看重权力、地位、利益三者之间的互为关系，但是在印度，权力、地位与利益之间没有绝对直接的因果关系，因为权力、地位并不能与物质利益享受直接挂钩。从印度5000多年的文化底蕴及其价值现与哲学理念分析研究，印度形成了尊重知识、尊重人才的社会风气，知识是第一位的，王权思想并没有在印度文化的土

① D. C. Gupta, *Indian Government and Politics*, New Delhi, 1983.

壤中无止境地扩大化。诚然，也有不少印度人会去追求权力和地位，但是他们并不以此换回相等的物质利益，而更多的是责任和业务的承担及精神上的享用。

第二，议会民主制下一党专政向多党联合执政的转变。印度的国大党是印度最早成立的大党，成立于1885年，这个百年老党的影响力在印度次大陆极为深远。虽然印度是个多政党的国家，20世纪20年代相继出现了宗教性质的政党组织，如印度教大会和穆斯林联盟，30年代印度共产党又出现在这块大地上，随后还有地方性小党不断涌现，如阿卡利党、德拉维达联盟，60年代末70年代初又出现了印度共产党（毛泽东主义）派等。大大小小的政党遍及印度城乡各地，人人都可以振臂一呼，聚集一些人，向社会宣布成立了×××政党组织。据不完全统计，印度独立后的第一次大选注册的全国性政党就有192个，2009年大选已达434个。但是，在印度独立之初的20年里，国大党几乎一统天下，不过20年后，国大党开始走下坡路，学术界不少专家认为，这是国大党自身内斗和党风下滑及艰苦奋斗、追求真理与创新精神的缺少造成的。这虽言之有理，但我们也不得不看到这样的事实，由于印度议会民主政治体制的实施，民主一词已深入人心并已成极为重要的决定性因素，正因为如此，国大党在执政过程中的政绩和错误可以大白于天下，透明度高，所以国大党在执政过程中存在的错误也更易受到在野政党组织的监督，稍有不慎就会受到在野党的攻击和发难。从总体上讲这是议会民主政治体制优越性的表现，但这对国大党来说既是好事也是坏事，好事在于它能及时吸取教训并改正错误，保证不再重犯类似的错误，也许这也就成了国大党能连续执政20年的一个重要因素之一。坏事即执政党每一个执政过程中的失误、缺点与错误，均可能成为反对党使它失去执政权力的理由。印度这么大的一个国家，其社会之复杂是举世皆知的，国大党走上执政舞台之初还是比较小心谨慎的，但是天灾人祸和一些突发事件使其难免会产生判断上的错误进而产生不利的后果，如“金庙”、“寺庙之争”等事件酿成的错误。再加上如前所说的国大党内部的贪污腐败与勾心斗争，以及一些高官责任心的缺失，从1967年开始，国大党出现了衰退现象，给印度新兴的组织与力量及反对党进入印度政坛敞开了大门。从某种角度上讲，这给印度政坛吐故纳新，也给百年老党闭门思过重掌政权创造了一个良好竞争的机会。1977年3月至1980年1月人民党执政，国大党开始退出一党专政的历史舞台，虽然国大党之后卷土重来，但是其一党专政的历史局面从此一去不复返，一个多党联合执政的时代不可阻挡地到来了。从上世纪末和新世纪初几次大选的情况来看，国大党已雄风不再，1967年第四次大选得票率还在42%，此后逐次减少，第十次大选因英迪拉·甘地总理被刺得了不少悲情票，但也只有得票率的36.5%。此后反对党在议会的势力不断壮大，自由党、共产党、民公党、人民党、泰卢团之乡党、印度人民党都成了角逐印度政坛核心权力部门的新兴力量，印度人民党的执政历程充分地说明了这个问题。虽然2004年国大党在下台蛰伏多年后又重新走上印度的执政舞台，但是它也只能在众多小党派的支持下组成联合政府，尤其是印度共产党的支持成了 2004 年国大党上台组阁的关键因素。国大党在相当长的时间里难以实现一党专政的局面，还有其 5 个方面的理由。首先，印度地方势力的日益增强及政治力量的多元趋势已不可逆转。其次，尼赫鲁时代的社会主义计划经济使印度经济发展缓慢。虽然印度在尼赫鲁时代优先发展重工业的政策，使印度有了一个完整的工业体系而功不可没，但是之后发生了严重的粮食危机。尽管此后英迪拉·甘地的“绿色革命”解决了印度的吃粮问题，但粮食危机造成的后果、僵硬的计划经济、外贸的许可证制度等，都已成为人民不愿再回忆的往事。第三，1962 年中印边界冲突使人民对尼赫鲁及国大党的信任下跌，而此后的扩军备战所花费的大量财力和物力又使印度经济雪上加霜。为此，从某种角度看，尼赫鲁的失误使国大党威望一失再失，这也就给了地方党派势力和新兴党力量兴起的良好机会。第四，国大党的党组织工作虽近几年在索尼娅·甘地和拉胡尔·甘地的努力下有所改善，也取得了不少成就，如 2004 年大选的胜利和 2009 年大选的再次执掌印度政坛就是一个有力证明，但是笔者认为从目前印度进入新世纪后与国大党各个方面的状况来看，其要恢复到印度独立之初的精神面貌，也许还要经过相当长时间的奋斗与创造性的发挥。第五，印度教派主义势力强盛。印度是个宗教国家，由于国大党在执行世俗主义国策时的失误，给印度教派主义势力发展提供了机遇，当前印度人民党的印度特性和强烈的民族主义情绪唤起了不少极右派和地方保守派势力的民族主义情绪与支持力，印度人民党民主联盟在今后相当的时间里是国大党民主联盟最强劲的对手。印度人民党现虽已走下了印度的执政舞台，但是其在印度教徒中的影响力不可小视，伺机东山再起的愿望仍然十分强烈。国大党民主联盟一旦有所闪失，印度人民党也不是没有希望重新走上印度的执政舞台。

第三，印度特色的议会民主的政治体制，已基本上为大多数印度人所接受。60 余年来，印度社会基本上能保持在平稳状况，每一次的大选也能基本反映民意。尽管在这 60 余年里多次爆发了印度教、伊斯兰教和锡克教之间的流血冲突，也导致了全国性的骚乱，对当时的社会稳定和经济发展产生了一定的不良影响，但是总的说来，这些动乱与冲突没有动摇印度国家的根基。从某种意义上讲，印度全国人民经过 60 余年的议会民主的历炼，“民主”这个词的概念已基本上深入到每个印度人的心里，融入到他们日常的生活中。在印度，普通老百姓的法律意识也比较强，他们能够运用民主和法律的武器维护自己的权益。所以，世界舆论普遍认为，印度独立以来 60 余年里，其取得的最伟大政治成就之一就是通过了议会民主的政治体制，议会、民主和法律已被普通百姓所接受，并付诸行动中。当然，印度议会民主政治的质量并不高，例如从 2009 年大选的统计人数来说有 7 亿人左右，但是其中有不少人的投票行为并非出于自己的心愿，有的是为了自己种姓集团的利益，有的是为了自己宗教信仰的利益，有的则被人利用和驱使为某一个党派组织服务，有的偏远山区的农民甚至只是为了一条驱寒的毛毯和一件像样的纱丽。但不可否认的是，每一次大选的结果还是能够反映全印度人民的心愿。如百年老党国大党政绩不佳可以被选票赶下台，雄心勃勃的印度人民党在“大放光芒”的竞选形势下败北，也正是因为其政府只注重发展经济、不关注民生。2004年国大党民主联盟正是因为吸取以往的教训，执政的4年里“以人为本”，确实为改善民生做了不少实事，2009年大选仍以关注民生、改善民生为口号，因此它又一次赢得了选民的厚爱，用选票把国大党民主联盟留在了执政党的地位，重新执掌印度政局，曼莫汉·辛格总理及其同僚也能继续他们雄心勃勃的经济振兴计划，把印度真正建设成为“有声有色”的能与美国相比的世界大国。可是2014年国大党再次败选，经济改革受挫却成主因，因为只有经济发展，民生才能有改善基础。

不过，我们也不得不看到印度议会民主政治体制还存在着不少弊病，任其存在下去将会伤及议会民主宗旨的根本，这些弊病制约了政治力的增强，使印度成为“民主政治体制下的软国家”。①

四、“全印文官法”对今日印度经济崛起的作用与影响

在深入分析研究“全印文官法”对今日印度经济崛起的作用与影响前，笔者先简述一下议会民主政治体制对印度经济发展的两个方面的问题。首先，在印度特色的议会民主政治体制实施的60余年里，它对印度经济的发展和今日的崛起产生的影响是巨大的。总体而言，印度特色的议会民主政治体制成就了印度经济的发展，虽矛盾与问题不少，但是基本状况还是比较平稳的，60余年里基本没有伤筋动骨的大起大落局面出现。如尼赫鲁政府在大力发展国营经济时，并没有把私营经济的发展完全堵死，私营经济在1991年经济改革时还是有了相当程度的发展。一旦限制私营经济的某些政策措施解套，私营经济的发展便如虎添翼。目前，印度的私营经济和国营经济相比，其发展规模和速度远远超出了国营经济。尤其是印度私营经济跨国经营集团，其规模和效益更是令人羡慕，如塔塔跨国公司，它在全球的经济活动、经营规模和效益，在当今世界大国经济体中尚无人能及。另外，虽然由于议会民主政治体制决策程序的制约影响，印度经济发展速度较慢，但是印度经济在发展过程中，在资源、人力和财力上没有出现重大的决策失误与浪费。当然，我们也不得不注意到，在印度的议会民主政治体制下，其民主虽能得以充分地张扬，但无休止的争议、议而不决、决而不议，使印度丧失了不少经济发展的大好机遇与时间。另外，似乎有些令人不解的是，今天的印度凡有知识的人都知道议会民主的政治体制给他

---

① P. R. Chari，“Newer Sources of Insecurity：The Crisis of Governance in India”，*Rcss Policy Studies 3*，Jan 1998.

们国家的经济发展带来了议而不决、决而不议的毛病，若不克服仍将使印度继续丧失难得的机遇与时间，但是大多数印度政府官员和学者还是认为，机遇与时间的丧失虽是遗憾的，但是正因为有议会民主政治体制下难以逾越的决策机制和程序，他们国家经济的发展和社会的稳定才少了些盲目性，多了些准确性和完整性，也基本杜绝了个人意志行为因素给国家所造成的难以挽回的损失。

其次，虽然印度的联邦制被称为具有“单一制国家”的特点，但是印度的议会民主政治体制并没能使单一制无限扩大化。尼赫鲁时代运用联邦制中央充分集权的权威，能动用立国之初全印度的财力、物力和人力，建立了较完整的工业化体系，但从某种角度上讲的确限制了地方经济的发展。尼赫鲁时代一结束，印度政府大力进行经济改革，给地方经济松绑，又由于议会民主政治体制的作用与影响，中央权威得到了削弱，地方势力得以快速增长。地方经济的发展又助长了因宗教、语言和种族矛盾与问题逐步尖锐化，许多地方势力和政党要求扩大地方自治的呼声高涨。进入 21 世纪后，地方经济的发展使一部分权力向地方转移，邦政府的权力放大，中央的号令政令难以在全印各邦得到更好的贯彻和执行。从某种意义上讲，过于增长的地方势力在总体上有时却损害了全印度的国家利益，影响了全印度的政治稳定和经济发展，如宗教、种姓、种族和语言上的矛盾与问题的影响，使全印度的安全和社会稳定受到干扰和影响，而正是国家基础设施建设（如大型的基础工业、交道、港口、电力、民航和水利等）速度的缓慢，使印度经济发展速度受阻，同时某些地方势力的膨胀又影响了整个国家经济的发展速度和规模。

当然，就“全印文官法”国家公务员体制而言，它对国家政治、经济和社会的稳定和发展的影响尤为巨大，以下主要分析研究 60 余年里执行“全印文官法”的得失及其发展趋势，使人们更清楚地认识到印度议会民主政治体制的优势与不足。以下着重从两个方面论述“全印文官法”对今日印度经济崛起的作用和影响。

一方面印度公务员制度在国内政局经济进程中起到了积极作用。如前所述，印度公务员制度的制定和实施至今已有 60 余年，全面分析研究印度公务员制度在国内政治和经济建设方面的功绩，不是一件容易的事。但是纵观历史，印度公务员制度建立后在两个方面发挥了不可低估的作用和影响，为印度社会秩序和国内政局的稳定及经济发展贡献了不寻常的功绩。

首先，印度公务员制度在稳定国内政局和社会秩序方面起过重要作用。印度独立之初，国内政局动荡不安，社会秩序非常混乱。印度教与伊斯兰教的矛盾斗争与流血冲突以及印巴两国的克什米尔之争，使印度国内政局和社会秩序更加充满了血腥的危机；另外，各土邦王国在归属问题上与中央联邦政府的明争暗斗，也使新生的印度政府手忙脚乱；而殖民政府遗留下来的旧公务人员的心不在焉和种种刁难，更使新政府的工作难以正常运转。1948 年建立的印度政府公务员“特别任用委员会”以及 1951 年制定的“全印文官法”，紧急选拔和提升了大批新公务员来充实中央和各邦的公务员队伍，才使新政府和各邦政府混乱的工作局面逐渐恢复常态。通过把社会上具有高等学历和专门经验的年轻人吸收到公务员队伍中，新政府得以在短短的几年里，迅速建立起一支人数可观的专门技术队伍，投入印度经济建设的各个方面，使印度经济迅速走上恢复和发展的道路。至 1956 年第一个五年计划结束时，印度的各类公务员人数已达到 80 万。

另外，印度政府在原有警察队伍的基础上，大力扩充警察治安队伍，招募社会上大量的有志青年加入警察队伍维护社会治安，并给予他们较高的工资和生活待遇。印度政府用于警察队伍的开支也从 1950 年的 3000 万卢比激增至 1978 年的 4218 亿卢比，猛增了 1.4 万多倍。警察队伍在治安方面的保障作用，不但使独立之初的混乱局面迅速恢复平静，而且保证了在较长时期内政局虽时有动荡但总体稳定，按印度人的说法叫“乱中有治”。不过，印度警察在维护地方治安时也有出格和过火行为，印度政府也逐渐进行司法限制。今天，印度警察在国内政局和社会秩序稳定与支持经济建设方面发挥着越来越大的作用。

其次，公务员队伍大大充实了国家经济发展的人才库。1950 年 3 月，新建的计划委员会在写给尼赫鲁总理的报告中强调，必须把具有高等学历和专门经验的人才吸收到国家公务员队伍里，并让他们接受经济方面的训练。同时，在大学、金融部门和各大实业公司选拔具有丰富知识和才能的人充当公务员中的高级职务，为印度新经济的发展储备充足的人才。委员会认为，如果不这样做，国家的经济发展计划就难以实现。

印度独立之初，其经济状况比独立前更加糟糕。由于印巴分治，虽然有 91%的工业企业留在了印度，但是主要的出口产品棉麻织品的原料地绝大部分在巴基斯坦，更加严重的是人民生活的必需品粮食产地也大都在巴基斯坦境内。为此，印度独立后的第一年工农业生产比独立前分别下降了 3.4%和 5.1%。发展工农业生产，稳定和提高人民生活水平，成为印度新政府的当务之急。于是，印度政府快速制订了从 1951 年至 1956 年的第一个五年计划。为实现第一个五年计划制订的各类工农业生产目标，急需大量经过训练的专门技术和经济管理与金融方面的人才。而印度政府公务员中储备的大量专门技术和经济金融方面人才，不但在制订第一个五年计划中起到了组织计划者的作用，更直接参与了完成第一个五年计划的各项工农业生产目标，他们是印度第一个五年计划得以完成的实干家。第一个五年计划结束时，印度的工业生产增长了 25%，农业生产增长了 22.2%，“六五计划”结束时，印度已经基本上建立了一个完整的工业体系。印度的工农业和科学技术也取得了长足的进步与发展。尤其是工业企业，它们从无到有，从小变大，由弱变强，工业设备的自给率从独立初的 10%上升到 90%，并且能够建造钢铁、化工、制糖、纺织、电站、核电站的成套设备。至 1985 年，印度煤的产量比 1947 年增长了 4 倍，达 1.47 亿吨；钢锭产量由 147.2 万吨增至 1081 万吨，增长了 7 倍多；原油产量由 23 万吨增至

2899万吨，增加了125倍。印度的农业不但克服了1965年至1966年的粮荒，又因“绿色革命”的成功，还有余粮出口。科学技术的发展改变了一直依赖外国技术的状况，还能向世界各地甚至欧洲工业国出口工业产品和技术，科技队伍的人数已位居美国和苏联之后，居世界第三位，并逐渐形成一支能适应国际交流与竞争的高科技（如IT信息产业）、贸易、金融管理的国际化人才队伍。众所周知，印度独立后建立的是混合经济体制。以尼赫鲁为代表的政僚们认为，建立强大的公营企业是印度经济发展的目标，为此，国家资源首先应确保公营企业的需要。正在此时，五年计划的制订者，在大量调研的基础上，向政府提出了要给私营经济足够发展空间的建议，并且认为公、私经济应有所分工。“公营经济最好是发展那些私人企业家不能和不愿意投入的风险很大的工业部门，其余部门由私人自由投资经营。”[①] 正是由于这一政策的出台和实施，印度的私营企业得以保存，虽有所制约，但还是在政府积极的扶植下得以发展壮大。印度著名经济学家阿吉特·罗易写道：“私营部门主要是垄断资本在这个基础结构上建筑起自己富丽堂皇的大厦。”[②] 长期以来，印度的私营经济成为印度经济的半壁江山，如今，不少的私人跨国集团已成为印度经济的顶梁柱。目前，印度位列前20位的私营财团的313家公司的资产总和已与236家公营企业相差无几，他们的国际竞争力有些方面还要比公营企业强劲得多。

另一方面，印度公务员制度在稳定国内政局和社会秩序以及促进经济建设方面起积极作用的同时，也产生了一些弊病，主要表现在以下三个方面：

首先，民主与集中严重失衡。在印度中央和邦政府的各级部门里，任何大小事件都必须经过一定的民主程序，以达到意见的统一。为此，公务员们济济一堂，一旦对某个问题有意见，就争论不休，难以形成决议。对于政府的每一项决策，充分发扬民主，畅听民意，这是需要的，但是长期为了一个问题开“马拉松”会议，往往议而不决，就会使经济改革丧失不少宝贵的时间和机遇。如印度人认为，中国经济改革的巨大成功取决于经济特区的建设，于是在上世纪末，印度提出了加快建设经济特区的计划，但是政府关于鼓励经济特区发展的有关政策直到2000年才出台。由于各方面政策配套不合理，印度的经济特区一直未取得令人满意的成果。据统计，2000—2003年间，印度经济特区内的年平均经济增长率只有7%，经济特区和出口加工区的出口贸易也只占全印出口贸易的5%。主要原因是印度1961年所得税法、1899年的印花税法、1938年的保险法和1944年的银行管理法，以及海关关税、消费税等多部法律法规需要修改，旧的法律法规阻碍了印度经济特区的发展。特别是印度的《劳工法》，对外商企业的用工干扰更大。印度政府曾在2000—2003年几次表示要绕过《劳工法》，给经济特区的外企更多的自主权。2005年3月，印度的工

① 引自印度计划委员会：《第一个五年计划报告》。

② 阿吉特·罗易：《印度垄断资本主义》，加尔各答出版社1976年版，第108页。

商部长卡迈勒·纳特还在讲印度政府允许经济特区绕过印度严格的劳动法规，却又迟迟不见修改的劳动法规出台。而有关新的经济特区的消费税、所得税及其出口方面的规则也还在争论之中，未能取得统一意见。尽管2005年通过的《经济特区法》给予了投资者更多的优惠政策，在用工方面外企也有了更多的自主权，但是这些法律法规的实施，更需要地方法规的配套和支持才能奏效。另外，众所周知，班加罗尔是印度高科技和软件的中心，也是印度经济改革开放成果中的亮点，是印度人引以为荣的发展中的城市。正是因为班加罗尔高新技术发展迅速，原有的陈旧机场已远远不能满足贸易和人员往来的需要，尽管政府官员们也认为班加罗尔应该建设一个新的国际机场，但是由于民主政治的需要，项目的立项审批需要各个方面的认可和经过长长的民主程序，“即便在那里，经济增长也要受到政治因素的威胁，修建新机场的工作已拖延了7年，而上海在短短的3年间便修建起世界上最辉煌的机场”。“这鲜明的对比致使一些印度人有时充满着绝望地声称‘民主代价’延缓了他们的发展。与此同时，印度人几乎全都表示不愿意改变这种做法。”① 如果从印度文化的根源上寻找原因，这也许就是印度的容忍精神在民主的兴盛和国家多元文化政体中的体现。

其次，“长官意志”大行其道。当世界不少舆论在赞誉印度式民主政治体制的优势时，他们却不容易看到在“民主”掩盖下“长官意志”却在大行其道。这也许是印度公务员制度的又一弊病，显然这与印度的民主是相悖的。

印度的“长官意志”能大行其道，主要有三个方面原因：一是印度式民主政治体制一方面是从英国殖民政府手里直接移植过来的，另一方面却又经过改造，在印度传统文化的土壤中成长起来。虽然印度在英国殖民统治期间，殖民政府各部门中公务员的主要职务被英国人所霸占，但是也有一些次要的职务由印度本土人士担任，英国公务员中不良遗风“家长式”的统治也有人传承，更为重要的是英国在印度长达200年的殖民统治，繁琐严格的公文长官审批签字制度，也被印度独立后的政府官员全盘接受了下来。二是印度又是个封建意识十分浓厚的社会，大男子主义、王权思想、崇尚权力等观念在当今社会仍根深蒂固地存在着。虽说印度社会经过50多年民主思想的改造，这些不良习气和思想有所收敛，但是仍然在许多方面顽强地存在。三是在印度各级政府中，一个地区单位主要行政长官的权威是神圣不可侵犯的，长官的任何言行指示，下级不得违反。即便是对上级下达的指令性政策的执行，若不符合该地区大小长官的利益，也难以在该地区顺利执行，这与西方议会民主制度共有的营私舞弊、政客投机的弊端相比更具印度特色。最为明显的例子是印度的土

① 霍华德·弗伦奇：“印中对话暗示世界发生根本变化”，[美]《国际先驱论坛报》网站，2005年4月8日。

地改革。印度独立之初，新政府把废除柴明达尔土地制度[①]、把土地还给农民作为印度农业改革的根本大计，可是由于这一政策损害了邦一级以下不少大小官员的利益，而这些官员又把持着邦政府各部门的要职，因此他们不但千方百计地阻拦土地改革的顺利执行，还变着法儿地逃避土改大量夺田，又使更多的佃农变为无地的农工，土改的结果是殖民时代靠收租生活的地主变成了自由印度的优等农民。“他们同富农一起是发展农业的‘传导者’、政府投资的收益者、商品生产和‘绿色革命’的获利者。租佃制度的改革不是实行‘耕者有其田’，而是更多的‘耕者失其田’。新地主阶级比老地主阶级更加贪婪。”[②] 土地仍集中在少数新老地主手中，耕田的农民还是没有土地，或者只有少量的土地，他们仍生活在贫困之中，印度农村的贫富差距越来越大。

1967年印度纳萨尔巴里由印共（马列）发起的农民运动，对当时的英迪拉·甘地政府的打击是巨大的。英迪拉·甘地政府为了巩固国大党政权，杜绝农民运动的再次发生，决定再次推动土地改革，实行农民“耕者有其田”目标，可是土地改革前后进行了约20年时间，却并没有多大收获，土地改革的效果仍非常有限，虽然对土地的持有者实施了最高限额法，但是由于限额一般都规定得过宽，大土地所有者手中仍掌握着大量的土地。虽然政府颁令把从部分大地主、高利贷者手中追回的土地和国有森林荒地分给一些无地的农民，但是最后不少农民又由于贫困与生活的逼迫，把这些新得的土地卖给了大地主或大农场主，成为土地的佃农。究其根本原因，仍在邦一级立法和行政长官的身上。“因为印度的宪法规定，农业改革的立法和执行属邦职权范围，而邦的掌权者中有很多人是富农和大土地所有者，出于自身利益的考虑，并不想进行彻底土改。联邦政府是全国土改的指导者，在推动各邦土改方面能起积极作用，但十分有限。”[③]

另外，“长官意志”能在印度大行其道，在民主政治的大环境下又得不到根治的另一个原因，也许也是印度“强人政治”的翻版。纵观印度独立后的历史，在很长一段时间里，印度党政的重大决策，几乎由尼赫鲁和英迪拉·甘地个人决断。

第三，公务员的惰性和创新意识的缺失。至今没有任何人怀疑印度公务员的个

---

① 柴明达尔土地制度是英国殖民者侵占印度后形成的。英国殖民政府为强化自己对印度的统治，改变了印度传统的土地占有制度，采取“包税地主制”、“农民租佃制”、“农村租佃制”，承认个人可以占有、抵押、出售土地，从而使大部分村社共有的土地变成各种形式地主的私产。扶植起一个为殖民当局掠夺服务的新的封建地主阶级，他们从殖民当局取得地契，向殖民当局交租，而耕地的农民成了地主的佃户，他们榨取佃农几乎所有的劳动成果和生活、生产的必需品，成为印度农业发展的主要障碍。

② 布·金·乔希：“关于土地改革”，[印]《计划》杂志，1980年8月7日至9月6日。

③ 林承节：《独立后的印度史》，北京大学出版社2005年版，第312页。

人素质，他们是印度知识分子中的精英。但是，与印度各级官员接触较多的人都知道，印度公务员的办事效率太低，他们几乎没有什么紧迫感，凡事都是那么慢慢吞吞，犹如印度农村大地上行走的牛车，不紧不慢旁若无人地走着……

印度的经济改革和开放自上世纪 90 年代初开始至今，已经有 20 多个年头了，可是其中政府明文规定已对外宣布要出台的改革开放政策和措施，却又迟迟得不到认真的贯彻执行，如进一步降低关税问题、增加对外经济开发区及其优惠政策的制定等。走进印度政府机构，工作人员行动缓慢，办事效率低下，整个机构死气沉沉，没有一点朝气。世界银行的一项研究报告写道："它在印度开办一项业务所花的时间是在中国的两倍，花了 89 天，而在中国只花了 41 天；注册资产在印度要花 67 天，而在中国只花 32 天；履行合约在印度要花 425 天，而在中国只花 241 天。"① 为此，世界上很多经济学家认为，印度必须改善其官僚机构公务人员对工作的惰性，增加创新意识和激励机制，摒弃困扰企业的"普遍存在的繁文缛节和各邦太多的规章制度"。②

分析研究印度公务员中工作惰性和创新意识缺失的原因，大概可以归结为四个方面。一是印度公务员的薪金和待遇虽还是比较高的，但是旧的考核晋升制度已经不适应新时期发展的需求。印度官场腐败横生的管理制度，使公务员的考核从上到下流于形式。"你好我好大家都好"，没有一个人因考核不合格被解雇。二是对一个印度人来说，进入国家政府机关工作，成为一个公务员，意味着其不但有了一份不错的工作，享受着较高的收入和待遇，其社会地位也随之上升。所以，为了保住自己这份工作，他们除了小心谨慎外，还要一心讨好自己的上司。另外，在"长官意志"盛行的印度政府机关里，下级的任何一个工作新举措都是很难得到认可的，有时还得到不公正的待遇，与其如此，倒不如循规蹈矩地按章办事。三是印度政府机关内官僚习气浓重，繁文缛节盛行，缺乏调查研究的风气。他们虽然有时也到下面走访，但是往往听汇报看文件，很少亲自下到基层进行专心细致的实地调查研究，往往到了下面呼声甚高的时候，才着手进行调查解决。四是印度公务员系统过于庞大臃肿，人浮于事。印度不少政府部门和邦公务员严重超编，仅安得拉邦就有公务员 60 万人，整整超编 20 万人。为此，印度公务员工作效率低，时间观念差，经常是几个人干一个人的事。一杯奶茶，一张报纸，迟到早退，也是常见的现象。另外，在印度政府办事，如果不拉关系和搞些"小恩小惠"，就难以办成办好自己的事，可是公务员们对有权有势的人物则像神样供奉着，丝毫不敢有半点的得罪。

总而言之，印度虽有完善的法律体系、议会民主制度和行政管理制度，但是这些制度在执行过程中因受到人为因素、传统习俗、封建思想的影响而大打折扣，也

---

① 丹·比列夫斯基："中印对抗：实力对比"，[美]《国际先驱论坛报》2006 年 1 月 25 日。

② 同上。

使当今印度的公务员制度越来越不能适应印度迅速发展的经济的需要，必须进行改革。必须通过打破铁饭碗、增加竞争和激励机制、鼓励创新意识、实行严格的淘汰制、制定“良才”重用制等来改革现行公务员制度。通过改革，努力克服印度传统文化中负面因素的影响，把印度文化特有的哲学理念和价值观与先进科学发展观结合起来，方能适应时势的需要，在当今印度崛起中起到促进的作用。

从金融改革和经济发展看印度的软国力*

印度自1991年进行经济改革以来，已走过了20个年头。如今，印度经济发展势头看好。为此，印度国内外媒体与不少专家学者认为，“在未来的十年中，发展步伐缓慢但扎实的印度胜算的可能性比中国大。历史将证明，通过自力更生，经济和文化才会获得持续发展”。[①]这里说的胜算，不是指中印经济总量的比较，而是印度经济发展的软国力要好于中国。

那么，印度经济发展的软国力究竟如何？要弄清这个问题，首先要看印度为什么在1991年要进行经济改革？又从何处着手？其软国力的特点、优势和长处在何处？发展的趋势、前景又将如何？本文试图从印度经济改革发展的角度，去分析研究印度国家软国力的表现。

一、印度经济改革始于金融

一个国家的强弱，主要看它综合国力的表现，综合国力有硬软之分，金融属国家软国力范畴。始于1991年的印度经济改革，为何要从金融开始，究其原因有三：一是虽说1991年之前，前总理拉吉夫·甘地已经着手印度经济的调整计划，并且也取得了不小的成果，众口称道的电子工业、软件开发、石油化工、原子能、航空航天、生物技术、制药业等领域的成果尤为突出。但是，由于当时的印度中央和邦的大多数政府官员对于拉吉夫·甘地的一些改革方针政策悟得不透，也没有紧迫感，几乎没有多大经济改革的压力和主动性，所以对这些政策措施实施后出现的一些矛盾与问题敏感性不强，麻木不仁，以至于出现了使国家背上过多外债的险局，其外债高达200多亿美元。再加上1991年初世界石油价格高涨，印度经济被拖入自独立以来最为严峻的外汇危机，雪上加霜的是又有1亿美元的NRI外逃，全印度外汇储备只有10亿美元，仅够印度支付两周的进口所需款。此刻，印度国际借贷市场的信

---

* 原载于《变化中的印度》，人民出版社2010年版，第124—135页。

① Mukul Pal，“Long India，Short China”，*Business Standard*，February 23，2009.

用等级也急剧下降，为了应付危局，为了偿还即将到期的债务，印度政府不得不动用国家的黄金储备，4 次紧急用飞机把国库中的黄金运到英国伦敦英格兰银行，换回急用的 4 亿美元外汇。

二是当时印度政府面对如此尴尬的国际金融危局，有点不知所措，不知如何着手去解决印度的金融困难。这时世界银行和国际货币基金组织在向印度政府提出警告的同时，严肃地指出，印度的经济必须着手进行根本性的改革，否则经济发展将会停滞不前，其后果不堪设想。那么，印度的经济改革应从何处开始呢？世界银行和国际货币基金组织给印度设想了金融改革的方案，当时担任拉奥总理财政部长的曼莫汉·辛格及其助手又结合印度国内经济的特点和具体困难，几经反复、权衡与评估，最终同意了世界银行和国际货币组织的意见与方案，下决心对印度金融进行改革。

三是如何在短时期内挽回金融危局，这对曼莫汉·辛格部长及其助手们来说也是件十分艰难的事情，可是时不待人，必须雷厉风行作出决断。面对印度外汇危机和经济发展的长远目标，曼莫汉·辛格部长及其助手进行了如下五项改革：(1) 对卢比进行二次贬值 20%，把出口商 40%的外汇收入官方汇价向政府结汇后，其余 60%可自行处理，也可以进入市场进行公开买卖，鼓励出口商的积极性，卢比因而成为一个部分可以自由兑换的货币。另外，各种原材料、配件、机器大部分也可以自筹外汇进口。(2) 进行贸易政策改革，简化直至取消出口许可证制度，使企业有更多机会得到免税进口原材料的优惠。与此同时，在外商提供外汇投资的情况下，可以自由进口所需的机器设备，但以 2000 万卢比为限。出口企业的外资参股比例可以提高到 51%，注册出口企业可在银行开立外汇账户，以便接收外国信贷和直接结算贸易收支。对完全出口型企业和自由贸易区，再次简化申报许可证制度和缩短批准期限，并将部分由国家经营的贸易机构改由私人经营。(3) 严格按照国际惯例和标准进行国际间的金融核算，印度国家储备银行随时与国际金融机构进行联系，对国际金融的货币兑换、结算提出自己的一整套应对办法，国家财政部及个人不得干预金融机构的业务活动。与此同时，印度的金融业自身强化和建立独立的银企监管组织与制度，并对国家外汇、贸易结算、货币兑换进行监督，对不法经营者按国际惯例给予严厉惩处。(4) 取消对外国直接投资的限制，并建立外国投资促进委员会，鼓励外国在印度投资建厂、开设贸易机构等，取消外国直接投资必须进行的技术转让规定。简化审批手续，在中央银行注册即可通过，提出申请 48 小时以内可自动立项，外商在印度建立分支机构也无须政府批准，只须在当地有关政府部门注册即可。(5) 大力压缩财政赤字，抑制通货膨胀，出售 20%国营企业股份，提高公司税和利息税税率，减少财政补贴，从 1990 年的 955 亿卢比减至 1991 年的 782.4 亿卢比。银行利率也从 10%提高到 12%，同时将存款准备金率提高到 10%，停止向商业银行提供再贷款业务（出口信贷除外），严格限制对物价影响大的商品（如粮食、棉花等）提供抵押贷款。改革银行存在的低效率、低利润、投资质量低和倒账等严重问题，引进竞争机制，扩大私营银行的作用。建立证券交易管理局，改革资本（股票）市场。企业可以从国外招募股东。另外，外商可用印度卢比在商业银行购外汇，红利和出口创汇额保持平衡的年限为 7 年，可以自由汇出外汇和向银行贷款等。

除此之外，曼莫汉・辛格部长及其助手还不断对工业、农业制定了不少改革激励政策和措施，对外资进入印度的种类、参股比例、商标、存贷款、购置不动产等进行大胆的政策调整和成立新机构吸引外资参与印度经济建设，以便今后创造更多机会打入世界市场等。1991 年对于印度人来说是幸运的一年、希望的一年，时代造就、催生了以曼莫汉・辛格为首的经济改革团队，他们在拉奥总理的全力支持下，对印度经济进行了全面的、大刀阔斧的改革，这也是印度独立以来最为彻底的经济改革，从而使 1992 年的印度经济出现了复苏，并且从此走上了经济快速增长的道路。一个“有声有色”不断变化着的印度，展现在印度国人和世界的面前……

二、从经济增长看印度的软国力优势

一般而言，硬国力主要指自然资源、经济力量、科学技术与军事实力等。而软国力则较为广义含糊，主要指一个国家的文化传统、国内政治力及国际影响力的表现，其中包括文化底蕴、政治体制、宗教民族问题、外交、教育、人才及金融体系等制度的建立和完善等诸多方面。从印度经济发展的经验、教训及其特点的角度，分析研究印度软国力的优势，更能使我们看清印度软国力有哪些特点、长处及经验，其软国力与硬国力之间关系究竟如何，有哪些是值得我们重视、学习和借鉴的。

（一）1991 年前印度经济发展的经验、教训及特点

印度独立至 1991 年前的 40 多年里，其经济发展的道路也是坎坷不平的，基本上经历了这么几个发展时期。1947—1956 年，印度用了近 10 年的时间使经济恢复到了一定的水平。1957—1966 年，在尼赫鲁工业化战略政策的指导下，虽形成了较完整的工业体系，但是由于国家把大部分资金、人力和物力放在发展工业上，忽视了对农业的投入，印度农业出现危机，发生了罕见的粮荒。为了解决人民吃饭穿衣等紧迫的生存问题，印度又花了 13 年左右的时间进行经济发展策略与措施的调整。在这 10 多年时间里，印度进行了史无前例的农业革命，“绿色革命”的成功基本上解决了人民的衣食等基本生存问题。1980—1990 年，拉吉夫・甘地总理在前 10 多年经济成功调整的基础上，实行了放开发展高新技术产业的战略决策。但是，过多地向国际货币基金组织借巨款发展高新技术产业，使印度背上了沉重的外债，引发

了独立以来最大的外汇危机，经济发展的红灯亮起，全国一片恐慌。

纵观和深入分析研究印度独立后经济发展至 1990 年的全过程，印度经济基本上形成了以下三个特点：一是国有经济和私营经济并存。尼赫鲁的“印度式社会主义”构想，决定了印度经济向苏联学习，在印度也开始了大规模的“国有化”政策。尼赫鲁政府在将英国殖民者留下的工业转为国有的同时，还大量赎买本国的外资和私人企业，更是集中资金、财力和物力资源，投资兴建新型的国有大企业，如基础工业、重工业、交通运输业、军事工业和金融业等。为了多方面地发展印度经济，尼赫鲁政府没有将私有企业强行转制为国有企业，而是采取了既鼓励扶植又适当限制的政策，因此印度独立后的私营企业还是得到了一定发展，只不过其速度和规模没有国有企业那么快和大。这也使我们看到印度私营企业的发展在一定程度上为今后印度经济的快速崛起提供了一块优良的发展空间，不至于在印度经济困难时产生崩盘局面。同时，还为印度催生了不少私营跨国企业集团，为印度经济快速走向世界起到了决定性的作用与影响。

二是印度计划经济和市场经济并存。印度自 1951 年开始实施第一个五年计划，计划经济的种种弊端使市场经济出现了调控的必要性。当印度政府实施完全的市场经济时，印度大量私营企业的存在使印度在向完全市场经济过渡时较为顺利，国有企业的改制虽难，但效果还是不错的，究其原因还是因为印度私营企业的基础好。诚然，印度经济与国际市场全面接轨也相对方便顺利。进入 21 世纪以来，印度的市场经济已日趋成熟，走上了良性循环的道路。

三是印度一贯较善于利用外资发展经济。虽说拉吉夫·甘地在发展高新技术产业时过多举债，引发了印度的外汇危机，但是总体来说，在第三世界发展中国家里，西方的不少经济学家还是认为印度是最早成功利用外国资金发展本国经济的典型国家。印度独立伊始，历届政府多对外国投资发展经济情有独钟。印度利用外资创建成功的新型企业为数不少，各个时期不同领域都有，尤其集中在高新技术产业。正是这些外资企业与合资企业，不但给印度带来了高新技术，还给印度带来了新的与国际接轨的经营理念。所以也有舆论认为，印度之所以能成为“软件王国”，这与外资企业带入的高新技术和经营理念是分不开的。

（二）印度软国力的特点、长处和优势

综上所述，我们不难从印度经济发展的经验、教训及特点看出其软国力影响的种种痕迹。如果对印度国家的软国力进行全面深入的分析研究与概括总结，笔者认为印度国家的软国力较其他发展中国家而言，有以下四个方面与众不同的特点和优势。

一是印度文化的特点与优势。印度是世界的四大文明古国之一，其传统文化不

但浩如烟海、博大精深，而且奥妙神秘、令人向往。其文化的丰富内涵、深厚底蕴、独特个性以及价值观与哲学理念，富有不可替代的优越性和先进性。印度文化的优越性和先进性是多方面的，若从经济发展的角度来概括，主要表现在以下三个方面。

首先，哲理性。一般来说，印度文化的哲理性普遍都较强，文人墨客在写文著作时，无论涉及何种领域，其作品都有较深的哲学思想表现。印度最早的哲学著作《奥义书》就已经有唯物和唯心主义方面的论述。著名的哲学著作《薄伽梵歌》更是表现卓越，至今影响着印度社会与人的各个方面，在今天印度经济改革和崛起的过程中，哲学也始终是改革家、企业家、商人、科技与管理人员认知与创造性智慧发挥的根本。

其次，包容性。印度文化历史悠久、光辉灿烂，这与它善于吸收不同文化的优点来丰富自己分不开。我们在印度文化中不但可以看到各种宗教文化、民族文化与世界多种不同人种文化影响的痕迹，还可以看到各种不同的文化，在印度文化这个大环境里，优秀的文化成分得以发扬光大，落后文化成分在自我改造中不断完善。正是印度文化的这种包容性，使其在吸收、改造和创造中更加大放异彩，也使印度在今后的经济改革崛起中受益匪浅。

再次，完整多样的统一性。印度文化之所以成为当今世界文化的一大体系，这与印度文化的完整性是分不开的。印度人类社会发展的各个方面、人类生存发展的各个阶段都有完整的反映。“并且把‘法’‘利’‘欲’和‘解脱’定为人生平衡的基础，视为人生的四大目的。”[①] 另外，各种不同的文化汇集到印度文化体系里，它们既相互学习，共存共荣，又有独立存在的文化个性。

印度文化这些潜在的优势和先进性，自然影响着印度今天经济的崛起和社会的发展。虽说印度今天的社会矛盾与问题既复杂又尖锐，但从长远看这些文化上的优势和先进性，会使印度经济发展少些曲折，多些明智的选择。其国营经济与私营经济的并存、市场经济的培育、农业“绿色革命”的成功、善于利用外资等，无不与印度文化的哲理性、包容性和完整多样的统一性有着因果关系。就美国次贷危机引发的国际金融危机而言，基本上没有对印度经济产生强烈的不可挽回的副作用，印度金融体系能从容应对，不慌不忙，这与印度 1991 年选择了彻底的经济改革及其建立了独立完善的金融体系和规章制度有紧密的联系。从中我们也可以看到这些文化中潜在的先进性产生的巨大作用与影响。

二是印度特色的议会民主制度。印度独立初期，虽然以国大党尼赫鲁为首的政治精英们沿袭了英国殖民者留下的议会民主的政治体制，但他们深知必须对英国殖民时期的政治行政体制进行适当的改造，使之更加适应印度的国情和传统文化。在

① 王树英：《宗教与印度社会》，人民出版社 2009 年版，第 54 页。

印度独立后的60多年里，具有印度特色的议会民主政治体制经历了各种严峻的考验与挑战。“他已在印度的政治生活中扎下了根基，并得到了社会各个阶层特别是新兴中产阶级的广泛认同。虽然印度议会民主政治是建立在不民主和不平等的社会基础之上，但是普选制下的社会快速动员迅速激发了广大民众的民主意识和政治意识，拓宽了政治参与面，并使印度成为一个高度政治化的国家。”“在大选中，印度民众始终保持了较高的政治热情，选举基本上反映了民意。”[①] 人民可以把自己不满意的政府选下台，国大党的几次大起大落、印度人民党瓦杰帕伊政府总理的下台都是如此。当然，印度的选举政治存在不少的弊端，西方议会民主政治体制的毛病印度有，印度特色议会民主政治体制下产生的新毛病也有，如宗教、种姓团体的选票政治，缓慢的决策程序，使印度浪费了不少时间，也丧失了一些难得的机遇。另外，在很多方面普通百姓只是个政治摆设和工具。“印度民主不过是少数政治精英送给民众的礼物，而不是民众自身争取得到的成果。”[②] 但是，我们不得不承认，印度的选举政治由于广大普通民众的踊跃参加，从某种意义上讲，打破了传统社会中特有的封闭和落后，在一定程度上代表了民意，推动了社会的进步和发展。这就是印度特色议会民主政治体制积极因素的体现。所以，也有不少舆论认为，印度独立后取得的最大政治成果是建立了印度特色的议会民主政治体制。

众所周知，印度国家宗教、种姓派别繁多，矛盾冲突频繁尖锐，社会并不太平。而众多的党派团体又各持己见，时常造成政局的不稳，政府更迭频繁。印度整个国家虽然表面上看上去乱哄哄的，不是这儿爆炸，就是那里有恐怖事件，不是这里有政治集会游行，就是那里有宗教、种姓的派别冲突，但是印度的政治局面不会发生根本性的动摇，经济建设发展的大局也不会因此而停滞不前，人民生活乱中有序。另外，印度在60多年议会民主政治中体制的影响下，普通民众的民主法律意识比较强，他们往往善于利用民主和法律手段维护自身权益，这也是印度独立后建立印度特色的议会民主政治体制成果的又一体现。

三是印度的教育与人才培养。印度独立后，历届政府都清醒地认识到，教育与人力资源的培养开发是印度社会发展进步的关键。以2004—2005年为例，印度对教育的投资占了GDP的3.68%，高出中国0.81个百分点（中国为2.87%）。印度提出了“普及教育”、“消除成人文盲”和“加强大学教育”的教育方针。印度宪法中明确规定对14岁以下的儿童实行免费教育。全印度的识字率据2001年的调查证实，7岁以上的识字率已达到65.38%。全国有小学52万所，中学13万余所，大学140所，技术院校5000多所，高等学校学生达350万人以上，居世界第三位。

---

① 孙培钧、华碧云：《印度国家综合国力》，中国城市出版社2001年版，第259—261页。

② Atul Kholi, “Crisis of Governability”, Sudipta Kaviraj, ed., *Politics in India*, Delhi oxford University Press, 1977, p. 393.

不过，我们总结概括印度独立以来教育的成败经验时发现，印度政府不太重视普及教育，它要比大学的“精英教育”逊色得多。目前只有20%的小学生能升入中学，20%的中学生升入高中。况且，普及教育的硬件设备很差，1/3的小学没有供学生坐的椅子，50%的学校没有运动器材。究其原因，印度政府认为，要把有限的财力投放在更加需要的大学教育上，高等教育培养的人才将对印度经济的崛起、科学技术的发展起着决定性的作用。尼赫鲁在独立之初确立优先发展大学教育方针时指出：“大学代表人道主义、坚韧性、理性、进步和对真理的探索。它代表人类朝向更高的目标前进。如果大学教育履行其职责，那么它对国家人民都是十分有益的。”① 他同时认为，印度人口众多，只要在大学教育和普及教育之间掌握适当的平衡，就不会影响到印度经济、科技发展的进程。为此，印度独立之初就专门成立了大学委员会，制定和指导大学教育和发展的方针政策。由于印度从中央到地方都较重视大学教育，如今印度的大学已达到291所，专科院校12342所，本科与大专学生人数已逾800万人。目前的实际情况是，印度的大学毕业生过剩，他们不得不到国外寻找就业机会。由于印度大学生能讲流利的英语，同时其大学教育与国际接轨，毕业生的知识素质也较扎实超前，很受欧美西方国家的欢迎。如今世界各国的著名大学、国家实验室和研究所，都能见到不少讲着南亚英语的印度科技人员与大学教师。他们不但为印度赚取了大量的外汇，还加强了印度与世界各国的文化科技交流。有不少学业和事业有所成的印度人，他们在外国成就一番事业后又回到印度创业，这对促进印度科学技术的发展作用巨大。所以，今天的印度政府采取了更加优惠的政策和措施，吸引海外印度科技人才回国效力，印度不少高端、尖端科学技术的国家实验室研究所还以这些人的名字命名。

除此之外，印度还大力发展职业技术教育，职业技术学校的毕业生为社会提供了大量熟练的工程技术人才，这对印度发展制造业和服务业大有益处。目前，印度国家级的专门职业技术学校有356所，临时学校139所。同时，国家鼓励私人创办职业技术学校，现约有20万人在私人技术学校培训就读。与此同时，印度还有300余所工业技术专科学校，每年招生5.6万多人，学制3—4年，这是培养具有中等技术水平的专门人才的基地。每年有近6万名中等技术人才走向社会，很受社会工矿企业的欢迎。如今，印度是世界精通英语科技专门人才最多的国家，号称世界“工程师的摇篮”。

四是印度金融有亮点。如前所述，印度的经济改革始于金融。经过近10年的磨炼，本已基本完善的金融体系变得更加坚固与国际化，而且还能运用功能体系应对来自国际金融的冲击。在由美国次贷危机引发的国际金融危机中，尽管印度的金融受到来自国内通胀压力和股市暴跌等因素的影响，可是它却表现出少有的镇静，面

---

① Contact Magazine，India，February 13，1983，pp. 37—39.

对国内外金融市场变幻不慌不忙地出台着各种不同的应对政策和措施，受到了国际舆论的赞赏。人们普遍认为，这是印度金融体系更具国际化和先进性的表现。那么，印度是如何建立完善的、具有国际标准又有自己特点的金融体系的？其亮点和先进性又表现在何处？

首先，学习西方，优于西方。众所周知，印度自20世纪40年代末独立后，全盘接受了英国殖民政府留下的一切机构和行政体制，其中自然也包括金融体系和管理制度。不过，以尼赫鲁为代表的政治精英们对英国殖民者留下的金融体系和规章制度进行了适当的改造，使之能适应独立后印度的国情与经济发展的需求。如不断建立和完善具有印度特点的独立的金融监管制度、外汇管理章程贸易政策，以及不断制定各种贷款和股市管理的条例与法规等。

其次，目前印度金融体系最大的亮点之一，是它不受任何政府部门的管辖及人为因素的干扰和影响。中央政府各项金融措施和政策的出台，是针对金融市场运作过程中出现的矛盾与问题，以及国内外金融市场自身变化和发展的需要所制定的，没有丝毫人为因素的痕迹，所以印度金融体系已成为向中央政府建议献策的得力机构。从某种意义上讲，它已经起到了为印度经济发展保驾护航的作用。为此，数10年来，印度银行的坏账率很低。这次金融危机中，以美国为首的不少西方国家及世界发展银行采取了不少大力救市的政策措施。印度虽然也出台了一些减息、增加投资和刺激内需的政策措施，但其中更多的是印度金融体系在经济全球化趋势下正常运转时的反映和补充。

第三，具有一流的国际金融管理人才。印度的金融体系之所以被世界舆论称道，主要在于它是由国际一流的金融人才来管理和操作的。印度金融人才不但能讲一口流利的英语，同时还有着与国际接轨的金融管理知识和经验，其中有很多金融高管都曾在国外大学与经济领域进行系统的学习或具有在国际金融机构、银行系统长期工作的经历。现任总理曼莫汉·辛格就毕业于英国牛津大学，并获得经济学博士学位，也有长年在国际金融和贸易机构工作的经历。为此，他对国际经济和金融体系有很深的了解和研究，这也为他在担任财政部长期间对印度经济进行大刀阔斧的改革奠定了基础。在印度国内，即使一般普通银行工作人员也要经过系统国际金融知识的教育和培训。

第四，投资回报率高。在具有国际一流金融体系和人才的操作管理下，在印度的投资回报率普遍比较高，据统计一般在10%左右。当然，在印度投资还要熟知印度的法律，以及宗教、风土人情与社会环境。但是，印度的金融体系和人才也能为自己的客户出谋划策，助投资者一臂之力。中国的一些企业在印度投资的效益不太乐观，甚至亏本，其中原因除了不去用心研究印度的法律、宗教、风土人情和社会环境外，更重要的是这些企业的领导管理层还没有很好地利用和依靠印度具有国际一流水平的金融体系和人才。

三、对印度国家软国力发展前景的评估

一个国家综合国力的消长，主要看软硬国力相互作用和影响的结果，不良软国力的表现及失误不但会影响硬国力的增长，有时甚至关乎国家的兴衰存亡。反之，硬国力的强大也会影响软国力的内存质量和表现力。为此，一个国家文化底蕴的优劣，矛盾、问题和不可替代的先进性，国内政治的稳定，各种制度和体系的制定和完善，教育和人才的培养等，都将毫无疑问地以无形强大的力量作用于硬国力的增长。如前所述，印度独立60余年来，硬国力的增长和软国力之间相互关系的表现也极为突出。那么进入21世纪以来，在印度经济快速崛起和科学技术发展的同时，印度软国力的表现又将如何？其发展前景怎样？

（一）文化优势

因为印度文化的先进性“仍有与现代文明相协调的适应性，所以，它还具有创造现代精神文明和物质文明的潜能”。[①] 其中印度的哲学理念，尤其是“吠檀多不二论”和“梵我一如”说，其所倡导的人与自然平等和谐的观点，为印度经济的可持续发展打下了坚实的理论基础，而传统文化和习惯中的宽容和不杀生的观念，又使印度经济可持续发展的实现有了良好的人文环境。印度“重精神，轻物质”的价值观念取向，从某种意义上减轻了人对自然界索取物质资源的压力，在人与自然间起到了较好的平衡作用，有利于印度经济走上可持续良性发展的道路。而尊重知识和人才风气的养成，使印度较其他国家和民族更能深刻认识到知识是人类社会发展的原动力，人才是促进科学技术创新发展的根本。当然，印度传统文化和习俗中，时间观念差、工作效率不高、封建社会与宗教文化长期遗留下来的愚昧守旧、宗教和种姓间的矛盾与冲突等，无不时刻影响着印度经济的快速崛起和硬国力的增长。进入21世纪以来，尤其是以曼莫汉·辛格为总理的印度政府，已深知印度传统文化习俗中的不良因素，宗教、种姓和民族的矛盾与问题的危害性。他多次强调，要发扬印度文化的优良传统，不断克服与改善不良的陈规陋习，加强时间观念，提高工作效率，克服惰性，团结奋发向上，把印度建设成为一个真正的世界强国、大国。

---

① 孙晶：《印度吠檀多不二论哲学》，东方出版社2002年版，第2页。

（二）印度特色的议会民主政治体制

今天的印度政局，党派林立，团体组织繁多。据不完全统计，印度注册的政党团体有上百个。印度又是个多元文化和多宗教国家。为此，印度独立以来，国内政治斗争异常激烈，宗教与种姓冲突十分尖锐复杂，多次出现了全国性经济政治危机。从上世纪 90 年代开始，印度政局更趋不稳，更迭频繁，在 1990—1999 年的近 10 年间，有 8 届政府轮流走上印度政治舞台，其中最短的只执政了 13 天。但是，在具有印度特色的议会民主政治体制下，印度社会没有出现根本性的大动荡，经济也没有出现毁灭性的大倒退，基本大局保持稳定。不断举行的政府换届选举，基本上能达到公平和反映民意，政党与领袖间的竞争基本上也处于和平、平等的竞争关系，任何政党及其联盟只要得到绝大多数人民的拥护与认可，无论何时何地都能走上中央和邦及各地区的执政舞台，如百年老党国大党的几起几落，印度共产党在西孟加拉邦至今保持执政党地位。在 21 世纪里，尽管这个多党政治和联合执政的局面还将持续下去，但是不会撼动印度政局稳定的根基和经济发展大政方针的实施。

另外，值得注意的是印度特色的议会民主政治体制使中央的权威受到影响和制约，至今印度中央与邦地方政府间的协调难度仍很高。而在印度特色的议会民主政治体制下，许多有关国家发展和民生的重大决策往往议而不决，使印度白白浪费了大量的时间和丧失了良好的机遇。恼人的印度宗教、种姓与民族问题、矛盾和冲突，低下的工作效率、传统陈规陋习等，还会使印度经济发展时常遇到难以想象的困难与问题。为此，也有经济学家预言："这个亚洲地区重要的经济增长助推器，正明显失去活力。"①

不过总体而言，印度议会民主政治体制的建立，基本上保证了印度一个长期的较为稳定的政治局面，其产生的负面影响不会起到决定性作用，印度还是按自身的规律不紧不慢地前进着。要克服这些弊端，解决上述问题与矛盾，需要时间，更需要印度人发挥智慧，用创造性思维来解决。

（三）印度的教育与人才的培养

从印度教育的发展特点来看，印度在大学的"精英教育"方面取得了极大的成功，使今日人才济济，对印度经济的发展起到了巨大的推动作用。虽然目前印度的普及教育远不及大学教育优秀，而且离社会发展的距离要求相差甚远，但是今天的

---

① Britta Petersn and Martin Katlbe, "Dossier Wachstunm Verliery an Fahrt", *Financial Times Deutch Land*, March 25, 2008.

印度政府已普遍深刻地认识到了这一点，他们正在努力，不断地改善着普及教育的师资水平与硬件设备。不过，基于印度各地发展状况的不同，其经济发展潜力与要求各异，在印度这个特色的议会民主政治体制下，不少问题还是不能较快较好解决，仍继续影响着普及教育的发展。况且，印度2009—2010年财政预算中又较大幅度地增加了高等教育经费，共计达37亿多美元，为适应经济发展和对新技术开发还将增设新院校，大学的"精英教育"仍然是当今印度政府努力的方向与目标。这虽对印度经济的长期发展和崛起与社会的进步是不利的，好在印度人口众多，特别是年青的人力资源丰富，在相当长的时间里，印度教育所提供的各类人才仍能满足经济发展和社会各方面的需求，印度仍然是世界上一流的科技人才大国。

（四）印度金融仍居世界一流水平

印度自独立至今，金融一直处于不断改革、适应和完善的进程中。印度金融体系的市场机制不仅历史根基较长，而且一直与西方金融业界有着紧密的联系，因此印度金融业仍有着较为明显的特点和优势。如印度金融业产权分明，有健全的法律制度，金融市场的微观基础也较其他发展中国家完善得多。由于银行体系相对完整，故印度金融业一直有着较好的声誉。再如，印度金融业在资本市场的数量、结构、运行机制和融资等方面一直在发展中国家具有较大优势。印度不但利率化市场程度较高，而且金融市场的自由化、市场化和开放程度都高于其他发展中国家。另外，印度金融全球化程度也一直走在发展中国家前列，由此而言，印度金融业的国际竞争力是十分优秀的。印度金融在降低和化解风险方面也赞誉有加，如此次国际金融危机，印度金融业的表现从容、自如、迅速和稳妥，充分体现了金融强者的风范。此外，印度金融业在降低商业银行的不良贷款方面有着良好的记录，其经验值得他国学习。最后，印度金融业有着国际一流人才的管理和运作，可以最低限度地减少人为因素造成的不必要损失。总而言之，印度的金融业仍将居世界一流水平。

曼莫汉·辛格与莫迪外交政策的同与不同——2004年曼莫汉·辛格与2014年莫迪上任之初外交政策调整的比较研究*

2014年的印度大选，印度人民党赢得大选，最终实现了一党执政胜利组阁的目的。昔日古吉拉特邦主席莫迪也在印度教彻夜狂欢中当选新一届总理，终于实现了他政治的最高追求目标，坐上印度总理的宝座，得以亲自执掌印度政局。

此前，印度外交秘书苏贾塔·辛格访华时重申“印度政府极为重视对华关系，致力于巩固印中面向和平与繁荣的战略伙伴关系”。[①]现在看来，这只代表印度政府官员中一部分人与社会的舆论，是对中印关系发展的一种期望和观点。半年多来，印度人民党及莫迪总理的外交实践充分证实了这个事实，他们对外交政策和中印关系有了新的认识与定位，对外交政策与中印关系策略模式也有了新的调整。在论述这个问题前，我们须分析国大党联合政府及曼莫汉·辛格总理在2004年大选前后，对印度外交与中印关系的认识定位与外交政策的调整，以及印度人民党和莫迪在大选前后对印度外交与中印关系的评价、看法与观点，从中看出国大党和曼莫汉·辛格与印度人民党和莫迪总理，二者对印度外交与中印关系的认识定位及外交政策调整的同与不同。

一、2004年国大党曼莫汉·辛格政府对外交政策的继承定位与调整

国大党是印度的百年老党，其在1996年第11次大选中的得票率仅为29.7%，从此一蹶不振。可是，在时隔9年后的2004年大选中，国大党在索尼娅的领导下，[②]却出乎意料地击败了强劲的对手印度人民党全国民主联盟。半年多来的执政

* 原载于《南亚与东南亚研究》2014年第1期。

① 《印度斯坦时报》网站，2014年4月14日。

② 国大党几经分裂组合，目前国大党（英）是人数最多的派别，也是印度政坛上最大的党派。其他分裂派生的国大党小党派在印度政坛的作用微小，不成气候。为此，国大党（英）代表着国大党主流派和中流砥柱，一般所说的国大党指的就是国大党英迪拉·甘地派，简称国大党（英）。

证明，曼莫汉·辛格政府低调、务实、廉洁、高效的政府形象已基本上得到了印度社会的认可，“他的政府有了一个好的开头”。[①] 尤其是对外交政策的调整更显稳重、成熟和富有远见，获得了印度国内外舆论的认可和赞誉。

众所周知，印度独立之初，尼赫鲁为印度制定了具有印度特色的外交政策，勾画了一幅颇为得意的外交蓝图，简要概括有3个方面：一是使印度成为世界一流的“有声有色”的大国；二是一切为了印度的国家利益；三是“不结盟”思想。

曼莫汉·辛格政府在2004年重新走上印度政坛后，在继承尼赫鲁外交战略模式的同时，重新审视印度的周边环境，在外交政策和策略上作出了新的调整，使印度的外交表现出更注重现实和更巧妙、灵活的特性。正如国大党团结进步联盟政府在最低纲领中这么写道：“UPA政府将牢记传统，执行独立的外交政策，这政策寻求促进多极的国际关系，反对所有的单边主义企图。”[②]

首先，在谋求印度的大国地位时，既要捍卫国家利益，又要处理好与南亚地区周边弱小国家的关系。印度要以对等的原则处理与南亚邻国的政治、经济与贸易及相互间的关系，以和平的手段解决国与国之间的争端。“UPA政府将非常重视与南亚邻国和正在崛起的南亚区域合作联盟建立紧密的政治、经济和其他关系。”[③] 印度正致力于加强南亚国家间经济、社会和技术合作，推动南亚各国的共同发展，并积极支持南亚建立自由贸易区。曼莫汉·辛格政府上台以来，印度不但主动提出要和平解决克什米尔问题，同时提出了七项建立信任措施的建议，并进行了多次全方位的会谈。而印巴的“巴士外交”和“板球外交”又搞得有声有色，还提出了印巴克什米尔之间建立“软边界”的主张。另外，印度在对待伊斯兰原教旨主义有组织恐怖活动方面，也表现出与巴基斯坦政府更多的合作，共同严厉打击南亚的恐怖活动。

曼莫汉·辛格政府在处理与孟加拉国、斯里兰卡和尼泊尔等国的毛派武装等关系中，也表现出较前更多样化政策的选择和严厉的打击相结合，在宗教问题、移民问题、资源共享问题、处理经贸和民族关系问题方面有了更多的灵活性和大国风范。另外，印度与南亚诸国改善关系时，更全力支持这些周边小国政局的稳定和经济发展。

其次，尼赫鲁时代的美印关系。美国企图将印度纳入其战略轨道遏制社会主义的目的与尼赫鲁的“不结盟”政策相悖，使印美关系是低调和不和谐的。虽然尼赫鲁时代美印关系一度走上了结盟的道路，但此后的印度历届政府在如何发展与美国的关系方面有着不同的认识与举动，有时只是权宜之计，如英迪拉·甘地执政初期，为了缓解国内的经济与粮食危机，一度向美国示好，并表示理解美国越南战争的痛苦，

---

① 《印度教徒报》2004年9月2日。

② “国大党联盟政府最低共同纲领”，《今日印度》2004年第5期。

③ 同上。

由此印度得到了美国300万吨粮食和9亿美元的紧急援助。可不久，英迪拉·甘地又修整了自己的讲话，美国为此非常恼火。所以，美印关系时好时坏，一般处在不正常状态。曼莫汉·辛格政府则认为，印度与美国建立更亲密的战略伙伴关系，有助于印度经济的发展和大国地位的提升，但是，印度决不能在与美国发展关系的过程中丧失自己的独立外交原则。国大党联盟政府在最低共同纲领中写道："尽管寻求同美国更紧密的接触与关系，UPA政府将在所有地区和国际问题上维护印度的独立自主外交地位。"① 曼莫汉·辛格总理也在2005年6月17日去美国的飞机上说："印度是没有标价的（不供出售），印度重视与美国的关系，但是两国的利益不一定总一致。"②

众所周知，美国为了全球战略及遏制中国的图谋，花了巨大的代价拉拢印度。美国不但在事实上承认了印度合法核大国的身份，还在联合声明中写道："作为一个拥有先进核技术负责任的国家，印度应获得与其他此类国家相同的利益与优势。"美国还向其盟友发出信号，暗示认可印度成为世界核大国竞选"五国俱乐部成员候选国资格的必要性"。③ 同时在防务、民用核能、太空、高科技、投资与经营等方面在更大程度上进行全面合作。美国还放言，它要帮助印度成为真正的大国。美印关系从印度独立以来从未这么"热烈"过。但是，当美国极力反对印度在伊朗、巴基斯坦和印度之间铺设输油管线，甚至直接规劝印度如放弃这一计划，美国将在能源上给予更多的合作与帮助，否则发展中的美印关系将会受损，印度却不屈从于美国的压力。曼莫汉·辛格总理反驳说："这是伊朗、我们与巴基斯坦之间的问题，如果这三个国家达成一致，这个问题就算解决……我们不是附庸国。"④

再次，中印关系发展与定位。苏联解体和美苏对垒两极体制不复存在后，印度开始重新审视国际形势，开始对外交战略进行调整，并主张建立多极世界和倡导建立新的国际新秩序，反对美国的单边主义霸权行为，国大党联盟与曼莫汉·辛格政府对中印关系的发展也形成了新的看法和观点。

一是认为，中印两国在建立多极化世界、发展经济贸易、反对恐怖主义、反对西方在人权上对中印两国施加压力等问题上有共同利益，两国都有意搞好双边关系，建立和谐的周边环境，以便全心致力于国内的经济改革和建设。

二是中国和印度都是世界文明古国，现在又都是发展中国家，经过独立解放以来的数十年建设与发展，两国的综合国力都十分强大，任何国家都无法遏制它们和使它们屈服，中印两国也互不构成威胁。在新世纪，中印两国的强大与合作都将对

---

① "国大党联盟政府最低共同纲领"，《今日印度》2004年第5期。

② 《印度教徒报》2005年6月17日。

③ 登斯瓦潘·达斯古普塔：《印度的全球新角色》，[美]《亚洲华尔街日报》2005年7月21日。

④ 齐亚德·海德尔：《美印中：巨人博弈》，《印度快报》2005年7月30日。

人类文明作出更大的贡献。

三是尽管中国与巴基斯坦有特殊关系，曾使印度有所担忧，但是这几年里印度看到，中国有诚意发展中印关系，在处理印巴关系时能够采取公正态度。

四是虽然中国的经济和军事实力比印度强大，但中国不是国际社会的霸权主义国家，在全球决策中的地位和能力有限。印度面对中国的竞争和合作，往往合作多于竞争，竞争也可以转化为合作。

五是印度与中国的贸易前景看好，中印贸易额在 2008 年超过 200 亿美元。同时印度与中国的国情相似，中国又先于印度进行经济的改革开放，印度可以从中国的经济改革中学到很多有用的经验，加速印度经济的发展。

六是影响中印关系的边界、西藏、印巴与中巴关系问题，印度政府有能力在与中国的交往中，不断加深相互理解，在不损害印度实际利益的情况下，尽力寻求和平手段妥善解决的最佳方案。和平符合中印两国的根本利益，目前先搁置争议，发展关系和经贸往来，也有利于这些问题的理解和解决。曼莫汉·辛格总理上任后温家宝总理的成功访印，又标志着中印关系的发展进入了一个全面发展合作的新阶段。中印两国签定的《中华人民共和国和印度共和国关系原则和全面合作宣言》，一扫曾蒙在中印关系上的阴影，如“中国威胁论”、“边界问题”和“西藏问题”，增加了中印两国政府与人民间的相互信任和理解。

二、2014 年印度人民党与莫迪外交政策对中印关系的新认识和新定位

2014 年印度大选，印度人民党最终完胜组阁，莫迪成为新一届的印度总理，完成了印度人民党重新执政印度政局的夙愿。纵观印度此次大选，有三个方面值得我们深思。

首先，印度国民参政意识强。这次大选，印度共有 8.14 亿选民参选，实际投票率为 66.8%，5.5 亿人投下了自己神圣的一票。众所周知，印度是仿照西方议会民主体制建立的印度式的议会民主政治制度，其中融合了浓重的印度文化气息，事实证明，其已基本上被普通印度人民所接受。人民基本上能清醒地认识自己手中的选票实施权利与义务。大凡受过教育的印度知识分子一般都这么认为，“印度独立 60 余年来，所取得的最为伟大的成就，就是民主与法制已基本深入民心”。尽管当今的印度大选存在着不少贿选现象，还有暴力与血腥杀戮，但总的来说，由于印度国民强烈的参政意识，长达 1 个多月的大选得以胜利结束，大选的最终结果基本上代表了大多数民意所向。一个 10 多亿人口的大国，培育和增强人民参政议政的热情与民主的法律意识，并不是一件容易的事。

其次，经济发展与民生改善是选民的首选。在这次大选中，选民最关心的是经

济改革与发展、反腐败和民生的改善。印度人民党联盟与莫迪之所以能够最终走上执政的舞台，其根本原因在于抓住了印度经济发展这个要点。莫迪以古吉拉特邦经济成功发展为样板，底气十足地放言，如他当总理，“在振兴经济、反对腐败、保护妇女权益、稳定国家、遏制通胀、富国强兵等方面会取得意想不到的成果”。

而国大党联盟的总理侯选人拉吉夫·甘地，尽管他利用执政政府的权利，甚至冒着财政风险，进一步扩大政府财政赤字，向选民大量发放各种现金补贴和各种承诺，但国大党这个百年老党已失去了昔日的雄风与活力，家族政治也已日式其微，拉夫尔·甘地这个尼赫鲁家族的新一代接班人在竞选中的讲演与表白也显得苍白无力，没有底气。再加上国大党政府近年来的腐败丑闻及经济改革中的不作为，使得大多选民对其丧失了信心。为此，大多数选民还是选择了从政经验丰富、改革闯劲十足、富有激情和自信的莫迪为新一届总理。

最后，年轻选民是这次大选最有效的砝码。印度 1.5 亿的年轻选民基本上受过教育，热心政治，关心国家的命运与前途，对经济改革与发展、政府的腐败、社会的稳定、通货膨胀率的上升、教育与就业、妇女问题、平等观念以及农村发展等问题更为关注。他们的思想、处境和要求也影响着父母兄弟姐妹对选举的倾向性选择，其影响的人数难以估计。因此也可以说，谁抓住了年轻人的心，谁就能赢得大选。印度人民党联盟与莫迪，其竞选口号抓住了年轻选民的心，又与莫迪的激情、自信产生了共鸣，莫迪成为新的总理也就毫无悬念了。不过，鉴于印度社会的状况及特点，如果印度人民党政府与莫迪总理不能实现他们竞选时的诺言，年轻的选民照样会同兄弟姐妹一起把他们赶下台，1996 年印度人民党执政 13 天就下台的惨景还历历在目……

诚然，印度是亚洲的发展中大国，所面临的国情复杂多变，给新任的印度人民党及印度总理莫迪以极大的挑战，其执政道路并不平坦。

莫迪政府除了面临经济方面的巨大挑战，以及如何反腐败与保持社会的稳定，更好地解决通货膨胀与就业外，更为重要的是怎样创建和谐的国际周边环境，以适应印度经济重回高速增长的轨道。印度是南亚大国，也是亚洲大国，更是一个发展中大国。印度要发展，社会要安定，人民要过幸福的生活，创建周边和谐的国际环境，这对印度是极为需要的。事实也证明，印度与邻国在解决久存的领土纠纷、贸易摩擦等方面有不少矛盾和问题，这需要印度人民党及莫迪总理站在更高的政治层面上，开启智慧的眼光，运用创造性的思维，看待和处理与邻国存在的各种矛盾与问题。

虽说 2014 年 9 月 17—19 日，中国国家主席习近平访印，中印关系步入了一个崭新的阶段，但是印度国内仍有不少舆论认为：中国虽是邻邦，更是竞争对手，中印关系要稳定与发展，不能忽视存在的矛盾和问题的解决，印度一定要坚持自己的主张。同时，由于中国经济和军力的快速提升，他们认为：印度应在完全平等的情况下，而不是被别的大国势力领导（美国）或吸引（中国），更不能有损于印度的国家利益和尊严，并要以实力为后盾。印度应积极主动参与周边外交及其他事务，不应是被动对付，应是印度国家意志的主动体现。

莫迪又是个纯粹、传统的印度教主义者，他很小就加入国民志愿团组织的少年机构。国民志愿团是印度教的右翼组织，对莫迪一生的价值观和政治理念打下深刻的烙印。值得注意的是，近几年里，印度的宗教民族主义思潮有所抬头，印度人民党这个带有宗教性与民族主义色彩极强的政党赢得了 2014 年的大选，又一次走上了执政的舞台。如前所述，印度人民党政府与莫迪总理如何处理印度与世界大国及周边国家的关系，他们的执政理念、价值观、措施、目标与方针政策，将左右着中印关系与中印边界问题的发展方向与结局。因此，这里不得不对印度人民的宗教性与民族主义色彩做些必要的阐述。

印度人民党最早脱胎于印度教组织——印度教大会，其主张维护印地语权威，目的是要建立一个由印度教统治的国家。由于印度教大会过分强调印度教的利益，引起了包括印度教其他教派与伊斯兰教的不满与对抗，印度教大会便分裂成人民同盟和人民党，人民党后又因“党内双重资格身份”再次分裂，1980 年 4 月瓦杰帕伊退出人民党，组建了今日的印度人民党。

初建的印度人民党仍极力主张印度教派主义观念和思想，并利用印度教徒的教派主义情绪取得了 1989 年议会选举的重大胜利，获 119 个议员席位，成为议会中最大的反对党。从此，印度人民党与国大党的世俗主义政策展开针锋相对的斗争，为赢得民心，印度人民党打出了“甘地社会主义”旗帜，提出了民族主义、民族统一、民主积极的非教派主义，鼓吹建立“罗摩盛世”的印度教国家，挑起印度教与伊斯兰教的矛盾与冲突，1992 年的寺庙风波使印度人民党威信大跌，在 1993 年的邦议会选举中惨败。于是，印度人民党调整政策，淡化印度教徒的教派主义色彩，不再公开提“印度教特性”，而改提“印度特性”，借此以印度民族主义取代印度教教派主义。在 1996 年的印度大选中，印度人民党又以文化民族主义、政治民族主义和经济民族主义蛊惑人心，提出了“要电脑芯片，不要土豆片”的口号，又一再强调印度的主体文化，鼓吹发扬保持印度民族主义文化精神，反对全盘西化倾向，增强印度文化的价值观，以期达到唤醒印度的民族意识。这种以民族主义为基础的政策与纲领赢得了印度中下层人民的欢迎，特别是对印度教徒极具吸引力，也受到了印度工业界和大多数中产阶级以上人士的欢迎。

莫迪对印度教的文化内核、精神与价值观的体悟也是十分彻底的。《薄伽梵歌》的智慧之道认为，追求真理，“‘梵’是绝对存在的，其他一切都是假象与幻影，智慧之道能净化一切，以达到瑜伽完整境地的人，得到智慧后他立即达到至高水平……”他遵循印度教的行为之道，“一个人出离了贪求，只用身体去工作，无论他做什么，他完全没有业，也不会染罪垢”。据传，莫迪是个工作狂，除了做瑜伽，一天只睡 3 个小时……他要为自己的信仰，为自己的国家，忘我超脱地工作，奉献自我。至今，莫迪在经济上未有质疑，在生活等方面也没有绯闻。

另外，莫迪在外交上特别推崇尼赫鲁的“不结盟”理论，“鸡蛋是不能放在一个篮子里的”，认为应完全保持印度外交的独立性与民族自尊。而“不结盟”是以印度教文化的价值观与处世哲学为基础的。类似尼赫鲁和莫迪这样的领袖，他们又对“手段与目的”、“刚与柔”、“阴与阳”、“表象与现实”、“动机、行为与目的”有着独特的印度式理解——只要达到目的，不应有任何忌讳。另外，莫迪对印度教特性的理解是深透彻悟的，即文化民族主义、政治民族主义、经济民族主义，实际上是主张建立印度教国家。

所以，莫迪一贯尊崇“印度教精神及特性”，其骨子里印度教主义倾向相当严重。虽然他在这次大选中对穆斯林表现谦和，但实际上他印度教传统的思想、意识、观点没有改变，在他今后执政的岁月里，对内对外的两面性将表现更加充分。同时，他是印度政界强硬派的领袖，既是“总裁”，又是“独裁者”。他在处理与世界大国和周边地区邻国的关系时，有着自己独特的战略思维和对策措施。

莫迪外交与中国：目前，莫迪专注于经济的发展，同时倾国力发展军力，提高与中国抗衡的实力，故莫迪对发展中印关系的思路是十分清晰的。在经济上虚心向中国学习经验，利用中国资金与技术为印度经济发展服务。在中印边界问题上“寸土不让”。但是要维护中印友好关系，首邀习近平主席访问印度，更重于政治意义，以期提高莫迪及印度人民党的执政地位，其次才是展示经济与中印亲密的“天然盟友”关系。另外，在经济、贸易和水资源的开发、保护与利用上，与中国全方位合作，但是不能损害印度的利益。总之，莫迪在表面上顺应中国人的愿望，稳定发展中印友好关系，高呼中印的“天然盟友”，背地里一切为了印度利益，我行我素，并会迎合与利用美、日、越等对抗中国的心态图谋，为印度服务。

莫迪外交与美国：莫迪对美国并无好感，但是为了印度的国家利益，莫迪会伸出手与美国做朋友。他出访美国的真正目的是，要在经贸、高新技术、防务合作、民用核技术、航空航天技术等方面得到美国足够多的援助与好处，提高印度的经济与军事实力。但是，莫迪决不为美国的亚太战略再平衡服务。他会利用美国与中国的矛盾，发展印度与美国的战略互惠关系，为印度牟利。他也不会走得太远，印度要在与美国的关系中保持自尊，不会听从美国的指挥。

莫迪外交与日本：莫迪认为日本的资金与高技术，印度是需要的。但是，印度并不想卷入中日矛盾之中，也不愿陷入东海、南海之争，更不愿与美、日等国结成同盟反对中国。印度极力利用日本拉其入伙对抗中国的图谋，表面上迎合其心态，与日本打亲情牌，促使日本给予印度更多的资金、技术、军备方面的援助。不过，莫迪访问日本，不会过多向日本表白亲近之情，不会过于说与日本联手对抗中国的话，在签署的协议文本中，也不会有与日本一起反对中国的文字。总之，印日合作更多的是经贸关系，而不是日本所求的抗衡中国的“印日事实联盟”。

莫迪外交与缅甸：印度与缅甸接壤，历史文化也有着紧密的联系，况且，缅甸的油气资源印度也是急需的。所以，印度不可能放手缅甸，与缅甸的关系发展将比以往更加紧密，印度将全方位地进入到缅甸的政治、经济、文化及军事领域中。尽管印度的资金、技术等国力有限，但是莫迪会想方设法在资本技术上更多地支持缅甸，并欲把缅甸拉入南亚经济圈内，使缅甸真正成为通向东盟的“战略通道”，同时也为实现印度东北地区的稳定发展服务。另外，印度会更卖力地向缅甸输出印度式的民主政治体制，使印度与缅甸有更多的共同语言。

莫迪外交与东盟各国的关系：据莫迪智库的外交规划设想，印度最终要把东盟变成理想的“后花园”，所以印度在经营与缅甸关系的同时，加紧向东发展，与东盟各国发展亲密友善关系。印度认为，印度在某些方面要强于中国，如印度的政治体制，也没有与东盟各国直接的矛盾与问题，为此，东盟各国对印度的主张与作为也容易接受。虽然目前印度的实力有限，但也要择机扩大印度的影响力，为印度的东向战略，及最终达到利用东盟与中国的矛盾，为印度利益服务。

三、结论

值得引起我们注意的是，国大党联合政府是“世俗主义”的政府，而印度人民党是一个宗教性很强与民族主义色彩浓厚的政党。国大党曼莫汉·辛格总理是个锡克教徒，是个典型的知识分子。他曾获得英国剑桥、牛津大学的硕士与博士学位，有着丰富的经济学与国际金融学的知识与管理经验，是个专家技术型的政治家。而莫迪是个纯粹、传统的印度教徒，更是一个地道的、土生土长的政治家。他对印度及印度教的理解是极为深刻透切的，他用印度教的行为哲学指导自己的人生，忘我地工作，全力奉献自我。所以，在国内外政策的调整中，莫迪具有较多的印度教民族主义倾向。

通过对国大党联合政府曼莫汉·辛格总理与印度人民党政府莫迪总理对外交政策的同与不同的对比研究，我们可以得出如下几个结论：

首先，曼莫汉·辛格政府与莫迪政府在处理印度与周边国家关系的时候，侧重点有所不同。曼莫汉·辛格能较平和地看待与周边国家的关系，并不过分地计较印度的得失；而莫迪则较多地侧重于印度国家与民族的利益。如曼莫汉·辛格政府在执政期间，印巴关系走向和好，还向巴基斯坦送电，以缓解巴基斯坦“电荒”；而莫迪则不同，他虽邀请巴基斯坦总理谢里夫参加他的就职典礼，以向巴基斯坦示好，但更是在于向巴基斯坦表明印度是南亚的大国，印巴关系友好取决于巴基斯坦的态度而不是印度。如克什米尔冲突就如实地反映了莫迪对巴基斯坦软硬并举的政策。

又如先前斯里兰卡允许中国潜艇进港增补给养，莫迪政府却指责斯里兰卡政府危及了印度的利益……

其次，曼莫汉·辛格与莫迪在处理美印日大国关系时，其相同点在于他们都非常重视与这些大国发展友好关系，也都不愿意听从这些大国的意愿与指挥，并尽可能地获得这些大国政治与经济方面的支持。不同的是，曼莫汉·辛格认为，印度与大国发展关系，尤其是美国，印度与美国建立更亲密的战略伙伴关系，有助于印度经济的发展和大国地位的提升，那是一种无奈之举。并且认为“印度要接受这样的现实，新的世界次序是建立在美国这个唯一超级大国基础上的单极程序，因此印度需要采取现实主义政策”。[①] 而莫迪则不同，他与印度人民党主席阿德瓦尼一样，从骨子里看不起美国。正如印度人民党主席阿德瓦尼在一次大会上说：“如果说 20 世纪属于西方，那么 21 世纪将属于印度。”“我们短期的目标是成为像新加坡那样发达的国家，我们长期的目标是要与美国平起平坐。”[②] 所以莫迪认为，发展与美国的关系，一切是为了印度的国家利益，印度要利用与美国等大国的关系，在经济和政治上谋取更多的利益。但是，绝不会听从美国的指挥，或跟随某个大国被动应对，要有印度自己独立的主张和行为，应该是印度国家意志的主动体现，否则将有损于印度国家和民族的自尊与利益。印度就是印度……

第三，如何对待印度与中国的关系，曼莫汉·辛格与莫迪也有所同与不同。曼莫汉·辛格注意扩大与中国的友好关系，在中印边界谈判上较持务实认真的态度，并努力争取一些实质性的进展，如签署了边界地区有效的管控措施的协议。莫迪虽然也极为重视中国这个邻居，并首邀中国国家主席习近平访问印度，并表示“中印是两个身体，一种精神”，充分地表现了印度式政治家的想象力。但是，综合分析当前的中印关系，莫迪自有主张，他要按自己的意愿行事，不愿意听从他人的安排。如他没有参加北京 2014 年的 APEC 会议，却参加了缅甸东盟（10＋1）领导人会议，会议期间主动要求与李克强总理会谈……

展望印度人民党与莫迪执政印度期间的中印关系，笔者认为，中印关系将会有三大特点与趋势：

一是印度民族主义色彩将更加浓厚，印度人民党政府与莫迪总理为了印度的国家与民族利益的最大化，其外交的两面性将会表现得更加充分，尤其在处理印度与中国及世界大国的关系中更是如此。

二是中印经贸与文化关系将更加紧密，中印贸易量迅速上升，“中国建设”也将在印度大地上不断开花结果。电影、电视、文教体育与民间交往将更加丰富多彩，

---

① Poonam Mann，*India's Foreign Policy in the Post Cold War Era*，New Delhi：Har Man Polishing House，2000，p. 56.

② 利兹·斯莱：“日益崛起的印度要成为世界强国”，《芝加哥论坛报》2005 年 1 月 6 日。

中印两国人民相互了解更加深透，友谊也不断增进。

三是在中印边界问题的最终解决方面，印度态度趋于强硬，其潜在的可变和突变因素增加，使中印边界问题更加复杂化。如日本澄清不在中印有争议的地区内帮助印度修建公路，但实际上，这是一条紧靠中印争议地区极为重要的战略公路，现完全由日本资金和技术人员承建，印度其意不辨自明。

不过，我们并不能排除另一种可能性的存在，即随着印度国内和国际环境的不断变化，印度人民党政府与莫迪总理在中印边界问题最终方案的选择上将更具理性，毕竟莫迪是个有慧眼、有远见、务实的决策型领袖。中国真诚期待中印边界问题谈判能有突破性的进展，以造福于中印两国人民。

21世纪印度军力报告*

印度军队的前身是英国殖民者为稳固自己在南亚地区的统治而在当地招募建立的殖民军队。印度独立后，历届政府在这支殖民军队的基础上进行不断的改造和扩充。尤其是在 1962 年和 1990 年以后，随着印度所处国际环境的变化及经济实力的成长，印度政府更对这支军队的改造和扩充投入了巨大的财力、物力和人力，使之不但在装备的现代化程度上得以迅速提升，同时还保持相当庞大的军队编制和人员，其军队实力已位居世界第四位，并且仍有不断上升的空间。2014 年印度与中国经济的 GDP 增长率同是 7%，2015 年中国的经济长率定为 7%，印度则定为 8%。所以有舆论认为，随着印度经济实力的不断上升，也许在不久的将来，印度军队真正的实力可与任何一个世界大国抗衡，并从地区的军事大国走向世界，实现世界军事大国的夙愿。

一、印度成为世界军事大国的历史原因和现实因素

印度是个文明古国，历史久远，文化灿烂辉煌，曾对人类历史文明的发展作出巨大的贡献，印度人无不为此骄傲和荣耀。独立后，印度欲建立一支强大的、现代化的军队，以提升其国家地位，同时应付来自各方面的压力与挑战，真正成为一个世界一流的“有声有色”的大国。但是，从目前印度军队与所处的国际环境而言，有两大原因更迫使印度要急于加速完成其军队的现代化和实现军事大国、强国的目标。

（一）历史原因

1947 年印度独立时，分给属于印度的前英国殖民军队的人数虽有约 30 万人，

* 本文在大量中外文资料的基础上写成，抱歉在这里不一一注明出处，除了表示谢意之外，亦请中外作者对本人的思想观点与看法不吝赐教。

但其装备差、战斗力不强的现象十分严重。况且，英国殖民政府在统治南亚地区时，为了更加有效地控制和指挥这支由当地人组成的殖民军队，其各部队和兵种的上下层指挥官一般均由英国人与欧洲白人担任，印度本土籍军官最高为旅级准将，人数也只有几名。另外，这支军队前期受英国殖民政府的作用与影响，其被动雇佣的思想极为严重，战斗力也相当有限。一个刚刚独立的印度，更需要自己的国家军队为自由的印度去勇敢地战斗献身，这种忘我献身的爱国主义精神急需在加强教育和培训中得以提升。所以，印度政府需投入更多的财力、物力和人力资源，否则难以实现其对国家军队的目标和意愿。另外，南亚地区200年的殖民统治更使印度政府认识到建立一支强大的现代化军队的重要性，印度再也不能软弱受欺，印度必须早日成为一个真正的军事大国、强国。

（二）现实因素

历史进入新世纪后，随着印度经济的发展和崛起，印度军队的发展也步入了快车道。据各方面资料证实，印度政府认为，21世纪印度要真正成为世界大国、强国，建立一支强大的现代化军队更显得重要和迫切。尽管今日印美关系密切，美国舆论一般都认为，印美两个世界上最大的民主国家有着更多理由成为新世纪的战略合作伙伴。美国政府曾多次公开宣布，美国“支持印度成为21世纪大国”，同时在行动上也作出了积极的响应，如印美共同签署了包括“印美核协议”在内的各项科学技术与经济发展援助及军事合作的协议。辛格总理和奥巴马总统在2009年11月24日华盛顿的会谈中还认为“作为世界上两个最大的民主国家，印美双方在人类努力奋斗的广泛领域的合作不断得到深化，两位领导人对此表示赞赏，认为印美间的共同理想以及优势互补为应对21世纪的全球挑战奠定了基础”。[①] 但是，在印度军队的战略理论库里，印度仍然把美国作为自己主要的对手。可是如今，莫迪和奥巴马2014年在华盛顿与新德里的两次会面表明，印度与美国的军事关系日趋紧密起来，美国的武器出口及合作研制生产的新式军事装备已超过俄罗斯，美国已成为当今印度最大的武器供应国，两国的军事关系也正在发生新的重大的转变。这是其一。

其二，进入21世纪后，中印关系时起彼伏，忽冷忽热。尽管印度并不否认中国有与其改善和发展战略合作伙伴关系的真诚愿望，同时也有诚意用和平手段解决包括中印边界在内的各种矛盾与问题，印度政府还多次声明中印之间只有合作才能达到双赢的目标，但实际上在印度的安全理念里，其仍视中国军队为主要的威胁。“中国威胁论”在印度仍有相当大的潜在的市场，一旦中印关系发生一些曲折和变化，

① “印度与美国：共创美好世界的伙伴关系”，《今日印度》2009年11月—2010年3月，第2页。

“中国威胁论”会立刻在印度大行其道。另外，值得注意的是，印度将从俄罗斯和美国购买的大部分先进武器与装备部署在中印边界地区，中印边界印度一侧的战略公路四通八达，而且质量等级明显高于国内公路。印度也一再放言，决不放弃一寸中印边界地区有争议的领土。

其三，进入 21 世纪以来，印度与邻国巴基斯坦的关系也时好时坏，互相指责埋怨有之，舞枪弄棒的威胁和显示实力的现象有之，甚至边界和实际控制线上的擦枪走火现象也有之。所以，在印度一般都认为，其国内发生的恐怖主义袭击和爆炸事件，无论大小，首先归罪于巴基斯坦，并且认为巴基斯坦是印度国内不安因素的主要策源地，克什米尔地区是印巴战争的爆发点。

由此种种，鉴于目前印度军方仍把美国的挑战视为主要因素（这种挑战已日益被亲密的军事合作关系所代替），以及所谓的中国军队的威胁、巴基斯坦的恐怖袭击和爆炸等诸多考量，印度必须建立一支强大的海陆空军队，并且要配备各种现代化的新式武器以加强军队的战斗力。因此，印度自进入新世纪以来，在购买、研制和开发现代化新式武器方面加快了速度与力度，从印度这几年连续不断增长的军费开支中，不难看出其这种急于成为世界军事大国与强国的迫切心理。1992 年印度每年的军费开支为 67 亿美元，2007 年军费开支增至 218 亿美元，为 1992 年的 3 倍有余，2009 年又上涨至 284 亿美元，2010 年直奔 300 亿美元。2014—2015 年的军费开支更达 2.47 万亿卢比，折成美元（50 卢比兑 1 美元）近 500 亿。如此急剧增长的军费开支，也有舆论认为，这与印度政府要持续快速地发展经济的目标是相悖的。况且，目前印度国内状况和经济发展最为紧迫的问题是要妥善解决两个问题。一是印度国内目前仍有 3 亿人处于贫困之中，他们的生活水平急待改善和提高，否则将会激发因贫富差距过大而引发的社会矛盾。如电力、住房、用水和交通等问题，以及宗教与种姓等问题有很多矛盾是贫困引发的，这自然会阻碍印度经济快速增长的步伐。二是印度的基础设施急待改善。陈旧落后的基础设施，已经成为影响印度经济快速增长的主要因素。可是基础设施的建设改造需要大量的资金支持，虽说印度这几年经济发展不错，财政收入和外汇储备增长，但是在基础设施的增资方面还颇感财力缺口太大，“印度是有心无钱”。如果印度能把有限的资金多用些在基础建设和改造方面，那对印度经济的发展是极为有益的。从长远来说，这也能从某个角度上为今后印度军力的增长准备更加充足的经费。

当然，印度是个印度洋国家，鉴于其特殊的地理条件和环境以及实施的印度洋战略（后有详述），其也需要发展自己的海军和空军。另外，印度要跻身于世界大国强国的位置，其军事力量的强弱是一个基本条件和因素。由此种种，这也就是印度进入新世纪以来，为何要急于提升国家军队的现代化水平与发展核武器的真正原因了。

二、印度军事实力的基本状况

目前，印度陆、海、空三军的总人数仍保持在 130 万人左右，其中陆军 120 余万人，海军 5.5 万人，空军 11 万人。近几年印度海军和空军的人数略有增长。另外，还有准军事部队 110 万人左右，后备军力量 360 万人左右。2013 年 7 月，印度政府内阁会议批准组建新山地作战部队，人数定为 9 万人，取名第 17 山地打击军，计划用 7 年时间建成，其大部分部署在中印边界地区。

印度陆军下辖东、西、南、北、中五大军区，12 个军，34 个师。其中步兵师 17 个，山地师 10 个，专门部署在中印边界地区，是 1962 年后逐步建立起来的。装甲师 3 个，平原步兵快速反应师 4 个，还有 4 个独立旅、5 个装甲旅、1 个山地旅、1 个空降旅、16 个防空炮兵旅、3 个工兵旅和 2 个“大地”烈火型导弹大队。

印度陆军的基本装备有各种火炮 6000 余门、各类高端反坦克武器、苏制各式萨姆防空导弹与自行研制的“汉戟”和“蓝天”地空导弹，以及 3500 辆作战坦克，“阿琼”、“T－72”以及印度与俄罗斯共同制造生产的 F90 型坦克也已装备部队，大大增强了陆军的装甲攻击能力。另外，“大地”导弹大队各种型号的“烈火”近、中程导弹也已服役，印度陆军的中远程打击威胁能力得以大大加强。“烈火”远程导弹也已研制成功，它是射程达 5000—1 万公里以上的洲际导弹。

印度海军下辖东、西、南三个军区，东、西两个舰队。目前，印度海军有各种舰艇 250 余艘，其中服役的航空母舰 2 艘，驱逐舰 6 艘，护卫舰 20 余艘，各类潜艇 20 余艘。其舰艇装备有苏制舰对空导弹、反潜直升飞机。最近，印度新购买的潜艇已服役，大大增强了印度海军的水下作战和攻击能力。如今印度能自己制造航空母舰，又购买经过改装换代的俄制航空母舰“戈尔什科夫海军元帅”号，现已下水加入印度海军航母编队，印度军方认为，印度起码要有 2—3 个航母战斗群，才能保证印度洋利益的安全，以及满足印度对海洋利益的诉求。另外，印度海军正在研制核潜艇，租借的俄制核潜艇也已加入印度海军战斗序列。2014 年 12 月，印度自造的第一艘核潜艇下水试航，可以预计，不久将有第二、第三艘核潜艇加入印度海军战斗序列。总之，印度海军努力在完成自己重大的跨越式发展，以航母、核潜艇等重型舰艇为主形成印度海军远洋作战威胁能力，使印度海军成为真正的“远洋海军”。

印度空军有各型飞机 1600 余架，其中作战飞机 800 余架，包括苏制先进的“苏－30”型飞机及升级换代的新型作战飞机。目前，印度空军装备了自制的“三叉戟”和“蓝天”导弹，它具有反应快、精度高与机动能力强的特点，适用于打击低空飞行目标。而“蓝天”导弹一般射程为 20—30 公里，速度 2 马赫，由相控阵雷达和计算机制导，其打击能力更加精确、迅速、有效。另外，印度的冲压式火箭发动机以高能固体推进剂为燃料，具有体积小、重量轻的特点，对有效打击地面集群目标有较大的威胁力。

印度在飞机制造方面近些年进步很快，印度斯坦航空有限公司已经制造了 2000 余架各型飞机，其主要技术来自俄罗斯的米格型、法国的幻影型等。另外，印度自己研制的轻型战斗机和高级轻型直升飞机也取得了成功，并且已陆续装备部队。目前法国的“阵风”与俄罗斯的超级苏一35 战机竞争正酣，任何一款战机落地印度都将大大增强印度空军的打击能力。

值得一提的是，印度导弹及技术近些年发展颇为神速。20 世纪 80 年代，印度政府制订了名为“灰色工程”的导弹发展计划，其目的是做到导弹的研发、生产能自给自足。为此，全印度集中了 1000 余名优秀专家、19 个国防科研所、19 个国营企业、8 个私营工厂和 11 个兵工厂，共同攻坚研制生产属于印度的导弹。经过 10 余年的努力，目前印度已经研制和生产了各种类型的导弹，其技术的先进性与美、俄、中三大国相差无几。

印度的导弹分以下几种类型：一是“大地”地地战术导弹，这种导弹采用单级双室可贮液体火箭发动机和惯性制导系统，可携带常规弹头和核弹头。目前已批量生产射程为 150 公里和 250 公里两种类型，已装备部队。二是“三叉戟”和“蓝天”地空导弹，这种导弹具有精度高和杀伤力强的优点，也已批量生产和装备部队。三是“烈火”型中程弹道导弹。这类导弹由固体和液体为燃料的两级火箭推进，射程为 1600—2500 公里，能携带常规弹头和核弹头，已有批量生产并开始装备部队使用。四是“蛇”式反坦克导弹，射程为 3—4 公里，采用固体燃料、红外线制导，一般装配在履带式和轮式战车上，直升飞机也能装配使用。按设计和发射效果看，这种类型的导弹具有性能可靠、精度高和攻击力强三个特点，为反坦克主战导弹。五是远程和潜射导弹。印度研制和接连完成的远程导弹名称为“苏里亚”，系在“烈火”型的导弹基础上发展起来的，射程为 5000 公里以上，可以从印度打到世界任何一个地方。印度近几年极力要完成的是潜射导弹的研制工作。从目前研制状况看，其技术已基本接近成熟，不久的将来预计会展示其特有的威力，并将开始装备部队。

三、印度的核武器发展及其政策

印度的核发展计划最早可追溯到 1948 年 8 月，那时印度刚刚独立建国，以尼赫鲁为代表的开国元勋们就已经充分地认识到核技术将会对今后世界的政治、经济、军事产生不可估量的影响，为此他们认为，新独立的印度不能没有核技术。于是 1948 年 8 月成立了印度国家原子能委员会，1954 年 8 月又建立了由总理直接指挥的原子能部，1957 年尼赫鲁政府又花巨资建立了当时世界上先进的原子能研究所，并取名巴巴原子能研究所（巴巴博士在美国与中国的钱学森是同学），研究所在巴巴博士的领导下，取得了许多突破性的成果，同时也为印度培养了大批原子能研究的高级技术人才。印度因此也从20世纪50年代开始，针对国家缺油少煤的情况，大力发展核能发电，加快核电站的建设。与此同时，印度还开始为制订一个完整的核发展计划做充分准备。1956年印度第一座核反应堆建成，1961年第一座重水工厂建成投产，1964年第一座核废料处理厂完工，该厂每年可以从30吨核废料中提炼8—10公斤钚。

虽然，印度政府最初声明其发展核计划纯粹是为了和平目的，但是1974年5月印度却进行了第一次核装置爆炸，打破了其发展核能技术不用于军事目的的承诺，从此印度也开始了自己核武器的研制进程。1985年，印度第一座铀浓缩工厂建成运行。20世纪80年代中期，印度鉴于对自己在国际环境中的评估，以及国家政局形势与变化的要求，加速了自己核能军事的应用时间表，并且在巴巴原子能研究中心又专门分别建立了核武器和核动力潜艇研制小组。印度至1997年已储备了足够制造100颗当量为2万吨级原子弹的钚，同时又加大了核武器小型化的研究。虽然这一时期里，印度没有公开宣布要制造核武器，但却一再表示要保留“核选择”的权利，言下之意，一旦国家需要，印度随时可以生产核武器。1998年5月11日，印度终于在拉贾斯坦邦塔尔沙漠连续成功地进行了3次地下核试验。1998年5月13日，印度又在同一地区成功进行了2次地下核试验。当时的印度总理瓦杰帕伊向狂热欢呼的人群宣布：“印度成功地进行了核试验。印度已经成为一个有核武器的国家。”当时的国防部长费尔南德斯更是宣称：“核武器试验的成功，无论在军事上还是在心理上都增强了印度的实力地位。”根据科学家们对印度进行的5次地下核试验的研究表明，“印度所进行的核武器试验起点高，规模大，尤其是战略核武器与战术核武器已同步发展，显示出印度不可忽视的核武器开发制造能力”。[①]

印度核试验的成功在当今世界上的反映是强烈的，印度如何应对目前所面临的国际形势，又如何对自己的核试验进行评估？该制订怎样的长远的核武器发展规划？

如今印度已建立了核司令部，以全面负责核武器的部署和控制，以及核战略发展规划的制订与核部队的管理等事宜。

2003年1月16日，印度政府正式通过批准确认由22名国家安全委员会顾问提供的《核原则草案》，草案不仅对印度最低的核威胁作出了评估，同时还规划了印度三位一体的核打击力量与长远计划。主要内容有以下几个方面：（1）核武器控制权掌握在印度最高领导——总理手中。（2）印度核武器目的是对使用和威胁使用核武器打击印度及其国家和军队进行有效的核威慑。（3）印度建立最低可信的核威胁力量，这种力量仅用于报复他国的核威胁行为。为此，保全核设施的生存能力、规模、

---

① 孙培钧、华碧云：《印度国情与综合国力》，中国城市出版社2001年版，第316页。

部署和使用，最终取决于印度的战略环境、技术和国家安全等因素。(4) 印度不对无核国家和没有与核国家结盟的国家使用及威胁使用核武器。(5) 印度不首先使用核武器，但一旦核威胁失败，印度将进行惩罚性报复。(6) 印度将建立（陆基、空基、海基）三位一体的核打击力量。

21世纪印度的核武器研制和发展已经达到一个全新的水平，其核武器的运载能力大大加强。印度的“美洲虎”、“幻影—2000”、“苏—30”等飞机都能携带核弹头，其“大地”、“烈火”和“太阳神”等中远程导弹也都能装载和发射核弹头，核潜艇更是不在话下，印度军队已经基本上建立并完成了三位一体的核打击力量及部署。

四、印度的“印度洋战略”构想

印度洋是世界的第三大洋，位于亚洲、大洋洲、非洲和南极洲之间，海洋总面积占世界海洋面积的20%。其北面是印度、巴基斯坦和伊朗，西面为阿拉伯半岛和非洲，东面为澳大利亚、印度尼西亚和马来半岛，南面为南极洲。

据科学地质考察证实，印度洋自然资源极为丰富，主要矿产有石油、天然气和金属矿锰结核，还有金红石、锆石、独居石、金刚石和磷灰结核等。另有含多种金属的软泥，其中有铁、锌、铅和铜等，铁的含量为29%。印度洋渔业资源丰富，盛产海珍珠。更为主要的是印度洋是联系亚洲、非洲和大洋洲之间的交通要道，从印度洋往北通过曼德海峡、红海、苏伊士运河、地中海和直布罗陀海峡可到达西欧，向南通过好望角可进入大西洋，通向欧洲沿海各地，向东经马六甲海峡和龙目海峡进入太平洋，中东盛产的石油以及亚洲、非洲和大洋洲各国的进出口货物都要通过印度洋，印度洋沿岸港口终年不冻，四季通航，印度洋的战略地位显得尤为重要。

印度位于北印度洋中心，国土面积有1/3左右伸入印度洋内，三面环海，海岸线长达7000多公里。更为重要的是，印度伸入印度洋的国土面临阿拉伯海，东濒孟加拉湾，还有1000多个大小岛屿散布在印度洋内，而孟加拉湾的安达曼和尼科巴群岛成为坚守印度洋的前哨，并扼守着通向太平洋的马六甲海峡，其战略地位的重要性不言自明。所以，美国学者马汉曾说：“谁控制了印度洋，谁就能控制亚洲。印度洋是通向7个海洋的要冲，21世纪世界的命运将在印度洋上见分晓。”20世纪60年代，印度首任驻华大使潘尼迦也曾写道：“印度是个具有半岛特点的国家，它的贸易主要依赖于海上交通，这就使得海洋对其命运具有极大的影响。因此，印度的安危系于印度洋，民族的利益在印度洋，来日的伟大也在印度洋。”如今，印度政府上下形成了一个共识：印度作为一个印度洋国家，必须建立一支强大的海军，独立自主地捍卫印度的海上利益，成为一个真正的印度洋海权国。为此，自1971年后，印度逐渐把战略重心移向了印度洋，开始实施其雄心勃勃的“印度洋战略”。

印度的“印度洋战略”主要内容如下：一是牢牢控制300海里以内的内层防区、东部的整个孟加拉湾，以及西南部包括阿拉伯海和沿海岸线600海里以内的印度洋海域。二是内层防区以外300海里至600海里的区域为外层防区，其中包括印度的远海岛屿、海上通道和贸易商船队等，对外层防区的广大海域进行“有效的控制和监视”。做到对内层防区提供早期预警，对突发海上事件充当国际警察，在战时能有效控制马六甲海峡、巽他海陕、霍尔布兹海峡和保克海峡。三是软控制区为印度洋外层防区的剩余部分海域，有效控制这些海域，有利于印度远洋商船队的安全，以及印度海军走出印度洋，成为真正的远洋海军。为此，印度必须建立强大的远洋舰队，印度海军一定要有航空母舰和核潜艇及海上远洋预警、侦察和反潜艇飞机等各种海上装备武装。印度“蓝天卫士”航母已下水，以23.3亿美元高价购进的俄制改装航母“戈尔什科夫海军元帅”号也已编入印度海军的战斗序列。与此同时，为了加强对印度洋的控制权，印度于1972年批准了海军的扩军计划，并于1976年和1998年分别成立了南部海军司令部和远东海军司令部。如今印度有东部海军司令部、远东海军司令部、西部海军司令部和南部海军司令部4个海军司令部。另外，印度还在印度洋沿岸和海岛上大量修建海军军事基地、机场及港口，其“海岛”工程完工后，印度将拥有亚太地区最大的海军基地和海上作战支援系统。印度在南部海岸阿尔南建成的航空基地耗资10亿卢比，备有现代化导航设备，飞机主跑道长达4.85千米，使印度的海上防线向前推进了一大步。安达曼—尼科巴群岛建立的各种海军设施，如气象观察站、深水码头、机场、浮动船坞、永久性防御工事与后勤保障基地等设施，使印度海军的远洋作战能力提高到了一个前所未有的程度。如今，印度海军能更加有效地控制马六甲海峡，最大限度地保证“印度洋战略”带来的国家利益。

五、印度海军的“东向战略”

印度海军的“东向战略”实际上就是“印度洋战略”的延伸。印度海军强调建立“东向战略”有其自己的根据和理由。印度有关军事战略理论家认为，如今中国海军已经具备了封锁南中国海和马六甲海峡的能力，并且有进军印度洋、与印度海军争夺印度洋水域的军事主动权的意向。为此，印度海军参谋长马德维拉·辛格上将提出，印度洋在印度经济建设中的地位日益上升，印度面临的海上威胁也日益加重，除西部巴基斯坦未来可以通过封锁海域攻击印度沿海或海上的主要经济军事目标，切断印度的海上运输之外，其更将“中国威胁”列为重点对象。其理由是中国援建巴基斯坦瓜达尔深水港，助巴提升海军作战能力，又帮助缅甸在其海域改造修建现代化海军基地，所有这一切印度都视为中国对印度的印度洋利益构成威胁。所以，印度海军必须参与某些特定的海军合作和联合行动，同时确定印度海军的长期发展目标，以应对来自中国和巴基斯坦的潜在威胁，制定切实可行的印度海军的“东向战略”。

印度海军“东向战略”的主要内容有 4 个方面：一是建立印度对印度洋周边国家海军的绝对优势，并遏制他们向印度洋发展。二是印度海军要对印度洋外的海军大国实施战略威胁，要借助印度洋上的海上地缘优势，有效限制中国海军在印度洋上的自由行动，并阻止其渗透。为此，印度海军专家认为，目前印度最为紧迫的任务是购买核潜艇与加速建造核潜艇、核动力航空母舰。今天，印度除了租借俄罗斯的核潜艇外，2014 年 12 月已建成一艘核潜艇并已下水试航，另外，印度还将常规防御转向导弹防御，作为国家威胁的一部分。三是加紧印度海军与美国海军的军事合作，并加入美国“岛链封锁”计划，使印度海军成为美国“岛链封锁”战略的重要棋子。为此，进入 21 世纪以来，印度海军加强了与美国及西方国家在印度洋以及南中国海的海上军事演习和行动，其主要内容是反潜战和封锁行动。四是建立一支强大的印度潜艇部队，尤其要增强印度海军的核潜艇打击能力，故印度加快了自制核潜艇研制的速度。与此同时，印度将花费 10 多亿美元购买俄制的 2 艘“基洛”级和 1 艘第四代“阿穆尔”级潜艇，并自行建造 12 艘仿 209 型、12 艘“基洛”级和 2 艘“阿穆尔”级潜艇。另外，印度海军还将购买美国 6 架 E－2C“鹰眼”预警机和 P－3“猎座型”远程巡逻机，加强对印度洋的控制和监视。

总之，从印度海军“东向战略”的四个方面，不难看出印度真正的目的是借“东向战略”，谋求印度海军能更加有效地控制和封锁马六甲海峡，谋求与中国抗衡，进而也加入控制东南亚与中国南海海域的行列，成为横跨两大洋的海上强国。

印度文化的特征、理念与价值观*

印度的传统文化不但浩如烟海、博大精深，而且奥妙神秘、令人向往，其丰富的内涵、深厚的底蕴及独特的个性和价值观，对世界文明的进步和繁荣作出了不可估量的贡献。尤其是在21世纪的今天，印度文化这个具有东方文化独特个性的哲学理念和价值观，必将对文明与进步产生巨大的作用和影响。

诚然，文化这一无形的力量，以其独特的个性、理念和价值观给各国的经济与外交政策打上了深深的烙印。印度文化也是如此，其以与众不同的个性理念和价值观，不时地影响着印度独立以来经济的发展和历届政府对外政策的制定和实施。

自然，在探讨研究印度文化、理念和价值观与印度外交政策之间的因果关系时，我们须先探讨一下印度文化的特征与个性是什么、印度哲学的理念是什么、其价值观又如何，这样才能更深刻地认识和理解印度文化，以及其在印度经济与外交政策的制定与实施中所起的无形而又神圣的作用。

一、印度文化的特征

目前在学术界，对于印度文化的特征众说纷纭，莫衷一是。有的专家学者认为印度的文化特征有8个方面，也有的认为概括起来不外乎3种等。

笔者认为所谓文化特征，必须具备两个方面的内容：一是共性，因为组成印度文化体系的单个文化成分很多，屈指算来有数十种之多，在这众多的单个文化中，它们除了自己的独特个性外，也必须有体现印度文化的共同特点，这共同点必须具备能代表印度文化的主流成分；二是具有自己独特的真正能体现印度文化的个性，而这个独特的个性在印度文化体系里发挥着不可替代的作用。所以笔者认为，用以上两条标准来衡量和分析印度文化的特征，可以概括出4个方面，即宗教性、多样性、包容性和区域性（炎土文化）。

---

* 原载于《21世纪印度外交新论》，上海译文版社2004年版，第2—20页。

(一) 宗教性

印度是个宗教国家，几乎人人笃信宗教。宗教与印度社会、政治、经济、军事、文学和艺术都有着密不可分的联系，它已深入到印度社会的每一个角落、每一个人的心灵。可以说，印度人生的各个方面都可以看到宗教所产生的巨大而不可抗拒的影响，没有宗教就没有生活。

如果我们对印度的语言、文学、艺术、音乐、舞蹈、雕刻等进行分析研究的话，不难发现，它们都是以宗教为中心的，其表现形式和内容也与宗教有关，就连国家政治法律的制定、人的道德观念的形成以及各民族传统风俗习惯的形成发展也都受宗教的影响。宗教已融入印度的文化之中，无宗教就不成其为印度文化。在文学界，还有被视为纯宗教文学的作品，如世人熟知的《五卷书》，这是宗教人士专门为其后代创作的，字里行间流露出对宗教炽热的情感，宣扬的是宗教精神。

即使在印度民族反抗英国殖民统治、争取民族独立自由的解放运动中，他们最伟大的民族英雄圣雄甘地所倡导的“非暴力不合作运动”，其非暴力思想也源于印度宗教思想的仁爱主义。它是从印度教“坚持真理”、“戒杀”和“自制”的信条中衍生出来的，圣雄甘地以此为武器，在印度掀起了20世纪初争取民族独立和解放的独特道路——非暴力道路，并最终取得了胜利。

若研究圣雄甘地的一生经历，就能清楚地看到，他始终坚持以宗教学说鼓动人们参加反英运动，因为他认为“政治上一旦失去了宗教，也就失去了灵魂”。他坚信这种用宗教思想激起来的爱国热情、牺牲精神和民族自尊心，其力量是无比巨大的，因为它体现了印度五千年文化最核心的内在因素，也是印度人民最高的理想追求。由此，他也坚信非暴力思想的宗教道德力量，能最终促使本质上热爱正义的英国殖民者改正自己的错误。

(二) 多样性

印度文化的多样性，在印度文化体系中显得非常突出。在印度文化体系中，可以看到各种文化成分的倩影，其中不乏希腊文化、伊斯兰文化、波斯文化、英语文化和中国文化的成分。

形成印度文化多样性的原因是多方面的，其中最主要的因素是外族入侵带来的外来文化。比如，印度伊斯兰文化的兴起、发展和繁荣，是由在中亚地区伊斯兰教的信奉者、蒙古族的后裔帖木儿六世孙巴卑儿1526年打败德里的洛提王朝后，在印度建立了伊斯兰莫卧儿王朝开始的；而英语文化的进入，则是在英国殖民者入侵印度次大陆，并在印度这块宝地上实行了200年的殖民统治后完成的；只有中国文化向印度次大陆的传播是在和平的方式下进行的，而且已有数千年文化交流友好往来的历史，这是值得中印两国人民所庆幸的。正如季羡林先生所说："在整个世界历史上，像中国同印度这样两个国家有着至少二千多年的文化交流友好往来的历史，是十分罕见的。"[①]

即便是所谓的印度纯本土文化，也由于生存发展的时间、条件和环境各不相同，自古至今形成了各具特色的不同类型的本土文化。如以时间与语言区域划分的话，主要有吠陀文化、雅利安文化、达罗毗荼文化、婆罗门文化，以及泰米尔语文化、马拉提语文化、旁遮普语文化、阿萨姆语文化等；如果从宗教派别区分的话，分别有婆罗门教文化、佛教文化、印度伊斯兰教文化、耆那教文化、基督教文化、锡克教文化和近代发展起来的巴哈伊教文化。印度文化的多样性显示出了印度文化的古老、丰富多彩、灿烂与辉煌，世界上再也没有比印度文化更加古老和多姿多彩的了。

（三）包容性

印度文化之所以能浩如烟海、博大精深，这与它以自己博大的胸怀海纳百川的气势分不开，印度文化的包容性在世界文化中也是极其罕见的。

自古以来，印度所有的不同类型的地域文化、语言文化和宗教文化里，都或多或少地兼容着各种不同的外来文化成分。笔者自学习印地语和从事印度文化与南亚问题研究工作数十年以来深刻地体悟到了这一点，现把自己和同行对印地语构成成分的研究简要地列举如下，以证实印度文化包容性的可贵之处。

虽然各种语言都有外来词与外来成分，但是构成印地语的外来词与外来成分却与众不同和独具一格。单从印地语的词源上去分析，其除了本身的词源外，还吸收了大量英文、梵文、波斯文和阿拉伯文的词汇，甚至还有少量的土耳其语词汇出现，它们和印地语的词汇融为一体，成了出色表现印地语内容词汇大家庭中的一员。

印地语对于英语的吸收和运用不但表现在词汇方面，甚至对英语的语法、标点符号也广泛吸收和运用，尤其在现代的印地语中，英语对其的影响更为巨大。正是由于英语的影响和印地语的吸收和运用，印地语的表达能力变得更加广泛、深远和与时代接轨，印地语也有了自己美好的发展前景。概括起来有以下几个方面：借词。英国人踏进印度次大陆后，他们所带来的语言文化是印地语所没有的，印地语中也没有表达这些东西的词汇，于是印度人原封不动地把英语的音和意全都借过来，为其所用，以表达自己所不认识的和没有的东西。这是其一。其二，意译词和混合词。意译词是印地语根据自己的构词规则，"用自己的语言材料把英语的词的意义移植过来，构成意译英语词"。混合词指用印地语的形式从英语中借

---

① 季羡林：《中印文化史论文集》，三联书店出版1982年版，第1页。

来的成分组合在一起构成的词或短语。[①] 如果我们对印地语的词汇、语法再细加分析研究的话，还可以看到其他许多外来语成分对印地语的发展与繁荣所做的贡献。

(四) 区域性 (炎土文化)

印度文化有着其独特的区域性特征，学术界也有人称之为炎土文化，几乎与世隔绝的地理环境和高热气候是形成印度文化炎土特征的外部因素。早在唐朝，我国的高僧玄奘就对印度次大陆特有的环境做过如此描述："五印度之境，周九万里，三重大海，北背雪山，北广南狭，形如半月。""时特暑热，地多泉湿。"[②] 高耸的世界屋脊喜玛拉雅山终年白雪皑皑，无人涉足，东西南三面都濒临浩瀚的大洋大海，东西仅有的与外界相连的陆地也被高山、森林和沙漠隔绝。茫茫的原始森林，毒雾瘴气弥漫，使人望而生畏；一望无际的大沙漠，狂风卷着沙石整日整夜轰隆隆地作响，无人敢越雷池一步；印度次大陆的母亲河——恒河和印度河造福于人类，但也常常泛滥成灾，尤其是酷热的热带和亚热带气候，带给了人类难熬的暑热和倾盆的热带季风雨……

印度次大陆的居民对于大自然的力量无可奈何，只能感叹自己的渺小。由此，他们对大自然有了更多的敬畏，产生了人与自然同一的思想。他们朦胧之中感到天、地、空有一个主宰，人与世界万物是它的一种"幻现"，这个主宰便是后来的"梵"，"梵我同一"、"大我与小我"的观念逐渐在他们的思想中定格。

另外，印度次大陆上的高温和暑热常常使他们在一段时间里无法正常地生活与劳作，不得不走进山林和聚集在大树下，对大自然的各种现象展开自己想象的翅膀，漫无边际地想入非非。久而久之，他们形成了丰富的想象力和健谈的脾性，而印度次大陆上丰富的食物与十分易得的各种各样的热带和亚热带水果填饱了他们的肚子，使他们中的不少文人、雅士、祭司以自己独特的思维方式探讨人的本质、世界的根源，以及人与自然、人与精神世界的各种微妙和内在的关系。就这样，印度文化烙上了炎土文化的标记，印度人也以富有想象力和善于雄辩著称于世。他们创造的作品不但充满了神奇迷人的色彩，而且他们往往漫无目标地展开自己的想象和富有哲理的思维，把历史上的真人真事和英雄人物故事加以改编，并与印度丰富多彩的神话故事混合在一起，编写成一篇篇朗朗上口的长诗，广泛传诵，天长日久，致使后人再也分不清哪是诗、哪是史了。印度著名的两大史诗《罗摩衍那》和《摩诃婆罗多》就是印度炎土文化的鸿篇巨著。这两部史诗不但反映了印度一个时期的历史事

---

① 邓兵："英语对印地语的影响"，《南亚、东南亚语言文化研究》(第一卷)，军事译文出版社 2001 年版，第 67—68 页。

② 章撰校点：《大唐西域记》，上海人民出版社 1977 年版，第 31 页。

实，并且不乏哲学、医学、文学、艺术、雕刻、音乐、舞蹈、天文、地理、气象等方面的内容，还讲述了印度人的治国之道，其中包括政治、法律、道德、风俗习惯等，占了很大的篇幅。

二、印度文化的哲学理念

梁漱溟先生早在上世纪初，就在其著作《印度哲学概论》第一篇印度各宗教概略中第一章绪论的开头这么写道："印度土沃气暖，谷米昌熟。其民不必劳于治生，辄乃游心于远，故夙于哲学思想。"[①] 梁老先生的言下之意用当今通俗的语言来表述，指的是印度人善于思维，故也富有创造性的哲理，也多大知大觉者。

不可否认，印度哲学理念以唯物主义的传统与丰富的逻辑范畴真实地反映了印度人智慧和科学思想的巨大成就。我们可以从印度哲学从古至今发展过程中所探讨研究的问题里清晰地看到印度社会历史发展的轨迹，如"世界的起源与发展、物质和精神的本原、灵魂和肉体的关系、物质运动的形式、时空的实在性、人类认识的能力和途径、思维的辨证发展、语言逻辑与实在的关系、理论与实践的关系、解决社会苦难的方法等等"。[②]

如前所述，印度的主体文化为印度教文化，自然，印度哲学理念的形成也是以印度教（古时称吠陀教和婆罗门教）的发展为基础的。印度哲学是世界上与宗教联系最紧密的哲学，也可以说其是宗教的哲学。印度哲学最古老的经典《吠陀》、《奥义书》和《薄伽梵歌》是印度教的三大圣典。印度古代哲学的弥曼差、吠檀多、正理、胜论、数论和瑜伽都属于印度教。印度哲学最核心的理念追求的是"梵我合一"，印度学术界的不少朋友在向笔者解释"梵我合一"时都这么认为，且印度不少的哲学著作中也都这么写道，因为世界万物都是"梵"所创造的，是"梵"的显现，"梵"是宇宙的最高主宰，所以人只有通过自然，才能感悟到"梵"的本质，亲证"梵我合一"的真谛。"梵"是无形无踪、不生不灭、无所不在的。在说到人的灵魂时，不少印度人反复讲述人的灵魂也只是"梵"的显现，人是无法认识自己的，所以人迷恋自己的世俗生活，生生死死，受着转世轮回之苦，只有苦心修行，寂灭一切欲望，才能求得解脱，达到"梵我合一"的最高境界。在这里它又与印度的佛教和耆那教的业报轮回和精神解脱联系在了一起。

显然，在印度的历史上，印度哲学理念中的唯心主义起着阻碍社会发展的作用，如上所述的"梵我合一"、"业报轮回"、"精神解脱"等。这些完全唯心主义、形而

---

① 梁漱溟：《梁漱溟全集》（第一卷），山东人民出版社 1984 年版，第 29 页。

② 黄心川：《印度哲学史》，商务印书馆 1989 年版，第 21 页。

上学的陈腐的哲学理念至今毒害着印度人的心灵，束缚着印度社会进步发展的脚步，而中道和不杀生（非暴力）、自然与和谐的统一则有着它的两面性。印度哲学中的唯物主义和辩证法的传统、世俗主义、民主和科学的思想，则是当今印度社会活着的哲学理念。如《奥义书》的朴素的唯物主义自然观，即水论、火论、风论、地论，还有顺世论、时空观、物活论的一元论说等，在当今的印度社会仍是最具生命力的。

印度哲学虽然对东南亚、东北亚伊斯兰教和西方资产阶级哲学的形成有过重大贡献，尤其是对西方近代资产阶级哲学的生活意志论、布赖特曼的人格主义、杜威的实用主义、雅斯贝尔斯的存在主义产生过更加直接的影响，当今西方世界的新吠檀多主义、神智学、创智科学、瑜伽神秘主义、超觉静坐及黑天运动就是印度哲学在西方社会的产物，但不得不提的是，印度哲学理念在不断更新发展过程中，特别是印度现代哲学理念的形成与发展，也受到了西方现代哲学思想的影响。如“理性有神论”思想、“无神论”思想、“行动吠檀多”和“人类宗教”等都是在西方哲学思想影响下的产物。印度近现代的代表资产阶级左翼和小资产阶级的民族主义者，也在西方资产阶级功利主义和自由主义的影响下，极力宣扬资产阶级的改良主义和经济学理论哲学基础是“理性有神论”。另外，提拉克的“为世界服务”思想和奥·高士的“精神进化论”和“社会进化论”则是印度古代唯心主义和西方近代哲学结合的产物。而泰戈尔的“人格论”和“普遍之爱”、圣雄甘地的“坚持真理”和“非暴力主义”、伊克巴尔的“自我学说”、拉达克里希南的“完整经验的吠檀多”、尼赫鲁的“社会主义”和“世俗主义”，它们都是在印度哲学理念的基础上吸取了西方资产阶级“人道主义”后形成和发展起来的。这些在20世纪20年代以后形成的哲学理念，至今对印度社会产生着不可抗拒的影响。

纵观印度近现代哲学理念的特征有，主要以下几个方面：

（1）当今印度的哲学理念，由于诸多主客观因素的影响，最大的特征是一个大杂烩。印度古代的哲学、东西方哲学、唯心与唯物、宗教与科学杂合在一起，互相碰撞、吸引、融合，又形成不同的哲学理念，在印度这块大地上各显神通。如“精神进化论”，它是奥·高士吸收了达尔文的进化论思想后，用西方近代哲学原理和科学方法去阐释印度古代的哲学理念，使之更适合印度现代社会的需要。

（2）把印度哲学理念和伦理、宗教、社会政治说联系在一起，反复糅合产生了一种新的哲学理念，如“行动吠檀多”，以达到号召印度人民团结起来，为把印度改造成为世界一流的大国强国提供服务的目的。印度人民党的发展壮大就是一个典型的例子，它用“行动吠檀多”唤醒印度教民族主义情绪，使印度教徒自觉行动起来，为了印度的强盛去工作和服务。

（3）不可否认的是在当今印度社会，印度哲学界有不少学者企图用复兴印度古代的宗教哲学，当作唤醒印度人民的爱国主义和民族主义的重要手段。

如果我们细致地研究以上印度近现代社会的哲学理念，不难看出它们仍是继承了“吠檀多不二论”哲学的体现。尤其是对“梵”的认识，“梵”是宇宙的本源和基础，同时又承认物质世界的真实性，并且向西方的人文主义和人道主义倾斜，这种认识论上的双重真理观，即在承认感性认识和理性思维是认识改造自然中的重要性时，又认为人有超理性的直觉认识力。所以真理分为自然和心两种。为此，坚持以上观点的学者认为：“探求自然领域里的真理观要运用分析和科学渐进的方法，要了解心灵里的真理则是以直接的方法，即通过直接的直觉。我们不可能从逐渐积累起来的连续认识中去获得至高的心灵，因为心灵是唯一的，不是由许多部分拼凑而成的。”①

由此，在双重真理哲学理念的指导下，印度在独立后的经济建设中极为重视自然科学的研究，“绿色革命”、“蓝色革命”和“白色革命”的成功，生命科学、IT信息软件技术的成功，不难看出它们正是遵循了“探讨自然领域里的真理要运用分析和科学渐进的方法”。而外交战略中的“不结盟”、“古杰拉尔主义”和“印度教民族主义的实用主义”，则是以“要了解心灵里的真理则是以直接的方法……不可能从逐渐积累起来的连续认识中去获得至高的心灵，因为心灵是唯一，不是由许多部分拼凑而成的”为指导原则。只有不断地认识，才能得出新的不同的结论，所以也不能完全否定印度政府根据直觉注重调查研究，不同时期制定不同的外交战略是受了双重真理观的影响。又如圣雄甘地的“非暴力不抵抗主义”和尼赫鲁的“社会主义”、“世俗主义”，都是印度现代哲学理念在印度社会的真实反映。如果我们再深入地分析研究圣雄甘地的“非暴力不合作运动”和尼赫鲁的“社会主义”、“世俗主义”及“不结盟”，也许就更能理解当今印度哲学理念的作用和力量了。

实际上圣雄甘地倡导的“非暴力不合作运动”是在用精神感化的方法去消除人间的污泥浊水，包括英国殖民者在印度犯下的种种罪恶，用“人性善”来唤醒英国人的良知。虽然圣雄甘地的“非暴力不合作运动”在动员印度人民去抵抗英国殖民者的暴力统治和争取民族独立方面起到了重要的作用，但是如果立体地、实事求是地研究印度的独立运动，历史学家并不认为印度的独立完全是圣雄甘地用“非暴力不合作运动”启迪了英国殖民者“善性”的最终结果。而尼赫鲁主义的带有西方式民主特点的“社会主义”、“世俗主义”和“不结盟”，其哲学基础是彻底的实用主义，也是主观唯心主义哲学理念的真实反映，凡研究过尼赫鲁思想的专家学者都这么认为，尼赫鲁一生中对西方的皮尔斯·席勒和帕比尼的“真理不是观念对客观世界及其规律的正确反映”，而是“有报酬”、“有效应”、“能满足我的需要”就是“真理”② 的观点很是欣赏，并在自己的政治生涯中认真去实践对以上哲学理念的理解、认识和运用。尼赫鲁死后，其建国方略中的尼赫鲁主义被其女儿英迪拉·甘地和外

---

① 泰戈尔：《生命的亲证》，伦敦出版社 1931 年版，第 37 页。
② 陈峰君主编：《印度社会述论》，中国社会科学出版社 1991 年版，第 126 页。

孙拉吉夫·甘地继承，一直统治印度政坛达40多年之久，并且至今仍影响着印度政坛。而“古杰拉尔主义”和印度人民党联合政府的“印度教民族主义”政策，也都遵循了尼赫鲁这一实用主义的原则，只不过是对实用主义的不同理解和发挥罢了。“古杰拉尔主义”的外交政策多了非暴力合作和民主的成分，而印度人民党联合政府的“印度教民族主义”则更加彻底地强调了“实用主义”的作用。为此，印度人民党联合政府在1998年刚上台执政没几天就进行了核试验，并为核试验大造“中国威胁论”。而2003年6月瓦杰帕伊总理访问中国，重修中印和好，其目的主要也是为了印度的国家利益，尤其是为了印度的经济利益。

三、印度文化的价值观

印度文化的价值观注重四个方面，即物质价值、情感价值、道德价值和精神价值。印度历史上各思想派别的侧重点不同，弥曼差强调了法的价值，顺势论强调了财富和欢乐的价值，而佛教和耆那教则否定财富和欢乐的价值，强调法和解脱的重要性。不过一般来说，印度传统的价值取向是重精神价值轻物质价值的，这种价值取向影响了人的创造热情的发挥。

虽然，按照对文化价值观的认识，决定某种价值观的方式、因素及特点是多方面的，其中有政治、道德、宗教、民族、平等、正义、真、善、美等各个方面，但是概括起来，不外有这三个主要的方面。苏联学者图加林诺夫在《论生活和文化的价值》一书中指出：“一切文化价值分为三类：物质价值、社会政治价值和精神价值。”[①] 如果我们从这三个方面去分析研究印度文化的价值观，具体的内容和结论如下：

（一）物质价值

西方文化的价值观追求的是对物质文化的享受，它强调，人一生努力奋斗为的是自己的生存，人忘我地工作为的是更好地生活，人所做的一切，其最终目的是追求物质利益的享受。一旦物质价值对其享受产生副作用时，人就会义无反顾地毅然放弃，去寻找追求新的物质刺激和享受。

探讨印度文化的物质价值观，它所强调的是人的一种完美的奉献。虽然物质价值的享受也是文化价值的一种内容，但这不过是一个内容，并不能完全体现印度文化价值所追求的最终目标，即实现人自己的一种完美的奉献。印度传统文化的培养

① ［苏］图加林诺夫：《论生活和文化的价值》，三联书店1964年版，第1页。

使大多数印度人对物质价值的占有和享受是比较淡泊的，他们大多养成了一种济困扶危的民族心理习惯，不少富户巨商甚至倾家荡产从事社会的福利事业。虽然这类事在世界其他国家和民族也常发生，但是在印度却成了这些人体现人生价值目标的一种追求方式。这自然也与印度的积德行善、善有善报、恶有恶报的宗教思想有关，但我们不能否认这反映了印度人有轻物质价值而重精神价值的追求（当然印度也有大肆敛财和挥霍的人）。如果从现代印度人的吃、穿、住、行来看，我们可以看到这样的事实：大多数印度人对吃、穿、住、行并不讲究（尽管印度的美味佳肴非常诱人），他们的生活确实比较俭朴，即使是高官富户也不一定都追求现代物质生活的享受，很多的千万、亿万富翁和总统、总理及部长们，他们吃得都比较简单，住得也并不豪华，穿的往往是印度民族的土衣布衫，外出坐的是国产的土得掉渣的小轿车。这不是过分的造作，而恰恰是一种轻物质价值重精神追求的反映。即使是在人死后，大多数印度人也不过多地考虑死后对财物的占有，他们对人死后须从人世带金银财宝继续享受天伦之乐并无过多的考虑，所以一般印度人火化后没有奢侈昂贵、价值连城的珍品做陪葬。为此，印度五千年的文明留给后代的历史文物往往地上占多数，而地下占少数，这与中国及西方的文物大都从地下挖出来形成了鲜明的对照。又如印度独立运动的领袖——印度的国父圣雄甘地，他在争取民族解放自治的反抗英国殖民统治的斗争中，曾主张织土布，穿土衣，拒绝穿英国人的洋布，同时率领几十万追随者向大海进军，自己晒制食盐。虽然从表面上看圣雄甘地所做的一切是在对抗英国殖民主义者对印度次大陆人民残酷的压迫和统治，不过我们也可以从中窥见印度人轻物质重精神价值追求的内在反映，圣雄甘地追求的最高目标是非暴力手段，他要用非暴力的思想，用印度人的牺牲去唤醒作恶多端的英国人的良知，实现印度民族的独立和自治。纵观圣雄甘地的一生，他在个人物质价值的追求上并不强调个人物质利益的得失，他一生艰苦朴素，吃、穿、住都极为平民化，在他的身上没有一件值钱的东西，而他却信奉善有善报、恶有恶报的因果关系，追求人生最后的解脱是与神合一。

（二）社会政治价值

在西方文化中，社会政治和法律的文化意识是强调对私有的保护与尊重，社会的政治观主张社会满足个人的需要后，个人的创造在本质上又服务于社会。个人的意愿由自己来定夺，其法律也是对于私有财产和隐私权的保护。另外西方的社会观念在价值的选择上，个人有对财产的绝对自主权，而财产的绝对私有又维护着个人的存在和享受的观点，社会的道德价值取向也是表现了对个人价值的崇拜。所以，西方的社会政治价值在对待自然问题上，也往往由于过分推崇个人的价值存在，故强调人与自然的关系是人对自然的征服和利用，而不是共存，人与自然的关系过多地表现在对抗上。

印度文化价值观中的社会政治价值是人力求创造一个和谐的环境，用“达磨”（法）约束个人的行为得失，人与自然的和谐与统一也是最终的崇高目标。虽然，印度也有重视追求现实利欲和物质享受的一面，但是其社会政治价值观却又极力主张一个人为子孙和社会的繁荣而孜孜不倦地去经营自己的人生，负担起家庭和国家的责任，不仅仅是个人的追求和实现自己的利欲享受，而是人必须遵循和服从“法”，接受“达磨”的社会法则和道德的约束，这“达磨”除了“法”之外还饱含着人的正义、任务、人伦、秩序等意义。所以，印度传统的文化价值观强调，人一生的行为只有将自我无私地奉献给社会，才能真正体现出与社会政治价值的吻合，而只有这样才能创造一个和谐的环境。

纵观印度社会的发展史，印度社会政治价值观的形成有着曲折的过程。因在奥义书时代，印度的宗教哲学认为，“业”为轮回之因，以致人死后不能归真，须受轮回之苦，为了消除“业”因，只有不工作，只有出世一法。因此，在印度历史上，静坐沉思、出家修道之风日盛。

印度社会发展到佛教时期，佛教更是认为，人生皆苦，苦因之根为作“业”，“业”必有报，故人死必进入轮回，生死不已，苦苦相连，解脱之道，只能人脱离生产劳动、家庭和社会，以至佛教兴起而达到极点。这种不恭名利、敞履公乡、蔑视富贵、远离盛世的观点，形成了佛教的一种超脱精神，这种只强调自我超脱，主张说法乞食、只食不耕的行为，对社会生产力的发展产生了一种破坏性，成了阻碍印度社会生产力发展的一个重要因素，也是最终导致佛教在印度衰亡的主要原因之一。

印度教兴起后，对人的“业”做了修正，它认为凡是忘我工作奉献的人，遵纪守法，用“达磨”规范自己的行为，便不会受到“业”的束缚，把人生追求最高的解脱方式“出世”一法变为“入世”方式。为此印度教的行为之道强调，人永远知足，能控制住自己的心，脱离了贪的欲望；而全身心地去工作，他就没有“业”。印度教的这种社会责任感和奉献精神，其中也体现了印度文化社会政治价值观与自然的同一性，而仁爱、善则是二者之间的胶合剂和核心内容。因为人只有爱与善，爱人，爱世界万物，善待一切，印度的社会政治价值观才能完善地得到体现。所以，它要求人的言行与劳作不是一味强调去征服自然，而是要用爱，要人与自然界的万物共存共荣。

（三）精神价值

西方文化追求的精神价值，其核心是个人利益、意志、愿望和追求个人价值最终实现，而印度文化的最高精神价值追求则是与自然的和谐统一，最终达到与神合一的最高目标，因为只有亲证“梵我一如”，才能达到人生解脱的最终目的。

印度是个宗教国家，早在吠陀时代，印度人深信人死后尚有一种个人人格的存在，这里所提的个人人格的存在就是人最初的灵魂，吠陀后期逐渐发展成天国思想。《阿闼婆吠陀》中记载，吠陀人说人死后亡灵住于天、地、空三界，最理想的是生于耶摩天国。《梨俱吠陀》则认为，凡战死沙场的将士和不惜财物向神供祭的信士，以及对神行苦行的圣者，皆可入耶摩天国。但是，后来《阿闼婆吠陀》开始产生了"业"的思想，认为人的恶行必然会受到相应的惩罚，人对自己的善恶二"业"必须负责。在此基础上，又产生了轮回思想，由此就形成了恶有恶报、善有善报的因果关系，恶行者受惩罚，来世变为猪、狗、粪土，下地狱，而行善者上天国极乐世界。不过后来赏罚的期限、灵魂和解脱问题，在奥义书时代得到了进一步的发展。

奥义书的产生在一定程度上有其进步的意义，它产生在反对梵书时代婆罗门教的三大纲领（吠陀天启、祭礼万能、婆罗门至上）之时。这是一些具有先进思想追求的婆罗门学者对各梵书的森林书部分做吠陀经典终极意义的见解，因为梵书这一部分被称为"吠檀多"，而这部分又是一种哲理性的思考，所以又称为"吠檀多"哲学。最终形成的"吠檀多"哲学认为，世界天、地、空三界最高的主宰是"梵"，"梵"是看不见摸不着的，它虽无形无踪，但却又时时出现在任何地方。而物质世界及其一切都是"梵"的一种幻想，"梵便是我，此我即是彼梵"，个人的自我与"梵"在本质上是同一的，这便是"梵我一如"的思想。所以，印度教把亲证"梵我一如"作为人生解脱的最崇高的追求目标。但是，因为"业"的作用，人不能体认自我，"业力的影响，便使我们死后的自我（灵魂）不能回归于梵，与梵同一，而必须接受轮回之苦，或转生鸟、兽、虫、鱼"，[①] 所以印度人认为人生是痛苦的，要免除轮回之苦就得寻求解脱、与梵同一（与神合一）的方法。印度教经典《薄伽梵歌》里提出了新的修行方式和解脱之道，即行为之道、虔诚之道、智慧之道。

1. 行为之道

教徒须严格执行道德规范，将自我奉献给神，让神行于自我。自由产生行动，印度教不主张佛教放弃工作而断绝业因的解脱之道，而是应参加人生的所有劳作，热爱自己的工作，并献身于工作。印度教经典《薄伽梵歌》里这样训导自己的教徒："一个人他的每一个动作不系于欲望的效果，他的业被智慧之火焚化掉了，智者称他为圣人，出离了世界的束缚，永远知足，不受拘束，虽则他做了许多工作，他完全没有业，不要希望什么控制着自己的心，出离了贪求，只用身体去工作，他就不沾染罪垢。"[②] 在《薄伽梵歌》里还有这么一段话，进一步说明了奉献的重要性，即使是在战争中杀人，也不会沾染罪垢，"你要为作战而作战，没有考虑到快乐与苦恼、

---

① 吕大吉主编：《宗教学通论》，中国社会科学出版社 1989 年版，第 438—439 页。

② 糜文开编译：《印度教三大圣典》，中国文化大学出版社 1970 年版，第 113 页。

丧失与得益、胜利与失败，你永远不会招致罪恶”。[①]

这就是印度现代人常说的“印度人的忘我的超脱精神”，他们努力修炼这种超脱精神，并以超脱的精神去忘我地工作，这便是现代印度人追求的最高真理。印度新任总统卡拉姆所提倡的向老一辈学习正确的印度价值观，说的就是用这种忘我超脱的精神献身于自己的工作。卡拉姆本人就是执行这种价值观的典范，他为了印度的富强，为了印度的导弹事业，用忘我超脱的精神去工作，全力奉献自我，而不去计较个人得失，所以同行们称他为工作狂。为了印度的导弹事业，他发誓一辈子不结婚，戏称自己已与导弹结了婚，因此在印度他被称为“导弹之父”。实际上，这也是印度教把出世的解脱之道变为入世的方式，而又发扬了超脱精神。印度文学巨匠泰戈尔亦称印度教徒这种为了寻找解脱而倡导的超脱精神是“完成了宗教的哲学理论与实际的完满阶段”。圣雄甘地有一段精辟的论述证实了他本人与印度人追求解脱与神合一的境界，是他们最高精神价值的体现。“我是一个真理的追求者，急于实现当今世界的精神解脱，我为民服务，就是为把我脱离肉体的束缚，而受一部分的训练……我的努力在天国，只有天国是精神的解脱，达到解脱的路，即不断为人类勤奋地服务。所以，我爱国，是到达永久和平和自由国土旅行中的一个阶段。”[②]

2. **智慧之道**

身为一个教徒，在理性上追求真理，通过对“梵即是我”的体验悟道，使人的灵魂与最高的“梵”合一，并且认识到“梵我同一”是绝对的真理。“梵”才是绝对存在的，其他一切都是假象和幻影，这样人才能走出无知无明的境界，达到最终的解脱。《薄伽梵歌》形象地描述了智慧之道的重要性，书中写道：“因为世界上，没有再比智慧之道能净化一切的了，已经达到瑜伽完整境地的人，许多日以后，他便发现智慧在他自己之中，有信仰的人能控制他的感觉得到智慧，得知智慧之后，他立即达到至高的水平。”[③] 为此，《薄伽梵歌》又进一步阐述了知识的重要性，认为它与达到与神合一的最高境界有着直接的联系。书中这么写道：“聪明的人从事于奉献服务和求主的庇护，还有通过放弃在物质世界活动的结果，而脱离生与死的循环。这样，他们便可以达到没有苦难的境界。”[④]

智慧之道在当今的印度人中非常倡行，大凡有知识的读书人，在其潜意识里，对掌握知识，开启自己的智慧之门十分看重，除了为自己寻找一个好的生存和工作环境之外，这也是他们亲近神、与神合一的一种途径和方法。

---

① 史华米巴布巴：《薄伽梵歌》（原本），巴帝维丹达书籍信托出版社 1981 年版，第 73 页。

② M.C. 尼杰罗：《圣雄甘地传》，新德里国家图书托拉斯出版社 1980 年版，第 3 页。

③ 糜文开编译：《印度教三大圣典》，中国文化大学出版社 1970 年版，第 113 页。

④ 史华米巴布巴：《薄伽梵歌》（原本），巴帝维达书籍信托出版社 1981 年版，第 86 页。

3. 虔诚之道

若一个教徒对神的爱和服从达到了至诚的地步，这也是获得神的恩宠的一种途径，从而达到最终的解脱。心中有神，一切为了神，时刻默念着神的名字，这是追求与神合一的有效途径。圣雄甘地在遭一个激进的青年印度教徒枪击后，临死前的最后一分钟，嘴里不断吐出的语言，就是他每时每刻默念着的印度教神——罗摩的神名（“嘿，罗摩——”这句他临终的语言现刻在他黑色的墓碑上），可见他对罗摩神虔诚到了如此地步，从中也看到了印度人对神的虔诚。《薄伽梵歌》中有一段神说的话深刻地说明了这个问题：“我对一切众生一视同仁，我不憎恨任何人，但凡是虔诚礼拜我，他们寓居于我之中，我寓居于他们之中。即使一个人穷凶极恶，他用专诚的虔诚来礼拜我，他当被认为善，因为他有了善的决心，迅速把他变为一个正直的灵魂而达到永久的和平……你要知道信仰我的人永不被毁灭。”①

（四）印度文化价值中的非暴力思想

非暴力也是印度文化价值观中所追崇的目标和境界。印度的吠檀多哲学认为，世界万物都是从大我分化出来的小我，所以应该相亲相爱，一视同仁，而且其都具有梵性，都蕴藏着真、善、美的德性。因此非但人类要互相亲爱，即使对飞禽走兽、花卉草木，也要有友爱精神，所以不能杀生。

在圣雄甘地的思想体系中，非暴力就是印度宗教中戒杀生和不伤害他人感情的信条，非暴力就是爱，“爱一切人”和“多行善事”。圣雄甘地甚至认为爱的衡量标准就是苦行，自我忍受痛苦，因为他始终认为，人的本性是同一的，都含有人性善和良知的一面，所以他主张人通过自我牺牲、自我净化来充分表达非暴力者的内在“善性”，进而去感化敌对者内在的“良知”，使他们向改恶从善的道路上迈进。

圣雄甘地非暴力思想体系的核心是“坚持真理”，甘地认为他的这个真理是宇宙的最高实在和本原，天下万物只是其表现形式。他还认为，真理与神是宇宙中“支配一切生命的法则”。他常说：“我赞成一切生命在本质上是统一的信仰和哲学……这种信仰要求相信：有生命的神是人们命运的最高裁决者。”②

圣雄甘地的这一思想和观点突出了人的内在精神与神同出一源，是神性在人体内的表现。因为印度文化的价值观认为神是绝对同一的，因而人在精神本质上也是同一的，正是基于这样的“人性同一论”，甘地才在印度的民族解放运动中坚持非暴力和坚持真理的学说。虽说圣雄甘地的这一思想是把抽象的、神秘主义的真理、善、爱，看作可以超越历史和阶级的永恒的东西，并且把它视作处理人间关系和解决社

---

① 糜文开编译：《印度教三大圣典》，中国文化大学出版社 1970 年版，第 121 页。

② N. K. Bavss，*Selected Works of Mohandas Gandhi*，Ahmadabad，1978，p. 26.

会矛盾的唯一道路，显然这是历史唯心主义的一种表现，但是由于印度是一个宗教国家，人人笃信宗教，宗教思想已深入到人的灵魂深处与社会的每一个角落，另外甘地又把“真理”观与非暴力学说巧妙地结合起来，所以这一思想完整地集中体现了印度文化价值观的核心内容，为此圣雄甘地能充分调动起印度人自我奉献的精神，实现他的这一思想。这也就完善了印度人精神价值的追求。

分析研究圣雄甘地的非暴力和坚持真理的不合作运动，尽管其吸收了西方资产阶级的人道主义，但是从根上来说，其仍是继承了印度文化价值观的精神价值论，是把印度传统哲学思想同宗教、伦理、社会政治学说紧密地结合在一起的社会政治理论“行动吠檀多”。其不是用“印度的宗教去建立一个欧洲式的社会”，而是坚持印度哲学中的神秘主义真理观和认识论，寄希望于神灵、人与神的同一性。

综上所述，如果对印度文化、西方文化的价值观做一高度的浓缩和概括，我认为可以这么总结：印度文化的价值观根本上强调的是人与自然的和谐与统一，最终达到他们心目中的最高境界——与神合一，追求人生价值的最高境界是亲证“梵我一如”。由此，印度文化的价值观要求人与自然共存共荣、和睦相处，而不是人向自然索取和抗争。而西方文化的价值观是强调人自我价值的最完美体现，故它强调人的作用，人要征服自然，改造自然，超越自然，要在与自然的对抗中体现自我价值。但是西方人在与自然的抗争中不断受到自然的惩罚而感到迷惑和彷徨，于是自 20 世纪 80 年代开始，有不少西方学者频频向东方的印度和中国寻觅推动人类社会发展的新的智慧和理论，以弥补西方文化的先天不足。

印度文化的特点及其精神支柱*

在印度文化这个体系里，由于生存和发展的条件与环境不同，形成了各具特色的不同的多样文化，如古吠陀文化、达罗毗荼文化、雅利安文化、婆罗门文化、佛教文化、印度教文化、印度伊斯兰文化等等。这些历史悠久、复杂繁多的文化同存于印度这个大的文化体系里，是否有共同的特点呢？回答当然是肯定的。因为世界上任何物体类群都由个性与共性两个方面组成，印度文化这个体系也不例外。那么支撑印度文化共同特点的精神支柱又是什么呢？这正是本文要探讨的又一个问题。

一、印度文化的特点

概括印度文化的特点并不是一件容易的事。不过，若对印度各种文化个性与特点进行仔细的筛选研究，可以确定为三方面内容，即以宗教为中心、佛教文化在印度文化中占据重要地位和以诗代史三方面。

(一) 以宗教为中心

印度的文学、艺术、音乐、舞蹈、雕刻都以宗教为中心，其表现形式和内容也都与宗教有关，连政治法律的制定、人的道德观念的形成以及各民族的风俗习惯，也都是在宗教的影响下产生和发展起来的。为此，世界学术界在研讨印度文化的最大特点是什么这个问题时，都会毫不犹豫地说是宗教，宗教融于印度文化之中，无宗教就不成其为印度文化。

在学术界也有人称印度的某些文学作品为纯宗教文学作品。世人熟知的《五卷书》这部闻名全球的寓言故事集，也是宗教人士为后代创造的，字里行间流露出宗教的情感，宣扬的是宗教精神。

---

* 原载于《国际观察》1995 年第 1 期。

印度伟大的民族英雄——圣雄甘地，在领导全印度人民反抗英国殖民统治、争取民族独立的运动中，采取的非暴力不合作运动，也源于印度宗教思想的仁爱主义，他是从印度教的“坚持真理”、“戒杀”和“自制”的信条中衍生了非暴力思想。圣雄甘地坚信非暴力思想的宗教道德力量最终将使本质上热爱正义的英国殖民者改正自己的错误。甘地始终认为，“政治上一旦失去宗教也就失去了灵魂”。他运用宗教学说鼓动人民参加反英运动。这种由宗教思想激发起来的爱国热情、牺牲精神和民族自尊心，其力量是无比巨大的，它迫使英国殖民者不得不放下武器，同意印度独立。

（二）佛教文化在印度文化中占据重要地位

如果分析研究印度的古现代戏剧、电影、音乐和舞蹈等，不难发现一个规律，即大多以大团圆结尾。而从内容上分析，都贯穿着善有善报、恶有恶报的因果报应思想，其中不时反映出仁爱互助的精神。实际上这是受了印度佛教思想的影响。所以在国内学术界也不乏有人认为印度戏剧、电影、音乐、舞蹈中的大团圆结局是佛教从修养上强调了现实生活中的宗教实践，它不同于基督教仅劝导人们消极地等待死后灵魂升天的悲观主义，而是注重精学勤修。这是有一定道理的。

实际上，佛教这一思想的产生，是在与婆罗门教森严的种姓制度的斗争中发展起来的。虽然婆罗门教不设庙宇，不拜偶像，但是却派生出从私人日常生活到国王即位的一套非常繁琐的理论和祭神仪式，婆罗门被称为“人间之神”，是知识的垄断者和人间生活的指导者。他们是人上之人，为第一种姓，其余的则为第二、三、四种姓，种姓的高低决定一个人的生活和在社会上的地位。公元前 6 世纪，作为国王和武士的第二种姓刹帝利的力量不断强大，第三种姓吠舍也在商业活动中掌握了大量的财富，作为第四种姓的首陀罗和排除在种姓之外的奴隶——“贱民”，他们都对婆罗门的傲慢和不劳而获强烈不满，反对婆罗门维护等级森严的种姓制度。佛教便在这样的情况下，应运而生。佛祖释迦牟尼反对婆罗门的种姓制度，强调梵我不二，苦身修行，主张四姓平等，取消种姓制度，佛教便由此兴盛起来。特别是在孔雀王朝阿育王的倡导下，佛教发展到了极盛时期。由于佛教的兴盛与发展，随之而来的是受佛教影响的文化也繁荣起来。无论是在政治、哲学、文学、艺术、雕刻、音乐、舞蹈还是科学技术的发展中，都留下了佛教的烙印，即便是卷土重来的印度教（亦称作新婆罗门教），它也或多或少地继承了佛教的宗旨。虽然它恢复了婆罗门教的种姓制度，但是佛教文化所形成的特点，它已无法改变，只能保持现状或任其发展下去。佛教的哲学，印度教吸收了；佛教的仁爱牺牲精神、因果关系、超脱苦修、乐于施舍，印度教也加以吸取。所以，佛教文化在印度文化中占据着极为重要的位置，若要研究印度文化，必须重视研究佛教文化对印度文化的贡献和影响。

(三) 以诗代史

印度文化的另一个特点是以诗代史。众所周知，印度人至今尚未写出一部完整的属于全印度人民的历史书。目前印度最权威的历史书是《高级印度史》，由 R. C. 马宗达、H. C. 赖乔杜里和卡利金尔·达塔合著。但是，从全面整体的观念来看这本书，也还不是属于全印度的历史书，况且史料尚缺乏，有不少是以传说和神话为依据的，有些地方没有经过严格的考证。那么，印度为何写不出一本完整的属于自己的历史书呢？这与古印度人善于以诗代史有关。由于印度独特的气候和地理环境，古印度人富于幻想，爱作诗，他们往往把古代历史上的大事记和英雄人物加以改编，并与丰富多彩的神话故事混在一起，写成一本本长诗加以传颂。天长日久，致使后人分不清哪是诗、哪是史了。印度最为著名的两大史诗《罗摩衍那》和《摩诃婆罗多》就是以诗代史的代表作，为此，世界学术界称这两部文学巨著为印度的古代史书。经过学术界多年的考证，《罗摩衍那》产生于印度由奴隶社会向封建社会过渡的历史阶段，诗中描写的人与事都是那时代的人与事。例如，诗中宣扬的道德教条，已经是封建社会的东西，罗摩代表的是新兴地主阶级，他持以为生的是农业；而罗波那则代表没落奴隶主，他以吃肉为生，进行游牧活动。从民族矛盾来看，罗摩皮肤是青黑色的（太阳下劳作晒黑了皮肤），是原始印度人的代表；而罗波那，虽然名义上是一个罗刹，但实际上是一个婆罗门，他是外来雅利安人的代表。整个一部《罗摩衍那》歌颂的是新兴地主阶级，而通过一夫一妻制，强调女子的贞节，表现了作者对王位继承的纯洁性的关心。《摩诃婆罗多》这部世界上最长的诗，实际上是描写古印度王国（相当于中国古代春秋战国时期）纷争的史实，那个时代印度次大陆上林立着为数众多的小王国，大小王国为了称雄一方，你征我战。所以，国内外学者都认为，《摩诃婆罗多》不是一部单纯的史诗，它反映了古印度很长一个时期内的社会生活和思想面貌。诗里不但有那个时代的人与事的传说，还有印度教的教规和法典，以及古印度哲学思想流派形成的记载。另外，诗中还讲述治国之道，包括政治、法律、道德、风俗等也占了相当大的篇幅，所以印度学术界亦称《摩诃婆罗多》是古印度的一部百科全书。

二、印度文化的三大精神支柱

印度文化的核心是以宗教哲学为基础，道德、文学、政治、艺术都是宗教的附庸。纵观印度文化发展史，深入研究印度文化的内涵，我们可以从中概括出源自于印度宗教哲学的三大精神支柱。这三大精神是仁爱和平精神、超脱精神和强而不暴的牺牲精神。

（一）仁爱和平精神

印度文化的仁爱和平精神是从“梵我不二”的哲学中推衍出来的。在《布列哈奥义书》中一对夫妇的问答足以说明问题。雅吉纳瓦卡答复妻子玛德丽的问话时说：“丈夫、妻子、儿子、婆罗门、刹帝利以至世界万物，一切众生，都因自我而亲爱。”因为世界万物都是从大我中分化出来的小我，所以应该相亲相爱，一视同仁，而且都具有梵性，都蕴含着真、善、美的德性，因此非但人类要互相亲爱，即使对飞禽走兽、花卉树木也要有友爱精神，所以不能杀生。印度教不杀牛，是他们对动物友爱精神的一个榜样。同时印度宗教认为，人解脱的过程，也要牺牲小我，以超度众生，方得圆满结果。释迦牟尼虽然否定了梵天的最高神地位，但是他的修行方式还是印度文化中的仁爱和平精神，而且把它发挥得更加光芒四射。圣雄甘地有一个巧妙的比喻：“真理好像一枚钱币，一面印着真理，一面印着爱，这样才可以到处流通。”

这便是印度文化的仁爱和平精神。

（二）超脱精神

印度宗教哲学认为，“业”为轮回之因，以致人死后不能归真，须受轮回之苦，为消除“业”因，只有不工作出世一法。因而静生沉思，出家修道之风日盛，以至佛教兴起而达到极点。这种不恭名利、敝履公乡、蔑视富贵、远离盛世的观念，形成了印度人的一种超脱精神。但是，这种精神有一定的破坏性，也成了印度佛教由盛转衰，最终消亡的一个重要原因。所以，《薄伽梵歌》里强调了各阶级人用超脱的精神从事各种工作，这就健全了印度人的超脱精神，不至于大家都不劳动，都去静修，妨碍社会生产力的发展。为此，先前的超脱精神逐渐变成不能热衷于自我的超脱，要以超脱的精神忘我地工作。这便是一个印度人追求的最高真理。于是就不会受“业”的束缚，把出世的方法变为入世的方式，而又保持发扬了超脱精神。

这便是印度文化的超脱精神。

（三）强而不暴的牺牲精神

在吠陀经典中，竭力颂扬人勇猛果敢的自我牺牲精神、强而不暴的美德。南印度诗人婆罗帝曾为《吠陀经》所记的大无畏者作赞美诗：“举国皆敌，诽谤交集，珍宝散尽，乞食求生，友朋成仇，毒藏食中，武器何凶，万千来攻，天崩地裂，突然现出。其虽如此，我不知何为恐怖，我心至大极安息。”这首诗在当今的印度社会几乎家喻户晓，人人皆知。它歌颂英雄面临强敌内奸，不畏强暴、无所畏惧、勇于战斗、敢于拼杀、视死如归的大无畏牺牲精神。这种精神在佛教兴盛时期加入了仁爱牺牲精神后，逐渐发展成“我不入地狱，谁入地狱”的舍己救人精神。在《薄伽梵歌》里又导向了非暴力主义之路。圣雄甘地的非暴力不合作运动，把印度文化强而不暴的牺牲精神发展到最为完善的顶峰，其实际上是印度文化三大精神融合的结晶。非暴力抵抗本质是以爱的力量达到和平的目的，而非暴力主义要除私念，不急功近利，用超脱的精神坚持真理，永远不懈怠地奋斗下去。圣雄甘地认为，非暴力不合作运动是印度人民争取独立的法宝。在与英国殖民者斗争的过程中，圣雄甘地自己也曾 9 次入狱，17 次绝食，最终取得了胜利。

这强而不暴的牺牲精神也是印度人性最完美的体现，更是一些印度人追求真、善、美所达到的最高境界。

论现代战争决策的文化曲解和错位
——从文化视角剖析研究中印边界冲突和“9·11”后阿富汗、伊拉克战争*

从文化的视角剖析研究现代战争，有3次值得人们牢记，它们是中印边界冲突和“9·11”后的阿富汗、伊拉克战争。这3次战争不但使对战双方国家作出了巨大的牺牲，已经付出和继续要付出的物质和精神上的代价更是无法估量。战争的决策者们都自觉不自觉地进入了文化视角的盲区，产生了文化曲解及认识判断上的错位……

一、狭隘的西藏“宗教与文化”情结与“大印度联邦”的构想

中印历史文化源远流长。“数千年来，众多的纽带把中印紧密联系在一起。著名的丝绸之路留下无数动人的故事，印度佛教丰富了中国文化，中华传统文化也在印度留下了痕迹。”[①]更为可贵的是，历史上中印文化的交流没有血与火的记载，这在世界文明交流发展史中也是唯一的。

新中国刚成立，尼赫鲁总理决定率先承认中国，印度也就成了第一个承认中华人民共和国的非社会主义国家。印度又力主恢复中华人民共和国在联合国及安理会的席位，中印也就迎来了印地—秦尼巴伊—巴伊（印度和中国是兄弟）最亲密友好关系的时期。那么为什么1962年中印爆发了边界冲突呢？其中原因又何在？如果从文化的视角剖析研究，也许我们能得到一些真实的更深层次的启示。

自古以来，印度与西藏的文化交流十分频繁，印度佛教北上西藏地区之后，“喇嘛教便以佛教教义为基础，吸收了苯教的一些神祇和仪式，教义上大小乘兼容而以大乘为主，大乘中显密俱备，尤中密宗，并以元上瑜伽为最高修行次第，形成‘藏密’”，[②]故喇嘛教亦被称为藏传佛教。

---

* 原载于《上海师范大学学报》2014年第1期，作者在内容上有所增加调整。

① 温家宝：“共铸东方文明新辉煌”，《今日印度》2010年第11—12期，总第109期，第11页。

② 任继愈主编：《宗教词典》，上海辞书出版社1981年版，第1162页。

确实，由于地理与历史的原因，长年累月，印度的宗教文化对西藏地区影响之大显而易见。我们无可否认，也没有否认，西藏文化与印度文化有着更多的直接的亲近关系，藏传佛教的形成与发展受印度佛教的影响最为巨大。久而久之，佛教信仰已成为藏族人民的最高精神支柱。13世纪以后，在元朝政府的扶植下，藏传佛教的上层喇嘛开始掌握西藏地区政权，在西藏实行政教合一的统治模式。因此，无论在英国殖民者统治印度期间，还是在印度独立之后的尼赫鲁政府期间，他们要染指西藏，首先都须得从宗教文化方面着手。

1840年鸦片战争后，中国清政府日渐衰弱，当时的印度总督冠松迫不及待地要进军西藏。但是，英国殖民军队遭到了西藏三大寺喇嘛的激烈反抗，冠松在屡次碰壁之后深知，西藏宗教势力强大，若要在西藏得到长久的利益和统治权，必须在西藏的上层宗教势力中寻找代理人。于是1904年英国人进入拉萨后，不断地与西藏宗教势力的上层分子接触，拉拢关系。1908年9月，英国又派奥康诺与锡金王子做宗教上层分子的工作，在英国人的百般利诱威逼下，西藏宗教的上层分子与英国人达成了某种妥协，使英国人在西藏取得了更多的利益。与此同时，英国殖民者还加紧了在西藏宗教势力中培养“亲英派”的活动，以期最终达到使西藏脱离中国的罪恶目的，真正成为英国殖民者理想中的“缓冲国”。总的来说，英国人为达到控制统治西藏的目的，从宗教文化着手，拉拢西藏宗教上层分子培养“亲英派”的策略是成功的。

印度独立后，对西藏制定什么样的政策与策略，也使尼赫鲁费尽了心机，按道理说，受到英国殖民者200多年的殖民统治，加之丧权辱国与艰难困苦的经历和教训，印度应平等友好地对待邻国。但是，独立后的尼赫鲁与印度政要一反常态，完全继承了英国殖民者在统治印度次大陆时的“霸主”心态和嘴脸，非但不平等地对待周围的弱小邻国，还颐指气使，剥夺和控制并吞周围弱小国家的主权与领土。他们不但兼并哲孟雄（锡金）①，还控制不丹，并将尼泊尔置于自己的直接控制之下，还妄想再在中国的西藏问题上有所作为，实现英国殖民者未实现的把西藏变为“缓冲国”的企图。但是，当时的印度迫于刚独立时的国内国际环境，特别是中国在抗美援朝战争中打败了当时世界上最强大的美国，不得不把自己的痴心妄想暂时掩盖起来。因为尼赫鲁知道，印度鉴于当时的军事实力是无法征服中国的，倒不如先和中国搞好关系，迷惑对方，使中国新政府对印度丧失足够的警惕性，再创造机会在西藏问题上大做文章。为此，尼赫鲁在上世纪50年代初对中国外交政策玩弄的是两面手法，一方面与中国发展热烈的中印外交关系，另一方面则暗地与中国较劲，实

---

① 哲孟雄原是中国西藏政府的的藩属，也是锡金的旧名。英国殖民时期沦为英国殖民者的保护国，印度独立后，1949年6月2日向哲孟雄派驻军队，并接管了哲孟雄的一切政务，改名为锡金。——笔者注

施把非法的“麦克马洪线”作为中印永久边界线的前进政策，持续不断地非法蚕食“麦克马洪线”以南的属于中国西藏自治区的领土。请看尼赫鲁的言论，他一面说“要把一个国家的意愿强加在另一个国家的头上，或者要把一国人民的生活方式强加在另一国人民的头上，任何这种尝试一定会产生冲突，危及和平”，[①] 一面却背着中国政府，起劲地干着有损于中国的事。他们乘人之危，当中国政府正忙于抗美援朝时，派印度军队在中印边界东段大举向非法的“麦克马洪线”推进，1951 年 2 月派兵占领了达旺地区，1953—1954 年继续北进，占领了“麦克马洪线”以南的土地，成立了“东北边境特区”。1954 年中，印度军队又占领了乌热、香扎和拉不抵等土地，1957 年占领了什普奇山口，1958 年又占领了巨哇、曲惹。另外，印度政府迫不及待地修改地图，把非法的“麦克马洪线”以南全部属于中国的土地以及中段 2000 平方公里的土地划入了印度的版图。尼赫鲁还于 1958 年 12 月 14 日写信给周恩来总理，直接向中国提出了关于这些土地的要求，他写道：“印度的这些土地（中国地图标明是属于中国的）只能属于印度，这是毫无疑问的，而且对这些土地不存在争端。”[②]

与此同时，印度政府又继续步英国殖民者的后尘，利用印度宗教文化与西藏宗教文化的亲缘关系，抓紧做达赖的工作，鼓励他提出“西藏独立”。1956 年 11 月，在释迦牟尼涅槃 2500 周年的大会上，“印方只悬挂印度国旗和西藏佛教的旗帜，不挂中国国旗，许多印度报纸也只提印度、西藏‘两国’友好关系，不提中印两国友好关系。有的报纸还说，达赖、班禅来访，不仅有宗教意义，而且有政治意义”。[③] 此外，印方在这次会议礼仪上抬高达赖，贬低班禅，还想方设法使达赖留在印度的噶伦堡，以达到印度政府直接控制达赖的目的，并进一步煽动西藏宗教上层分子针对中国政府的不满情绪。由于周总理的劝说和各方面得力的工作，印度政府企图在大会上离间西藏与中国之间关系的阴谋未能得逞。不过此次达赖访问印度的教训，更进一步清楚地说明了印度政府企图谋求在西藏方面种种特权和利益的努力不但没有放弃，反而表现得更加露骨与肆无忌惮。事后的发展证明了这种担忧是正确的。1958 年，在帝国主义和印度某些扩张主义势力的支持下，西藏一些宗教上层分子勾结外来势力，并唆使反动的大农奴主和不明真相的喇嘛与藏民，在印度噶伦堡成立的“西藏自由同盟”、“西藏福利协会”和“佛教协会”等反动组织的指挥下进行叛乱，还大力宣扬“印度同西藏是母子关系”等谬论。他们认为：印度文化为母，西藏文化为子，哪有母不格外关心子的，印度政府理应给予更加直接的关照。从此，印度的噶伦堡也就成了一些印度人煽动西藏叛乱的基地。

① “西藏革命和尼赫鲁哲学”，《人民日报》1959 年 5 月 6 日。

② 王宏纬：《中印关系研究》，中国藏学出版社 1998 年版，第 131 页。

③ 《外交部文件汇编》，1950 年 8 月—1961 年 4 月，第 175 页。

1959年3月10日，以噶伦堡为基地的少数西藏宗教上层分子果真发动了西藏的全面叛乱，他们提出了“西藏独立，赶走汉人”的口号。达赖也于1959年3月31日被西藏叛乱分子劫持到印度。当时的尼赫鲁总理仅把“西藏叛乱”说成是“悲剧”，并还说他“同情”西藏的农奴主，把农奴主的叛乱说成是出于“强烈的民族主义情绪”。同时，他还强调所谓印度对西藏“宗教和文化联系”的“感情”，以此作为干涉中国内政的理由。①

正是尼赫鲁这份“宗教与文化”的“感情”，西藏叛乱后，印度政府大肆污蔑中国人民平定西藏叛乱与维护祖国统一的行动是“压制自由”和“摧毁”宗教等等。

众所周知，尼赫鲁的“不结盟”对外政策，客观上维护了印度的独立性和国家利益，也有利于当时世界的和平与稳定。但遗憾的是，尼赫鲁在执行“不结盟”对外政策时，始终未放弃印度在美苏两大集团之外充当第三势力领袖，争当“亚洲的轴心国”的妄想，更不忘记实现自己“大印度联邦”的构想。尼赫鲁等印度政要是深受西方文化熏陶的印度教婆罗门的后代，当他们在为自己祖国文化的博大精深骄傲时，又常常对西方文明表现出由衷的青睐。他们虽痛恨英国人骄横与傲慢，但又十分钟情于英国殖民者给印度留下的各种遗产，“大印度联邦”就是其中之一，也是他们追逐的目标。

实际上，尼赫鲁心中早已存在着“大印度联邦”的构想，其中的地理位置包括南亚次大陆地区的所有国家，还有中国的西藏地区。尼赫鲁甚至还划出了“大印度联邦”理想的边界线，即克什米尔、尼泊尔、锡金、不丹和阿萨姆作为印度的内务防线，中国的西藏作为缓冲区，将“麦克马洪线”、“约翰逊一阿尔达线”作为印中理想的边界线，又将印缅边界至杜兰先之间的广大地区作为印度的“安全圈”。无疑尼赫鲁早期构想的“大印度联邦”的边界线，正是受印度文化直接影响的区域，属印度文化圈内的国家与地区。

这些国家和地区的文化大多属于印度教和佛教文化影响的范畴，与印度文化有着紧密的文化联系，有的地方甚至有70%的人信奉印度教，并把印度教定为国教。虽然巴基斯坦是穆斯林国家，但其文化属性仍可归于印度文化之中，为此，印度独立之后的历届政府在对这些国家和地区制定其对外政策时往往不同于他国，一般视其为印度的附属国，将这些国家的政治、经济和军事置于直接的掌控之下，稍不如意就横加干涉。如1947年刚刚独立的印度就迫使锡金签约了《维护现状协定》，并出动军队进入锡金，不过那时锡金叫哲孟雄，原是中国西藏政府的的藩属，也是锡金的旧名。1950年12月，印度又与锡金签订了《印锡和平条约》，规定锡金的首相必须由印度人担任，锡金变成了事实上的附属国。1950年8月，印度又强迫不丹签订了《永久和平友好条约》，掠取了对不丹的外交控制权。尼赫鲁自然也不会忘记尼

① 王宏纬：《中印关系研究》，中国藏学出版社1998年版，第136页。

泊尔和斯里兰卡，1951年印度通过尼泊尔宫廷的权利之争乘机插手，从政治、经济上控制了尼泊尔。对中国的西藏地区，尼赫鲁企图继承英国人的特权，欲置于自己的控制之下，1950年中国人民解放军进军西藏，印度政府先后发出7份照会和备忘录指责中国政府，最终导致了1962年的中印边界冲突。英迪拉·甘地和拉吉夫·甘地继承了尼赫鲁对南亚诸国及周边邻国的外交政策，相续吞并了锡金，肢解了巴基斯坦，扶持东巴成立了孟加拉国，又出兵斯里兰卡等。20世纪80年代初，尼泊尔比兰德拉国王试图脱离印度政府的控制，马上遭到了印度政府愤怒的报复，封锁了尼泊尔经印度至加尔各答的出海通道，使得尼泊尔经济陷于瘫痪。最后尼泊尔不得不屈服于印度，又签订了一系列“友好条约”。

二、印度核心的文化精神与民族特点及属性

在印度的文化体系中，最能体现印度核心文化的是：印度教徒重精神轻物质。印度教徒一生下来就是个宗教教徒，从落地的第一声啼哭起，就被浓重的宗教仪式、语言、精神所包围，一生从此脱离不了宗教对他的影响。有人数众多的印度教徒，他们或成群结队，或独自一人，临死前要到印度教的圣城——瓦拉纳西等死，死后在恒河边通过宗教仪式火化，骨灰被抛进恒河后，方才终结了自己的人生道路，上天堂过幸福的生活，或者来世求得一个好的报应。所以，可以说印度教徒没有宗教就无法生活。自然，在这种宗教环境中成长起来的印度人，对物质生活的追求要淡些。

宗教教徒在精神享受的追求方面，格外强调人对神的奉献精神，尤其是印度教徒，他们崇拜自己心目中的神，并全身心地奉献于它，让神行于自我，与神合一，这点是他们最高的精神享受。因为在印度教创立之前，佛教强调“业”因，人世间所有一切活动都叫“业”，亦叫“作业”，要摆脱“业”的包围与折磨，只有放弃工作，独自苦身修行，这是断绝“业”因的唯一解脱之道。印度教是在吸取佛教的教义上发展起来的，但是印度教认为，人一生所有的劳作，只要出离贪求，永远知足，并不会产生“业”因，人只要热爱自己的工作，并专注奉献于它，就不会沾染罪垢，反而能求得神的青睐。《薄伽梵歌》里有这样两段对人劳作的精辟论述：“一个人他的每一个动作不系于欲望的效果，他的业被智慧之火焚化掉了，智者称他为圣人，出离了世界的束缚，永远知足，不受拘束，虽然他做了许多工作，他完全没有业，不要希望什么控制着自己的心，出离了贪求，只用身体去工作，他就不沾罪垢。”①“即使在战争中杀人，也不会沾染罪垢，因为，你要为作战而作战，没有考虑到快乐

① 糜文开编译：《印度教三大圣典》，中国文化大学出版社1970年版，第113页。

与苦恼、丧失与得益、胜利和失败，你永远不会招致罪恶，因为这是你的奉献。”[①]所以，大凡印度人都认为，用忘我超脱的精神，去忘我地工作，奉献自我，不计较个人的得失，最后让神行于自我，最终就能达到与神合一的最高境界。这也是佛教在印度衰亡，印度教兴起发展的根本原因之一。

尼赫鲁及其精英们大都是印度教徒，从小深受印度宗教文化的熏陶，他们认为为独立后的印度忘我地工作、奋斗，不计较个人的利益得失，就不会沾染罪垢，这就是印度教徒的行为之道。与此同时，他们还认为，人的社会价值，就是一个人为了子孙和国家、社会与民族的繁荣，而孜孜不倦去经营自己的人生，负担起家庭与国家的责任，不是为了个人利益的得失，也不是为了实现自己的利欲享受，而是在“达摩”（法）的约束下，规范个人的行为得失，将自我无私地奉献于社会，这就是人社会价值存在的真实体现。

古印度经典著作《薄伽梵歌》还十分形象地描述了智慧之道的重要性，书中如是写道：“因为世界上再没有比智慧之道能净化一切了，已经达到瑜伽完整境界的人，许多日以后，他便发现智慧在他自己之中，有信仰的人能控制他的感觉得到智慧，得到智慧之后，他立即达到至高水平。”[②] 因此，掌握知识的人，与神达到合一的最高境界有直接的联系。“因为聪明的人从事于神的奉献服务，求神的庇护，还有通过放弃在物质世界活动的结果，而脱离生与死的循环。这样，他们便可以达到没有苦难的境界。”[③]

在印度一般有点知识的读书人，在他们的潜意识里，“对掌握知识，开启自己的智慧之门，除了为自己寻求一个好的生存和工作环境外，更主要的是这是他们亲近神，与神合一的一种途径和方法”。[④]

久而久之，在上述印度宗教文化核心精神的影响下，印度民族逐渐养成了极强的民族韧劲，而这样的印度式的民族韧劲还带有一定的宗教性——神性。印度独立后，他们要为穷困的印度迅速崛起与繁荣富强而努力，这也成为他们忘我奋斗奉献的精神寄托。为了印度的国家利益，他们可以不顾一切去实现既定的目标。尼赫鲁私下曾多次强调：“考虑任何问题首先得从印度的利益着眼，其次才是事情本身的是非曲直。”[⑤]

在中印边界冲突爆发前，尼赫鲁既不深入地去分析研究新生的中华人民共和国是个什么样的国家，也不去研究中国共产党及其军队，以及这个国家和军队的最高

---

① 史华米巴布巴：《薄伽梵歌》（原本），巴帝维丹达书籍信托出版社 1981 年版，第 73 页。

② 糜文开编译：《印度教三大圣典》，中国文化大学出版社 1970 年版，第 113 页。

③ 史华米巴布巴：《薄伽梵歌》（原本），巴帝维丹达书籍信托出版社 1981 年版，第 86 页。

④ 吴永年：《大象、牛车、芯片的共鸣与神舞》，宁夏人民出版社 2009 年版，第 17 页。

⑤ Bhim Sandu, *Unresolved Conflict*: *China and India*, Stosius Inc/Advent Books Division, 1988, p. 35.

领袖毛泽东及其患难与共走完二万五千里长征路的战友和同伴的思想观点、性格和愿望，更无视中国历史和现实的事实本身。他的心中只是为了继承英国殖民者留下的遗产，去实现他建立“大印度联邦”的构想，把西藏变成横在中国和印度之间的一个“缓冲国”，最大限度地满足印度在西藏的特权和利益，从而以此提高新生印度的国际地位与话语权。为此，他除了乘人之危不断地蚕食中国的领土外，又片面地修改地图，企图以既成事实逼中国承认印度认为的中印永久的边界线——“麦克马洪线”。为此，尼赫鲁及其同僚一面不择一切手段地拉拢达赖，鼓励他进行西藏的独立活动，另一方面则玩弄两面手法迷惑新生的中华人民共和国的领袖们，让他们在中印友好声中陶醉麻痹，丧失应有的警惕性。

综观尼赫鲁的政治生涯，他待人处世成熟而圆滑。为使自己处处主动，不受他人牵制，别人又少不了他，他从不拉帮结派，或者投入某一个人的怀抱，总是游离在各政治派别之外，独自作出自己的政治选择，也从不随意地支持或反对某一个人或派别。确实，尼赫鲁的所作所为，为他的政治生涯营造了良好的生存环境，所有的人和派别都认为缺不了他，都要拉拢他，结果尼赫鲁成了在印度国民中除了圣雄甘地外最具权威和地位的风云人物。不过，这也形成了他唯我独尊的性格和霸道行为。

而当时中国人和领袖们，由于历史和现实条件的限制，一般除了对印度的佛教及文化有所研究外，对于印度民族的特点及属性、印度文化与宗教性方面的特点研究，几乎是模糊和空白的。所以，也就更不去深入地研究印度的国大党及其领袖们的治国之策，以及对中印关系的真正图谋。尤其对尼赫鲁个人的了解和研究处在表面阶段，如对于尼赫鲁的为人、脾性、爱好，及其意志力和行为思维特点等了解甚少，还片面地认为他是中国人民最伟大、真诚、友好的朋友，根本没有注意到他在中印关系上所做的另一面，盲目地相信他表面的演讲和承诺等。一旦中印关系的矛盾激化时，我们的领袖们则是根据中国文化的传统处世哲学，着眼于解决眼前的问题，而没有从更长远和深层次研究中印关系的发展未来，只是简单求得30年的和平而已，对其后果的危害性估计不足，想得不多不深不透，缺乏应有的预见性。

可是，以尼赫鲁为代表的印度的领袖们认为，中印同是文明古国，印度不比中国差，古代印度文化对中国文化的发展与繁荣也起到了不少的推动作用。印度虽在中印边界冲突中败给了中国，但是印度决不屈从中国人的安排，使刚吃了败仗的印度去乖乖地坐到谈判桌上接受中国人的教训与安排，他们认为这太丧失国格人格了。为此，他们不但不接受中国人和平谈判的要求和提议，反而不顾自己的伤痛，从地上爬起来，仍旧不顾一切地向前冲，继续占领中国军队为实现和平谈判主动后撤的中国领土，这就是印度民族属性韧劲的体现，也可以看出尼赫鲁及其同僚为了印度的国家利益可以不顾一切地实现自己的目标，因为这时神已行走于他们的心中，也是他们至高的精神追求。这就是印度宗教文化核心价值观在印度边界战争中的直接体现。

实际上，就尼赫鲁个人而言，他在西方文化方面有相当的造诣，精通英语，熟读西方英语经典著作、诗歌、散文，同时深谙西方社会制度的优劣之处，对英国的民情风俗更是十分了解，可他对中国文化与国情的认识却相当肤浅。他只知佛教文化对中国文化的恩惠，且这又增加了他的自傲和荣誉感；他知道中国社会的封建、落后与贫穷，而对当时中国共产党和毛泽东一代的领导人及其军队（解放军）的了解是表面和初步的。1954 年尼赫鲁为期 12 天的中国访问，又使他对中国产生了一个模糊的认识，正是这个模糊的认识，造成了他对中国文化与国情认识的不完全性和不正确性，使他日后对中国的判断产生错误的认识，致使他在中印关系的国家战略决策中产生文化错位。

通过分析研究，我们可以得出这么 3 个结论；一是中印边界冲突本可以避免，正是尼赫鲁及其政要们，大化了西方文化，又曲解和模糊了中印文化关系，把“大印度联邦”的构想作为印度国家战略决策，导入了中印关系的错误轨道，诱发了中印边界冲突。二是刚独立和解放的印度与中国的经济相比，印度要比中国强些，所以，在尼赫鲁及其政要的潜意识里，印度成为中国的老大理所当然，况且他们还认为历史上中国受印度文化的恩泽不浅，中国听命于印度，也是理所当然。三是尼赫鲁及其政要们是印度文化的代表者，把印度建成世界一流强国是他们执著的理想和目标，而由于中国的作为，使“大印度联邦”的构想不能实现，这有失于要成为世界一流强国的印度的颜面与自尊。

实际上，中印边界冲突，印度虽在军事上被中国打败了，但却是真正的既得利益者。如今，印度不但不愿放弃占领的每一寸中国领土，同时还要中国承认“麦克马洪线”的合法合理性。这是中国政府和人民不会答应的。

三、中印合作的“基”与“线”

进入 21 世纪以后，从中印文化交流的内容、形式与趋势看，我们可以得出这么一个结论：中印间的文化交流将会越来越大地影响中印关系发展的进程，中印通过文化交流加强中印之间友谊与了解的迫切性与重要性也增强了。

更值得注意的是，国情的相似性、中印文化的相通性、需求的相同性，以及哲学理念和价值观的相容、互补性，其作用与能量无不影响着中印关系的发展趋势。

（1）国情的相似性：中印同是发展中大国，又都是人口大国，中国人口已达 13 亿，印度则超过了 11 亿。中印还都有着被西方殖民者残酷统治、压迫、剥削的苦难史，并且都深刻地认识到“落后要挨打”的硬道理，如今都要专心致力于经济的发展。

中印两国在经济建设的过程中都走过了一段弯路。中国模仿苏联计划经济的模式，而“大跃进”“人民公社化运动”和“文化大革命”，使中国的经济发展错失了许多大好的发展时机。印度独立后，虽然采取的是公私并存的混合经济发展模式，但是过多的行政干预和控制严重制约着印度经济的进一步发展，国营经济发展的不良表现又拖了印度经济发展的后腿。1990年，印度不得不动用国库的黄金储备，用飞机把黄金空运到伦敦的黄金市场，以换取外汇渡过经济危机。

1980年和1991年，中印先后都对经济实行大规模的改革开放政策。中印各自经济改革中的成败经验，对于有着类似国情的中印两国来说，其互补性是显而易见的。如今，中印两国人民都在为自己国家的繁荣富强以及创造一个美好的未来而奋斗，中国要为中华民族的伟大复兴圆“中国梦”，印度则不能在世界上扮演二等角色，要做一个有声有色的大国的“强国梦”。

（2）文化的相通性：中印有着数千年的文化友好交往史，传统的友谊是中印合作最结实的基石。早在秦汉时期，中印文化交流已经相当频繁，“丝绸之路”是中印文化交流的渠道。中印两国友好的文化使者与僧侣把优秀的印度古文化带到中国，使中国的语言、文学、戏剧、医学、数学、天文、地理、音乐、舞蹈和雕刻无不受到印度文化的影响；同时也把中国的四大发明和先进的科学技术带往印度，促进了印度社会的进步与繁荣，并大大地丰富了印度人的生活，而中国的丝绸、茶叶、糖和瓷器也已成为印度人的挚爱。与此同时，印度佛教文化在中国传播后，与中国的儒、道相结合，形成的中国佛学又向朝鲜、日本和越南等国传播，大大地丰富了世界的佛教文化。可以说，中印文化你中有我，我中有你，这种文化上的相互依存所表现出的积极向上的文化精神是难能可贵的，更值得当今的中印两国人民继承、发扬、光大。

（3）需求的相同性：中印经济的发展与改革之路虽然并不完全相同，但因国情相似，所以其需求是相同的。中印两国同是发展中大国，教育与科学技术相对落后、经济欠发达是共同的特征，而提高两国人民的生活水平和文化素养，既是中印沉重的负担，也是追求的目标。

目前，中印的经济改革与发展都处于关键阶段，双方都需要一个和谐的国际与周边环境。60余年来，由于种种历史的原因与现实因素的干扰，中印各自的国际与周边环境并不太平，局部战争时有发生，这不但影响了两国国内的安全与稳定，也严重地影响了两国经济的发展。走和平发展的道路，合作才能共赢，这已成为中印两国人民的共识。况且，中印都是能源十分匮乏的国家，在经济高速发展的今天，中印之间的能源合作就显得尤为重要。2005年，中印两国总理共同签署联合声明，双方同意在能源安全、能源保护等方面开展合作，鼓励两国相关部门与企业在石油天然气的勘察和开发领域加强合作。无疑，中印两国在能源领域的全方位合作，预计将取得越来越丰硕的成果。

另外，中印都面临非传统安全的威胁，如国际恐怖主义、毒品走私、国际犯罪、人口问题、艾滋病与传染性疾病、全球变暖、水资源、森林植被污染等问题。而印度洋利益及贸易通道的保护及畅通，已成为中印两国政府与人民共同的需求及奋斗的目标。

（4）哲学理念和价值观的相容、相补性：在中印哲学领域，印度的佛教哲学与中国的古典哲学相互影响、相互学习，更多地推动了中国哲学提出新的理论与认识世间万物的方法，摆脱了旧的儒家说教，把人的精神生活推向一个新的世界。如宋明理学，以前侧重“经世致用”，而受到印度佛教的影响之后，也强调心性之学。宋代理学周敦颐提出“纯心”、“诚心”、“善心”，以达到“心泰”；而朱熹提出“则性主于理而无形，气主于形而有质”等。无疑宋明理学的“心性论”与佛教的“佛性论”有着直接的继承关系。佛教的生死轮回对中国人生死观的影响也是不小的，先前中国人是不信有生死轮回的，后开始相信人有因果报应和生死轮回的三世之说，因而开始注重悔恶除罪和修德祈福的行为。

而印度“吠檀多”哲学的“梵我同一”论与中国道学的“天人合一”说，虽然强调的重点有异，但实际上二者有很多地方是一致的。

一是它们都把人与自然看作相互依存的统一整体，并且也都认为人是出自于自然的结论。二是“天人合一”说与“梵我同一”论中的“人副天数”与“大我小我”的观点基本上是相同的。“天”和“梵”是主宰的大我，人副于天，小我出自大我之中。三是二者都把宇宙看作最早的本体，同时还是人类道德的最高主宰，也是人追求和解脱的最高的理想境界，认识宇宙的最高真理。四是二者都认为，人生的意义在于精神的自我完善，人的心性与天合为一体，天包涵着一切，同时也存在于人的心中，人通过自觉达到诚，就是人生最大的乐趣，“尽心”可“知性”，知性”可“知天”，最后达到天人合一的最高的理想境界。

中国人在价值观取向上偏重物质，注重现实利益的得失，而印度人则较重追求精神上的享受，富于幻想。中印两国人民在物质与精神上有一定的相补性，体现了人类文明交融发展方面，物质和精神需求统一与平衡的必然规律。否则，人类在精神与物质任何一方的偏离，都会将人类文明引向歧途。

中印在哲学理念和价值观上的相容、相补性，也有利于中印两国对认识世界事物的理论和观点的相同相似，所以中印两国在国际与两国事务中对重大问题的认识上，应容易达成共识。

目前，在中印边界问题划界的谈判中存在着 3 条线：中印边界的传统习惯线、“麦克马洪线”和实际控制线。

（1）中印边界的传统习惯线：中印边界几千年来虽从未划定过边界线，但中印两国的边民都遵照祖上留下的传统习惯线，相安无事。这条传统习惯线包括中印边界东段藏南地区 9 万平方公里、中段的 2000 平方公里和西段的 3.35 万平方公里，这些土地一直是中国西藏地方政府的管辖区域。

(2)“麦克马洪线”：1913—1914年中印藏三方在印度西姆拉召开会议，英国殖民政府代表麦克马洪私下与西藏地方代表在会外秘密商定了西藏与印度次大陆的分界线。他把中国西藏地方政府历来管辖的藏南地区9万平方公里、中段的2000平方公里和西段的3.35万平方公里，全都划在了当时英国殖民政府的管辖版图内。中国政府代表陈贻范拒绝在条约草案上正式签字，所谓以英国殖民政府代表麦克马洪命名的“麦克马洪线”，自然是非法的无效的，历届中国政府从未承认过。

(3)实际控制线：目前中印边界的实际控制线与“麦克马洪线”基本相似。目前，西段的3.35万平方公里一直在中国的实际管辖之下，中段2000平方公里的土地现仍在印度的控制下，东段的9万平方公里土地从1914起被英印殖民政府和印度现政府不断蚕食，直至1986年12月8—9日，印度政府通过法案，建立了“阿鲁纳恰尔邦”。

自然，由于印度政治与民族族性的特殊性，中印边界的最终解决也不会从此一帆风顺，有时还会有反复。但是，中印合作具有深厚的基础，不管是中印边界的传统习惯线还是“麦克马洪线”和实际控制线，中印只要尊重历史事实，以实事求是的精神看待当今中印边界的实际状况，互谅互让，友好协商，运用智慧和才能，站在人类文明发展的高度，就一定能够找到彼此接受的公平合理的解决方案。

四、美国在阿富汗和伊拉克战争的文化错位

进入21世纪后，美国以“9·11”事件为载体，借消灭国际恐怖主义维护美国安全为名，趁势发起了阿富汗和伊拉克战争，最终目的是要在这两个国家建立它所希望的美国式的民主政治制度。布什在其第二任期就职演说中坦言：“自由能否在我们的国家继续存在下去，越来越多地取决于自由能不能在其他国家取得成功。”① 虽然美国在很短的时间里在军事上摧毁了阿富汗和伊拉克的塔利班和萨达姆政权，但是其在伊拉克实施其美国式的民主政治制度的过程中却遇到了难以逾越的障碍。血腥的暴力事件不断发生，死伤无数，搞得人心惶惶。伊拉克已有65万人死亡，200万人逃离家园。82%的伊拉克人表示不信任美英联军，② 他们并没有感到美国给他们带来了和平、安宁和幸福。“目前存在一个真正的风险，那就是阿富汗可能变成下

---

① “President Sworn—In to Second Term”, http://www.whitehouse.gov/new/releases/2005/01/20050120－1.html.

② “逾八成伊拉克人不信任美军”,《解放日报》2007年3月20日。

一个伊拉克。”①

世界文明由各种不同的文化组成，不同的文化有着各自的特点和价值观，正是这种与众不同的特点和价值观，决定了人类各族群自己特有的风情习俗、行为规范、道德意志、信仰崇拜、价值观与哲学理念。美国人类学家本尼迪克特（Ruth Benedict）在其名著《菊花与刀》中认为，一个部族虽与邻居各族在90%以上是共同相似的，但总有与其他各族不同的特点存在，正是这个特点的存在决定着它与众不同的发展方向和趋势。所以，我们必须尊重不同的文化及看法观点，作为一个人类学家也不能专事于研究各民族的风情习惯，更重要的是人的行为意志和对生活的观点与看法。

随着苏联的解体，美国成为世界唯一的超级大国，无论是在经济实力、军事实力，还是科技方面，美国都遥遥领先，没有一个国家和国家联盟能与它比试对抗，因此美国试图在全世界推行美国式的政治制度，改造世界。“9·11”事件使美国片面地“看到了自己的脆弱，也看到了它深刻的根源。只要世界各地还在仇恨和暴政中煎熬，这些暴政倾向于滋生仇恨并为杀戮寻找借口的意识形态——暴力就会增加，其破坏力就会成倍加强，并穿越大多数防线，构成一种致命的威胁”，这种威胁就是国际恐怖主义。所以美国要在世界“寻求和支持民主运动和民主制度在各个国家和各种不同文化下发展成为美国的政策，其目标是结束我们这个世界上的暴政”。②

由于美国忽视了不同文化在人类文明的发展过程中所具有的无形强大的作用与力量，对其所要改造国家的文化未能给予全面充分的认识和尊重，美国在伊拉克和阿富汗陷入困境的事实恰如其分地证实了这一点。

阿富汗文化认识上的错位：“9·11”事件后，美国自认为找到了以自己意愿改造世界的目标——阿富汗，兴奋之余就匆匆地发起了阿富汗战争。布什政府自恃美国强大无比，认为小小穷困的阿富汗不费吹灰之力就可放倒制服。所以，美国在发动阿富汗战争之前，既没有进行周密的调查研究，也未探讨战争与文化之间关系的重要性，而是简单地采取以暴制暴的方式，向阿富汗发动了大规模的军事入侵，企图最终在军事的占领下强力推行美国式的民主政治制度，以达到称霸世界的亚太战略目的。通过全面分析美国在发动阿富汗战争前后和在阿富汗推行美国式民主政治体制的情况，笔者认为，美国在阿富汗的困境是与其对阿富汗文化认识上的错位密切相关的，也许这也是美国要寻找的阿富汗战争为何陷入困境的根本原因。

一是时间问题，充分表现出美国的仓促与急躁。美国把“9·11”事件的幕后主

---

① Demetri Sevastopulo and Farhan Bokhari, “US presses Pakistan over Taliban”, *Financial Times*, Jan 17, 2007.

② “President Sworn—In to Second Term”, http: //www. whitehouse. gov/new/releases/2005/01/20050120－1. html.

犯锁定为本·拉登及其基地组织的第4天，即9月15日，布什政府就决定准备一场对阿富汗的反恐怖主义的全面战争，此时的布什政府根本未去找寻研究发生“9·11”事件及本·拉登与塔利班之间密切关系的种种原因。25天后的10月6日，布什就通牒阿富汗塔利班政权，一场以美国为首的反恐战争即将在阿富汗打响。10月7日，美国开始对阿富汗采取军事行动，在美机的猛烈轰炸下，美国海军陆战队和阿富汗反塔利班北方联盟相继攻下了北方重镇马扎里沙夫，11月13日进入首都喀布尔，11月30日向塔利班政权的大本营坎大哈合围，12月27日卡尔扎伊在喀布尔宣布“塔利班统治结束”。美国的阿富汗战争仅用了2个月时间就告结束，这与历时10年的越南战争是不可同日而语的。军事上的快速胜利使布什政府兴奋异常，美国在几乎没有深入探讨研究在阿富汗采取何种更为妥当的政策措施的情况下，就把卡尔扎伊推上阿富汗总统的位置。至于如何恢复阿富汗的和平稳定和经济发展的局面，布什政府虽然在发动阿富汗战争前对阿富汗的政权建设和经济恢复有一定的安排打算，但是事后证实，那些安排与打算显得十分粗糙和没有远见，布什似一个愤怒的将军把一个地方打烂后，不知道采取何种适合阿富汗的良策来治理这个穷困的国家。美国的军事行动和占领只是个开始，而本·拉登和塔利班精神领袖奥马尔的逃之夭夭，本身就意味着美国在阿富汗的反恐战争远未结束，还望不到尽头，布什政府所期望的在阿富汗反恐战争的完全胜利还将遥遥无期。

二是布什政府没着力深入探讨研究冷战期间苏联入侵阿富汗失败的原因，尤其是伊斯兰文化在阿富汗各武装派别中不同而又特殊的作用与力量。如逊尼派的阿富汗圣战联盟，与伊朗有着密切关系的什叶派伊斯兰行动党、雷电组织和胜利组织，他们虽有着相同的宗教信仰，但他们之间却有与众不同的传统习俗及长期积累的矛盾和问题。正是这些教派的特点与昔日的恩怨情仇，决定了阿富汗战争具有其与众不同的特殊性。美国若要使这些宗教和武装派别真诚团结在一起共同反对塔利班政权，一定要尽量缩小他们之间个性特点上的差距，以期达到最大的共识。统一了阿富汗各宗教武装派别的意志，才能把反塔利班政权引向最终的胜利。但令人遗憾的是，布什政府始终没有对塔利班从穆斯林文化和阿富汗文化之间的特殊性进行更为细致深入的探讨研究。如塔利班为何能在短短的时间里占领阿富汗4/5的国土，并建立“阿富汗伊斯兰酋长国”？以拉巴尼为首的北方联盟又为何在与塔利班的斗争中连连败北？这难道仅仅是简单的军事力量上的差距？事实证明，塔利班在阿富汗的迅速壮大发展，正是它利用迎合了阿富汗穆斯林文化的特殊性，他们是在得到了阿富汗广大农村地区保守穆斯林力量的支持下取得成功的。事实也证明，美国在军事上的一时胜利，并没有给阿富汗带来真正的和平、安宁、稳定和经济发展的机会。笔者认为，正是阿富汗各宗教和武装派别与众不同的宗教信仰、传统习俗、道德观念、行为意志、价值观念等文化因素，在起着无形而又强大的力量、作用和影响。

三是阿富汗乃世界上最贫穷落后的国家之一，也是宗教教派繁杂、民族矛盾纷争不已的地方，尤其类似于原始部落的山区部落武装的存在，使阿富汗政局更显得复杂多变和具有难以预料的突发的危险性存在。而布什政府对阿富汗山区部落及武装的文化习俗、行为意志、道德观念、价值取向的特殊性的研究显然是不够的。据目前阿富汗政局现状证实，阿富汗山区部落及武装有自己不同的文化特殊性。首先是经济的落后和社会的封闭性，使阿富汗部落的原始性较其邻国巴基斯坦严重得多。一些久居深山老林的部落民，其生活习俗、宗教信仰几乎与现代社会格格不入，部落民盲目的原始崇拜和文化习俗往往带有更大的攻击性。其次是阿富汗各山区部落往往与宗教教派和派别武装有着政治和经济方面的紧密联系，部落民及其武装往往成为各宗教教派和派别武装的利用工具，参与各宗教教派的利益争夺，使阿富汗社会更加复杂化。最后是阿富汗与近邻巴基斯坦普什图族的山区部落及武装，他们之间不但有着亲密的血缘关系，又由于宗教信仰相同，更有着共同的政治目的性和经济利益。

四是目前卡尔扎伊虽然是阿富汗的总统，但是“以卡尔扎伊为首的中央政府已经崩溃，到处都是一片混乱，很多地区普遍爆发基地组织支持的叛乱”。① 如今阿富汗总统卡尔扎伊只剩下一味指责巴基斯坦总统穆沙拉夫在部落区域围剿塔利班及基地组织不力的埋怨。美国政府也埋怨穆沙拉夫与阿富汗的北瓦济里斯坦部落武装2006年9月签署的“和平协议”，使这一区域成为塔利班和基地组织的自由活动区域。但埋怨和指责已无法改变阿富汗局势及发展趋势。也许美国及北约领导人应该懂得佩索阿②曾说过的“任何一片宽阔的土地，都有望成为宫殿，可是在建成前宫殿是不存在的”。“美国及北约领导人应该仔细体味这话的含义，放下刀枪，转变为宫殿的建设者。”③ 目前，“在战线的另一方，塔利班正卷土重来，占领了阿富汗大部分地区，而政府充其量只勉强控制了全国20%的地方，联军十分清楚，单靠大批消灭叛军分子并不能带来胜利。美国的阿富汗政策已逼近引爆点”。④ 面对2007年塔利班发出的“春季攻势”威胁，2000个人体炸弹和1万名塔利班士兵向驻阿外国军队袭击，这灾难性的后果令布什政府的反恐计划面临更激烈的抨击。自此后的岁月里，阿富汗的社会治安混乱不堪，爆炸暗杀不断，平民百姓无生命保障，且物价飞涨，人民生活没有得到改善。而卡尔扎伊政府的贪污、腐败和无能，使人民对政府丧失了最起码的信任。另外，美军在阿富汗的胡作非为、滥杀无辜，又增加了阿

---

① Fareed Zakaria，“A Troubled ‘Afghan Model’”，*Newsweek*，Dec. 11，2006.

② 佩索阿是葡萄牙著名近代作家（1888—1935年），在《惶然录》一书中阐述了“成功”一词，是指得到成功而非有望成功。

③ M.K. 巴德拉库马：“美国的阿富汗政策已逼近‘引爆点’”，香港《亚洲时报》在线，2006年12月18日。

④ 同上。

富汗人民对美国的仇恨。

奥巴马就任美国总统后，为了从阿富汗战争中解脱出来，迫不得已制订了2014美军撤出阿富汗的方案。世界舆论也为此担忧，阿富汗内战将爆发，塔利班重新走上阿富汗政治舞台的可能性并非完全不切实际的空想。

伊拉克文化认识上的错位：小布什政府借“9·11”事件并以维护美国安全为由，指责萨达姆政权藏有生化武器和研制核武器，又一次对伊拉克展开了更大规模的军事打击。笔者认为，小布什政府在再次对伊拉克进行军事打击之前，也没有对穆斯林与伊拉克文化的特殊性进行更深入的立体研究。他们对伊拉克国情、传统习惯、行为意志、价值观的了解和研究是粗浅的，对伊拉克文化在穆斯林世界中的特殊性的深层次认识显然也是不够的。正是由于小布什政府对穆斯林和伊拉克文化的特殊性认识不足，所以不可能采取正确的政策措施应对战后伊拉克复杂的政局和教派斗争，如今使美国陷入伊拉克战争泥潭难以脱身。如果我们从文化人类学的理论研究小布什政府在认识伊拉克文化上的错位，主要有两个方面：

一是小布什政府没有清醒地认识到，由于伊斯兰教在发展过程中的种种原因，它比其他宗教有着更为强烈的自由、独立的意愿。众所周知，伊斯兰教与其他世界性宗教（佛教、基督教）一样都是主张和平的，恐怖与暴力不是穆斯林的行为准则。但是，伊斯兰教决不允许外来势力肆意践踏他们的意愿、独立和主权。第三十届伊斯兰国家外长会议发布的《外长声明》中写道：“任何一个国家，只要采取武力践踏他国的意愿、独立和主权，都是自由与文明的敌人。”[①] 伊斯兰教不同于其他宗教特点形成的原因是多方面的，这里由于篇幅的关系不做深入分析研究。但是，我们必须看到美国以反恐为名发动的伊拉克战争，是对一个国家独立、主权、自由和文明的践踏，作为一个伊拉克人是难以忍受的。伊拉克战争的进程也证实了伊拉克全境成了美英联军的占领地后，伊拉克穆斯林兄弟也就成为美英占领军随意以搜捕恐怖分子为名抓捕的对象。美国自发动伊拉克战争以来造成平民死亡65.5万人，平均每天死亡500人。[②] 另据2006年3月26日和2006年5月31日英国《星期日泰晤士报》报道，“美军还有奸杀妇女和枪杀孕妇的暴力行为，随意枪杀妇女儿童的事件屡屡发生”。[③] 因此我们必须看到美国以反恐为名发动的伊拉克战争，是对一个国家独立、主权、自由和文明的践踏，伊拉克人民是难以忍受的。如今，伊拉克人民整天生活在恐怖之中，恐怖分子的暴力事件与美英联军的枪炮坦克，搅得他们日夜不得安宁，使他们几乎失去了正常人生活的安全与自由。

① “Tehran Declaration, in the name of Allah, the Compassionate, the Merciful”, http://www.oic-oci.org/engish/conf/fm/30/declaration.

② “War Blamed for 655, 000 Iraqi deaths”, http://edition.cnn.com/2006/WORLD/meast/10/11/iraq.deaths/.

③ *Sunday Times*, Mar 26, 2006.

二是在世界穆斯林人群中，由于种种历史和追求信仰有所不同等因素，其主要分为两派，即逊尼派和什叶派。逊尼派占世界穆斯林人群的20%，其余80%为什叶派穆斯林。在伊拉克什叶派穆斯林居多，占伊拉克总人数的70%左右，在2000万人口上下；而逊尼派为少数，约占伊拉克总人数的30%，不到1000万人。可是长期以来在伊拉克人数多的什叶派穆斯林没有占据伊拉克政治的主导地位，而是少数的逊尼派主政国事，什叶派对历来受到逊尼派的压制而愤愤不平。在萨达姆统治的年代里，什叶派穆斯林受到更多不公正的待遇，他们在萨达姆的强权下敢怒而不敢言，只能寻找机会发泄自己的不满。而美军的军事占领却激发了伊拉克什叶派和逊尼派之间昔日的矛盾。另外值得注意的是，伊拉克的邻国伊朗则是什叶派穆斯林掌权的国家，而伊朗又是被布什政府称为“邪恶轴心国”的无赖国家，视为打击之列。所以，伊拉克什叶派穆斯林的遭遇也受到伊朗什叶派穆斯林兄弟的极大同情与支持，这一点却没有被布什政府重视起来。不过在萨达姆时代，虽然什叶派穆斯林与逊尼派穆斯林矛盾很深，但是对于普通的穆斯林兄弟来说，他们最需要的都是安定平静的生活，他们厌烦了动荡打杀的战争生活，祈求安定平静的生活，萨达姆虽没有给他们太高的生活待遇，两伊战争还使他们付出了血的代价，但总的来说伊拉克全国尚能处于相对平稳的阶段，什叶派和逊尼派的穆斯林兄弟还能相安无事地生活在一起。“9·11”事件后，由于布什政府没有对伊拉克穆斯林本土文化及什叶派和逊尼派之间的矛盾与问题进行深入研究（如他们矛盾复杂的心理和祈求安定和平生活的愿望在战后的伊拉克将会起到何种作用，如何使什叶派和逊尼派在战后能相安无事，采取什么政策与措施能使他们走到一起共事等，这些对布什政府来说心中没有太多的把握），所以也无法估计战后伊拉克逊尼派和什叶派穆斯林对美军的占领将会持何种态度，他们会不会接受美国所希望的在伊拉克建立新的民主政治制度，伊拉克新政府又如何处理伊拉克逊尼派和什叶派之间昔日的矛盾与问题。对这些问题，布什政府没有针对性的政策应付，这就给予了本·拉登基地组织可乘之机，他们利用伊拉克昔日的教派危机和矛盾，派遣大量伊斯兰恐怖分子进入伊拉克，大肆传播伊斯兰激进主义观点，图谋建立他们的“伊斯兰大同世界”，并用自杀性手段制造各种恐怖暴力事件，把伊拉克搅得天翻地覆、昏天黑地，使伊拉克什叶派与逊尼派穆斯林间的恐怖暴力也更加残酷血腥。同时，又把矛头直接指向美国的世界霸权主义，使美国成为伊拉克穆斯林的众矢之的。本·拉登及基地组织是美军占领伊拉克后的最大赢家，他们在伊拉克找到了自己的同情与支持者，伊拉克事实上成了恐怖主义与霸权主义拼杀战斗的战场。对于这一点布什政府是怎么也想不到的。正如伊朗前总统在2003年5月29日的德黑兰穆斯林国家外长会议的发言中讲道：“恐怖主义和霸权主义是危害当今世界和平与安全的两大敌人……恐怖主义的狂热扭曲了宗教的人性和民主价值观，而诉诸武力的霸权主义也无情地嘲讽了民主与自由的高尚思想观念。”① 正是美国布什政府对伊拉克本土文化认识上的错位，以及欲借军事手段达到控制伊拉克石油资源和称霸世界的目的，强行在伊拉克推行美国式的民主政治制度等，使美国布什政府以“9·11”事件为由发动的打击国际恐怖主义的伊拉克战争，也包括先前的阿富汗战争，正在遭到穆斯林世界越来越多的反抗和世界舆论的谴责，其中包括美国国内反战言论的高涨。如果美国布什政府不采取有力的政策和措施扭转阿富汗、伊拉克的不利局势，其最终的结果可能与美国发动阿富汗、伊拉克战争的初衷背道而驰，国际反恐将会变得更加复杂、残酷、血腥，世界各国也将会付出更大的代价，美国支持的伊拉克新政府力图给伊拉克人民创造一个和平、民主、安定、发展、幸福的环境将遥遥无期。

奥巴马就任美国总统后，实行把美国从伊拉克战争的泥潭中脱身的政策，结果反而把伊拉克推向了政治、宗教、经济危机的旋涡中。

由此，笔者认为，目前虽然在世界各地，尤其是中东和南亚等地区，恐怖暴力事件不断，但是和平与发展仍是21世纪的时代主流。人类热爱和平，反对暴力与战争。美国作为当今的超级大国，以其超强的经济和军事实力，理应成为和平的捍卫者。但是，美国的霸权主义和傲慢与偏见，造成了对阿富汗和伊拉克文化认识上的错位，导致了盲目崇拜先进的科技与强大的军事打击力量以推行自己的政治主张和战略意图，忽视了不同文化在人类文明发展过程中无形而又不可抗拒的巨大力量。通过上述分析研究，有四个方面教训值得美国吸取：

一是先进的科技和强大的军事力量，在当今世界不能随心所欲地作为征服他人的唯一工具。21世纪人类文明的发展是不能靠暴力的。任何一种文明的传播都需要尊重各种不同的文化特殊性，简单地使用暴力只会招致更强烈的抵抗，以至于陷入泥潭不能自拔，越南战争如此，阿富汗和伊拉克战争也将会如此。

二是美国的强大、科学技术的发展，并不能说明美国文化是当今世界上最先进的文化，它只是世界文化的一个组成部分，而且也有自己的不足。美国式的民主政治制度也不是最完美的制度，它也有着自己的缺憾。反之，世界各种不同文化的存在都有着自己的合理性，其特殊性都应该得到尊重。况且，以发达国家为主的西方文化在征服自然、改造自然和超越自然的过程中，遭到了自然界无情的抗争与报复而感到迷惑与彷徨，于是从20世纪80年代开始不少西方学者频频向东方的中国与印度文化学习，寻觅可持续发展的智慧和理论。世界文明的发展是在各种不同文化互相学习、交流、融合中完成的，而以和平方式传播自己的文化是21世纪人类文明发展首选的目标，不恰当地过分地使用暴力，必将事与愿违。

---

① “Tehran Declaration，in the name of Allah，the Compassionate，the Merciful”，http：//www.oic-oci.org/english/conf/fm/30/declaration.htm.

三是目前最关键在于美国能认清自我，尤其能重视对不同国家的文化类型进行深入研究。

苏联的解体虽然使美国成为世界上唯一的超级大国，但并不意味着美国可以在世界为所欲为。人类社会有其自身的发展规律，况且任何一种文化样式的存在都有其一定的合理性，凡违背人类文明发展规律的行为，最终将自吞苦果。“9·11”事件使美国有了发泄力量和向全世界推行其民主政治制度的机会，但是其忽视了对阿富汗和伊拉克文化的特殊性进行更为深入的研究，导致了对阿富汗、伊拉克文化认识上的错位，以至于在阿富汗、伊拉克的军事胜利不能尽快地转化为心目中最终的胜利果实，即把战后的阿富汗、伊拉克建成美国式的“民主自由的国家”。

另外，美国立国以来，虽然只有200多年的历史，但由于它避免了二次世界大战的灾难，而且发了战争财，因而迅速成为当今世界经济、科技和军事力量最强大的国家，还成就了它不可一世的霸气、自信和傲慢。因此，它无法真正看到自己文化上的弱点，也不可能尊重不同类型的文化，更看到不同文化特性巨大的作用与影响力。

四是贫困是发展中国家的共同特点，尤其是阿富汗及巴基斯坦、中亚、非洲地区。虽说伊拉克因拥有丰富的石油资源而未被列入世界贫困国家之列，但是大多数伊拉克百姓的生活并不富裕。这些贫穷落后欠发达地区往往又是国际公认的恐怖主义发源地、产生地和集散地，也是本·拉登基地组织的藏匿地。若要从根本上消灭恐怖主义，美国及西方发达国家和国际社会应想方设法伸出援助之手，消除这些国家和地区的贫困根源，从资金和技术等多方面帮助这些国家和地区发展经济，从根本上改善提高这些国家和地区人民的生活条件和水平。一旦这些国家和地区的经济得以发展，人民的生活有了逐步的改善和提高，落后与愚昧将被现代文明所代替，恐怖主义也就从根本上断绝了再生繁衍的土壤，本·拉登基地组织及其恐怖主义分子也就没有了藏身之地。因此，消除贫困、共同发展，应该成为美国国际反恐的主要目标之一。

五、反思12年国际反恐战争与叙利亚军事打击

近来美国对叙利亚要实施军事打击，摧毁阿萨德政权，在叙利亚再来一个利比亚式的改朝换代，实现又一次美国西方文明制度的翻版。虽然俄罗斯建议叙利亚交出化武，以免军事打击，叙利亚也已启动加入禁止化武公约程序，并着手销毁化武的工作，美国总统奥巴马亦称该建议可为叙利亚危机带来“重大的突破”，况且联合国调查组核查后也未确认是叙利亚政府军动用了化武，那么美国为何并不言明最终放弃军事打击叙利亚政府军的承诺？目的只有一个，即使叙利亚根据协议销毁了化

武，美国与西方国家还会找借口军事打击叙利亚，这如同利比亚卡扎菲政权交出了研发和生产核武器的权利和承诺后，美国及西方国家照样找借口颠覆了卡扎菲政权。

众所周知，叙利亚的化武本是为以色列准备的，以达到叙利亚抗衡以色列核武的目的。不过，叙利亚化武被奥巴马做足了文章。先是奥巴马放言，如果叙利亚使用化武，就等于踩了美国动武的红线。时隔不久，在叙利亚就冒出了政府军动用化武伤及平民百姓的消息报道，美国就以此要向叙利亚动武。美国在没有足够证据证明叙利亚政府军动用化武的前提下动武，自然引起了世界舆论的一片质疑声，最有说服力的根据是，叙利亚政府军在胜利成果扩大化的情况下，没有必要动用化武授之于柄。恰恰相反，那时反对派武装节节败退，突然冒出叙利亚政府军动用化武伤及平民的新闻报道，稍有理性和常识的人马上就会明白，叙利亚动用化武的真实性值得怀疑，因为至今没有足够的证据证实叙利亚政府军动用了化武。所以，也有舆论认为，这可能是叙利亚反对派武装及其支持者制造的一个阴谋陷阱……

值得关注的是，且不说叙利亚的内政应由叙利亚人民自己解决，而“不干涉内政”本是处理国与国关系的和平共处五项原则之一，就连美国国内也已有60％以上的民众反对美国军事打击叙利亚。而国际社会要求政治解决叙利亚的呼声也日益高涨，显然美国如坚持军事打击叙利亚，已无理可述。

实际上，不少舆论认为，美国若坚持军事打击叙利亚，必将自食恶果，因为叙利亚不是利比亚，阿萨德不是卡扎菲，军事打击叙利亚所造成复杂和不可知情况的发生，谁也无法预料。也许，最终的结果只能再次把美国推向危机的旋涡中。

即使最终的证据说明阿萨德政权果真使用了化武，那么阿萨德政权就应该下台，但它也应在联合国等国际社会组织的监督下走政治解决叙利亚问题的道路，由叙利亚人民民主选举自己信任的政府。

美国更应反思“9·11”事件后12年的国际反恐战争，吸取发动伊拉克、阿富汗战争以及主导利比亚战争的教训，不能由于文化认识的错位，再犯战争的决策错误。

虽然美国用自己强大的军事力量打赢了伊拉克战争与阿富汗战争，也把隐藏在巴基斯坦的基地组织的头目本·拉登置于死地，取得了国际反恐战争的巨大胜利，又顺势颠覆了利比亚卡扎菲政权。从军事上看，美国打垮叙利亚是轻而易举的事，但是从实际情况来考量的话，美国的伊拉克、阿富汗战争并未达到预期日的，如今的伊拉克社会出现倒退，社会状况比以前更加混乱，恐怖事件接连不断，所谓的用美国的民主体制建立起来的伊拉克政府，也并未朝着西方所想象的方向前进。经济倒退，物价飞涨；本已久存的教派冲突也死灰复燃，流血不止；就连人们祈求的安定平和的生活也未能如愿。再看阿富汗战争，美国从军事上打垮了阿富汗的塔利班政权以后，重建的卡尔扎伊民选政府步履维艰，它只能控制喀布尔等几个大城市，广大的山区、农村地区仍在塔利班势力控制之下。再则，连年的战争使阿富汗经济几乎瘫痪，毒品泛滥，人民生活贫困到了极点，无时不起的血腥暴力事件使阿富汗人民最起码的生活水平也难以维持。如美军 2014 年撤出阿富汗以后，我们难以想象阿富汗将会出现怎样的状况。

代之而起的利比亚反对派新政权并没有实现美国与西方政府所要求的目的，且不说经济的负增长，人民的生活更是痛苦不堪……目前，由于连恐怖事件无法遏制，西方驻利比亚的外交机构也都纷纷撤离……

另外，值得注意的是，美国为了珍惜自己“美国大兵”的生命，大量使用无人机对自己所确定的恐怖据点目标进行导弹袭击，造成了无数平民百姓的伤亡。反之在这些伤亡人员的亲朋好友及族群中又种下了仇美的种子。尤其在也门和巴基斯坦，今日的反美情绪比以往任何时候都高涨。美国是越反越恐。美国想通过“9·11”事件，用单纯的军事打击来强制推行美国的民主政治体制，已成为不可能实现的事实。

总之，美国试图通过“9·11”事件，对国际恐怖主义组织强有力的军事打击，向全世界推行美国式的民主制度，以期达到“寻求支持民主运动和民主制度在各个国家和各种不同文化生存与发展的美国政策，其目的是结束我们这个世界上的暴政”,[①] 如伊拉克萨达姆独裁政权、阿富汗塔利班伊斯兰原教旨主义政权、利比亚家族政权、叙利亚阿萨德世袭政权、伊朗伊斯兰宗教政权等。

不可忽视的是，世界是多彩的，各种不同个性的多样文化使人类文明变得更加色彩斑斓，任何强制的外力只能顺势而为之，武力不是唯一和达到终级目标的理想手段。

美国当权者至今仍忽视不同文化在人类文明发展过程中所具有的作用与力量，对其所要改造的国家文化未能给予全面充分的认识和尊重，美国作为超级大国，以它超强的经济与军事力量，理应成为和平的捍卫者，但是美国的霸权主义和傲慢与偏见造成了对伊拉克、阿富汗等伊斯兰文化认识上的错位，导致了盲目地崇尚武力，一味地追求强大的军事手段打击，忽视了和平、互信、平等、非暴力、尊重多样文明、谋求共同发展，已成为当今世界国与国关系发展的总趋势。21 世纪和平与发展仍是不可逆转的历史潮流，热爱和平、反对暴力与战争是人类心中的期盼与愿望，世界大势浩浩荡荡，汹涌向前，势不可挡，顺势者昌，逆势者亡。美国只有看清当今的形势，顺势而为之，才是上策；反之，只能自吞恶果。

因此，笔者认为，美国应吸取伊拉克、阿富汗和利比亚战争的教训，反省自我，顺应民意，顺应历史，在国际反恐的同时，更多地帮助这些地区的国家与人民摆脱贫困，从根本上消除国际恐怖主义生存与发展的空间与基础，这也符合美国人民的根本利益。

---

① “President Sworn—In to Second Term”, http://www.whitehouse.gov/new/releases/2005/01/20050120—1.himl.

六、结论

人类文明的进步和社会的发展，是在各种文化持续不断的交流融合中前进的。毋庸置疑，文化的作用和影响是没有疆界的，可其无形的潜力是巨大的，更不能忽视文化多样性与特殊性的存在。在经济全球化趋势和科学技术现代化的影响下，尤其是进入 21 世纪后，世界经济的全球化、信息化和科学技术迅猛发展，人所处的文化环境也发生了急剧的变化，变革与守旧的较量激烈，人们求新求变愿望极为迫切。为此，世界不同文化的冲击与碰撞十分频繁。人类社会的进步和文化的繁荣虽然随处可见，但世界并不太平，局部战争时有发生，战争的形式、内容和意义也发生了新变化，其结果也出人意料。中印边界冲突、阿富汗和伊拉克战争就是典型的例子。所以，值得世人牢记的历史和现实教训是，任何一种对文化的曲解和认识判断上的错位，否定文化多样性，妄自尊大，肆意妄为，违反事物发展的规律，逆当今世界和平与发展历史潮流，其结果也必将是灾难性的，且后患无穷。

中印文化关系论*

中国和印度同属历史久远和文化灿烂辉煌的文明古国，自古以来，中印文化互联互通，互相交流，互相学习，互相融合……无论是精神还是物质，双方在交流、学习、融合的过程中，又互为补充……众多的纽带，又把中印两国紧密地联系在一起。著名的丝绸之路留下无数动人的故事，印度佛教丰富了中国文化，中华传统文化和四大发明也在印度留下了痕迹，而汉译佛经给印度保留了研究古印度社会唯一真实可信的史料。

第一节　中印文化的历史交流

数千年来，中印两国的历史发展进程一次又一次地证实了这么一个无可争辩的事实：中印两国文化的交流融合不但促进了各自社会的发展与文化的繁荣，还对人类文明作出了巨大的贡献。如今，世界进入21世纪，同属“金砖国家”的两个发展中大国又走到一起，为中印两国的繁荣富强，为人类社会的和平、稳定与发展，共创大业。

2014年9月17—19日，习近平主席对印度进行国事访问，18日他在印度世界事务委员会做演讲时说：“中印两国人民毗邻而居，古有往来互鉴之情，近有患难与共之交，现有共同复兴之业。圣雄甘地说，‘中国与印度是同舟共济、患难与共的同路人’。莫迪总理对我说，中印两国是‘两个身体，一种精神’。这些话道出了中印两大文明和平向善的共同本质和心灵相通的内在联系。”[①] 世界有足够的空间供中印共同发展，也有足够的领域供中印开展合作。这些重要的共识深深植根于中印古老文化传统和悠久的交往历史，也是同我们对世界大势的正确把握和对国家利益的深刻认识分不开的。“我们所处的时代，国际格局正在发生前所未有的深刻调整，其中

---

* 本文为教育部重点研究项目《冷战后的中印关系》第六章。

① 习近平：“携手追寻民族复兴之梦”，《解放日报》2014年9月19日，第二版。

一个重要趋势就是亚洲在全球格局中的地位不断上升。中印两国作为世界多极化进程中的两支重要力量，作为拉动亚洲乃至世界经济增长的有生力量，又一次被推向时代前沿。中印关系已经远远超出双边范畴，具有广泛的地区和全球影响。中印携手合作，利在两国，惠及亚洲，泽被世界。”① 在世界历史的发展进程里，“中印两国交往的历史之久远，影响之深刻，在世界文明史上实属罕见”。② 虽然1962年中印两国爆发了一场边界冲突，且直至今日，两国边界问题尚未得到最终解决，但这不过是历史长河中不平静的短暂一刻。展望未来，中印两国只有和合存异、包容互信，才能共存共荣，对人类文明发展作出新的更大的贡献。

在我国学术界，凡研究中印关系的专家学者都这么认为，印度文化对中国文化产生的影响是广泛和深刻的，它表现在中国文化的各个方面。随着时间的推移和我国对印度文化研究的不断深入，笔者越发觉得研究今日印度，一定要更加深入研究中印的文化关系，文化是软实力，这一无形的力量以其独特的个性、理念和价值观给印度内外政策的制定打上了深深的烙印。况且，中印文化都博大精深，不但对今日印度和中国的社会、政治、经济、外交、军事及文学、艺术等诸多方面影响深刻，还将对21世纪世界文明的进步与发展起着不可替代的作用与影响。为此，当我们在研究冷战时期与冷战后的中印关系时，着重研究中印的文化关系就显得不可或缺了，这样才能使我们的冷战时期与冷战后的中印关系研究，既知其一，又知其二，更知其三。

一、中印文化关系在全球文化中的战略定位

进入21世纪以来，世界经济的全球化、信息化与高科技迅猛发展，世界发生了极为深刻的质的变化，文化以其不可替代的巨大的能量，更大地影响并还正不断左右着国际局势的变化，尤其是在“9·11”事件和美国引发的经济危机后，世界局势出现各种各样的变化，不能不说，也无法否定，当今国际体系发生的一系列新的洗牌、组合、变异，自然与文化这个软实力有着紧密的决定性关系。

文化是一个国家的软实力，虽然它能在各种不同文化的交流融合中改变自身，但是各种不同文化的特点个性，却又顽强地表现着自己，并显示着自己不可忽视的力量……况且，文化特性自身的任何一种变化和改变，最需要的是时间和过程，而且必须在由不同文化自身的认可吸收和消化下完成，违反了这一规律，任何情况下的过急、过剧和过激行为，其结果将适得其反。也许大家可以看到，由美国主导的

① 习近平：“携手追寻民族复兴之梦”，《解放日报》2014年9月19日，第二版。

② 温家宝：“共铸东方文明新辉煌”，《今日印度》2010年第11—12期，总第109期，第11页。

伊拉克、阿富汗、利比亚战争，以及当今的叙利亚和乌克兰的民族冲突，哪一个不是在由美国和西方国家推行自己所谓的西方文明制度时，对各种不同文化的曲解和认识错位的情况下造成的，今天中东出现的“伊斯兰国”在中东地区的祸害不正是如此吗？这恰恰又与21世纪和平、稳定与发展的历史潮流相背而行。

中国文化和谐世界论以及它的“天人合一”说，正与印度文化倡导的“梵我同一”论相一致（“天人合一”说和“梵我同一”论，后章节中有详述）。它们不但有着文化上的相通和相似性，而且其特点有着文化价值的互补性。中印文化的相通性、相似性和互补性，其产生的巨大能量将引领21世纪人类文明发展的方向。同时，它也是在交流融合过程中建立和谐世界与文化“和而不同”理念的典型范例。

自从欧洲西方国家工业革命以来，西方人在自我价值完美论的影响作用下，在征服自然、改造自然、超越自然的过程中，受到了自然界无情的报复与惩罚，他们因此而感到迷惑与彷徨。因此，西方国家的不少专家学者与有识之士，犹如在黑暗中找到光明一样走向东方，在中国和印度文化中觅寻西方社会持续发展的智慧和理论，以弥补西方文化的不足和缺失。

如果追溯中印文化本源，中国的《论语》、《道德经》、《南华经》、《黄帝内经》、《周易》、《孙子兵法》，印度的《吠陀文献》、《奥义书》、《罗摩衍那》、《摩诃婆罗多》及其中的《薄伽梵歌》等，这些体现中印智慧的文献，其当下的价值是无可比喻的，它们是“人类共同渴求和探寻人的生命真义及宇宙绝对真理的背景下自然衍生出来的”，[①] 这些文献是中印人民智慧集大成的圣典，也是人类文明最为珍贵的精神财富，同时还是纠正西方文化对不同文化曲解和认识上的错位的钥匙，把握着当今人类文明发展的方向。

二、印度文化及对中国文化的传播与路线

众所周知，“印度文化不但浩如烟海，博大精深，而且奥妙神秘，令人向往。其丰富的内涵和深厚的底蕴及独特的个性、价值观，对世界人类文明的进步和文化的繁荣作出了不可估量的贡献。尤其是在21世纪的今天，它独特的个性和哲学理念与价值观，必将对21世纪的文明与进步仍产生着巨大的作用与影响”。[②]

据古印度历史资料记载与学者的考证，大约在公元前，古印度人已在天文、数学、生物、化学、医药、物理、文学和农艺方面有了很不简单的创造与成就，如印度最古老的经典《梨俱吠陀》和《阿闼婆吠陀》就记载了不少关于疾病及治疗这些病的医药知识。在这两部书里，“我们找到了一段比较精确的关于人体骨髓的记载，

① 刘战魁：《薄伽梵歌全解》，圆觉出版社2013年版，序言，第1页。

② 吴永年著：《大象、牛车、芯片的共鸣与神舞》，宁夏人民出版社2009年版，第3页。

可见当时的印度人民对人体的解剖学已经有了一些知识”。还有一部专讲医学的书叫《阿输吠陀》，里面详尽地论述了内科、外科、皮肤科、小儿科等八个部分的疾病和治疗方法。①

天文学与数学知识，古印度人也是掌握得比较早的，吠陀时期的《准绳经》已有几何和三角的了解和计算。从1到9数字的创造，特别是0的运用，最初也是古印度人的杰作，并非出自阿拉伯人之手，阿拉伯的商人通过商业贸易，把1到9的数字和0的运用及计算传播到世界各地，故有阿拉伯数字的别称。另外，在《佛本生经》和《政事论》里面，也有不少有关农业和畜牧业的知识。

在社会科学和文化艺术领域，古印度人的贡献也非常伟大。古老的文学作品四吠陀本集——《梨俱吠陀》、《娑摩吠陀》、《夜柔吠陀》和《阿闼婆吠陀》，其文学价值之高出乎于人们的想象。更值得世人记住的是，印度两大史诗《摩诃婆罗多》和《罗摩衍那》的艺术成就，更是达到了无以复加的艺术高峰，这两部史诗不但是印度人民对世界文学的重大贡献，也是人类文明进步的象征与典范。这两部史诗以神话故事的形式，不仅反映了古印度社会面貌，同时它所表达的先进的思想与哲学理念反映着印度社会的进步与人民反对暴力、主张和平及正义与统一的心声，另外还科学地记述了印度哲学、艺术及发展的理论与实践的过程与方式。更值得一提的是，古印度人以其丰富的想像力使神话故事中的人物塑造、环境描述达到了美不胜收的地步。为此，这两部史诗受到包括印度人民在内的世界各国人民的喜爱。长期以来，这两部史诗不断被译成英、法、德、俄等文本出版。上世纪七八十年代末，梵学大师季羡林先生在极其艰苦的条件下，没有助手，独自一人，先把《罗摩衍那》译成中文出版，其后季羡林先生的学生黄宝生等人全力以赴，完成了《摩诃婆罗多》这部史诗的全部译稿，并付梓出版，受到中国人民及学术界的欢迎与赞赏。

当然，我们在称赞印度两大史诗的艺术成就时，不能淡忘了印度古代民间文学对印度文学艺术的贡献。从某种意义上讲，“单就对世界文学的影响而言，印度古代的民间文学甚至要超过两大史诗。在古印度文学史上，民间文学的传统占有极为重要的地位”。② 如我国人民熟知的《五卷书》、《佛本生经》和《盖世佳言集》，其故事早已在世界各地流行，并对世界各国文学的发展作出了不可多得的贡献。还有印度的长诗《云使》和戏剧《沙恭达罗》等，都对世界各国的文学戏剧产生了很大的影响。世界各国的不少文学艺术家从中吸取营养，创造了无数脍炙人口的小说、诗歌和戏剧剧本，丰富与发展了本国文学艺术创作的水平与成就。还有印度专门论述研究舞蹈的理论著作《舞论》，不但概括研究了印度多姿多彩的舞蹈艺术，同时在舞蹈理论的研究上开创了先河，对印度舞蹈长足的发展与世界舞蹈艺术水平的提高作

① 季羡林著：《季羡林论印度文化》，人民出版社2009年版，第1页。

② 同上书，第6页。

出了不可多得的贡献。

诚然，印度的建筑风格和雕刻方面的艺术成就，也属于世界艺术殿堂里一朵独具一格、别有芬芳的奇葩，它以其独特的造型艺术及建筑风格与水平，在很早的古印度时代已达到了相当高的水准。如世界著名的阿育王时期的窣堵坡与石窟、阿育王石柱、阿旃陀石窟，它们都以其宏伟壮观和精雕细刻的超凡艺术水平而闻名于世。还有桑奇大窣，其艺术风格与水平在当时也是属于世界超一流的。如果我们细心地观察石窟大量的雕刻与壁画，不难发现，其不但构图奇特，笔调更显生动活泼、细腻逼真、色彩鲜艳。工匠们的各种雕刻技术已达到惊人的娴熟地步，如在表现技巧上，构图和谐紧凑，人体肌肤富有质感，笔法洗练，色彩鲜艳地道，为各国艺术家所推崇。

另外，不论是古代还是现代印度人，他们在语言创造上的成就都是非常巨大、辉煌的，为世界语言宝库贡献了不可多得的宝贵财富，也影响着世界语言的完善、丰富与发展。其中语言学著作《语法规律八章》是大语言学家波伲尼的杰作，他的语法研究不但早于希腊文和拉丁文，而且在语音的安排方面科学严谨。19 世纪波伲尼的语法介绍传到欧洲，对欧洲语法的研究起到了积极的推动作用。另外，据考证，印度的词典学在古印度也早已有之。“印度词典学的起源可以追溯到吠陀时代。首先出现的是一些动词词根表，以后逐渐发展成为字典。”[①] 目前，印度以《阿摩罗词典》最为著名。

印度的哲学不但指导印度人认识自我与世界，而且在人类改造世界和创造世界方面功不可没，尤其是对世界各国人民更深入地认识人类自己及对待自然界万物方面，起到了其他各国的哲学流派所不可替代的作用和影响。如今印度哲学对推动世界人类文明发展，其贡献还将是巨大的。

追根溯源，印度哲学自产生以来，一直分两种思潮。一是“有我论”，其渊源于奥义书。“有我论”认为，一切事物都是永恒不变的大我，宇宙是大我，而世间万物个体则是小我，包括人类自己都是来自大我的小我，从本质上讲，大我与小我是同一的。“有我论”也是印度哲学的“吠檀多不二论”流派所主张的思想与观点。二是“无我论”，其最初渊源于佛教的“无我论”，它不承认主体宇宙的存在，而且认为世界万物由各种各样的因缘和合而成，它们都是由各种原子和原初物构成的。“无我论”属于佛教及无神论与其他哲学派别信条。

其实“有我论”与“无我论”均出自于古典《吠陀》中的“有”与“无”的概念。随着时间的流逝、社会的发展及人类社会对大自然认识的不断深入，“有我论”逐渐适应了印度这个社会的土壤并发展起来，最后形成了印度的“吠檀多不二论”的哲学流派。印度教的创始人商羯罗则是“吠檀多不二论”哲学派别的集大成者，

---

① 季羡林著：《季羡林论印度文化》，人民出版社 2009 年版，第 7 页。

他从理论到实践的多个方面对“吠檀多不二论”哲学进行了更为妥贴、合乎情理的释解，使众多印度教信仰的崇拜者更易接受，并付诸自己的人生行为之中。从此，“吠檀多不二论”哲学流派成为印度哲学界中有绝对控制权威的主流派别。而“无我论”哲学流派则渐渐淡出印度次大陆，在异国他乡得以传播与发展。

当然，在印度还有着众多的哲学流派，包括弥曼差、正理、数论、瑜伽、行动吠檀多、理性神论、人格论、坚持真理、非暴力主义、自我学说、完整经验的吠檀多、精神进化论、社会主义和世俗主义等。另外，还有水论、火论、风论、地论、顺世论、时空论、物活论的一元论等。这些繁杂众多的哲学流派的形成，都是在吸取和强调了“有我论”与“无我论”等某一方面的认识和观点上发展起来的，有的还吸取了西方的某些哲学流派别，经过糅合自成一说。

如果把印度哲学比成一棵大树的话，那么“吠檀多不二论”哲学流派就是这棵大树的主要树干，它是形成印度主体思想的主要指导理论。它的“梵”是宇宙最高本体、万物的根本和始基的理论，已深深烙在印度人的思想和行为之中。“吠檀多不二论”认为，“梵”是无形无踪、无处不在的，它有着无比的力量，又无所不能，它是永恒的，任何世间万物都是它的显现。为此，世界万物之间的地位与关系都是平等的，因为它们都是“梵”的一分子，没有高低贵贱之分，人与万物彼此之间的尊重和平等是“梵”的本意。

印度“吠檀多不二论”哲学的形成，逐渐影响着印度文化的价值观和印度人的人生观。它们从物质价值、情感价值、道德价值和精神价值，表现了各自不同的价值取向。有的强调法的价值，有的则注重财富与欢乐的价值，而有的则否定财富与欢乐的价值，强调法与解脱的重要性。总之，“吠檀多不二论”的主要价值取向即：重精神价值的崇高追求，轻物质价值的享受。由此，自古至今，形成了印度人重精神生活的追求与轻物质利益享受的原则。它能摆脱世俗而存在，并渗透人本体的存在。“纯粹的肉体欲望和感情冲动和本能，以理智和意志都不能耗尽人的本性，只有处在精神状态之中，也即只有摆脱了世俗主义，全身心地投入了精神生活之中的人，才能获得最基本的尊严和自由。”① 印度的传统价值观还认为，人的灵魂不属于世俗世界，人需要通过修行抛弃私欲使灵魂上升至永恒的世界。为此，人要用直觉去证悟和感知真正的价值。

在现今的印度社会及世界的媒体言论中，“印度智慧”这个词并不陌生。印度人民运用自己的聪明、才能与灵性，非常智慧地解决了不少国际国内的各种各样的难事怪事，远的不说，就印度独立建国以来，有关国内外政策的制定所表现出的“印度智慧”，就令人肃然起敬。诚然，在有些舆论中，对印度决策者们的迟疑和效率低下颇有微词，不过要是细想起来，就会发现其中有不同凡响的超人之处。以下仅举

① 孙晶著：《印度吠檀多不二论哲学》，东方出版社2002年版，第2页。

三例加以说明：

一是印度对人口计划生育政策的研究和制定要比中国早得多，20 世纪 50 年代初，印度就提出“一对夫妇生两个孩子好”的政策，并制定了一系列有关计划生育的政策。同时，还鼓励新婚夫妇晚生晚育。当然，由于印度宗教的因素，印度计划生育的政策没有得到很好的执行，政府急于求成的强制性行为甚至遭到人民更强烈的反抗。如今人口的快速增长也给印度经济发展和社会稳定带来不少难题，但是不可否认，计划生育的思想在相当一部分知识人群中生根、开花、结果，在今天的印度知识人群中，生两个孩子的夫妇大有人在，且为数不少，而生一个孩子的夫妇也已不为鲜见。但是，当我国在惊叹人口红利渐失，老龄化社会过早地到来时，印度正处在人口红利的最佳状态。

二是住房问题。印度早在 20 世纪 50 年代就提出了解决城市人口居住的问题。印度倡导建立住房合作社，类似于我国的“公积金”制度。每一个有工作的印度公民自工作之日起，必须依据自己的需求交一定数量的建房资金，待退休之后，就可得到所需的二室一厅或三室一厅的住房。同时工作期间，所聘用单位有能力的一定要建房解决职工的居住问题，以极低的房租租给本单位的职工居住。如职工有私房，那么单位要给以房贴，职工离开和退休时一定要交出所租的房子。另外，政府又计划出大片的建房土地，供有能力的人买地建房，其地价按当地的具体情况而定。

三是自独立以来的印度外交活动中，“不结盟”和“古杰拉尔主义”等外交政策的制定和实施，在国际交往中左右逢源，多方得益，都不乏“印度智慧”的闪光。

人类文明的繁荣与发展都是在互相交流融合中完成的。中国文化的进步与繁荣，也离不开中印文化交流与融合的规律。中印之间的文化交流分三条路线，它们是北方陆上丝绸之路、南方陆上丝绸之路和海上丝绸之路。

我国学术界一般认为，印度文化最早进入中国是在公元前 2 世纪之后。有文字记载，在公元 1 世纪，印度僧人迦叶摩腾和竺法兰到河南洛阳传播佛教经典。不过，现今中国的新疆地区是最早受到印度文化传播的区域，古时候把甘肃玉门关以西地区称之为西域，如大月氏、大夏、康居、安息等国均在西域地区。所以可以说，印度文化最初是通过西域胡文化与汉文化的接触进入中国的中原地区，并在中国大地上广泛传播与生根、开花、结果。公元 4 世纪，著名的佛经意译派创始人鸠摩罗什来到长安，主持国立译馆，翻译经论 300 多卷。公元 6 世纪梁武帝时，印度高僧菩提达摩从海上踏上中国土地，并成了中国禅宗的创始人。这就是中国史书上所称的北方陆上丝绸之路。

据历史考证，南方陆上丝绸之路的开通要比北方陆上丝绸之路早 200 年左右。云南少数民族地区的学者经过多年的调查研究认为，“我国西南的对外孔道，即南方陆上丝绸之路，至迟在公元之前 4 世纪即已开通，那时我国的中原正处在春秋战国的相互兼并时期，对西南的认识和开发极少，对这条孔道也一无所知。然而，它默默无闻地发展中外的经济文化交流，却早于北方丝绸之路两个世纪”。[①] 这条南方丝绸之路开通后，蜀地的商队驱赶着骡马，带着丝绸茶叶走出川西南平原，来到四川雅安，踏上了崎岖的山间小道，经四川西昌，渡金沙江，来到云南大理，再到腾冲，等待着与印度商人交换商品。有的再往前行到伊洛瓦底江上游，越过钦敦江和那加山脉，到阿萨姆，沿布拉马普特拉河谷抵达印度平原，或由伊洛瓦底江航行出海，经海路到达印度中西部地区。

海上丝绸之路的开通较陆上丝绸之路晚，大约在公元 7 世纪前，秦以后至汉代和唐朝之前，那时中国的造船业已很发达，几千吨的大木船在东南沿海地区很是常见。海上运输比陆上便捷价廉，而且运量大，所以从那时起，中国与外界通商走海路渐渐兴旺起来。其基本路线是从合浦、泉州、太仓和广州等港口出发，南至菲律宾、印度尼西亚，穿过马六甲海峡，抵达印度半岛、波斯湾、红海和非洲东部地区。

一般说佛教最早是由印度和西域僧人传入我国的，但是中国的佛教徒不满足外来和尚的传经布道，其中也有不少僧人决意西出阳关，到西土求经觅宝。中国西行求经的第一人是曹魏的朱士行，他也是中国第一个真正在古印度受戒的比丘，他所得的《般若》有助于大乘佛教在中国的传播与发展。后来的法显和尚、智猛、于法兰、法领和法净、康法朗、慧睿和昙无竭等，以至到唐代的玄奘大师，他们去西天取经，从印度带回大量的佛教经卷，对中国佛教的发扬光大影响巨大。尤其是玄奘大师所著的《大唐西域记》一书，为中国认识印度、了解印度、研究印度文化提述了最为可靠详细的资料，他本人的各种观点和思想对中印文化的相互交流与发展所起的作用，也是古时任何一部介绍研究印度的著作所难以比拟的。之后更有众多僧人和信徒西行求法，在中国形成西行求法运动，有力地推动了中国佛教的发展，他们渊博的学识、独创的见解，使中国佛教呈现出一派繁荣的景象，也影响着中国文化的进步与发展。至隋唐时期，中国佛教正式形成，并继续向外传播至朝鲜、日本和越南等地区，形成了以大乘佛教为特色的中国文化佛教区域。中国佛教文化与中国儒学文化的相融相存，使得中国文化更显得灿烂夺目和丰富多彩。

三、印度宗教（佛教文化）对中国文化的影响

我们在研究中国文化的外来成分时，不难发现印度宗教文化对中国文化的发扬光大起到了极为重要的助推作用。中国文化能取得如此辉煌的成就，没有印度佛教文化的交流融合，从某种意义上讲，也是难以实现的。中国著名佛教研究者周绍良先生写道：“研究印度佛教传入后，怎样与中国传统逐步结合，怎样逐步演化为具有

① 徐治、王清华、段鼎周著：《南方陆上丝绸之路》，云南民族出版社 1987 年版，第 1 页。

民族特点的中国佛教，对我们今天敞开胸怀走向世界……无疑是具有积极意义的。”①

众所周知，佛教产生于公元前6世纪的印度次大陆，佛教创始人释迦牟尼出生在今尼泊尔境内，他是古印度次大陆迦毗罗卫国国王净饭王之子。② 佛教文化在相当长的时间里代表着古印度的主体文化。

佛教的教义、理论和思想产生于婆罗门教的衰落时期，因为婆罗门教强调种姓至上、婆罗门特权及吠陀天启、人与人之间不平等的观点，引起了广大中下层教徒的不满；佛教则宣扬人人平等的思想，极力反对婆罗门教的种姓制度，得到了广大中下层人民的欢迎。孔雀王朝的阿育王时期是佛教发展的鼎盛期，佛教信徒一增再增，在公元5—10世纪，世界上几乎有50%的人信奉佛教。

佛教的主要思想有四谛说：(1) 人生在世受苦；(2) 苦必有因；(3) 有苦必摆脱；(4) 要摆脱苦须寻找正确的路。佛教认为人的欲望是苦的根源，因此人一旦消除了一切欲望，苦也就能得到终止。而摆脱人生苦海的最佳方法是出家修行，禁止自己的一切欲望。同时佛教还主张，人要获得解脱须走八道路，即八正道：(1) 正信仰；(2) 正思维；(3) 正言语；(4) 正作业；(5) 正生活；(6) 正努力；(7) 正思念；(8) 正禅定。同时，佛教认为人的灵魂并不存在，所谓的灵魂是五种精神的内体因素的总和，它们是色、想、行、爱、识，人便囿于无穷无尽的生死轮回的苦难之中。

佛教还认为，凡是遵循八正道的人，就能从无穷无尽的苦难之中得到解脱，也就是“涅槃”成佛了。印度佛教这么记载：“佛教成佛，获得名示，产生远见卓识，归于静寂，获得更高认识的涅槃的中庸之道，这就是‘圣八正道。’“佛徒们，这是神圣的考谛：生苦、老苦、痛苦、死苦、求不得苦、怨憎苦、受别离苦、五蕴阴苦。与不愉相联系的一切都是痛苦的，一个人得不到他想要得到的东西也是痛苦的。”

总而言之，佛教归结人的五种贪婪是痛苦的根源，它们是渴求再生、渴求欢乐、渴求淫乐、寻求快乐、追求快乐。要解除痛苦，就应消除、放弃、摒绝、解除、不依恋这一切欲望。人生脱离苦海的真正办法，就是坚持“圣八正道”。

佛教在传经布道时，虽极力宣扬“众生平等”，反对婆罗门教森严的种姓等级制度与婆罗门至上的思想，但是它却继承了婆罗门教生死轮回的思想。不过，佛教的总体思想对当时的印度社会是有着积极进步的指导意义的，所以佛教也就成为统治印度次大陆的主要宗教教派。

---

① 周绍良著：《印度宗教与中国佛教》，中国社会科学出版社1988年版，第1页。

② 在古时候的印度次大陆上，遍布着很多民族部落小国，释迦牟尼的迦毗罗卫国，在现今尼泊尔境内南部与印度边界接近的提罗拉科特，相传他是古印度甘庶王族的后裔，那时信奉古婆罗门教，释迦族属刹帝利种姓。——笔者注

从佛教宣扬的思想看其哲学的内核，它是建立在“缘起说”的哲学基础之上的，“缘起说”的主要内容是“诸法从缘生，诸法从缘灭”。世上一切事物和现象的生起都离不开各种相互依存、相互作用的关系和条件，离开关系和条件，就不可能有任何事物的生与灭，佛教的几句名言即“此有故彼有，此生故彼生，此无故彼无，此灭故彼灭”。以上印度佛教宣扬的教义、思想、理论、方法与观点，对中国思想理论界和文学艺术方面的影响颇为巨大。

就哲学方面而言，佛教的哲学内核与中国古典哲学相互影响，相互学习，更多地推动了中国哲学提出新的理论和认识世间万物的方法，摆脱了旧的儒家说教，把人的精神生活推向到一个新的世界。如宋明理学受印度佛教哲学的影响颇大。宋代以前儒学侧重“经世致用”，对三纲五常只局限于伦理道德的释解，而宋明理学在受到印度佛教哲学的影响之后，开始强调心性之学。宋代理学鼻祖周敦颐提出的“纯心”、“诚心”、“养心”，以达到“心泰”，朱熹提出的“人之有生，性与气合而已，即其已合而析言之”、“则性主于理而无形，气主于形而有质”，以及“人人有一太极，物物有一太极，理一分殊”的说法，都明显来自佛教。[①] 南北朝至隋唐的“明心则性”、“性体圆融”和“无情有性”，以及宋明理学的“心性论”，它们都与佛教的“佛性论”有直接的继承关系。

在中国的道德伦理方面，佛教的生死轮回思想观对我国人民生死观的影响是不小的。据资料考证，先前时中国人都视人死如灯灭，孔子也言“未知生，焉知死”，人对人死后的事是很少考虑和探讨的。但自佛教传入中国后，中国人开始相信三世之说，生死都有前世和后世之说，善恶有因果报应，生死有轮回的三世六道。自此，中国人开始注重悔恶除罪和修德祈福的行为，有钱人家也开始乐于修桥铺路、掘井、种树和在道路旁修建凉亭等善事。所以可以说，佛教在中国的传播无疑加强了中国人淳朴仁慈民风的进一步发扬光大。

在中国的语言表达方面，印度佛教在中国的传播大大丰富了汉语的语言表达能力，仅词汇就增加了 4 万多个，如觉悟、解脱、和尚、因果报应、轮回、修心、修身与涅槃等等。另外，我国的古代汉语学者也在研究了印度语言拼音文字之后，建立了中国汉语语韵学——“四声”与“反切”。

在我国的文学发展史上，印度的佛教文学对中国文学的影响之大更是明显不过了。最能说明问题的是中国的神话小说《西游记》，它最初是从印度神话哈奴曼的故事中汲取营养，神猴哈奴曼早在中国的汉译经书中就已有所记述。在印度史诗《罗摩衍那》里，神猴哈奴曼那顶天立地、神勇无比、变幻无常、力大无穷的英雄无畏形象，也已表现得淋漓尽致。神猴哈奴曼的故事，更多地在唐、宋、元、明、清几个朝代的传奇小说、说唱话本、地方戏剧里不断出现。在宋代话本里已有“齐天大

① 魏承思著：《中国佛教文化论稿》，上海人民出版社 1991 年版，第 16 页。

圣”这个名字，元剧的《猿听经》里已有孙悟空最初形象的塑造。所以，《西游记》里孙悟空的形象塑造是中印文化交流融合的象征。实际上孙悟空是印度神猴哈奴曼和中国无支祁相结合孕育而成的，作者吴承恩是个性灵敏、多慧的集大成者，他把民间的传说、艺人的说唱本、戏剧、佛教经典、宗教文学故事中有关神猴哈奴曼和其他猴子的故事糅合在一起，加以精心构思、想象，又进行了艰苦的再创作，最终写成了《西游记》这部脍炙人口的神话传世小说，塑造了孙悟空这个人见人爱的艺术形象。孙悟空这个文学形象，也影响了世世代代无数中国人的生活、行为和道德思想观念。

《法华经》、《百喻经》对唐朝诗歌的创新影响力也不小，诗人陶渊明、王维有诗佛的雅号，近现代文学家许地山和沈从文，他们的很多作品均取材于印度的神话小说和寓言故事，散发着浓重的印度文化气息。

虽然我国的中医闻名于世，但是我们也许并不清楚中医学的最终形成，也从印度医学中吸取了丰富的营养。从古籍中整理出来的《龙树菩萨药方》、《婆罗门诸仙药》和《婆罗门药方》等数百卷印度医书，充分地证明了中医有很多的印度成分，李时珍的《本草纲目》中也记载了不少从印度传来的药名和医学知识。

佛教雕刻、绘画及寺庙与塔的艺术风格和特点，对中国雕刻、绘画和寺庙建造的影响不可忽视。散布在中国大地上的无数佛教寺庙、塔和石窟，以及其中的雕刻、绘画、佛像，在中国文化中占有相当崇高的地位，它们所传承的思想和风格，也似春风细雨一样滋润着人们的心田，对中国人思想观的形成有很大影响。另外，印度佛曲对中国音乐的发展也是有功的，它丰富了中国传统音乐的表现力，在中国音乐善于表达的饱满、悦耳、动听、舒缓和旋律的跌宕起伏中，更增加了远、虚、淡、静的意境，更能震撼人心，激起人们更丰富的想象，深层次表达出沉静、坚韧、强悍的精神境界。

最后值得一提的是佛教对中国民俗形成的作用与影响。众所周知，中国民间形成的佛教信仰和习俗，对中国人思想的形成至关重要。如中国人烧香拜佛以求得人世的平安与幸福，又如许愿还愿，这也是指信徒依佛法精神发出的一种誓愿，体现了一种无畏的韧劲精神。吃素念经，坚持素食，以净身心。念佛诵经，意在祛除内在的污染，使人进入寂静与沉思的境界，避免了人为的情绪冲动。还有民间佛教举行的法会、礼忏①，对人一生的道德思想观念无形中产生了不小的作用和影响。

尽管印度佛教早在印度消亡，但其对中国乃至世界产生的影响是不容忽视的。其之所以消亡，主要有三大因素：一是印度佛教主张业因修身；二是佛教兴盛，却对社会发展缺少自身的进取活力和贡献；三是古婆罗门教借印度教复兴与伊斯兰教

① 礼忏是一种以忏悔罪孽为目的的法会，始于南北朝的齐梁时代，盛于唐宋时代，明代后逐渐演变为民间佛教祈福的习俗，寺院的礼忏佛事后成谋利的法会。——笔者注

的入侵。于是，佛教便在13世纪走向衰亡。今日印度的佛教徒仅有500多万人，那是在印度独立前后，在圣雄甘地和尼赫鲁新政府大力支持下得以复兴的，因为佛教主张平等、崇尚和平，统治者认为应大力支持，使其复兴。正如尼赫鲁所说："印度是佛教的祖国，佛教教义崇尚和平，向世界宣扬佛陀的和平主义，是我们每个佛子应有的责任。"毋庸讳言，以尼赫鲁为首的新政府直至历届的印度政府，他们都十分清楚地意识到佛教及其文化在亚洲各国人民心目中的地位，以及印度佛教在整个世界佛教史上的重要性。印度可充分利用佛教，提高自己的声誉与国际地位，为印度的国家利益服务。

自然，中国是受佛教与佛教文化影响极深的国家，尤其是我国西藏和内蒙古等地的喇嘛教受印度佛教密宗派的影响更为深刻广泛，印度可利用佛教及其文化的传播与影响，对中国的佛教和喇嘛教施加更多的作用和影响。虽说印度政府屡次声明，西藏是中国领土的一部分，印度不干涉中国内政，在印度的"西藏达赖流亡政府"不过是历史遗留问题，印度政府不会怂恿其在印度进行有损于中国国家主权与领土完整的活动。但是，印度从不放松利用佛教及其文化实施针对中国的佛教外交，意在对中国佛教及其组织派别给予更大的"印度影响"，以期达到某种臆想的政治思想意识领域中的效果。

四、中国文化与科技在印度的传播

人类文明的进步与繁荣，是在世界各国民族不同文化的互相交流融合中逐步实现的。每一个历史时期各国各民族文化的交流融合，都促进了各国文化的发展与繁荣及社会的进步。

中印两国不仅是邻国，而且都是文化大国，世界四大文化圈①中就有中国与印度，它们以其各自不同的特点和个性影响着世界的文明与发展。而中印两大文化圈的相互学习、共同发展与繁荣，又为世界人类文明的发展与文化宝库作出了重大的贡献。更值得一提的是，中印文化的互相交流与传播不是通过暴力与血腥，而是文明与非暴力，这在世界文明交流史中是唯一的。探讨中国文化与科技在印度的传播，可以加深我们对人类文明发展规律的进一步认识与了解。同时也证实了"两千多年来，中印两国人民彼此交往，互相学习，对各自国家的发展起到了重要的作用，在世界民族之林中，像中印两大民族文化这样密切，在世界上也是无双的"。②

中国文化与科技对印度文化影响的最早例证，季羡林先生在其《佛教与中印文化交流》一书中的第14页写道："在印度河流域发掘出来的古城哈拉巴和摩亨佐达

---

① 世界四大文化圈即：中国、印度、希腊和阿拉伯民族文化圈。——笔者注

② 王树英著：《走进印度》，中国社会出版社2010年版，第1页。

鲁中出土的古陶，与中国甘肃省史前的彩陶有一些相似的地方，其中可能有某种渊源关系。”印度两大史诗之一的《摩诃婆罗多》已有“支那”和“支那人”的字出现，一般认为那时候的“支那”指的是秦国，“支那”是“秦”词的译音。所以中印文化与科技的交流可以上溯至秦朝时代，距今已有2000多年的历史了。

从汉代开始，中印之间文化与科技的交流开始多了起来，《史记》、《西南夷列传》与《大苑列传》中已记载“张骞出使大夏来，言居大夏时见蜀中，祁竹杖，使问所从来，曰：‘从东南身毒国，可数千里，得蜀贾人市。’”身毒即是古印度国名。

中国丝绸闻名于世，中国也是世界上最早养蚕和织造丝绸的国家。据印度学者研究：中国丝绸传到古印度后，在乔胝厘耶所著的《利论》中有cinapatta这个字，意思是产生在中国的成捆的丝。早在古梵文里的cina、msuka指的就是“中国衣服”、“丝衣服”，可见无疑丝最早确实是产生在中国的。

公元105年，蔡伦发明了造纸术后，由于纸张有着价廉物美、经济实用的功效，所以中国的造纸技术和方法很快传播开来，传到了南亚和中亚地区，包括印度、波斯、阿拉伯地区各国等。根据中国僧侣侨居印度时发现，在他们来印度之前，印度已有了纸张，而义净在印度的时间为公元671—695年，这就可以断定，公元7世纪时，中国的造纸技术与方法已在印度得到了普遍的传播和应用。另外，中国的钢铁技术也较早地传到了印度，众所周知，早在殷国时代，中国已经掌握了钢铁的冶炼技术。当然，公元前4世纪，印度已有钢输出国外的记录，但根据印度古梵文资料显示，“钢”字有cinaja的表述，其意即是“支那生”，即“中国出产”的意思。不言而喻，古印度人最早的钢铁冶炼技术也是从中国先人手里学过去的。

在白糖的制造技术方面，中印是互相学习的。中国在公元5—6世纪已用甘蔗生产砂糖，后又学习熬糖法，制造出来的砂糖质量超过了印度，后中国的制糖技术又返传给印度，所以在印地语中“cini”的意思指的就是“中国的”（白糖）。

中国的瓷器制造技术传入印度，使印度人得益匪浅。在印度科罗曼德海岸的阿里卡曼陀古址，考古挖掘出土的瓷器有宋瓷、越窟瓷、龙泉青瓷和磁州窟瓷的器皿和残片，上面还带有中国字样，在印地语中也有cinimitti，即“中国泥土”的称谓。除此之外，中国的火药制造技术、指南针与罗盘、茶的栽种和制作、造船技术等，都可以在印度大地上找到传播的历史痕迹。正是中国各方面的制造技术与方法在古印度大地上的传播，积极地推动和促进了印度各个时期社会和经济的发展与进步，这些都已在印度出土的考古资料中屡有发现，成为中国制造技术与方法在印度广泛应用的证据。

在印度的哲学思想及文学艺术方面，也能找到诸多中国的作用与影响，只是由于古印度人不善于把人世发生的事如实地记录下来，而是把历史上的人与事加以丰富的想象力，编成美妙神奇的神话故事，使人难以分清哪是史实，哪是神话幻想的故事。正如印度学者普拉萨德·曼德拉·巴格奇的著作《印度与中国——千年文化关系》中写道："探索古代印度人的思想所受的外来影响一直是很难的。古代文献照例不表明一种思想的出处，即使这种思想是外来的。切实信奉自己是具有悠久传统的印度人对一种思想的来历是漠不关心的，他们真正关心的在于思想本身，对于这种思想对提高他们的文化理想作出的贡献有多大……然而融合得非常完善，任何外来的痕迹都无法发现。"不过严格地说，古印度人习惯在丝绸上书写是学习中国人的。印度教国王任命编年史官记录他们统治的历史，如克什米尔与阿萨姆地区的王宫贵族的编年史记，这套做法无疑来自邻居中国。普拉萨姆·昌德拉·巴格奇的研究还认为，中国的道教在中印僧侣的互相学习过程中也传到了印度，道教的《道教经》有梵文译本，但至今未找到真迹。另外，"印度神秘主义者不论是佛教、婆罗门教，还是瓦伊纳维派，在发展自己的教义时都广泛地利用了道教"。

中国的绘画艺术对印度阿旃陀石窟艺术有一定的影响也是不容置疑的。泰姬陵门窗的艺术风格，不能完全排除来自中国建筑风格的影响。在笈多的钱币设计上，也不乏汉文化字的书写风格。自汉唐代以来，崇拜中国绘画、雕刻、艺术和模仿中国画式样的印度艺术家大有人在，从他们努力创作的花鸟画来看，直接或间接地受到中国画绘画艺术的影响是确实存在的。

在印度的著名长诗《云使》中，所描写的花园完全具有典型的中国古典园林特征。虽然印度有自己的园林艺术风格，但其中受到中国园林设计风格的影响是无法否认的。更值得一提的是宗教方面，印度佛教传入中国后，对中国产生了很大的影响无可否认，但是佛教倒流回印度也是史实。关于"佛教倒流"现象，季羡林先生做过深入的研究，他认为"禅宗虽然名义上是菩提达摩从印度传到中国来的，但是实际上是在中国发展起来的一个佛教宗派，流行的时间最长，最具中国特色。《证道歌》在唐玄宗时期传回到了印度"，对印度这个宗教社会的影响也是客观存在的。自然，富于幻想、不注重史实纪实的印度人是不会去认真研究"佛教倒流"对印度社会、宗教、文化产生了哪些影响，又在印度这个社会里形成了哪些成果的。

在现近代，中印文化交流的黄金期是20世纪的50年代。那时，中印两国在政治、经济、贸易、文化等领域展开了全面的合作，高层互访频繁，和平共处五项原则的创立、大型文化代表团的互访、各种经贸科技合作协定的签署等，既增进了中印人民的友谊，又发展了中印关系。另外，在中印文化艺术与学术界，电影、小说、学术会议与反映中印两国的新闻、报告时常见于两国的报刊杂志，为中印两国人民所乐见。《罗摩衍那》、《摩诃婆罗多》的中文节译本，诗圣泰戈尔的著作，享有印地语小说之王的普列母昌德的长篇小说《戈丹》及戏剧《沙恭达罗》等相继在中国问世，为中国读者所喜爱。20世纪60年代因中印边界冲突爆发，中印文化交流被迫中断，直到70—90年代才有所恢复和发展。在这一期间，中印互访官员增多，各种政治、经济、贸易、文化、教育领域的交流合作协定不断签署，使中印两国人民又打开了一扇了解熟悉而久未见面的老朋友的窗口，为增进中印两国人民的友谊作出了贡献。进入 21 世纪后，中印两国在政治、经济、贸易、科技、文化、教育、国防等领域的交流合作全面发展，成果累累，不但促进了正在崛起的两个发展中大国的经济发展，同时也为中印两国解决双方存在的矛盾与问题打下了坚实的基础。

五、印度的“梵我同一”论与中国的“天人合一”说

如前所述，印度佛教传入中国后，其倡导的思想影响着各个历史时期中国思想观念的形成与发展，包括佛教之前的原始宗教吠陀教与婆罗门教。虽然外来的印度宗教哲学思想理论与观念一开始就与中国儒道二家的哲学思想理论与观念发生了尖锐的矛盾与斗争，但是它们也在交流融合的过程中相互影响，互相作用，相互吸收，逐渐形成了具有中国特色的哲学理念。尤其是印度哲学“梵我同一”论与中国哲学“天人合一”说的交流与融合，对我国哲学思想界的影响是很大的，从某种意义上讲，“梵我同一”论与中国哲学的“天人合一”说的思想理论与观点不但影响着中国人思想观念的形成，同时还对中印两国各个时期内政外交政策的制定与实施产生着不可低估的作用与影响，当前也成为中国倡导的建立一个和谐世界不可或缺的理论支撑。

印度宗教哲学理论“梵我同一”论的思想观点与理论，最初来源于“吠檀多不二论”的哲学思想。在古印度的《梵书》中，“梵天”已成为宇宙的本体，世间万物均来自“梵天”的创造。《梵书》如此写道：“万物皆从‘梵天’而产生，依‘梵天’而存在，在毁灭时又复归于‘梵天’本体。”后来“梵天”的人格化概念被古印度人抽掉了，转化成纯粹的哲学概念——“梵”。它是宇宙最高的本体、万物的根基和始祖。它不具有任何的属性和形式，也不是人类的语言所能表达的，不是这个，也不是那个。在《森林奥义书》中，这个“梵”无形无踪、无所不是，又无所不能。它不消灭任何东西，也不被任何力量所灭。后来在探讨研究人与宇宙的关系时，在《奥义书》中，古印度人才提出了“梵我同一”的观念。《奥义书》如是写道：人与万物均出自“梵”，它们在本质上是同一的。在中世纪，“梵我同一”论又有所发展，古印度人认为，“梵”是“最高者”、“最高我”，它纯粹是一种精神本体，它有无限的存在空间，它无所不在，在时间上它是永恒的，它又无所不能。人的“身我”、“生命”、“灵魂”都是“梵”的显现。

古印度“吠檀多不二论”的集大成者商羯罗，又把“梵”分成“上梵”和“下梵”。“上梵”没有任何属性，是非经验、非现象的“梵”；“下梵”是带有属性的，是经验和现象的“梵”，即世界万物、人与人的灵魂都属于“下梵”。他还认为，人的灵魂本来是干净无瑕的，后因无明和私欲的包围，人变得自私起来，要摆脱无明和私欲的包围，就得寻求解脱，去消除私欲与无明，使“灵魂”与“上梵”结合，这也是人追求的最高的精神境界。

印度近代哲学家辩喜对"梵我同一"又作出了新的注释，这种新的注释对现代印度人的思想影响不小。他认为，"梵"是一种"纯"的存在，它没有时间、空间和因果的关系，也没有属性、方位、数量和质量的差别。"梵"是整个宇宙的基础，世界万物与人们的表现都是它的反映。因此，人的"灵魂"与"个我"就是"梵"的显现，两者同一不二。辩喜还认为，人具有一种天赋的认识能力——自明性，人可以利用这种自明性，通过直接的方法来醒悟"梵我同一"的真理。既然"梵我同一"，人与自然万物是平等的，应该互相尊重，互相爱护，互相尊重，才能求得人与自然界的平衡，没有人与自然界的平衡，这个世界就会不得安生。

现代印度的很多思想家也都试图对"梵我同一"论进行新的注解，加入自己对宇宙、人、自然的新的认识，去寻求物质世界与精神世界之间新的平衡点。同时，运用"梵我同一"这个理论，去验证现实世界的矛盾与斗争等问题。比如人的社会、人与自然的关系、人生道路、人的命运、富与穷、压迫和斗争、世界各国与民族的命运、和平与战争、人与生育、经济的发展和人与自然的生存，还有国际的金融危机、粮食危机与安全危机等。泰戈尔"有限人"与"无限人格"的观点、奥罗宾多的"整体吠檀多"思想、圣雄甘地"人性善"和"非暴力"的思想与观点，以及尼赫鲁在处理国际事务时的"不结盟"思想等，这些思想与观点在印度现代社会历史的发展时期，不知不觉中都起着不可低估的影响，发挥着无可比拟的、巨大的、潜在的作用和力量。

中国的"天人合一"说最早出自于战国时期的思想家子思的著作《中庸》，其思想理论体系基本形成于宋明两代的道学之中，由以孟轲和董仲舒为代表的思想家整合而成，至17世纪清朝初期，"天人合一"说最终才大成于世。

"天人合一"说理论有"天人相通"和"天人相类"两种说法。"天人相通"说的是宇宙本质，天性是宇宙的根本属性，天性也包含于人的心性之中，天道与人道实际上是相通的，宇宙的本质是人伦道德的根源，人伦道德说到底也是宇宙本质的表现，人之所以不同于禽兽，因为人的人性与天性是相通的。"天性相类"一说，即是以汉代的董仲舒为代表，他在"天人相通"的思想基础上又提出了"人副天数"的观点。他认为，天与人在形体和性质上是相似的。"天是有意识的创造主，它完全依照自己的模样创造了人类。人类的形体、精神、思想情绪、道德品质都成了天的复制品，是与天相符的。"①

"天人合一"说的主要概念在"诚"字，"诚"是"天人合一"说的核心精神。"诚者，天道也，诚之者，人之道。"此后又有所补充，如孟轲认为，"天"的道德属性包含在"人性"之中，人心与天心是相通的。他说，"尽其心者，知其性也；知其性，则知天矣"。

---

① 朱明忠著：《中国与佛教》，中国社会科学出版社1988年版，第80页。

在汉代董仲舒的“人副天数”观点加入了“天人合一”说之后，“天人合一”说与“梵我同一”论的理论概念基本上就相差无几了。

在中国后来的道学中，“天人合一”说又有所发展。宋明两代的道学者之一张载，在《正蒙·诚明》中写道：“天人异用，不足以言诚；天人异知，不足以尽明。所谓诚明者，性与天道不见乎小大之别也。”后来还有人把天与人看成是一道，即“天道”与“人道”，一通百道。他们所说“天”是有意志的宇宙和整个大自然宇宙的所有的根本，天是人的心性本源、道德的根据。认识人的心性亦可知天，天与人是相通的。

实际上，“天人合一”说与“梵我同一”论有很多地方是一致的。一是它们都把人与自然看作相互依存的统一整体，并且也都认为人是出自于自然的。二是“天人合一”说与“梵我同一”论中的“人副天数”与“大我小我”的观点基本上是相同的。“天”和“梵”是主宰的大我，人副于天，小我自大我之中。三是“天人合一”说与“梵我同一”论都把宇宙看作最早的本体，同时还是人类道德的最高主宰，也是人追求和解脱的最高的理想境界，是人认识宇宙的最高真理。四是“天人合一”说与“梵我同一”论都认为，人生的意义在于精神的自我完善，人的心性与天合为一体，天包涵着一切，同时也存在于人的心中，人通过自觉达到诚，就是人生最大的乐趣，“尽心”可“知性”，“知性”可“知天”，最后达到天人合一的最高的理想境界。“梵我同一”论认为，“梵”是真、知、乐的三位统一体的表现，人一旦证悟到“梵”，就会得到“无限的智慧与快乐”，人也就有与“梵”同样无限的智慧、力量和快乐，从而进入“梵我同一”的人生最高的理想境界——涅槃。

“天人合一”说与“梵我同一”论最大的不同是，“天人合一”说以建立人类道德秩序为目的，而“梵我同一”论则以实现宗教最终的解脱——涅槃为宗旨。“天人合一”说重心于“人”，而“梵我同一”论则看重于“梵”。“天人合一”说不以实与幻处分本质和现象之间的关系，万物同属实在，无真假之分；“梵我同一”论则把现象和本质分为幻和实两种类型。因此，“天人合一”说是从生活实际中体验，注重人生实践活动中的道德修养，以体验“天人相通”的最高真理；而“梵我同一”论则强调非人格化的“梵”的至高性，忽视人的作用与价值，主张脱离尘世、修心顿悟最高真理。

第二节　印度文化对冷战时期中印关系的影响

印度文化及宗教不仅古老，而且文化底蕴博大精深，其哲学思想、理念和价值观对印度历史进程和社会发展起着决定性的作用和影响。自然，印度独立后外交政策的制定与实施也是如此。单就中印关系而言，新中国刚成立，尼赫鲁总理为何决定率先承认中国，使印度成为第一个承认中华人民共和国的非社会主义国家，又为何力主恢复中华人民共和国在联合国及安理会的席位；中印两国为什么迎来了印地—秦尼巴伊—巴伊（印度和中国是兄弟）最亲密的友好期；为什么中印两国存在的矛盾与问题不但没有得到很好的解决，反而逐渐恶化，中印关系自20世纪60年代出现大倒退，直至在1962年中印两国爆发边界冲突；为什么直至1978年3月7日，中华人民共和国对外友好关系协会会长王炳南率团访印度之后，中印关系才开始解冻；1979年2月12日，印度人民党政府外交部部长瓦杰帕伊访华，中印关系才步入正常轨道……上述种种问题，原因何在呢？

如果从印度文化及宗教的视角去探讨研究冷战时期中印关系由热变冷的原因，以及目前中印关系中所面临的政治、经济贸易、外交及边界中的矛盾与问题，也许我们可以更深层次地领悟到其中的真正原因。

一、冷战时期中印文化交流的轨迹

印度首任总理尼赫鲁早在1944年所写的《印度的发现》一书就指出，“中国和印度通过佛教彼此接近发展了许多交往”。中国与印度各自独立解放建国后，由于悠久友好的文化交流关系，两国之间的文化交流十分热火。1951年1月12日，尼赫鲁又在伦敦发表广播演说时说，“我们印度与中国有着两千多年的友谊，我们有不同意见，甚至有小矛盾，但当我们回顾那长久的过去，那包含着某些哲理的过去，也有助于我们彼此了解”。[①] 我们不难发现一个特点，中印之间2000多年的文化交流是非暴力的，两国彼此之间都怀着友好与热忱，在相互间的文化交流中不断加强了解，并促进了各自社会的发展和文明的进步，这也是世界人类史上的文明之举，它脱离了血与火的争斗，和平地把中印两国的文明推向一个又一个更高的阶段。1950年至1962年，中印之间的文化交流遵循历史的轨迹延续了下去。

上世纪50年代，中印之间最值得一提的文化交流事件是：1955年4月18日在印度尼西亚万隆独立厅召开的亚非会议上，中印两国首脑提出了处理国与国之间关系的和平共处五项原则（即：互相尊重领土主权，互不侵犯，互不干涉内政，平等互利，和平共处），并且认为殖民主义是当今世界不安定的根源。

和平共处五项原则最先是在1953年12月31日，周恩来总理接见印度代表团成员时提出的。当时周恩来总理说：“我们相信，中印两国的关系会一天一天好起来，某些不成熟的、悬而未决的问题一定会顺利得到解决的。”[②]

如果从中印文化交流的源头去探究的话，和平共处五项原则源自于佛教的戒条

① 赵蔚文著：《印中关系风云录》，时事出版社2000年版，第5—6页。

② 王宏伟著：《中印关系研究》，中国藏学出版社1997年版，第92页。

(即：不杀生，不偷盗，不邪淫，不诳语，不饮酒，神圣又至高无上)。佛教传入中国后，其信仰、理念和戒条在传播的过程中被中国文化所接受，经过不断的演化之后，逐渐形成了作为国与国之间关系的五项基本原则。

实际上，和平共处五项原则最初出自于1951年5月23日中国中央人民政府和西藏代表团正式签署的《中央人民政府和西藏人民政府关于和平解放西藏办法的协议》中的第14条规定："中国人民政府统一处理西藏地区的一切涉外事宜，并在平等、互利、互相尊重领土主权的基础上，与邻邦（印度）和平相处，建立和发展公平的通商贸易关系。"

1954年6月27日，周恩来总理在日内瓦会议的记者招待会上，初步阐明了和平共处五项原则的基本思想。即：世界各国不分大小强弱，不论其社会制度如何，是可以和平共处的。如果世界各国根据这和平共处五项原则处理国与国之间的关系，那么就不可能发生一国对另一国进行威胁与侵略，世界各国和平共处的可能就能变为现实。同时建议尼赫鲁"中印两国应该以五项原则给世界树立一个范例，证明各国是可以和平共处的"。尼赫鲁也欣然赞同周总理提出的和平共处五项原则作为国与国之间关系的准则。同年6月28日，中印两国在《中印两国总理联合声明》中强调，和平共处五项原则"不仅适用于各国之间，而且适用于一般国际关系之中，它们将形成和平与安全的坚固基础"。同时还指出，"如果接受并按照五项原则办事，任何一国不干涉另一国，这些差别就不会成为和平的障碍和造成冲突。有关各国中每一个国家的领土主权和互不侵犯有了保证，这些国家就能和平共处，并相互友好，就会缓和世界上的紧张局势，并有助于创造和平的气氛"。毛泽东也说，"应当把五项原则推广到所有的国家关系中去"。①

当时中印两国总理能极力倡导和平共处五项原则，一是说明了他们的英明伟大和智慧；二是也确实反映了当时中印两国领导人少有的勇气和远见卓识，他们也为今后世界的和平事业作出了不可估量的贡献。从长远看，和平共处五项原则还将成为推动21世纪人类文明发展的基本动力之一。三是和平共处五项原则的提出，是中印文化交流文化的结晶。如果没有中印间2000多年历史文化交流的基础，周恩来和尼赫鲁两位总理不可能在上世纪50年代，在国际和平共处五项原则的基础上达成共识，并在印度尼西亚的万隆会议上共同提出处理国与国之间关系的和平共处五项原则。

另外值得一提的是近现代中印文化民间交流的友好使者谭云山先生。他出生于湖南茶陵下东乡，为中印文化的交流事业奋斗了50多年，为增进中印两国的友谊与了解作出了不懈的努力，为此在中印两国间享有"现代玄奘"的美誉。谭云山酷爱中国的历史、文学、哲学和宗教等，1927年他南下新加坡，在那里教授中国历史、

① 王宏伟著：《中印关系研究》，中国藏学出版社1997年版，第97—98页。

哲学及文学等科目。此时，印度文学泰斗泰戈尔访问新加坡，谭云山拜会了泰戈尔，泰戈尔为他能兼负中印文化交流的责任而高兴，并邀请他前往由自己创办的国际大学教授中文。1937年，在谭云山的努力下，印度国际大学中国学院成立，主要研究教授中印两国的语言、文学、历史、宗教、哲学等，并组织两国间访问学者的交流。中国的著名画家张大千、徐悲鸿，以及学者吴晓玲、金克木、杨瑞林等都曾在中国学院当访问学者，共同与印度专家学者交流中印文化。

1956年11月11日，谭云山与女儿谭文回国观光，受到毛泽东、刘少奇、周恩来的接见，中国领导人对谭云山有志于中印文化交流表示赞赏，并鼓励他为中印两国的文化交流与友谊作出更多的努力和贡献。

其间，中印两国的文化交流在各个层次上也不断地达到了高潮。1951年3月，全印和平大会筹委会主席、世界和平理事会理事爱德华大夫以非官方的身份访问了中国。不久，全印和平理事会理事潘迪特·森德尔率领非官方高级亲善访华团访问中国，并参加了中国的国庆典礼。同年10—12月，中国也派出了著名学者和作家丁西林为团长的文化代表团，对印度进行了为期5周的访问。

1952年印中友好协会在印度成立，并在全印设立了45个分会。同年5月中印友好协会在北京成立，丁西林为会长。这一年由雅拉克希米·潘迪夫人率领的英迪拉·甘地文化亲善访华团访问中国，受到了毛泽东主席的接见。同年，印度统一工会和印度劳工协会代表团访问了中国，还参加了中国的“五一节”活动。9月印度参加亚太和平会议的60人组成的代表团访问中国。另外，在这一年里，印度的《今日中国》出版，为增进中印两国人民的友谊与了解作出了应有的贡献。

1953年前来中国访问的印度代表团更多，其中有印度劳工代表团、全印总工会代表团、加尔各答大学代表团、印度艺术代表团、印度青年代表团和印度全国职工大会代表团。7月26日，毛泽东主席观看了由萨钦·禁·古普塔率领的印度艺术代表团在北京的演出，还接见了艺术代表团的成员。一时间，由印度诗人查托巴·迪雅亚创作的《中印友好之歌》在中印大地上传播开来。12月丁西林率领中印友好协会代表团访问印度，参加了在新德里召开的印中友好协会第一次全国会议，全国性的印中友好协会成立。

1954年，中印文化交流更是显得繁忙与热络。在这一年里，中华全国总工会代表团、中国文化代表团、中国科学家代表团相继访问印度。印度访问中国的代表团更多，各类代表团纷纷踏上中国的领土，各方面的名人专家和中国各界的专家学者热烈交流，增进友谊。也在这一年里，尼赫鲁总理访问了中国，为期12天的访问使尼赫鲁对中国有了一个初步的、模糊的认识，但也正是这个初步的、模糊的认识，造成了他对中国国情认识的不完全性和不正确性，影响了他日后对中国的判断与决策。

1955年后，中印文化交流进一步密切。双方扩大了留学生的交换计划，每年中印双方对各自所在国的留学生提供10个奖学金名额。在这一年里，中印之间的电影代表团互访，印度在中国20个大城市举办电影周，印度电影《两亩地》和《流浪者》在中国拥有300多万观众，在中国人的心里留下了美好的形象与有益的教育。另外，中印体育代表团互访，中国卫生代表团第一次访问印度。印度文艺代表团在各地的演出，使广大的中国人民进一步了解了既迷人陌生又美妙的印度舞蹈音乐。印度还在北京举办了阿旃陀壁画1500周年纪念会和印度艺术品展览会，中国也在新德里举办了中国工艺美术展览会。同时，双方的艺术家对中印两国的舞蹈、绘画、壁画等艺术进一步地进行了交流与研究。总之，1956—1959年之间，中印文化交流热闹非凡，但是从1959年以后，由于中印关系逐渐变冷，中印之间文化交流也日见减少，直至1962年中印边界冲突爆发，中印之间的文化交流完全终止。

从这一时期的中印文化交流中，我们可以看出以下几个特点：一是中印文化在这一时期出现的文化交流高潮，是建立在中印两国2000多年的文化基础上的。其原因是受尽殖民者压迫与剥削的中印两国人民，在各自独立解放建国后都急于了解自己邻居的各方面情况，尤其在当时的国际环境下，美国把中国视为敌对的共产主义国家，仿造西方民主制度的印度对新中国的了解几乎空白，而中国受印度佛教文化影响颇深，自然也要继续了解独立后的印度是个什么样子，所以中印双方很容易产生一种激情的冲动，要到他国去走走看看。因无法对由殖民主义留下的矛盾与问题进行探讨与研究，以至于双方只能用自己国家特有的哲学理念、价值观去看待两国所发生的一切。二是在这一时期的文化交流中，民间的热情要高于官方层面。中印两国人民以少有的热情欢迎着对方的代表团，其欢迎的场面往往有数十万和上百万人参加。中印两国是兄弟的呼声就是在这一时期出现的，这是发自两国人民内心的呼唤，其中没有半点的虚伪之情。三是这一时期的文化交流、艺术交流多于政治方面的接触，其原因是两国所选择的不同的社会制度，这两种对立的社会制度虽没有产生抗争，但是各自对自己所选择的社会制度都有一种莫名的自重心态。所以，文化交流多于政治层面的交往，那是自然的事情。从某种角度看，这也为1962年的中印边界冲突埋下了祸根，因为中国与印度都不甚了解，没能深入研究中国共产党和印度国大党的特点，其追求的战略目标是什么，中国的社会主义制度与印度的政治体制有何区别和特点，中印双方对各自的邻居究竟有何企求，其真正的深层次的意义和原因何在……以至于最终在对中印边界纷争的事态发展和结局失去了正确的判断与决策。这对中印两国人民的根本利益来说是不幸的，由此中印关系的发展到1962年终止，直至21世纪的今天，中印边界还没有找到中印两国都认可的公平、公正、合理的最终解决方案。

二、冷战时期印度宗教文化的特点

当我们分析研究冷战时期印度宗教文化的特点与原因时，自然会想到尼赫鲁的“不结盟”外交政策，这可以让我们更为深刻地理解中印关系中印度宗教文化因素作用的特殊性和重要性，同时也能使我们更为深层次地领悟到文化无形而又不可替代的巨大作用与力量。“不结盟”外交政策和“大印度联邦”的构想，都与印度宗教文化有着紧密的、千丝万缕的联系。

（一）尼赫鲁“不结盟”外交政策与印度宗教文化的关系

仔细研究尼赫鲁的一生，可以清晰地看到尼赫鲁对自己祖国的文化有着一种常人难以达到的悟性，他把自己对印度文化的独到悟性巧妙地运用到对外政策的制定和大国关系的处理之中，“不结盟”正是他处理国与国之间关系的大手笔。从中我们不免惊叹，尼赫鲁竟把自己对印度文化价值观的理解运用得如此独具匠心、恰如其分，不愧为一个真正的“印度儿子”。因此，尼赫鲁“不结盟”政策的制定和实施不但得到了国内各党派的肯定与支持，也为国内各宗教组织和派别所接受，同时也得到了国际舆论的支持和赞赏。

“不结盟”在国际上体现了反对强权政治和独立自主的外交政策，它对推动世界向多极化方向发展起到了积极的作用。所以，尼赫鲁本人被誉为世界“不结盟”国家的领袖，印度的国际地位也随之上升。

让我们来了解一下“不结盟”的内容，然后再去解读它与印度文化及价值观的关系。“不结盟”有5个方面的内容：一是避免与任何国家或反对另一个国家的集团结盟，寻求与所有国家的友好关系；二是不结盟并不是把自己孤立起来，也不是一种消极的政策，而是意味着在一国的外交政策中保持独立自主（尼赫鲁曾在1958年12月对他的“不结盟”做进一步阐解时说：不结盟不是一种消极的政策，而是一种积极的明确的政策，我希望是一种能动的政策）；三是反对帝国主义与殖民主义，支持被压迫人民和世界各国人民的斗争；四是积极倡导和坚持和平共处五项原则（实际上这是1954年4—6月，周恩来总理二次访印时与尼赫鲁商谈有关中印双方在西藏问题上发表的联合声明的五项原则①）；五是引进外援，只要对印度的经济发展有利。

总体而言，“不结盟”的对外政策体现了印度文化价值观对政治、道德、民族、平等、正义和真、善、美等方面的认识，其中包括对物质价值、社会价值、精神价

---

① 中印两国在西藏问题上的五项原则是：1. 互相尊重领土主权；2. 互不侵犯；3. 互不干涉内政；4. 平等互利；5. 和平共处。这五项原则被印度人称为“潘查希拉”，意为中印关系的五项戒条，即：1. 不杀生；2. 不偷盗；3. 不邪淫；4. 不诳语；5. 不饮酒，神圣又至高无上。

值和非暴力价值的衡量标准。重精神价值的追求，强调用“法”去维护和创造某种和谐，用非暴力求得和平。

另外，如果我们用印度佛教“舜若”（空）的哲理去分析的话（这一哲理也被印度教创始人商羯罗吸收发挥为“梵”和“幻”的论述），也可探寻到尼赫鲁“不结盟”思想形成的内核。“空”并不是“虚无”，“空”即是“有”，“空”即“不空”的辩证观点领悟得极为深刻。综观尼赫鲁的政治生涯，他待人处世始终贯穿着“不结盟”的观点。因为他认为，“不结盟”可以使自己处处主动，不受他人牵制，别人又少不了他。所以在他的一生中，他从不拉帮结派，或者投入某一个人的怀抱，而总是游离在各政治派别之外，独自作出自己的政治选择，也从不随意地支持某一个人或反对某一个人和派别。确实，尼赫鲁的为人处事风格为其政治生涯营造了良好的生存环境，所有的人和派别都认为缺不了他，都要拉拢他，结果尼赫鲁成了在印度国民中除了圣雄甘地外，最具权威和地位的风云人物。

当尼赫鲁成了印度一国总理后，他自然在处理国与国的关系中也遵循“不结盟”原则，这样可以使印度左右逢源，各取其利。尼赫鲁有一句名言，一语道出了他倡导“不结盟”的真正目的：“将所有的鸡蛋放在一个篮子里的政策不是聪明的政策。”早在1949年8月17日，他在美国哥伦比亚大学发表演讲时就阐明了“不结盟”的真正用意和目的。他说，不是通过与任何大国或集团结盟而是通过独立的态度对待各种有争议和争论的问题，印度要从自己的国家利益出发，靠不结盟保障国家的安全，而不是武力。为此，尼赫鲁不与美苏结盟，也不与美苏交恶，而是周旋于美苏之间，互不得罪，利用美苏都想得到印度的支持来达到目的。

的确，尼赫鲁的“不结盟”对外政策的实施获得了意想不到的效果。印度在政治上不但都得到美苏的承认，同时在经济上也都得到了美苏援助和技术上的支持。根据1963年3月29日《时代周刊》的统计，从第二次世界大战后到1962年，印度从美国获得了39.52亿美元的援助，比参加美国军事集团同盟团的泰国、菲律宾和巴基斯坦得到的总和还多11%。1956—1963年，印度又从苏联得到了55亿卢比的经济援助，在当时来说，印度是苏联对外援助的最大受益国。

不过，我们在客观立体地分析研究尼赫鲁的“不结盟”对外政策时，也不得不看到这样的事实：虽然“不结盟”维护了印度的独立性，维护了印度的国家利益，同时也有利于当时世界的和平与稳定，但遗憾的是，尼赫鲁在执行“不结盟”对外政策时，始终未放弃印度在美苏两大集团之外充当第三势力的领袖，争当“亚洲的轴心国”，始终不忘记并努力在实现自己“大印度联邦”的构想。所以，在南亚地区印度实施了“霸权主义”外交政策，这给“不结盟”蒙上了阴影，同时也说明尼赫鲁对印度文化及其价值观的领悟还是有缺陷的。

英国殖民者对印度200年的残酷统治与压榨，使印度民族所受的苦难无法用语言来表达，但尼赫鲁及其精英们在忍受英国殖民者统治带给他们的耻辱和不幸时，又常常对西方文明表现出由衷的青睐。他们一方面痛恨英国人的骄横与傲慢，另一方面却又十分钟情于英国殖民者给印度留下的各种遗产，“大印度联邦”就是其中之一，也是他们追逐与梦想的目标。

（二）“大印度联邦”与印度文化圈

如前所述，“大印度联邦”并非尼赫鲁的首创，而是英国殖民者给新生印度留下的遗产。独立前，尼赫鲁早已存在着“大印度联邦”的构想，其地理位置包括南亚次大陆地区的所有国家，还有中国的西藏地区。尼赫鲁甚至还划出了“大印度联邦”理想的边界线，即克什米尔、尼泊尔、锡金、不丹和阿萨姆作为印度的内务防线，中国的西藏作为缓冲区，将“麦克马洪线”、“约翰逊一阿尔达线”作为印中理想的边界线，又将印缅边界至杜兰先之间的广大地区作为印度的“安全圈”。无疑尼赫鲁早期构想的“大印度联邦”的边界线，正是受印度文化直接影响的区域，属印度文化圈内的国家与地区。

这些国家和地区的文化大多属于印度教和佛教文化影响的范畴，与印度文化有着紧密的文化联系，有的地方甚至有70％的人信奉印度教，并把印度教定为国教。虽然巴基斯坦是穆斯林国家，但其文化属性仍可归于印度文化之中。为此，印度独立之后的历届政府在制定对这些国家和地区的对外政策时往往不同于他国，一般视其为印度的附属国，将这些国家的政治、经济和军事置于直接的掌控之下，稍不如意就横加干涉。如1947年刚刚独立的印度就迫使锡金签约了《维护现状协定》，并出动军队进入锡金，不过那时锡金叫哲孟雄，原是中国西藏政府的的藩属，也是锡金的旧名。1950年12月，印度又与锡金签订了《印锡和平条约》，规定锡金的首相必须由印度人担任，锡金变成事实上的附属国。1950年8月，印度又强迫不丹签订了《永久和平友好条约》，掠取了对不丹的外交控制权。尼赫鲁自然也不会忘记尼泊尔和斯里兰卡，1951年印度通过尼泊尔宫廷的权利之争乘机插手，从政治、经济上控制了尼泊尔。对中国的西藏地区，尼赫鲁企图继承英国人的特权，欲置于自己的控制之下。1950年中国人民解放军进军西藏，印度政府先后发出7份照会和备忘录指责中国政府，最终导致了1962年的中印边界冲突。英迪拉·甘地和拉吉夫·甘地继承了尼赫鲁对南亚诸国及周边邻国的外交政策，相续吞并了锡金，肢解了巴基斯坦，扶持东巴成立了孟加拉国，并出兵斯里兰卡等。20世纪80年代初，尼泊尔比兰德拉国王试图脱离印度政府的控制，马上遭到了印度政府愤怒的报复，封锁了尼泊尔经印度至加尔各答的出海通道，使得尼泊尔经济陷于瘫痪，最后尼泊尔不得不屈服于印度又签订了一系列“友好条约”。虽然拉奥、高达和瓦杰帕伊政府对南亚邻国的外交政策有所变化，但是万变不离其宗，他们仍要把南亚次大陆视作他人不可染指的势力范围，牢牢地掌握在印度手中，只不过其外交政策的形式有所不同而已。

在近几年里，印度的宗教民族主义思潮有所抬头，印度人民党这个宗教性与民族意识色彩极强的政党又赢得了2014年的大选，又一次走上了印度执政的舞台。纵观印度人民党政府与莫迪总理，其执政理念、价值观、措施、目标与方针政策，将左右着中印关系与中印边界问题的发展趋势。在此，不得不对印度人民党的宗教性与民族主义色彩做些必要的阐述。

印度人民党最早脱胎于印度教组织——印度教大会，其主张维护印地语权威，目的是要建立一个由印度教统治的国家。由于印度教大会过分强调印度教的利益，引起了印度教其他教派与伊斯兰教的不满与对抗，印度教大会便分裂成人民同盟和人民党，人民党后又因“党内双重资格身份”再次分裂，1980 年 4 月瓦杰帕伊退出人民党，组建了今日的印度人民党。

初建的印度人民党仍极力主张印度教派主义观念和思想，并利用印度教徒的教派主义情绪取得了 1989 年议会选举的重大胜利，获得 119 个议员席位，成为议会中最大的反对党。从此，印度人民党与国大党的世俗主义政策展开针锋相对的斗争，为赢得民心，印度人民党打出了“甘地社会主义”旗帜，提出了民族主义、民族统一、民主积极的非教派主义，鼓吹建立“罗摩盛世”的印度教国家，挑起了印度教与伊斯兰教的矛盾与冲突。1992 年的寺庙风波使印度人民党威信大跌，在 1993 年的邦议会选举中惨败。于是，印度人民党调整政策，淡化印度教徒的教派主义色彩，不再公开提“印度教特性”，而改提为“印度特性”，借此以印度民族主义取代印度教教派主义。在 1996 年的印度大选中，印度人民党又以文化民族主义、政治民族主义和经济民族主义蛊惑人心，提出了“要电脑芯片，不要土豆片”的口号，又一再强调印度的主体文化，鼓吹发扬保持印度民族主义文化精神，反对全盘西化倾向，增强印度文化的价值观，以期唤醒印度的民族意识。这种以民族主义为基础的政策与纲领赢得了印度中下层人民的欢迎，特别是对印度教徒极具吸引力，也受到了印度工业界和大多数中产阶级以上人士的欢迎。如今，印度人民党又赢得了 2014 年的大选，展望印度人民党政府与莫迪总理，在外交政策与中印关系方面有以下几个特点：一是印度民族主义色彩将更加浓厚，印度人民党政府与莫迪总理，为了印度国家与民族利益的最大化，其外交的两面性将会表现得更加充分。尤其在处理印度和大国关系中更是如此。二是中印经贸与文化关系将更加紧密，中印贸易量迅速上升，“中国建设”也将在印度大地上不断开花结果。电影、电视、文教体育与民间交往将更加丰富多彩，中印两国人民相互了解更加深透，友谊不断加强。三是在中印边界问题的最终解决方面，其潜在的可变和突变因素增加，使中印关系与中印边界问题更加复杂化。但是，我们并不排除，也希望随着印度国内和国际环境的不断变化，印度人民党政府与莫迪总理在中印边界问题最终方案的选择上更具理性。何况，莫迪是个有慧眼、远见、务实的决策型领袖。中国真诚期待中印边界问题谈判能有突破性的进展，以造福于中印两国人民。否则，对于印度与印度人民党莫迪政府，其结局将适得其反。

第三节 冷战后中印文化交流发展的特点

1966年，英迪拉·甘地当选印度总理，执政之初便着重研究其父尼赫鲁在处理中印关系恶化过程中的弊端与教训，她审时度势，多次在不同的场合表示出要改善中印关系的愿望。她说："我相信，尽管存在边界争端，但中国不会构成对印度的真正威胁。"并随时准备与中国"进行有意义的会谈，以寻求中印争端的解决……"不过，由于中印关系的复杂性，以及英迪拉·甘地总理不幸遇刺身亡，中印关系的恢复与改善还是经过了10年的准备时间。1976年7月，印度才主动派大使到中国任职，中国也在同年9月派新大使去印度上任，这就意味着中断了15年的中印关系得以解冻。但是，由于中印关系冷冻的时间过久，加之当时出现的某些复杂国际形势的影响、中印双方对各自的认识与了解的肤浅，以及复杂的防范心理和不信任状态存在，所以直至1988年印度拉吉夫·甘地总理访问中国后，人们期待的中印之间的文化交流才逐渐趋于正常。

一、冷战后中印文化交流的发展过程

1986年，苏联领导人戈尔巴乔夫提出外交思想新思维，中苏关系出现缓和与正常化的趋势。特别是20世纪80年代末国际形势剧烈变化，苏联解体、德国统一，意味着美苏两大军事集团互相对峙的冷战时代结束。美中巴和苏印相互制约和对抗的格局也在南亚地区消失了，此时的印度忽然觉得全面改善中印关系的时间已到。于是，印度开始制定与实施全面调整中印关系与发展中印文化交流的政策与措施。

1988年12月19—23日，拉吉夫·甘地总理访华，这是继尼赫鲁总理1954年访华后，34年以来第一次总理级的印度高官访问中国，因此受到了中印两国与世界舆论的特别关注，同时也促使中印文化间的交流日益增多。当时的中国最高领导人邓小平会见了拉吉夫·甘地总理，并一再强调中印两国共同倡导的和平共处五项原则的重要性。他说："我们应当用和平共处五项原则作为指导国际关系的准则。我们向国际社会推荐这些原则来指导国际关系，首先，我们两国之间的关系要遵循这些原则……"①

拉吉夫·甘地此次访华成果丰硕，中印之间不但签署了包括如何解决中印边界的许多文件，其中包括促进中印文化交流的文件，还具体制订了1988—1990年三年的文化交流计划。拉吉夫·甘地访华期间，中国舞蹈家张均女士收到了拉吉夫·甘

① 《邓小平文选》第三卷，人民出版社1993年，第28页。

地夫人索尼娅·甘地送来的有关印度舞蹈的礼物，如铜制的脚铃、手镯等，张均则回送了一幅其母亲的中国画。另外，中国的魏风江老人，这位20世纪30年代留学印度泰戈尔国际大学的学生，与拉吉夫·甘地总理进行了热情会谈。

1991年12月11—16日，中国总理李鹏对印度进行了正式友好访问，这也是自周恩来总理31年前访印后的第一次总理访问，就其意义来说也十分重大。此次访问不但加强了中印高层互访的频率，同时使中印两国人民有了进一步的了解，特别在发展中印贸易方面双方都作出了重大努力，当然在文化方面的交流也收获不少，中印艺术代表团的互访、体育和教育之间的交流也开始出现并逐步增多。

1992年，中国时任国务委员兼国家教委主任李铁映访印，根据印度总理访问中国时签署的中印科技文化交流协定，签署了《1992—1993年教育合作议定书》，对加大中印文化交流和教育合作意义重大。此后，中印文化教育间交流与协作的规模不断增大，民间文化交流也逐渐得以恢复与发展。一些自费的中国留学生开始在印度的大学里攻读包括软件类在内的学科，印度先进的软件科学和中国经济改革开放的经验与成果也开始在中印两国大地上传播开来。更值得一提的是，自1992年起，中印两国落实了在各自国家举行印度文化节的中国文化节的活动。1993年，中国广播电影电视部长艾知生应邀访印，印度文化部副部长西尔佳女士访华。从此，中印之间的文化交流开始全面进入繁荣发展的阶段，如中印文化艺术代表团和学者之间的交流明显增多。虽然1998年5月11日印度的核爆炸试验使本已走向热烈的中印文化交流趋冷，但是进入21世纪后，中印之间的文化交流却以更多的形式和更高的层次，全方位地在中印两国开展起来。与此同时，中印之间航空直飞项目的成功又刺激了中印双方旅游业的发展。经过10多年的努力，印度人民已经不再对中国感到陌生和难以理解，他们也时常为中国改革开放的成就赞誉有加，有的还喊出了“向中国学习”的口号。而中国人民对印度也有了更进一步的了解，并通过中印之间的文化交流，增进了两国之间的友谊。参观访问过印度的大多数中国人认为，中印两国是发展中的大国，更应该加强交流与合作，只有中印合作才能共赢。自然，新世纪中印两国人民对两国友谊与合作认识的提高，取决于中印两国人民进入21世纪以后将展开的更大规模的文化与交流，这也是任何力量也阻挡不了的。

二、冷战后中印文化交流的特点与启示

回顾冷战后中印文化交流的历程，中印两国在这一时期的文化特点有三点值得关注。一是中印文化交流仍然受中印关系冷热的制约。冷战后的中印文化交流，尤其是1988—2000年间的文化交流，虽然随着中印关系的回暖恢复很快，但是一旦中印关系发生变化，如1998年印度的核爆炸使中印关系变冷，中印之间本已热烈的文化交流就会受挫，不少文化交流项目不得不停止，直至2000年以后才得以恢复，如

电视文艺节目在各自国家的落地，其目的是使两国人民有更多的机会了解对方。直至进入 21 世纪以后，中印双方电视节目落地的问题才提上谈判日程。如今，中国有关电视节目已在印度得以更多地传播，而印度的电视节目和文化艺术代表团载歌载舞的特点也经常能在电视节目上被中国人所熟知。当然，更多的印度电视节目落地中国，让更多的中国人了解一个真正的印度，还需要我们作出更大的努力。其中自然有商业因素，但也要排除某些政治因素的影响等。二是进入 21 世纪以后，中印之间的民间文化交流也得以迅速发展起来，受到各自政府的干扰因素大为减少。如中印之间艺术代表团的访问、自费留学一般不受官方的控制。不过要说明的是，印度对中国学者访印的热情不够高，其中官方影响民间交流的痕迹尚未完全消除。三是随着经济的全球化与信息化，以及科学技术的迅猛发展，任何有意阻止国家之间的民间文化交流的官方意识在淡化，人民对于文化间的交流有了更多的自由。虽然目前世界对网络还有所控制，但是对民间正常的文化交流无法遏制，中印之间的文化交流也是如此。虽然在中国的各官方媒体电视，中国人对印度这个电影大国生产的电影看得不是太多，但并不意味着中国人民看不到印度电影，如今在中国市场上随处可见印度生产的各种电影与文艺节目的光盘，人们对印度的瑜伽和优美的舞姿不但不陌生，而且学习热情很高。在教育方面，中印除了各自互派公费留学生外，在中印各自的大学里，已能看到越来越多的中印两国学生刻苦读书的身影，这在上个世纪是不可能出现的现象。目前，中国人想进一步了解研究印度的热情与兴趣比上世纪更浓了，尽管目前印度的旅馆与生活设施不尽如人意，但还是有不少中国人执意要去看看神秘的印度，而更多的印度人更是急于到中国看看中国改革开放后的成果，看看中国人的生活，看看中国社会的风貌与风情习俗。四是自进入 21 世纪以后，从中印文化交流的内容、形式与趋势看，我们可以得出这样一个结论：在今后的岁月里，中印两国间的文化交流将会越来越大地影响中印关系发展的进程，中印通过文化交流加强两国之间友谊与了解的迫切性与重要性将进一步增强。21 世纪和平与发展是时代的潮流，这是任何力量不可逆转的。而中印两国文化的相通性、国情的相似性、需求的相同性，以及哲学理念和价值观的相补性，将形成一股巨大无形的文化潜力，并以更大的正能量，影响中印关系的发展趋势。

第四节 “中印大同”与中印文化关系的未来

目前，就中印关系而言，虽然历届中印两国政府高层领导共同努力把中印战略合作伙伴关系不断提高到了一个又一个更高的水平，尤其是习近平主席 2014 年 9 月 17—19 日访问印度期间提出“一带一路”发展与亚太地区国家经济的战略构想，世界舆论对中印关系的发展前景看好。该战略构想“就是要以加强陆海丝绸之路沿线国家互联互通，实现经济共荣、贸易互补、民心相通。中国希望以‘一带一路’为双翼，同南亚国家一道实现经济腾飞”。[①]《印度经济时报》认为，“21世纪海上丝绸之路”提供的合作机制和创新途径，可以改善供应、行业和价值链，无论对印度还是其他国家，都是机遇。[②] 这些舆论认为，至2015年中印贸易总量可达1000亿美元。但是，静下心来认真细致地梳理一下自进入21世纪以来的中印关系历程，我们不难发现，这并不意味着中印关系实现了真正意义上的正常化，猜忌、误解与互不信任时常在两国关系中作祟，沟通与理解仍是中印关系中的最大问题，以至于久存的中印边界问题至今未找到双方都能认可满意的解决方案。由于边界问题这个横在中印两国关系中的最大障碍没有彻底清除，这些年中印关系表面上风平浪静，暗地里却涌动着不少暗流。如在中印贸易中印度对中国货物的反倾销问题，印度对中国工人、学术人员签证的拒签问题，印度对中国投资的限制与安全系数的考量问题，以及2011年5月24日中国拒绝支持印度成为核供应集团的正式成员国等。对于中印关系中存在的矛盾与问题，早在2006年7月，印度的有识之士就认为：“尽管中印关系已有很大的改善，但是由于没有最终解决边界争端，多年来作为双边关系特征的相互怀疑难以彻底消除。两国贸易量增长迅速，这有助于为改善政治关系提供动力。但是，除非政治关系彻底实现正常化，否则经济接触永远无法真正放开手脚。”[③]

在中印关系如此复杂的背景下，中印文化关系如何以新的高度和视角，在新世纪得以拓展与发展呢？21世纪初，中印两国学术界掀起了研究中印关系中的“中印大同”（CHINDIA）的热潮，虽然这种研究是初步的，有些观点和想法也很不成熟，还有的存在着偏离中印两国发展友好关系的诉求，但是我们应当看到，“中印大同”的讨论与研究也给在表面上良好、暗地僵持不前且又矛盾不断的中印关系打开了一扇新的窗户，它又似一阵清新的空气，吹进了中印关系这间有点沉闷的屋子；又似春雨润物，大地才能万象更新，百花盛开。实际上，中印关系真正春天的到来，既需要春雨般的滋润，更需要时间的磨练。人类历史的进步与发展证实了这一真理，人类文明发展过程中一个个矛盾与问题的最终彻底解决，需要硬软两方面实力的相互作用。文化是软实力，其潜在的力量无处不在，不可忽视。“中印两国有文字可考的文化交流史长达2000多年，佛兴西方，法流东国，讲的就是中印两国人民交往史上浓墨重彩的佛教交流……天竺高僧迦叶摩腾、竺法兰来到中国洛阳，译经著说……白马驮经，玄奘西行，将印度文化带回中国……郑和七次远航，六抵印度，带去了中国的友谊。印度的歌舞、天文、历算、语言文学、建筑、制糖等传

---

① 习近平：“携手追寻民族复兴之梦”，《解放日报》2014年9月19日，第二版。

② “外媒热议‘习莫会’带来新机遇”，《解放日报》2014年9月19日，第二版。

③ Pallavi Aiyar，India—China Trade：Along Road，*The Hindu*，September 7，2006.

入中国，中国的造纸、蚕丝、瓷器、茶叶、音乐传入印度，成为两国人民自古以来互联互通、互学互鉴的历史佐证，"[1] 促进了中印两国生产力的发展、社会的进步与文化的繁荣。所以，中印两国对"中印大同"的讨论与研究，对当今中印关系的发展具有积极意义。

那么，中印文化关系与"中印大同"之间的关系如何？又是怎么形成的？其主要观点和思想内容是什么？对中印关系的发展又有哪些启示？今后中印文化及中印关系的发展趋势又将如何呢？

一、中印文化及"中印大同"思想的形成

"中印大同"（CHINDIA）这个词，是由印度商务部长兰密施（Jairam Ramesh）在 2005 年出版的《理解 CHINDIA：关于中国与印度的思考》（Making Sense of China：Reflections on China and India）一书中首创的。

兰密施创造"中印大同"的本意有 3 个方面：首先，他自称是尼赫鲁忠实的信徒和追随者，但他对尼赫鲁的两面性认识不足，高估了尼赫鲁对中印文化的认同感。所以兰密施认为，他意识到尼赫鲁所认为的中印两国之间始终存在着一种互相借鉴、相辅相成的特别的纽带，这个纽带指的是文化上互相影响和作用的纽带，是佛教把两个喜马拉雅山邻国绑在了一起，印度文明与中国文明在佛教的创立与传播影响下，创造了中印两国 2000 多年文明互相交流融合的典范，并推动了中印两国文明的发扬光大，同时又以东方特有的中印文明先进性推动了世界文明的进步与发展。其次，20 世纪 50 年代，尼赫鲁总理在中国抗美援朝与恢复联合国常任理事国方面鼎力相助，这对刚刚成立的新中国来说是很大的帮助，虽然 1962 年中印边界冲突影响了中印关系的正常发展，但他希望中印两国能摒弃前嫌，重新回到历史上互信、互谅、互助合作、共同发展的友好期。最后，兰密施还认为，对中印这两个被佛教发展出来的共同遗产绑在一起的喜马拉雅山邻国来说，除了对话，再也没有别的办法了。相互借鉴、相互丰富是中印文明在佛教文化遗产下的结晶。

印度学者谭中（华侨）则认为，在解读兰密施的《理解 CHINDIA：关于中国与印度的思考》一书的同时研究中印关系，我们必须看到以下两点：（1）佛教在中国的传播所引起的中印两大文明之间的交流与激荡是产生"中印大同"思想的根本原因；（2）兰密施是受到尼赫鲁思想的影响才想到"中印大同"这个点子的，换句话说，"中印大同"的首创者其实是尼赫鲁。[2] 谭中还说，其父谭云山受泰戈尔之托在印度创办中国学院的宗旨中就有"中印大同"四个字。印度中国学院

---

① 习近平："携手追寻民族复兴之梦"，《解放日报》2014 年 9 月 19 日，第二版。

② 谭中著：《"中印大同"理想与研究》，宁夏人民出版社 2007 年版，第 5 页。

的办学宗旨是“研究中印学术，沟通中印文化，融合中印感情，联合中印民族，创造人类和平，促进世界大同”，这与尼赫鲁所说的中印文化的共同“使命”不谋而合。

实际上，关于“中印大同”的思想，在中印两国的文化中都早有所体现，佛教的传播已把“中印大同”的思想植根于中印两国人民的心中。关于谭云山创办中国学院的宗旨就是个例证。印度诗圣泰戈尔在中国的近十次演讲中，有一篇以“文明与进步”（Civilization and Progress）为题，他说“dharma”文明这个概念出自欧洲，与此相似的印度传统概念是“dharma”。他又进一步解释说，“dharma”的具体意思是“一种把我们紧密团结起来，把我们引导到最美满生活福利的原则。我们仔细看这段话和《礼记·礼运·大同篇》很有亲属关系。泰戈尔说的‘dharma’正是‘大道之行也……’这与‘大同’所作的‘大量大度’和‘同心同德’的诠释相吻合”。[①] 为此，从某种意义说，“中印大同”的思想不是尼赫鲁的私人财产，而是属于中印两大文明的共同财富。中印边界冲突虽把“中印大同”的思想冲散了，但是历史文明的发展将再次证明，“中印大同”仍可以合拢。

从以上的叙述中我们也可以看出，印度的思想家，包括近代印度民族独立运动的领导人尼赫鲁、诗圣泰戈尔，他们不是把印度文明与中国文明简单地看成是一个区域性的文明，正是中印这两个不同的文明经过交流融合，重叠在一起后所产生的成果，促进了人类文明的发展。我们所知道的世界四大文明，其形成的四大文化圈，既有自身的特点，又有共同之处，它们在不断的相互影响作用中前进，它们中不少的相似之处叫作“跨越式”文明，中印这种“跨越式”文明是在不同文化相互交流、影响、融合中完成的。其哲学、文学、神话、医学、宗教、戏剧、艺术等合成一体的现象，可称为“中印大同”文化的最初合璧的现象。

正如季羡林先生所说：“中印两国同立于亚洲大陆，天造地设，成为邻国。从人类全部历史来看，人类总共创造出来了 4 个大的文化体系，而中印各具其一，所以说是占人类文化宝库的一半，这是一件了不起的事实……两个文化各自形成了自己的文化圈，对人类文化作出了积极的贡献。两大文化圈之间又是互相影响，交光互影，促进了彼此文化的发展……如果中印两国间没有文化交流……两国文化的发展就可能不是今天这个样子。”[②]

二、“中印大同”思想的主要观点和内容

“中印大同”思想观点的主要内容是什么？它与中印文化间的理论有何关系，也

---

① 谭中著：《“中印大同”理想与研究》，宁夏人民出版社 2007 年版，第 9—10 页。

② 同上书，第 15 页。

就是说支撑“中印大同”思想的理论与方法有哪些方面？如全面论述“中印大同”的思想观点和主要理论与方法，需要花费相当多的篇幅，在这里只探讨、概括、研究中印文化理论中最主要的四个方面，即“梵我一如”与“天人合一”，中观思想与中庸之道、容忍与絜道、仁爱与慈爱四个方面。在此基础上再加以探讨，以对“中印大同”思想研究做又一次尝试。[①]

第一，“梵我一如”与“天人合一”。前面的文章里已有过专门的论述，为了保证此节完整的论述体系，也为了避免不必要的重复，这里只做简要概括。如前所述，“梵我一如”的主要思想，一是宣扬万物皆从“梵天”而生，并依“梵天”而存，又在毁灭时归于“梵天”。二是“梵天”无形无踪，又无处不在，无所不能。三是万物皆是“梵天”的一分子，因此人与自然界的关系是平等的，没有高低优劣之分。为此，人与自然万物应相互爱护，和谐相处，共存共荣是人与万物共同遵守的自然法则。否则，人要受到自然界的惩罚。

“天人合一”说讲的是人与自然界要和谐共处，“自然天”从最早混浊的“至上神天”中分离出来，随后就有“理义天”的论点，老子的道德经说“人法地，地法天，天法道，道法自然”。人与自然同出于天，这就是“天人合一”说最基本的道理。值得注意的是，“天人合一”说最初也主张人与自然的平等合一，后来儒家学说把“天人合一”说引向了以人为本，它站在人的立场上，要求天合于人。虽然其中有反对人神对立的观点，消除鬼神对人的压力，有一定的进步意义，但它却特别强调了人的利益，这是与印度“梵我一如”说的不同之点。不过，总的来说，“梵我一如”和“天人合一”说都是强调了人与自然和谐、共存共荣的观点，只不过“梵我一如”最终倾向于与神合一，而“天人合一”则侧重于人的利益。仅举两例，足以证实以上观点具有合理性。一是在中印古代出土的文物中，印度古代帝王将相及贵族的坟墓出土的随葬品，一般都是死者生前的所爱之物与神器，以及一些少量的金银珠宝等饰品；而中国帝王将相和官员、贵族墓穴中出土的随葬品，除了大量的金银珠宝和饰品外，还有动物作殉葬品，甚至活着的宫女妻妾也要一同伴死者下葬。另外，印度的古文物大都在地面墓穴内，而中国的则深埋地底下几十米处，还暗藏机关以防盗窃。这从某一个方面说明，中国古人对物质追求的执著，人死后还要享受荣华富贵；而印度古人则明显对物质追求较淡，侧重于精神方面的享受。二是印度人对神像的崇拜与爱护无以复加，几乎没有人会对崇拜的神像有不敬不恭的行为。他们认为对神像的宣泄是大的罪过，要受到神最严厉的惩罚；而中国人认为，神应为人祈福服务，人向神像上供品，求神为人消灾避难，祛病除邪，神也应回报人的诉求。如在大热的三伏天，久旱无雨，庄稼快要干死，颗粒无收，人们便成群结队

① 笔者与郁龙余教授既是同乡，又是校友，同学一个专业，同出一个师门。笔者与他在很多方面的思想观点相同、相近和相似，此部分笔者参阅了他的著作和文章的有关论述。——笔者注

去龙王庙上供品求雨，如天仍不下雨，他们便把龙王神像搬出殿堂寺庙，让龙王像也受三伏天热的煎熬，如果天还不下雨，人们就让龙王像受鞭刑之苦。

为此，笔者认为，中印两国的文明应着重发扬“梵我一如”与“天人合一”说的人与自然万物和谐、共存、共荣的生存法则，剔除过多的神性与人性的追崇，在发挥人的主观能动性的同时，更要实事求是按照自然法则行事，才能真正达到人与自然万物和谐、共存、共荣的目的。所以，“中印大同”的思想在21世纪就有了更加广阔的发展活力和前景，这也是推动21世纪人类文明与繁荣的不可替代的原动力。

第二，中观思想与中庸之道。中观思想与中庸之道是中印两国处世哲学的主要原则，也是实现“中印大同”的主要思想和方法论。

在印度的思想方法论中，中观思想带有唯物主义辩证法的观点，它最早形成于印度的吠陀时代，《梨俱吠陀》中如是写道：“无既非有，有亦非有，无空气界，天远无界”，这是印度“二重辩证”思想最早的理论基础。到了公元5世纪，便发展了中观思想的理论之一，后经过佛学家龙树的补充、提高、总结，逐渐成为印度哲学中的中观论。中观论的核心内容有“八不否定”、“四逻辑”和“三谛原理”。“八不否定”即“不生亦不灭，不常亦不断，不一亦不异，不来亦不去”，这也是佛教空宗说的理论——空义。“四逻辑”即“一切实非实，亦实亦非实，非实非非实，是名诸佛法”，这是对矛盾与问题对立统一的分析极为到位的辩证法。“三谛原理”即真谛、假谛和中谛，真谛为第一义谛，但它不可说，可说的便是俗谛，即假谛，也为假名。中谛即是真道义，表面上是“居中”，但实际上是联系“空”与“假”的关系而作全面的、合理的辩证观察，既不执空而作绝对的否定，亦不执有而作绝对的肯定，这就是“中道义”。

龙树的中观思想随佛教东传进入中国后，在中国的思想界产生了巨大的影响，大部分学者认为中观思想具有一定的辩证唯物主义观点和原则。印度思想界也认为，龙树的中观论就是为了调和印度“有”与“空”两个极端观点而生，这也是为佛陀释迦牟尼的“缘起论”做的全面的注解，即“缘起论（生天苦乐及结果）是全面的注解，不单纯说有或说无，而是有无的统一”。①

中国的中庸之道在一定意义上和范围内也受到了印度中观思想的影响，并有所继承、发展与完善，其理论变得更加丰富。诚然，孕育中国中庸之道的基础是中国传统文化，它早在佛教传入前已经成道，并有着自己的思想与理论观点和说法。如中国的中庸之道反对走极端，坚持调和执中，是辩证唯物主义思想与方法论的反映。它遵循两个原则：一是灵活的原则，二是正确的原则。自然，中国的中庸之道追求的灵活是需要权衡的，在权衡中寻找正确的结论，即在对立之间确定最佳的正确点。

---

① 吕澂著：《印度佛学源流略讲》，上海人民出版社1979年版，第108页。

当然，对“中”的掌握也不是一成不变的，而是以掌握两端因素为前提，这才能找到正确的“中”，也就是两者之间的最佳点。正如孟子所说：“执中无权，犹执一也。所恶执一者，为其贼道也，举一而废百也。”① 从上述的分析中可以看出，中国倡导的中庸之道要比印度的中观思想世俗得多，它是为“格物、致知、诚意、正心、修身、齐家、治国、平天下服务的”。“为政中和”是其重要的追求，追求的不仅是人际的和谐，还包括人与自然万物的和谐，尊之为“和德”。② 不过，中国的中庸之道主张的是以人为本的原则，即便是追求人与自然之间的和谐，也是在不损于人的利益前提下的和谐。否则，人是要去改造自然的，逼迫自然为人的利益服务，所谓的人定胜天、愚公移山和精卫填海说的就是这个道理。这也就无意中增加了人与自然的对抗性，中庸之道这种世俗的实用主义观点，从某种角度上讲，正是中国人追求物质利益为第一需求所结的苦果。而印度的中观思想则注重精神方面的追求，强调精神思辨和逻辑推演，超越了一般的世俗主义。

综上我们可以得出一个结论：虽然印度的中观思想对中国的中庸之道影响巨大，但是中庸之道与中观思想根本的区别在于精神与物质两个方面，即中观思想注重精神追求，而中庸之道则偏重于物质利益的享受。

第三，容忍与恕道。容忍是印度各宗教教派修行的内容与方法，佛教的大乘教派把忍作为最主要的修行课。佛教修行容忍的术语有“忍行”、“忍住”、“忍力”、“忍法”、“忍智”、“忍善”、“忍衣”、“忍锐”、“忍水”、“忍地”、“忍界”，从“二忍”至“十四忍”，“忍辱”是佛教修行到达彼岸的主要方法。印度的瑜伽也有“自无愤勃，不报他怨，故名忍”。因此，在印度的各宗教教派中，“忍”字为先的行者大有人在。不但佛教如此，后来的印度教更是如此，它更是继承和发扬了佛教“忍”字为先的精神，还如是认为，一切人生痛苦，只有忍住了，才能为自己创造一个更加美好的来世。印度教的苦行僧，其忍耐的精神与佛教徒相比有过而之不及。印度教毗湿奴教派中的札格纳特教派，在该教派的乘车节（亦称札格纳特节），一些狂热的信徒以自残弄得浑身是血，有的砍手割鼻，有的针刺舌头，有的用铁丝穿在两根锁骨中把自己吊起来，更有的狂徒常常投身于装着札格纳特大神的车下，让车轮活活压死，以示自己的虔诚。

在现当代印度，印度人又把容忍精神发挥到了极致，圣雄甘地的“非暴力不合作运动”，其最重要的标志是培养人民的忍耐精神，即忍受英国殖民者的一切非难折磨，以非暴力、不抵抗和不合作的行动，逼英国殖民者放弃对印度的殖民统治，以求得印度的完全自治和独立。事实也证明，在印度这个宗教国家里，无数宗教教徒

---

① 孟子：《尽心上篇》。

② 郁龙余：“实现中印大同（CHINDIA）的思想基础”，《中印大同——理想与实现》，宁夏人民出版社 2007 年版，第 26 页。

响应圣雄甘地的号召，瞪着愤怒的眼睛，放下手中的一切，就是不与英国殖民者合作。天长地久，千千万万宗教教徒的忍者组成了一股股强大的忍耐洪流，最后终于冲垮了英国殖民者统治的基石。1947年英国女王不得不宣布印度脱离英国而独立。

中国的恕道与印度宗教倡导的容忍大同小异。恕道强调的也是容忍的厚道，其核心精神是培养一种“忍让”精神，这与中国道德论要培养的必备美德是相同的。《尚书·君陈》中写道：“必有忍，其乃有济，有容，德乃大。”这是儒家修身行事的准则。中国的孔夫子不仅是中国恕道的倡导者，还是个身体力行者。在其《论语·里仁》里有一段精彩的问答：“子曰：‘参乎，吾道一以贯之。’曾子曰：‘唯。’子出，门人问曰：‘何谓也？’曾子曰：‘夫子之道，忠恕而已矣。’”不过孔子的恕道，是把恕与忠联系在一起了。到了宋代，朱熹认为：“尽己为忠，推己为恕。忠恕本是学者事，曾子特借来形容夫子一贯道理。今且粗解之，忠便是一，恕便是贯。有这忠了，便做出许多恕来。”①

诚然，中国传统的美德恕道，必须要与忍让合一，才能真正体现出一个人的高尚美德，克己复礼指的就是这个意思。同时，我们还可以从中看到中国的恕道与忍让是世俗主义的，它非常实际，没有印度式的宗教色彩。正如人们常说的“以德报德，则民有所劝；以怨报怨，则民有所惩”。“以德报怨，则宽身之仁也，以怨报德，则刑戳之民也。”

众所周知，中国恕道在发展的过程中，以德报怨一直作为最高美德在中国大地上流行，凡是圣人与成功人士都以以德报怨这种美德来显示自己胸怀的宽广，容得下人。不过，中国的恕道和容忍精神必须要与忠勇结合起来，否则就会坠入怯懦。中国历史上如对侵略者讲恕道与容忍，中国就受外国侵略者的凌辱、欺侮与压迫。如果它同“中印大同”的思想结合起来，更须把恕道和容忍与忠勇糅合在一起。不过笔者认为，凡事首先要实事求是，再加上更好地发扬容忍与宽容精神的先进面，有机地与忠勇相结合，这才是中印容忍与恕道要倡导的核心价值观。这也许是中印两国解决中印关系中一切矛盾与问题的关键，符合中印两国人民的根本利益。

第四，慈爱与仁爱。慈爱与仁爱是全人类所要倡导的美德。爱是人的天性，世界只要有了爱，才会显得生机勃勃。世界也是被爱维系的，没有爱的世界是不存在的。印度的诗圣泰戈尔一生为爱唱赞歌。

慈爱也是印度宗教的最基本观念，无论是佛教、耆那教，还是印度教、基督教和巴哈伊教，它们都宣扬人与人之间的爱，以及人与自然万物之间的爱，培养人性爱的美德。我们可以从《薄伽梵歌》中找到出处，在《毗湿奴往世书》中如是写道：“将一切生灵看作与自身平等，爱一切生灵犹如爱自身，便是服务于最高精神，因为一切生灵的形体均是最高神的化身。”以上这段话，向世人着重强调了这么一个绝对

① 《朱子语类》卷二十七《里仁篇下》。

的真理，即：爱首先要平等，人与人之间的平等，人与自然万物之间的平等，它是爱的根本，没有平等就没有爱。

在印度，尽管有不平等的印度教种姓等级制度，但这并不意味着印度教里没有平等的爱。在印度教种姓与种姓之间，高种姓对低种姓无法产生平等的观念，但是在某一个种姓之间，在印度人的心灵深处，爱是以平等为前提的，没有平等的爱，那就没有爱，那是怜悯。爱仍然是每一个印度教徒内心追崇的目标。当然，关于印度教不平等的种姓等级制度为何存在至今，其中有许多说不清道不明的复杂的历史和现实因素，需要学术界进一步加强深入理性的探讨与研究。但是在这里值得我们注意的是，在印度的独立运动中，圣雄甘地的“非暴力不合作运动”，就是以爱为基础的。况且，印度教在创立发展的过程中，不仅全盘接受了佛教爱的全部理论，更是创造性地把爱发展到更高的阶段，即把爱与无私的奉献结合起来，而且不沾罪垢。当然，在印度爱最基本的体现是不害与不杀生，不杀生和不害观念在印度人的心灵深处是根深蒂固的，这也是为什么印度教中素食者多的主要原因之一。

在研究印度文明的三大支柱——平等、慈爱和忍耐的思想观念时，我们可以从众多历史和现实的史料中发现一个特点，即：印度教三大文明中首要倡导的也是平等的观念，有了平等的观念，才能使爱和忍耐得以继续，没有平等，就不会产生真正的爱，没有平等也不可能有忍耐。这也形成了印度人道德伦理的牢固框架，它维系着印度几千年的文明发展史。当然，在更深入研究印度文明时，我们不能忽视其中浓重的宗教情怀，它比中国人倡导的仁爱有着更高的精神追求。

仁爱是中国人的道德标准之一，它是以“仁”为基础的。《国语·晋语》中写道“爱亲之谓仁”，《礼记·檀弓下》中写道“仁亲以为宝”、“仁者，爱人”。仁爱也是孔孟之道处理人与人之间关系的行为准则，如孔夫子说：“人而不仁，如礼何？人而不仁，如乐何?”“克己复礼为仁。一日克己复礼，天下归仁焉”，“仁义忠信，乐善不倦，此天爵也；公卿大夫，此人爵也”。[①]

在中国的古代思想界，孔孟之道与道家思想对“仁”的观点有所不同。儒家孔孟之道是世俗的，主张参政议政，关心国家大事；而道家则主张“清静无为，自隐无名”。不过，中国的儒、道、佛三家都主张仁爱为人之根本。

当然，中国的仁爱，要与忠、孝、义、礼、智、信、温、良、恭、俭、让、和、合在一起，才能构成一个完整的中国道德的标准体系，这里的和指的是和平、和气、和腔、和悦、和谐、和美，合指的是合作、汇合、整合、合一。在《易经》中有“保合大和，乃利贞”之说。为此，在中国几千年的思想发展史里，中国的仁爱虽为中国人伦理道德之守则，但是它必须与和、合在一起才是有效的途径，仁爱与和、合不能分家，这也成了中国文化特征的主要标志。

---

① 见孔子：《论语·八佾》和《论语·颜渊》；孟子：《孟子·告子上》。

以上便是“中印大同”思想的主要内容、理论观点和方法论。

三、“中印大同”对中印文化关系的启示

在论述了“中印大同”思想的形成及其主要内容、理论观点和方法论之后，下面更要进一步探讨研究“中印大同”对中印关系发展又有哪些启示。

在探讨研究“中印大同”之前，有必要简单地回顾一下中印各自独立和解放建国以来，其外交关系中的得与失，以便在探讨与研究“中印大同”对中印关系的启示的过程中，真正了解到其中真实与深刻的含意与道理。

众所周知，20 世纪 50 年代初，中印关系发展良好，“兄弟情意”把中印关系推向了高潮。与此同时，中印两国还共同创造了和平共处五项原则，即：互相尊重主权和领土完整、互不侵犯、互不干涉内政、平等互利、和平共处。这是中印双方求同存异结出的最为丰硕的成果，后来也成为世界国与国之间处理相互关系的准则。事态的发展证明，50 年代中印关系友好发展的现象，从某种意义上讲，只是表达了中印两国为了求同存异所表达的内心真诚的愿望，与此后中印关系发展的真实情况是不相符的，也可以说这仅仅是某一个时期内的表面现象而已，从内在深处的原因来分析的话，印度这一时期对中国的外交行动虽然有其真诚的一面，但却内藏着不可告人的图谋。如果从文化角度去剖析这一现象，也许可以得出这么一个道理：在较为合适的国际环境下，中印文化上的相同与类似因素能促使两国为了共同利益走到一起，催生出包括和平共处五项原则在内的中印兄弟情谊；可是，当一国的国家与民族利益恶性膨胀时，文化上的差异性却会影响两国关系。

此后，为了各自的国家与利益，在文化这个无形的软实力的推动下，中印关系有所恢复，并建立了正常的大使级关系。但是，中印两国始终未走出中印边界冲突的阴影。中印边界问题虽然也经过了几十次各个层次的谈判，但是其成果令人沮丧，至今未找到双方都满意和最终能接受的方案，给世人留下了一团迷惑、费解、不安和担忧的浓雾。那么，究其原因何在?

如果我们从“中印大同”的角度，从中印文化的底蕴、哲学理念和价值观方面做深刻的剖析研究，也许能得到一些启示。笔者认为主要有以下几个方面。

如前所述，中印文化价值取向最大的区别在于，印度文化的价值取向偏重精神物质的享受，其理论支撑是印度吠檀多哲学的“梵我同一”论；而中国文化的价值取向则过于关注物质利益的得失，其理论支点是“天人合一”说的“以人为本”的思想观点。众所周知，刚独立的印度共和国的精英们，他们一心要把印度建设成为一个世界强国，当时的开国总理尼赫鲁甚至再三地强调：“印度以它所处的地位，是不能在世界上扮演二等角色的，要么做一个有声有色的大国，要么就销声匿迹，中

间地位不能引动我。”[①] 为此，尼赫鲁及其精英们要把自己的国家建设成为世界一流强国的愿望是极为强烈的，独立之初，也就形成了全体印度人民奋斗的目标，尼赫鲁及其精英们更是为实现这一目标忘我地工作着。值得注意的是，也许我们难以理解，但宗教的精神力量在印度人中有极其崇高的地位，他们把这种忘我为国工作的奉献精神与印度教强调的将自己奉献给神的精神结合在一起，让神行于自我，全身心地工作，出离了贪求，将不会沾染罪垢的行为之道紧密地叠加糅合在一起，从而产生更加强大的精神力量。我们知道独立后的印度全面接受继承了英国殖民者留下的遗产，包括非法的“麦克马洪线”，在他们的潜意识里，如果丢掉了非法的“麦克马洪线”以南的大片土地，屈从于中国的安排，就意味着印度在国际上丧失了在世界做一流大国的机会，这对尼赫鲁及其精英们来说是在精神上无法忍受的耻辱，他们也无法向国民交代。在印度这个宗教国家里，宗教的影响无处不在，可以说没有宗教就没有生活，让神行于自我，以达到与神合一的最高精神境界——涅槃，这是每一个印度教徒所追求的精神享受，丢掉非法的“麦克马洪线”以南的土地，这对他们来说无疑是最大的精神折磨。

又如“非暴力不合作运动“的领袖圣雄甘地，他在被印度教徒右派暴徒枪杀临死之前的最后几分钟里，嘴里还在不停地呼唤毗湿奴大神的化身罗摩神的名字，足见神在印度人心目中的位置是多么地神圣伟大。在印度教徒看来，在日常生活中，默念印度教的神名，不但可以求得神的保佑，死后还可以升天与神一起享受天堂极乐世界的生活，反之准会入地狱或受轮回之苦。如果有幸到新德里去，在瞻仰圣雄甘地墓地时，就会发现在墓前的黑色大理石墓碑上，用印地语刻着圣雄甘地临死前的话“嘿，罗摩”。圣雄甘地也有一段名言在印度大地上流行：“我是一个真理的追求者，急于实现当今世界的精神解脱，我为民服务，就是为把我脱离肉体的束缚，而受一部分的训练……我的努力在天国，只有天国是精神的解脱，达到解脱的路，即不断为人类勤奋地服务。所以，我爱国是到永久和平和自由国土旅行中的一个阶段。”[②] 另外，圣雄甘地还有一句名言：“有生命的神是人们命运的最高裁决者。”[③]

在印度这个宗教国家里，在绝大部分印度人的心里，包括受到高级教育的知识分子，这种带有宗教性的忘我超脱的奉献精神，一旦与其追求的精神境界合一，那就是为了国家与民族利益，其产生的意志力是难以用语言来表述的。从一定意义上讲，这是印度民族韧劲力量的来源，若要改变他们的初衷，也是难上加难的。所以，要实现“中印大同”的目标，必须研究印度的宗教，尤其要注重研究印度人与宗教文化之间的关系——神性。忽视了这一点，不少问题就无法找到满意的答案和解释。

---

① 尼赫鲁著：《印度的发现》，世界知识出版社 1956 年版，第 57 页。

② M. C. 尼杰罗：《圣雄甘地传》，新德里国家图书托拉斯出版 1980 年版，序言，第 3 页。

③ N. K. Bavss, *Selected Works of Mohandas Gandhi*, Ahmadabad, 1978, p. 26.

这恰恰是中国学术界研究印度的薄弱环节之一。这是其一。

其二，充分发挥中印文化同一性的巨大潜力，使久存的和不断出现的新老矛盾与问题在更高的精神层次上达到共识，以在此前提下达到更多的谅解和包容。如前所述，印度这个宗教国家处处受到宗教文化的影响，中国虽不是个宗教国家，但是佛教的传播使中国人民汲取了不少精神方面的营养，在形成中国人的传统思想方面，有很多共性的文化因素，我们应该发扬光大。如前所述的印度的“梵我一如”论与中国的“天人合一”说，其共同追求的目标是人与自然的和谐统一。又如在中观思想与中庸之道方面，它们都具有强调调和反对走极端的共性认识。在精神和世俗方面，中观思想和中庸之道也有一个互补的空间。另外，在容忍与恕道方面，中印都把“忍”放在首位，凡事忍为先，然后再创造条件，寻找更好的办法。在慈爱与仁爱方面，中印双方的追求也是一致的，只不过印度强调平等，中国则过于世俗。为此，笔者认为，中印两国人民以诚相待、友好合作有很好的理论基础，如果中印两国在处理国与国关系时，首先在文化与精神思想方法进行协调，那么进入实质性谈判成功的概率就会高些。当然，中国人要理解印度人的感受，但印度人也需要熟知中国人的难处和心中的愿望。只要中印双方在文化传统、哲学、思想和价值取向上多一些协调与理解，那么中印两国之间的矛盾与问题的解决就容易得多。

其三，目前中印两国的民间交流十分薄弱，这不但与有着数千年友好交往历史的大国邻邦毫不相称，而且还有一些不利于中印两国民间交流的障碍存在，这自然与“中印大同”所倡导的理论与观点是背道而驰的。同时，更值得人们深思的是，中印两国普通百姓对正在崛起的印度与中国的了解是相当肤浅和贫乏的。如大多数中国人都认为佛教源自现在的印度，印度是个佛教国家，圣雄甘地与英迪拉·甘地和拉吉夫·甘地是一家人等。而现在也有的孟买人认为上海比孟买落后，中国的铁路要比印度差，中国人没有真正的宗教信仰自由。可他们不知仅上海地下就有十几条地铁，而孟买则没有一条等。为此，笔者认为，目前中印两国除了应继续加强政府间的高层互访外，更应拓宽两国的民间交流渠道，采取一切方式与方法，鼓励两国人民在文化、教育、科技、体育、旅游和宗教等方面加强交流与合作。历史事实证明，扩大民间的交流与沟通，不但有利于加深两国人民的了解、友谊与谅解，还有利于发展中印友好关系，为最终解决悬而未决的矛盾与问题创造良好的基础和更加宽松的人文环境，促使矛盾与问题最终尽早妥善得到解决。

其四，就目前中印关系中存在的矛盾与问题而言，边界问题已成为中印友好关系继续深入发展的主要障碍，一旦边界问题得到最终解决，两国之间不但再也没有能阻挡中印友好关系的绊脚石，更是由于消除了两国人民之间最大的心理障碍，中印友好关系必将以不可阻挡之势向前发展，中印两国人民也将在今后的岁月里共同携手合作奔向更美好的未来，为亚洲乃至世界的和平与稳定作出更大的贡献。另外，如果从人类文明发展的长远观点看，国界是束缚人类文明自由发展的绳索。如今世界经济的全球化、信息化与科学技术的高速发展，国界已开始有逐渐淡化的迹象出现。地球是大家的，国界虽不会消失，但却在不断向成为人类进行有序管理的虚线化方向发展，人类正在共同为创造一个没有战争、平等、自由、富裕的“和谐世界”而努力。

为此，在中印边界的谈判中，我们要从“中印大同”的角度去审视中印友好关系的发展及趋势，抛弃任何不切合历史和现实的想法，中印双方都不应该计较一城一地的得失，也不应该人为地拖延，更不应该不顾历史的事实和现状，为中印边界谈判增加新的人为的不必要的麻烦与障碍。当然也不能操之过急，应该实事求是，稳中求快，既尊重历史又顾及现实，在中印边界历次谈判的基础上，一切为了两国人民的根本利益，互谅互让，充分发挥两国人民的智慧和才能，尽快为最终解决中印边界问题找到公正、公平、合理且双方都能接受的方案，为中印友好关系的继续全面深入发展贡献力量，同时也为人类文明发展提供一个新世纪友好和平解决边界问题的典范。

中印两国有着数千公里的边界线，其中边界地区的森林、草原植被、水资源以及矿藏的保护、开发和利用等问题已日益突出，尤其是水资源的保护、开发和利用已成为当务之急，水是生命之源，要理解印度对解决水资源问题的迫切性。我们要在“中印大同”的理论指引下，站得高看得远，尽快妥善地解决这些问题。目前最主要的是中印两国及南亚各国应该尽快成立协调小组，并共同组建相应的研究机构，制订出长期可持续的保护、开发和利用的规划方案，造福于中印及南亚各国人民。

其五，印度现在是“上海合作组织”的观察员国家，中国也是“南亚区域合作联盟”的观察员国家。互信、互利、平等、协商、尊重多元文化、谋求共同发展的“上海精神”，体现了国际社会寻求新型的、非对抗性的、互相尊重的国际关系模式，它不但摒弃了冷战思维，也超越了政治意识形态和文化上的差异，越来越具有普遍的国际意义。而“南亚区域合作联盟”的宗旨是互相支持、合作，共谋发展，寻求提高南亚各国人民的生活水平，并加强南亚国家集体的独立自主性，促进“南亚区域合作联盟”与国际地区组织的合作。为此，笔者认为，尽早使印度和中国成为“上海合作组织”和“南亚区域合作联盟”的正式成员国，不但有利于中印友好关系深入全面地发展，也有利于亚洲乃至世界的和平与稳定及经济的发展。另外，尽快签署《中印自由贸易协定》，不但可以尽早发现与研究中印经贸活动中的矛盾与问题，还可以避免不必要的贸易摩擦和竞争，以达到互利共赢的目的。

其六，虽然中印两国有着 2000 多年的文化文流史，1962 年中印边界冲突在人类的历史长河中几乎是可以忽略不计的事件，但是我们必须清醒地认识到，中印两国文化交流中差异性的作用与影响在一定程度上要比相同和类似性的作用与影响要大得多，其相互排斥和反复性也要严重得多。目前，中印双方政府层面和政治精英们的交流较为理想，但中印双方的交流史是不对称的，中国的热情高，而印度的热情则低，印度对中国的猜忌与怀疑较大，而中国对印度国情的真实性了解得又很不够。所以，尽管中印双方在21世纪作出了许多努力，但是两国的文化交流与民间外交活动仍显不足。中印两国应进一步增加各个领域、层次、性质的交流，如设立中印文化交流基金与论坛，增加更多中印学者的交流与合作，中印两国互派更多的留学生，为在印度发展孔子学院和在中国设立印度文化学院提供更加优惠的政策与条件。只有多方努力，才能为中印两国的文化交流作出更大的贡献，以促进中印关系在更加健康的道路上迅猛发展。

总之，“中印大同”具有超越“地缘政治”和“地缘文化”范式的力量，它是中印两国友好关系深入发展的理论基础。中印两国应该超越一切障碍，消除误解、猜忌和不信任，逐步解决影响中印友好关系发展的矛盾与问题。为了中印两国人民的根本利益，用智慧、才能、胆识、眼光和行动，为中印两国人民造福，也为21世纪人类文明的进步、发展与繁荣作出中印两国新的贡献。

四、中印文化关系的发展趋势

“中印大同”是中印两国人民在21世纪初创造出来的文化奇迹，将在21世纪人类文明发展中起着不可替代的作用，若我们在“中印大同”的视角下预测中印文化未来的发展趋势，笔者认为有5个方面值得探讨与关注。

第一，“中印大同”是21世纪中印合作战略的选择。如前所述，“中印大同”的思想内涵代表着21世纪人类文明发展的主流方向，如和平共处五项原则是中印所共同创造的，尼赫鲁的“不结盟主义”外交思想和中国新世纪的“和谐世界”理论与实践，都是反对世界霸权主义的良方。而中印的“天人合一”和“梵我一如”的理论，又是人类认识自然与自然共存共荣的思想理论基础，中印的中观思想与中庸之道是实现“中印大同”的方法论，容忍和恕道、慈爱与仁爱也是实现“中印大同”的有效思想和方法论。

第二，“中印大同”体现了中印文化的魅力。中印文化将共同促进人类文明的发展，21世纪人类文明的发展将呈现出中印文化的特色，这不是盲目乐观的预见和推测，而是基于中印文化的博大精深，其深厚的文化底蕴、哲学理念和价值观，将在21世纪人类活动中发挥无法替代的作用。

目前，西方发达资本主义国家的物质文明日渐衰落，以物质为第一性的西方文明发展到21世纪的今天，被西方社会出现的种种怪异现象、矛盾与问题所迷惑，彷徨起来，近乎愚蠢的道德虚无，丧失了传统与自信，又如何去正确理解宽容和毫无宽容的原则的区别；吸毒与自残、暴力与色情、国际恐怖和盲目枪击案，多少无辜的人不知为何就莫明其妙地被杀死，这些又如何体现真正的公平、公正；民主、自由和独裁陷入如何评判的困惑，赤贫与极富之间也不知如何去平衡，贪欲的穷凶极恶又如何用爱去划等号。西方社会的物质世界已无法继续拓展自己的文明，于是向东方的中国与印度寻求文明发展的新营养、智慧与思路。恰恰相反，中印共同创造的“中印大同”，其世界各国互助合作，取长补短，睦邻富邻，共存共荣建立和谐世界的理论与行动，得到世界各国人民的欢迎。诚然，中印两国要在“中印大同”的前提下，摒弃各自传统文化中的糟粕，发扬光大文化的精华。关爱生命，爱护自然，平等互助，关心人类世界等特点，对日益“世俗化”、“入世化”的世界提供了更多的新的启示。总而言之，“中印大同”代表着中印文化独特的先进性，也将代表21世纪人类文明发展的方向。

第三，“中印大同”将促使中印两国民族的联合，为实现共存共荣和平发展提供理论基础和价值观。当今世界已进入了政治多极化、经济全球化和信息化的时代，中印两国虽仍存在着新旧的矛盾与问题，但其共同利益却在不断地扩大。为此，目前中印两国不但有着共同的理论和相似的价值观，有着共同的愿望和共同的目标，并且面对21世纪全球性的新挑战和问题，还有着培育和扩大共同价值观的愿望和行动。2011年1月9日，印度总统普拉蒂巴·帕蒂尔在第62个共和国日前讲话中说：“我们是世界上最古老文明之一的理想与价值观的继承者，前人给我们留下了人类在经验和思想方面的丰富宝藏。我们的古老文化非常重视‘人类是一个整体’这一理论，重视人与人之间以及大自然之间和谐共存的重要性，并不断地把这一理论付诸实践。”[①] 2006年时任中国国家主席胡锦涛说：“中国坚定不移地走和平发展道路，永远不称霸，既通过维护世界和平来发展自己，又通过自身发展促进世界和平，努力实现和平发展，开放发展，合作发展，和谐发展。”[②] 同时中国要“积极营造一个和平稳定的国际环境、睦邻友好的周边环境”。《中国的和平发展》白皮书还提到了“科学发展、自主发展、共同发展”。所以，中印两国在“存量共处，增量共塑”上是大有可为的。

第四，从“地缘政治”到“中印大同”。“中印大同”已具有超越“地缘政治”和“地缘文化”范式的力量，它可以使友好国家的人们超越障碍，消除障碍、猜忌和不信任，逐渐解决国家和民族间的矛盾与问题。

“地缘政治”本是强权政治的产物，如今已与经济、能源、文化结合在一起，产生了新的变化。“中印大同”将推动中印两大文明的现代复兴，它已超越了西方学术界所谓的政治范式，其独特性在于开创中印友好、合作互补和共存共荣的国际政治新范式。为创造“和谐亚洲”与“和谐世界”带来新的希望，这正是中国的天下观和印度的大同世界观的再现，也是“中印大同”要实现的理想，中印将成为从“地

---

① 普拉蒂巴·帕蒂尔：“在第62个共和国前夕对全国的讲话”，《今日印度》2011年1月，第110期，第24页。

② 胡锦涛：《为推动建设和谐世界作贡献》，新华社，2006年8月23日。

缘政治”到“世界大同”的实践者。

第五，进入21世纪以来，印度政局进入了一个更加复杂多变的动荡期。就目前而言，印度人民党虽一党执政，但并不意味着印度人民党的条件和力量已足够支撑整个印度政局，它还是应注意联合国大党与诸多小党的力量，支撑好印度政局，这也是21世纪初印度政坛的一大特色。除非印度人民党有惊动天地的业绩，把印度建设成为尼赫鲁所希望的一个真正的“有声有色的世界一流强国”，并实现印度人赶超美国的理想，真正打动印度选民的心。况且，印度政坛党派众多，为世界之最。据2009年大选资料显示，登记在册的全国性政党就已经多达434个。它们各持己见，难以形成统一的意见。再加上在印度这样的民主政治的体制下，对任何国内外的重大决策，都难以统一思想和行为。所以，笔者认为尽管“中印大同”在印度有一定的思想舆论和群众基础，但是印度任何一个政党或执政联盟要想在“中印大同”的前提下，对中印边界及其经贸等方面的矛盾与问题作出重大的决策，那也是一件很不容易的事，有时还会反复。另外，也要防止有些人利用“中印大同”达到某一种企图，使中印两国关系更加复杂化。为此，我们要更充分地发挥文化交流的桥梁和不可替代的“广泛与超越性”的作用与影响，不断消除误解、猜忌和不信任，才能够真正达到互信、互利、互让、互助、合作、共赢的目的，并超越一切障碍，为真正公正、公平、合理地最终解决中印边界及其经贸方面的矛盾与问题寻找到双方都能接受的方案和办法，使中印友好关系真正走上良性循环的道路。

印度古典名著《奥义书》中有一句话：“真理至高无上，是认识的共同基础。”中国前国家领袖邓小平有一句名言：“发展是硬道理。”中印两国人民在长期交往中都认为，独立、自由、自强是一个民族的灵魂，而发展比什么都重要。国家与国家间只有开放、包容、互尊、互谅、互信、互通、互联、互助，方能合作共赢。历史的今天和明天，更需要中印两国与亚太地区国家一起，共同参与“21世纪海上丝绸之路”的建设，在包容互信、改革创新、互联互通、务实合作中增进友谊与了解，合力打造“亚太自贸区”与“亚太地区国家命运共同体”，使中印两国更加繁荣富强，人民过上更加幸福、安定、美好的生活。

后 记

上海外国语大学创建印地语学科招收本科生已两年有余，教师用心用力，学生勤奋学习，教与学都取得了很不错的成绩，2015年将有8位学生受中印互派留学生基金会的资助赴印度留学。南亚东南亚研究所成立也有一年多时间，教学与科研同时抓，共同发力，这对一个新专业的建设与发展壮大是有益处的，也是一个研究型大学的奋斗方向和要达到的目标。

我是这个印地语学科与南亚东南亚研究所的参创人和实践者，理应为教学与科研贡献自己的一份力量。尽管我心有余而力不足，并倍感自己知识和才能缺乏，难以跟上和适应教学与科研的要求，但是我还是要尽力而为之。现把我新世纪以来在南亚诸国学习和调研的一些成果编缉成书，取名为《南亚问题面面观》，作为我对印地语专业与南亚东南亚研究所所做的一份努力。

需说明的是，本书是在上海外国语大学曹德明校长的关心与大力支持下，才得以与读者见面的。诚然，我要特别感谢胡仕胜研究员的推荐，他是我北大的校友，也是我早年留学印度的同专业学友，正是他对本书的理解支持，使之能早日出版。我理应也不能忘了时事出版社的董思雨编辑热情用心的相助与劳作，再次说声谢谢！

本书的内容很大一部分是我近期的新作，其中定有不足和缺失，祈望得到专家学者的指正。另外，我对原刊作品中不少地方进行了增补删减，以弥补当时发稿篇幅所限留下的遗憾。

吴永年

2015年3月29日于上海浦江镇老家

图书在版编目（CIP）数据

南亚问题面面观/吴永年著. —北京：时事出版社，2015.7
ISBN 978-7-80232-855-6

Ⅰ. ①南… Ⅱ. ①吴… Ⅲ. ①南亚—研究—文集 Ⅳ. ①K935-53

中国版本图书馆 CIP 数据核字（2015）第 110091 号

出版发行：时事出版社
地　　址：北京市海淀区万寿寺甲 2 号
邮　　编：100081
发行热线：（010）88547590　88547591
读者服务部：（010）88547595
传　　真：（010）88547592
电子邮箱：shishichubanshe@sina.com
网　　址：www.shishishe.com
印　　刷：北京昌平百善印刷厂

开本：787×1092　1/16　印张：23.75　字数：500 千字
2015 年 7 月第 1 版　2015 年 7 月第 1 次印刷
定价：98.00 元